제 8 판

안강현 저

상법총칙 · 상행위법

COMMERCIAL LAW

박영사

제 8 판 머리말

　　제 7 판을 출간한 지 4년이 흐르는 동안 관련 법령들이 개정되고 새로운 판례들이 다수 선고되었다.

　　이번 개정판에서는 지난 4년간의 법령의 개정과 새로운 판례들을 내용별로 분류하여 해당 부분에 반영하면서 전반적으로 내용을 보완하였다.

　　개정판을 내게 된 데 대하여 안종만 회장님, 조성호 이사님 그리고 김선민 이사님께 감사드린다.

2023년　1월　5일
연세대학교 법학전문대학원 연구실에서
저　　자 씀

머리말

상법학의 통상적 범위는 상법전의 5개편(총칙·상행위·회사·보험·해상)과 어음법·수표법이다. 이 책은 상법학 전반에 관한 서론과 상법전 제 1 편 총칙 및 제 2 편 상행위에 대한 해설을 담은 것으로서 상법학을 공부하려는 학생을 대상으로 하여 상법의 기본원리 습득과 현실에의 응용능력 배양을 목적으로 집필되었다.

이 책을 집필함에 있어서 필자는 다음 몇 가지 점에 유의하였다.

첫째, 기본적인 내용을 설명함에 있어서 불필요한 장황함을 피하고 간결을 꾀하였으며, 내용을 쉽게 전달하기 위하여 도표 등을 다수 이용하였다.

둘째, 학설은 빠짐없이 소개하되 통설·다수설·소수설과 같은 표현의 사용을 가급적 자제하였다. 특정한 논점에 대하여 국내의 모든 학자들이 자신의 입장을 피력하고 있는 것도 아닌 상황에서 출판된 교재의 일부에 언급된 입장 표명만을 가지고 그렇게 분류하는 것은 무리가 있다고 생각하기 때문이다.

셋째, 2009년 2월 4일 증권거래법과 신탁업법 등이 폐지되는 대신 위 법들을 대체하는 자본시장과 금융투자업에 관한 법률이 시행되는데 이 책에서는 새로이 시행될 법을 인용하였다(이외에도 개정된 법률은 시행시기와 무관하게 신법을 인용하였다).

넷째, 독자들의 가독성을 제고하기 위하여 각주를 사용하지 않고 괄호나 Cf. 또는 <Note>와 같은 표기를 사용하였다.

다섯째, 법원의 판결은 법학공부에 있어서 중요한 지침이 되므로 가능한 한 많은 판결을 인용하였다.

법학은 사회현실을 규율하는 실용학문이다. 따라서 독자들은 상법을 포함한 모든 법의 연구에 있어서 관련되는 사회현상을 항상 염두에 두고 공부해나감으로써 큰 진전을 얻을 수 있을 것이다. 끝으로 이 책을 지속적으로 발전시켜 나갈 것을 약속한다.

연세대학교 법과대학 연구실에서

저　　자 씀

차 례

상법서론

제 1 편   상법총칙

제 2 편 상행위법

[상법총칙·상행위법 주요 인용저서 및 법령 약어표]

상법총칙·상행위법 주요 인용저서	약 어
강위두, 상법요론, 형설출판사, 2002.	강위두
강위두 · 임재호, 상법강의(상), 형설출판사, 2005.	강위두 외
김성태, 상법(총칙·상행위)강론, 법문사, 2002.	김성태
박원선, 상법총칙·상행위법, 수학사, 1974.	박원선
서헌제, 상법강의(상), 법문사, 2003.	서헌제
손주찬, 상법(상), 박영사, 2005.	손주찬
손주찬·양승규·이균성·정동윤, 주석 상법(I), 한국사법행정학회, 1992.	주석상법 I
이기수, 상법학(상), 박영사, 1996.	이기수(상)
이기수, 상법총칙·상행위법학, 박영사, 1998.	이기수
이범찬 · 최준선, 상법(상), 삼영사, 2004.	이범찬
이철송, 상법총칙·상행위, 박영사, 2010(제 9 판).	이철송
임중호, 상법총칙 상행위법, 법문사, 2012	임중호
임홍근, 상법－총칙·상행위－, 법문사, 2001.	임홍근
정동윤, 상법총칙·상행위법, 법문사, 1996.	정동윤
정동윤, 상법(상), 법문사, 2003.	정동윤(상)
정찬형, 상법(상), 박영사, 2009(제12판).	정찬형
정희철 · 정찬형, 상법원론(상), 1997.	정희철
채이식, 상법강의(상), 박영사, 1997.	채이식
최기원, 상법학신론(상), 박영사, 2004.	최기원
최준선, 상법총칙·상행위법, 삼영사, 2006.	최준선

법령 약어표

독점규제법(독점규제 및 공정거래에 관한 법률)
민소법(민사소송법)
부정경쟁법(부정경쟁방지 및 영업비밀보호에 관한 법률)
비송법(비송사건절차법)
약관규제법(약관의 규제에 관한 법률)
자본시장법(자본시장과 금융투자업에 관한 법률)
채무자파산법(채무자 회생 및 파산에 관한 법률)

* 기타 법령(상법·민법·어음법·수표법·상업등기법 등)은 그대로 인용함.

상법 서론

상법학에 대한 본격적인 공부에 앞서 상법학이라는 학문의 대상이 되는
'상법'에 대하여 먼저 고찰하기로 한다. 이를 위하여 아래에서는 상법이 무엇인
가에 대한 개념을 규정한 다음(상법의 개념) 민법을 비롯한 유사법(類似法)과의
비교분석을 통하여 상법이 어떤 법인지에 대하여 재음미하고(상법의 지위), 그러
한 상법이 가지는 특성(상법의 이념과 경향)과 상법의 존재형식으로는 어떠한 것
이 있는지(상법의 法源) 및 상법은 어느 시점을 기준으로 하여 누구에 대하여,
어떤 지역까지, 어떤 사항에 대하여 미치는지(상법의 효력)에 대하여 알아본다.

제1장 상법의 개념

제1절 서 론

상법(commercial law, business law)은 두 가지 의미로 쓰이고 있다.

첫째, 실질적으로는 상법전의 존재 및 내용과 상관없이 통일적이고 체계적으로 파악할 수 있는 특수한 법역(法域)으로서의 상법을 가리킨다. 이를 실질적 의의의 상법이라고 한다.

둘째, 형식적으로는 '상법'이라는 명칭을 가진 제정법을 가리킨다. 이러한 의의의 상법은 각국의 사정과 입법 정책에 따라 존재할 수도 있고, 아닐 수도 있으며 존재하는 경우에도 그 규정범위도 다르다.

Cf. 예컨대 우리나라, 미국, 일본 및 독일의 경우에는 상법이라는 명칭을 가진 제정법이 존재하나, 영국에는 그러한 명칭을 가진 제정법이 존재하지 않는 한편 미국의 거의 대부분의 주(州)에서 채택하고 있는 통일상법전은 우리나라 상법에서 규정하고 있지 않은 신용장 등에 대한 상세한 규정을 두고 있다.

다음에서는 실질적 의의의 상법과 형식적 의의의 상법에 대하여 상세히 논하고 양자의 관계에 대하여 살펴보기로 한다.

제2절 실질적 의의의 상법

Ⅰ. 상법의 대상

1. 문제의 제기

상법이 독립된 법역(法域)을 구성하기 위하여는 그 규율대상인 생활관계의 특수성이 전제되어야 하는 것이므로, 실질적 의의의 상법의 개념을 파악하는 데 있어서 그것이 어떠한 생활관계를 대상으로 하고 있는가를 먼저 구명(究明)하여야 한다. 이러한 상법의 대상 확정은 상법의 자주성과도 관련된다.

2. 대상 파악에 관한 학설

실질적 의의의 상법의 통일적인 대상을 파악하는 데 있어 종래 여러 학설이 주장되어 왔으나 현재의 통설은 기업법설이다. 이 설에 의하면 상법은 기업생활의 특수한 수요에 부응하기 위하여 형성된 기업에 관한 법으로서, 이 점에서 민법에 대한 독자성이 인정된다고 한다. 스위스의 비이란트(Wieland)에 의하여 주장되었으며 가장 적절하다고 평가된다[同旨: 정동윤(상) 8].

이 외에도 ① 경제적 의의의 상(商) 전체를 법률상의 商이라고 보는 발생사적 관련설(Lastig), ② 매개행위가 상(商)의 본질이라는 매개행위본질설(Goldschmidt), ③ 상법을 집단거래의 법으로 파악하는 집단거래설(Heck) 및 ④ 일반사법의 법률사실 가운데 상적 색채(商的 色彩)를 띠는 것이 상법상의 법률사실이며, 이를 대상으로 하는 것이 상법이라는 상적 색채설(田中耕太郎) 등의 견해가 있다.

Ⅱ. 실질적 의의의 상법

상법의 대상을 기업(enterprise)이라고 볼 경우 실질적 의의의 상법은 '기업에 관한 특별사법(特別私法)'으로 정의할 수 있다. 이를 분설하면 다음과 같다.

1. 기   업

여기의 '기업'은 계속적인 의도 하에 영리행위를 실현하는 독립된 경제단위이므로 적어도 계산상으로는 소비경제주체인 가계(家計)로부터 분리·독립되어야 한다. 즉, 상법은 이러한 기업의 조직과 활동에 관한 규범이다.

※ 어떤 사람이 물건(예컨대 책)을 팔고 그 대가로 돈을 받는 경우에도 ① 서점을 경영하는 주인이 책을 파는 행위는 영리를 목적으로 계속 반복의 의사로 책을 매도하는 것인 반면에 ② 가정에서 자신에게 불필요한 책을 상인이 아닌 자(예컨대 친구)에게 파는 행위는 일회적인 처분에 불과한 것으로 계속 반복의 의사가 없는 매도행위라는 점에서 구별된다. 그러므로 전자의 행위는 상법 제46조 제1호의 상행위에 해당되어 상법의 적용을 받게 되는 한편 후자의 행위는 민법상의 매매로서 민법의 적용을 받게 되는 것이다.

2. 특   별
일반 사인(私人)의 경제적 생활관계를 규율하는 일반사법인 민법에 대하여 상법은 기업의 경제적 생활관계를 규율하는 특별법이다.

3. 사   법
상법은 기업에 관한 사법적(私法的) 규정이 주가 되나 그에 관한 공법적 규정(예컨대 상법 622조~637조의2의 벌칙규정)도 포함된다고 보는 것이 일반적이다. 그 이유로는 사법적 규정이 상법의 주된 내용을 이루는 것이지만, 사법질서의 실현을 보장하는 것을 목적으로 하는 공법적 규정도 상사법(商私法)과 유기적 일체를 이루는 것으로서 상법에 포함하여 파악하여야 한다는 것을 들고 있다[손주찬 7, 정동윤 (상) 10]. 이에 대하여는 기업에 관한 공법적 규정은 분량도 많고 이념·목적·원리 등이 사법인 상법과 다르므로 이를 실질적 의의의 상법에서 제외하는 것이 타당하다는 반론(채이식 2)이 있다.

4. 관 련 성
상법은 기업에 관련된 법이다. 다만 상법이 기업적 생활관계를 그 대상으로 한다고 하여 오로지 기업만을 대상으로 하는 것은 아니고 일반 사인(非商人)도 상행위와 관련된 거래를 하는 경우 상법의 적용을 받으며(상법 3조의 일방적 상행위), 본래적으로는 상인이 아니더라도 그 설비와 방법에 있어서 상인으로서의 성격이 인정되는 경우(상법 5조 1항의 의제상인)에도 상법이 적용된다.

※ 2인 또는 그 이상의 사인간의 거래가 ① 양 당사자 또는 관련 당사자 전원(全員)에게 상행위가 되는 경우, ② 그 중 적어도 1인에게는 상행위가 되지 않는 경우 및

③ 양 당사자 또는 관련 당사자 전원에게 상행위가 되지 않는 경우가 있다. ①과 ②의 경우에는 상법이 적용되고(상법 3조, 다만 뒤에서 보는 바와 같이 쌍방적 상행위에만 적용되는 상법 58조 및 67조 내지 71조의 경우는 제외), ③의 경우에는 민법이 적용된다.

제3절 형식적 의의의 상법

형식적 의의의 상법은 '상법'이라는 명칭을 가진 제정성문법규를 말한다. 우리나라의 경우 상법이라는 독립한 법전이 있으므로 형식적 의의의 상법이라는 개념이 존재한다. 우리나라의 상법전(1962년 1월 20일 법률 제1000호로 제정)은 총칙·상행위·회사·보험·해상·항공운송의 6편으로 구성되어 있다. 이를 구체적으로 살펴보면 제 1 편 총칙과 제 3 편 회사의 일부 및 제 5 편 해상의 일부는 기업조직에 관한 규정을 담고 있고, 제 2 편 상행위와 제 3 편 회사의 일부, 제 4 편 보험 및 제 5 편 해상의 일부 및 제 6 편 항공운송은 기업활동에 관한 규정으로 구성되어 있다. 그리고 이와 별도로 어음법과 수표법은 상인의 기업활동에 관련한 결제수단에 대하여 규정하고 있다. 기업조직에 관한 규정은 대부분 강행규정인 반면 기업활동(기업거래)에 관한 규정은 대개 임의규정의 성질을 가진다.

> ※ <u>상법과 어음법·수표법의 구성과 주된 내용</u>
> 상법(1962년 1월 20일 법률 제1000호로 제정·공포되어 1963년 1월 1일부터 시행)
> 제 1 편 총칙(1조-45조): 기업조직(개인상인과 회사상인)
> 제 2 편 상행위(46조-168조의12): 기업활동
> 제 3 편 회사(169조-637조의2): 기업조직(회사상인)과 활동
> 제 4 편 보험(638조-739조의3): 기업활동
> 제 5 편 해상(740조-895조): 기업활동과 조직(해상기업조직)
> 제 6 편 항공운송(896조-935조): 기업활동
> 부 칙
> 어음법(1조-78조 및 부칙 79조-85조; 1962년 1월 20일 법률 제1001호) 및 수표법(1조-62조 및 부칙 63조-71조; 1962년 1월 20일 법률 제1002호): 상행위의 결제수단

제4절   실질적 의의의 상법과 형식적 의의의 상법의 관계

Ⅰ. 양자의 관계

　　실질적 의의의 상법과 형식적 의의의 상법은 그 범위가 일치하지는 않으나 다음과 같이 관련성을 가진다. 기업에 관련된 특별사법이라는 성질을 가지는 한 이론적으로 모두 실질적 의의의 상법에 속하는 것이나 그렇다고 하여 실질적 의의의 상법에 속하는 규정 모두가 형식적 의의의 상법전 안에 들어 있는 것은 아니며, 상법전이 아닌 다른 독립한 법전의 형식(예컨대 자본시장과 금융투자업에 관한 법률, 담보부사채신탁법 등)으로 되어 있는 것이 적지 않다. 이는 상법전의 제정이 순수하게 이론적 견지에서만 이루어지는 것이 아니라 연혁적 사정이나 입법기술적인 고려에 의하게 되는 까닭이다(손주찬 8, 정찬형 12). 한편 형식적 의의의 상법, 즉 상법전은 모두 기업에 관련된 규정이다.

Ⅱ. 상법과 어음법·수표법의 관계

　　1. 형식적 의의의 상법과 어음법·수표법의 관계
　　어음법과 수표법은 상법전과는 별도의 법전으로 제정된 것이므로 형식적 의의의 상법에 속하지 않는다.

　　2. 실질적 의의의 상법과 어음법·수표법의 관계
　　어음법과 수표법이 실질적 의의의 상법에 속하는가에 대하여는 견해의 대립이 있다.
　　(1) 긍 정 설
　　어음·수표는 특히 상인간이나 상인과의 거래관계에서 주로 이용되고 수표의 경우에 지급인은 반드시 상인인 은행이어야 하며(수표법 3조, 상법 4조 및 46조 8호), 어음도 주로 상인에 의하여 할인 및 지급이 되고 그 성격도 상법과 유사하므로 어음법·수표법은 실질적 의의의 상법에 속한다는 입장이다(최기원 13).
　　(2) 부 정 설
　　어음·수표는 기업과 관련하여서만 이용되는 제도가 아니라 일반인 상호간에도 널리 이용되는 제도가 되었으므로 기업에 특유한 생활관계를 규율하는 법인 실질적 의의의 상법에 속한다고 할 수 없다는 입장이다(손주찬 9, 정찬형 20-21). 이 입장에서는 상법에서 독립한 어음법·수표법은 민법·상법과 함께 사법체계 중의 재산법의 일법역(一法域)을 이루고 있다고 한다.

(3) 결 론

연혁적으로 어음과 수표는 상인의 상행위에 따른 결제수단으로 발생한 것이나 경제생활의 발전에 따라 기업 아닌 자에 의하여도 널리 이용되고 있는 제도이므로 어음법과 수표법을 실질적 의의의 상법에 속한다고 볼 수는 없을 것이다. 다만 어음과 수표는 역시 상인에 의하여 가장 많이 이용되고 있어 기업과 밀접한 관련을 맺고 있으므로 어음법과 수표법은 강학상 상법의 학문분야로 취급되고 있다(손주찬 9).

제2장 상법의 지위

제1절 서   설

　제1장에서는 상법이 무엇인가에 대하여 직접적으로 정의하였는데 이제는 상법과 유사성 또는 관련성이 있는 다른 법과의 비교검토를 통하여 상법을 파악하고자 한다. 상법과 유사·관련성이 있는 법으로는 민법을 비롯하여 노동법과 경제법 및 어음법과 수표법이 있다(어음법·수표법과의 관계에 대하여는 기술하였다). 특히 상법과 민법의 관계는 상법의 자주성의 측면에서 검토되어야 한다.

제2절 상법과 민법

Ⅰ. 상법의 자주성

　상법의 자주성의 문제는 다음 두 가지 측면에서 고찰해 보아야 할 것이다. 첫째는 상법의 형식적 자주성(形式的 自主性)의 문제, 즉 상법전이 민법전과 별도의 독립된 법전으로 존재할 이유가 있는가의 문제이고, 둘째는 상법의 실질적 자주성(實質的 自主性)의 문제, 즉 상법에 민법과 실질적으로 다른 고유의 영역이 존재하는가 하는 것이다. 형식적 자주성은 민법전과 분리한 별도 법전의 존재 필요성이라는 형식의 문제인 한편 상법의 실질적 자주성의 문제는 시간의 흐름에 따라 민법의 상화현상에도 불구하고 잠식되지 않는 상법의 독자적 영역이 있는가 하는 문제로서 양자는 분리하여 생각하여야 한다(형식적 자주성은 실질적 자주성에 의하여 더욱더 뒷받침된다는 의미에서 상호관련성을 가짐은 물론이다).

그 외 과학적 자주성의 문제를 논하는 견해가 있다. 이 견해에 의하면 이는 법률학의 하나의 분과(分科)로서 상법학이 존재할 수 있는가 여부의 문제라고 한다(손주찬 11). 그러나 상법의 실질적 자주성이 인정되는 한 과학적 자주성도 인정된다고 보아야 할 것이므로 굳이 이를 별개의 것으로 파악할 필요는 없다고 생각한다.

아래에서는 형식적 자주성의 문제로서 민상2법통일론(民商二法統一論)과 실질적 자주성의 문제로서 민법의 상화(商化)에 대하여 살펴보기로 한다.

II. 민상2법통일론–상법의 형식적 자주성의 문제

1. 의   의
이는 민법과 상법을 분리하여 입법하지 않고 단일 법전으로 입법하여야 한다는 것으로서 1847년 이탈리아의 몬타넬리(Montanelli)에 의하여 대두된 이론이다. 1888년 비반테(Vivante)도 이를 역설하였던 바 있으나 후일 상법과 민법은 그 입법의 방법이 다르다는 이유로 자신의 주장을 철회하였다.

2. 민상2법통일론의 주장 배경
상법의 형식적 자주성을 부정하는 민상2법통일론은 일반국민의 경제생활에 관하여 민법전 외에 별도로 상법전을 존재시킴으로써 국민생활에 혼란만을 초래할 수 있다는 염려에서 출발하였다. 민상2법통일론자들은 상사(商事)에 관하여 민법과 다른 특별한 규정을 두는 경우에 이를 민법전에서 분리·독립시키지 않고 민법전 안에 넣어 입법하여야 한다고 주장하였다. 이를 채택한 입법으로는 1911년 스위스 채무법, 1942년 이탈리아 국민법전 등이 있다.

Cf. 원래 민상2법통일론(民商二法統一論)은 상법의 실질적 자주성에 대한 부인을 전제로 하는 것은 아니며 민법전과 별도로 상법을 입법하지 않고 단일법전화하여야 한다는 것일 뿐이다. 그러나 몬타넬리 등의 민상2법통일론자의 주장배경에는 상법의 형식적 자주성을 부인함은 물론 실질적 자주성까지 부정함이 사실상 전제되어 있다.

3. 민상2법통일론의 논거와 그에 대한 검토

민상2법통일론의 논거 중에서 중요한 몇 가지에 대하여 검토하기로 한다.

(1) **역사적 유물**: 중세시대의 상법은 상인에만 적용되는 일종의 계급법이었으나 오늘날 상법은 기업 뿐 아니라 일반인의 경제생활관계에 적용되는 일반법이므로 상법전을 따로 두는 것은 역사적 유물에 불과하다고 한다. 일반사회생활의 변천에 따라 상법의 적용범위가 점차 확대되어 가고, 기업거래에 있어서 상인·비상인의 차이가 없이 상법의 적용을 받게 된 것은 사실이다(상법 3조의 일방적 상행위). 그러나 기업의 생활관계는 일반인의 생활관계와 엄연히 구별되어 그에 대한 독자적인 법적 규율이 요구되는바 그럼에도 불구하고 양법(兩法)을 통일한다면 일반생활관계나 기업생활관계의 어느 한쪽을 희생시키는 결과를 초래하게 될 것이다.

(2) **계급법화의 위험**: 상법전이 독립하면 그 입법에 있어서 각종의 경제단체, 대기업의 대표자 등의 의견만이 반영되어 기업자들의 이익을 위한 계급법으로 변질되기 쉽고, 그 결과 일반인이 희생될 우려가 있다는 것이다. 그러나 상법전의 입법에 있어 기업계의 영향을 받는 것과 상법의 자주성은 별개의 문제일 뿐 아니라 이러한 위험은 민상2법을 통일한다고 하여 없어지는 것은 아니다.

(3) **법적용상의 혼란**: 양 법전의 적용한계를 정할 확실한 기준이 없어 법적용상의 혼란이 야기된다고 한다. 그러한 법률적용상의 불안정은 입법기술(예컨대 상법 3조와 같은 규정)에 의하여 충분히 해결될 수 있는 것이다.

(4) **사법의 통일적 형성 저해**: 양 법전이 병존하면 학문적인 면에서 사법(私法) 자체의 통일적이고 조화된 이론의 형성을 저해시킨다고 한다. 하지만 이는 법학자의 연구태도와 방법에 관한 문제일 뿐이다.

(5) **입법례**: 상법전이 없는 영국, 법전상으로 양법의 통일을 기하고 있는 스위스와 이탈리아 민법 등이 그 예라고 한다. 그러나 실제 그러한 예가 있다고 하여 민상2법통일론의 정당성을 뒷받침해 주는 것은 아니다.

이상에서 본 바와 같이 민상2법통일론은 그 논거 자체가 설득력이 없어 현재 그 의의를 거의 잃은 것으로 평가되고 있다(정동윤 23, 정찬형 14).

Ⅲ. 민법의 상화(商化)-상법의 실질적 자주성의 문제

1. 민법의 상화의 의의

이는 독일의 리이서(Jacob Riesser)가 '상법적 이념이 독일제국 민법초안에 미친 영향'이라는 논문에서 사용한 표현이다. '민법의 상화(商化)'는 기업의 생활관계를 규율하는 상법의 원리와 제도가 일반인의 생활관계에 침투되어 민법에서 이를 채용하는 현상을 말한다. 계약자유의 원칙, 법률행위의 해석에 있어서 거래의 관습을 고려하는 것, 법률행위의 방식자유의 원칙, 동산의 선의취득(민법 249조) 등이 그 예로서 이들은 원래 상법상의 원리였으나 민법이 이를 수용한 것이다. 이러한 민법의 상화현상 때문에 상법의 자주성에 의문이 제기되어 왔다.

Cf. 원래 민법에 속하였던 제도가 상법의 지배 하에 들어가는 현상도 '민법의 상화'라고 표현하는 경우가 있다. 상행위 이외의 영리를 목적으로 하는 법인이 민사회사(상법 5조 2항)로서 상법상 회사로 인정되는 것 등이다. 이는 엄밀하게 말하면 '상법의 민화'로서 상법의 자주성의 문제와는 무관하다.

2. 민법의 상화와 상법의 자주성

민법의 상화가 계속됨에 따라 상법이 독자성을 상실하여 민법에 융합될 우려는 없다. 민법에는 신분법과 같이 상화할 수 없는 영역이 있고, 비영리적인 거래까지 대상으로 하므로 성질상 상화에 한계가 있는 한편 상법은 경제생활의 발전에 따라 끊임없이 새로운 제도(예컨대 새로운 상행위, 전자상거래 등)를 창조함으로써 그 영역을 확대해 나가기 때문이다.

제3절 상법과 노동법

기업은 그 규모의 확대에 따라 노력을 보충해 주는 인적 보조자를 필요로 하게 된다. 이 경우 기업과 기업보조자 사이에는 기업보조자로 하여금 기업을 위한 노무를 제공하게 하는 내부적 고용관계와 기업보조자가 기업을 대리하여 제 3 자와 거래를 하고 그 거래의 법률효과가 기업에 귀속되는 외부적 대리관계의 두 가지가 형성된다. 양자는 공히 기업과 기업보조자 사이의 법률관계이기는 하나 전자는 기업보조자인 근로자의 기본적 생활 보장이라는 사회정책적 이념(근로기준법 1조 참조)에 따른 것으로 노동법의 영역에 속하고, 후자는 상거래의 원활과 안전보호 이념(상법 10조 내지 17조의 상업사용인에 관한 규정 참조)에 따른 것으로 상법의 영역에 속한다.

> Cf. 기업보조자에는 기업과 체결한 고용계약(민법 655조)에 의하여 노무를 제공하는 종속적 보조자도 있는 한편 대표이사와 같이 회사와 체결한 위임계약(민법 680조)에 따라 사무를 처리하는 기관적 보조자도 있다. 여기서는 상법과 종속적 근로자의 삶의 보호를 목적으로 한 노동법을 비교하는 것이므로 기관적 보조자에 대한 언급을 생략하였다.

제4절 상법과 경제법

Ⅰ. 경제법의 의의와 상법과의 관련성

자본주의 경제의 발전에 따른 기업의 집중(카르텔·트러스트·콘체른)현상으로 인한 폐해를 막고 제 1 차 세계대전을 계기로 한 전쟁의 수행과 전후의 복구를 위하여 국민의 경제활동에 대한 국가의 통제와 관여가 필요하게 됨으로써 이를 목적으로 한 입법이 독일을 비롯한 여러 나라에서 이루어지게 되었다. 이러한 입법은 공법적 규제와 사법적 규제를 아우르게 되어 공법과 사법 어느 한 쪽에 편입시키기 어렵게 되었는바 이를 표현하기 위하여 경제법(Wirtschaftsrecht)이라는 새로운 용어가 사용되게 되었다. 우리나라의 경우 독점규제 및 공정거래에 관한 법률, 물가안정에 관한 법률, 소비자기본법 등이 경제법의 개념에 속하는 것으로 평가되고 있다.

오늘날 국민경제를 담당하는 것은 주로 기업으로 상법과 경제법은 기업이라는 핵심주제에서 공통되므로 양자의 관련성의 문제가 대두된다.

II. 상법과 경제법의 관계

1. 상법과 경제법의 관계에 대한 학설

상법과 경제법의 관계에 대하여 세 가지 학설이 있다.

(1) 기업법설

이는 경제법의 독자성을 인정하지 않고 양법을 기업법으로서 통일적으로 파악하는 입장이다.

(2) 합일설(통합론)

상법과 경제법의 구별은 인정하나 양법 모두 직·간접으로 기업을 대상으로 하는 것이므로 언젠가는 통합될 것으로 예측하는 입장이다.

(3) 대립설(분리론)

상법은 개개의 경제주체 상호간의 이익조정에 관한 법이고, 경제법은 국민경제의 이익을 위한 국가 차원에서의 조정을 목적으로 하는 법이므로 경제통제 확대로 인하여 경제법의 영역이 확대되더라도 이는 상법 외의 영역에서 일어나는 현상이고 그것 때문에 상법의 존재가치가 없어지지는 않는다는 입장이다.

2. 상법과 경제법의 차이

상법과 경제법은 규율의 대상과 목적에서 차이가 있다. 상법은 기업만을 대상으로 함에 반하여 경제법은 기업을 비롯하여 개인의 소비생활을 포함한 경제 전반을 그 대상으로 한다. 또 상법은 영리성을 기반으로 한 개개의 경제주체의 사적인 권리의무의 조정을 목적으로 함에 반하여 경제법은 국가가 공공성을 기반으로 국민경제 전체의 이익조정을 꾀하는 것을 목적으로 한다는 점에서 차이가 있다(정동윤 25).

제3장 상법의 이념과 경향

제1절 상법의 이념

상법은 기업에 관한 법으로서 구체적으로는 기업조직과 기업활동의 양자를 규율하고 있다. 따라서 상법은 기업조직이라는 측면에서의 기업의 유지·강화이념과 기업활동이라는 측면에서의 거래활동의 원활과 거래안전의 조화라는 이념을 구체적으로 반영하고 있는 것이다.

I. 기업의 유지·강화

한 나라에서의 기업의 건전한 유지와 발전은 그 기업에 종사하는 사용인의 이익뿐만 아니라 그 기업과 거래관계에 있는 제3자 및 국민경제 전체와 이해를 같이 한다. 그 때문에 상법은 기업의 유지와 강화를 위하여 각종의 제도를 두고 있는데 이를 대별하여 보면 적극적인 제도와 소극적인 제도(기업해체의 방지)로 나눌 수 있다.

1. 기업의 유지·강화를 위한 제도
(1) 기업의 독립성의 보장
기업의 유지를 위하여는 기업을 기업주로부터 독립시키는 장치가 필요하다. 이를 위하여 상호(상법 18조 이하), 상업장부(상법 29조 이하), 상업등기(상법 34조 이하), 상사대리(상법 48조) 및 회사제도(상법 3편)가 있다.

(2) 인력의 보충

기업의 물적 기초인 자본 외에 인적 기초로서의 인력에 대하여 상업사용인(상법 10조 이하), 대리상(상법 87조 이하), 중개인(상법 93조 이하), 위탁매매인(상법 101조 이하) 및 합명회사(상법 178조 이하) 등의 제도를 두고 있다.

(3) 자금조달의 원활

이를 위하여 주식회사의 수권자본제도(상법 289조 1항 3호·5호, 416조), 사채(상법 469조 이하) 등의 제도를 두고 있다.

(4) 위험의 분산·경감

위험의 분산을 위하여 회사제도(상법 3편), 보험(상법 4편), 공동해손(상법 865조 이하)과 같은 제도가 있고, 책임제한을 통한 위험 경감제도로는 합자회사의 유한책임사원(상법 279조), 유한책임회사의 사원(287조의7), 주주(상법 331조), 유한회사의 사원(상법 553조), 선박소유자의 책임제한(상법 769조, 770조), 항공운송인의 책임제한(905조, 915조) 등이 있다.

2. 기업의 해체방지를 위한 제도

기업의 해체방지를 위하여 회사계속제도(상법 229조, 269조, 287조의40, 519조, 610조), 유한책임회사와 물적회사에서의 1인회사의 인정(상법 287조의38 1호, 517조 1호, 609조 1항 1호), 회사의 합병제도(상법 174조) 등이 있다.

II. 기업활동의 원활과 거래의 안전

1. 기업활동의 원활

(1) 계약자유의 원칙

근대사법의 원칙인 계약자유는 원래 상법분야에서 발생된 것으로서 상법에서는 민법에서보다 계약의 자유가 훨씬 더 넓게 인정되는데 유질금지의 허용(상법 59조, 민법 339조)도 이러한 맥락에서 이해되어야 한다.

(2) 거래의 무개성성(無個性性)

기업활동은 영리를 목적으로 동종행위를 계속적으로 반복하거나 집단적인 거래를 하는 것이 보통이므로 그 상대방이나 내용에 있어서 민법상의 거래행위에 비하여 개성이 중요하지 않은 것이 일반적이다. 각종의 개입권(상법 17조, 89조, 107조, 116조, 198조, 397조)과 개입의무(상법 99조), 발기인의 인수납입담보책임(상법 321조),

대리인의 이행의무(상법 48조 단서) 등의 규정은 기업거래의 무개성성을 전제로 한 것이다. 상사분야에서 특히 많이 이용되는 각종의 유가증권도 채권의 무개성성을 바탕으로 한다.

(3) 거래의 신속·간이 및 정형화

가. 거래의 신속·간이　　이를 위한 상법의 규정으로 상행위의 대리(상법 48 조), 상사계약의 청약의 효력(상법 51조), 계약청약에 대한 승낙 여부 통지의무(상법 53조), 매도인의 공탁권과 자조매각권(상법 67조), 확정기매매의 해제(상법 68조), 매수인의 목적물검사와 하자통지의무(상법 69조), 상호계산(상법 72조 이하) 등이 있다.

나. 거래방식의 정형화　　집단적이고 대량적인 기업거래는 보통거래약관에 의하여 획일적·기계적으로 이루어지는 경우가 많다. 화물명세서(상법 126조)·보험증권(상법 666조, 690조, 695조)·선하증권(상법 852조 이하)·항공화물운송장(상법 923조) 등의 규정이 이러한 정형화와 관련이 있다.

2. 거래의 안전

기업거래는 집단적·대량적·반복적 성격을 띠는 것이 대부분이고 거래 자체의 개성이 중요하지 않으므로 거래의 안전을 위하여 거래에 관한 중요한 내용을 공시하게 하고, 그 공시된 외관과 실제가 일치하지 않을 경우 외관에 대한 엄격한 책임을 지도록 한다.

(1) 공시주의

상업등기제도(상법 34조 이하)가 공시주의의 전형으로서 특히 회사편에는 많은 등기사항이 규정되어 있다.

(2) 외관존중주의

실제보다는 외관을 존중하여 이를 믿고 거래한 제 3 자를 보호함으로써 거래의 안전을 도모하려는 외관존중주의에 입각한 상법의 규정들은 아주 많다. 이러한 외관존중주의는 영미법의 표시에 의한 금반언(estoppel by representation)의 법리와 독일의 외관주의(Rechtsscheintheorie)와 같은 맥락에서 인정된 법리이다.

가. 총 칙 편　　지배인의 대리권 제한의 효력(상법 11조 3항)·표현지배인(상법 14조)·물건판매점포의 사용인의 권한의제(상법 16조)·명의대여자의 책임(상법 24조)·부실등기(不實登記)의 효력(상법 39조)·상호속용 영업양수인의 책임(상법 42조)·상호를 속용하는 영업양도에 있어서의 양도인의 채무자 보호(상법 43조)·영업양수

인의 채무인수광고의 효과(상법 44조) 등의 규정이 있다.

 나. **상행위편** 자기의 성명 또는 상호사용을 허락한 익명조합원의 책임(상법 81조)·화물상환증과 창고증권의 문언증권성(상법 131조, 157조) 등이 있다.

 다. **회 사 편** 합명회사에서의 자칭사원의 책임(상법 215조)·합자회사에서의 자칭무한책임사원의 책임(상법 281조)·퇴사원의 책임(상법 225조)·회사설립의 무효·취소판결의 불소급효(상법 190조 단서, 328조 2항)·주식회사에서의 유사발기인의 책임(상법 327조)·표현대표이사의 행위에 대한 회사의 책임(상법 395조) 등이 있다.

 라. **보 험 편** 기평가보험자의 보상액감소청구 제한(상법 670조)이 있다.

 마. **해 상·항공운송편** 선장·선박관리인의 대리권 제한의 효력(상법 751조, 765조 2항)·선하증권의 문언증권성(상법 854조)·항공운송증서 등의 기재사항에 관한 책임(상법 928조)·항공운송증서 기재의 효력(상법 929조) 등이 있다.

 바. **어음법·수표법** 상법은 아니지만 어음법과 수표법에도 많은 외관주의적 규정이 존재하는데 어음과 수표의 문언증권성(어음법 17조, 77조 1항; 수표법 22조)·배서의 연속에 대한 권리추정적 효력 인정(어음법 16조 1항)·선의취득자의 보호(어음법 16조 2항, 77조 1항; 수표법 21조) 등의 규정이 그것이다.

 (3) **책임의 가중**

 기업거래의 안전을 위하여 상법은 기업의 책임을 가중하는 규정을 두고 있는데 상인간의 매매에 있어서의 목적물의 검사와 하자의 통지의무(상법 69조)·목적물 보관의무(상법 60조, 70조, 71조)와 같은 주의의무를 가중하는 규정, 발기인의 자본충실책임(상법 321조)과 같은 무과실책임규정, 다수당사자간의 채무(상법 57조 1항)·순차운송인의 손해배상책임(상법 138조 1항)·이사와 감사의 책임(상법 399조 1항, 401조 1항, 414조)에 대한 연대규정 및 중개인(상법 99조)·위탁매매인(상법 105조)에 대한 이행담보책임규정 등이 이에 해당한다.

 〈Note〉 상법은 한편으로는 기업유지의 이념 차원에서 책임의 완화 또는 경감규정을, 다른 한편으로는 거래안전의 보호 차원에서 책임의 가중규정을 두고 있으나 이는 기업에 내재하는 특수성 때문일 뿐 서로 상반되는 것이 아님을 유의하여야 한다(同旨: 손주찬 29, 정찬형 33).

제2절 상법의 경향

Ⅰ. 서 설

상법은 다른 법역, 특히 민법에 비하여 현저한 특색을 가지는데 이는 유동적·
진보적 경향과 세계통일적 경향으로 요약될 수 있을 것이다. 전자는 시간적 차원
에서 시대의 변천과 경제의 발전에 따라 부단히 진보함을 말하고, 후자는 공간적
차원에서 각국의 상법 규정이 세계적으로 통일화됨을 의미한다.

Ⅱ. 유동적·진보적 경향

민법은 가족법은 물론 채권법 영역도 경제생활관계에 대한 일반적이고 추상
적인 기본원칙을 선언하는 형태로 성립되어 있음에 반하여 상법은 구체적 규정의
형태로 성립되어 있어 상대적으로 포섭력이 약하다. 따라서 경제생활의 변동이 있
을 경우 민법에서는 법과 실생활 사이의 간격이 크지 않지만 상법에서는 그 간격
이 생기기 쉽다. 그러므로 상법은 실생활과의 괴리를 좁히기 위하여 부단히 발전
하고 진보하고자 하는 경향을 강하게 띠게 된다. 이러한 경향은 상법이 민법에 비
하여 상대적으로 자주 개정되는 결과로 나타난다.

Ⅲ. 세계통일적 경향

상법은 자본주의적 합리주의에 의하여 지배되는 기술적 규범이므로 각국의
역사나 관습 또는 문화에 의하여 제약을 받는 일이 적어 세계적으로 통일화하려
는 경향이 강하다. 따라서 상법 분야에 있어서 법의 국제적 통일운동이 가장 활발
하게 진행되어 왔는데 이를 위하여 국제법협회(International Law Association, ILA), 국
제상업회의소(International Chamber of Commerce, ICC), 국제해사위원회(Comité Maritime
International, CMI), 국제민간항공기구(International Civil Aviation Organization, ICAO) 등의
국제민간기구와 국제연합의 산하기관인 국제상거래법위원회(United Nations Commissions
on International Trade law, UNCITRAL) 등이 적극적인 통일작업을 추진하여온 결과
어음법통일조약(1930년), 수표법통일조약(1931년), 국제물품매매계약에 관한 UN협
약, 신용장통일규칙, Incoterms 등이 제정되었다.

제4장 상법의 법원(法源)

제1절 상법의 법원

Ⅰ. 상법의 법원의 의의

상법(商法)의 법원(法源)은 실질적 의의의 상법의 존재형식, 즉 상법의 존재를 인식하는 근거를 말한다. 상법 제1조는 "상사에 관하여 본법에 규정이 없으면 상관습법에 의하고 상관습법이 없으면 민법의 규정에 의한다."라고 규정하고 있는데 이에 관하여 두 가지가 논의되어야 한다. 우선 상법 제1조가 불문법(不文法)인 상관습법(商慣習法)의 법원성을 천명하고 있다는 점이다.

다음으로는 상법 제1조가 민법을 상법의 법원으로 열거하고 있는가의 문제이다. 이에 대하여 법원성부정설은 상법 제1조는 민법이 상사에 관하여도 적용된다는 것과 법의 적용순위를 명시한 것일 뿐 민법을 상법의 법원으로서 열거한 것은 아니라고 한다. 즉, 상법 제1조는 민법이 상법의 법원이 아니라 능력·법률행위·채권총칙·부당이득에 관한 민법의 일반원칙이 기업생활관계에도 적용된다는 것을 의미할 뿐이라고 하며 그 이유로서는 민법이 기업에 특유한 법리라고 할 수 없을 뿐만 아니라 민상2법(民商2法)의 분리를 인정하는 한 민법이 상법의 법원이라고 주장하는 것은 모순이라는 점을 든다(최기원 29, 정찬형 34, 정동윤 44). 한편 법원성인정설은 상법에서 민법의 규정을 준용하고 있는 경우(상법 195조, 184조 2항 등)는 물론이고, 이론적으로 민법의 규정이 상사관계에 적용 또는 유추적용되는 경우에도 민법은 그러한 한도 내에서는 상사관계를 규율하는 것이므로 이를 상법의 법원으로 보아도 무방하다고 한다(임홍근 36).

상법의 법원으로는 상법전과 상사특별법령, 상사조약, 상관습법 등이 있고, 상
사자치규정, 보통거래약관, 상사판례, 상사학설 및 조리의 법원성 인정 여부에 대하
여는 견해가 대립한다.

〈Note〉 법원(法源, source of law, Rechtsquelle)은 두 가지 의미로 사용된다. 하나는 법
의 타당근거로서 이는 주로 법철학적인 측면에서 논의되는 것인 한편 보통 *法源*이라
고 하면 법의 인식근거를 일컫는 것으로서 여기에서도 후자의 의미로 사용되고 있는
것이다. 이 경우의 법원(法源)은 구속력(binding force)을 가지는 규범이나 법원(法源)
만이 구속력을 가지는 것은 아니다. 계약은 법원(法源)이 아니지만 당사자 사이의 합
의(agreement)에 근거하여 구속력을 가진다.

II. 상사제정법

상법의 법원으로서 가장 중요한 것은 상사제정법이다. 이에는 상법전과 다수
의 상사특별법이 있다.

1. 상 법 전

1962년 1월 20일에 법률 제1000호로서 제정·공포되어 1963년 1월 1일부터 시
행된 이래 수차 개정되어 현재 총칙·상행위·회사·보험·해상·항공운송의 6개편
전문 935조와 부칙으로 구성되어 있다. 한편 어음법과 수표법은 별개의 법전으로
독립되어 있다.

2. 상사특별법령

상사특별법령은 수없이 많은데 이는 상법전의 규정을 시행 또는 구체화하기
위한 부속특별법령과 기업에 관한 일반법인 상법의 규정을 보충 또는 변경하는 독
립특별법령으로 나눌 수 있다.

(1) 부속특별법령

부속특별법령으로는 상법시행법, 상법 시행령, 선박소유자 등의 책임제한절차
에 관한 법률 등이 있다.

(2) 독립특별법령

독립특별법령은 그 수가 많은데 중요한 몇 가지를 들면 어음법, 수표법, 은행
법, 선박법, 항공법, 부정수표단속법, 부정경쟁방지 및 영업비밀보호에 관한 법률,

자본시장과 금융투자업에 관한 법률, 채무자회생 및 파산에 관한 법률, 보험업법, 담보부사채신탁법, 상업등기법, 자동차손해배상 보장법, 선박등기법, 약관의 규제에 관한 법률 등이다.

> Cf. 어음법과 수표법은 실질적 의의의 상법에 속하지 않으나(반대설이 있음은 기술하였다) 상법과의 밀접한 관련성이 있으므로 열거한 것이다.

Ⅲ. 상사조약

헌법 제 6 조 제 1 항에 의하면 헌법에 의해 체결·공포된 조약과 일반적으로 승인된 국제법규는 국내법과 같은 효력을 가진다. 따라서 국가간에 체결되는 조약이 직접 체약국민 상호간의 상사에 관련한 권리의무를 규정하는 경우에는 상법의 법원이 된다. 예컨대 1980년의 국제물품매매계약에 관한 UN협약, 1929년의 국제항공운송에 관한 바르샤바협약(Warsaw Convention), 유류오염손해에 대한 민사책임에 관한 조약 등이 이에 해당한다. 그러나 조약이 체약국으로 하여금 일정한 내용의 법규를 제정할 의무를 지우는 데 불과한 경우에는 법원성을 인정할 수 없다(손주찬 36, 정동윤 46, 정찬형 38). 어음법통일조약과 수표법통일조약이 그 예로서 위 각 조약에 따라 국내법으로 제정된 어음법과 수표법이 법원이 되는 것이지 위 각 조약이 법원이 되는 것은 아니다.

> Cf. 우리나라는 2004년 2월 17일 국제물품매매계약에 관한 UN협약에의 가입서를 국제연합 사무총장에게 기탁하여 그로부터 1년의 유예기간이 경과한 2005년 3월 1일부터 발효되었으므로 위 협약은 민법과 상법의 특별법의 지위를 가진다.

Ⅳ. 상관습법

1. 의　　의

상관습법은 관습의 형식으로 존재하는 상사에 관한 법(상법 1조)을 말한다. 상관습법은 입법기관에 의하여 제정되는 것이 아니라 상사거래에 관하여 성립된 상관행의 존재가 법적 확신 내지 승인을 얻음으로써 법규범으로 승격된 것으로, 여기의 '법적 확신 내지 승인'은 법원의 판결의 준거가 되는 것을 의미한다.

위와 같은 상관습법에 대한 개념정의는 (상)관습법과 사실인 (상)관습을 구별하는 입
장을 전제로 한 것으로 상관습법 = 사실인 상관습(또는 상관행) + 법적 확신의 등식
이 성립한다. 이 입장에 의하면 ① 상관습법은 법규범의 성질을 가지는 데 반하여, 사
실인 상관습은 당사자의 의사가 명확하지 않을 때 의사표시의 자료가 되는 데 그치고,
② 법원의 판결이 상관습법에 위반한 때에는 상고이유가 됨에 반하여(민소법 423조),
사실인 상관습은 사실인정의 문제이므로 법원이 이를 인정하지 않아도 상고이유가 되
지 않는다는 점에서 구별된다.

이와 달리 양자를 구별하지 않는 견해도 있는데(정찬형 39) 이 입장에서는 ① 양자를
법적 확신의 유무라는 주관적 요소에 의하여 구별하는 것은 법적 안정성을 해칠 염려
가 있다거나 ② 사실인 상관습은 의사해석의 재료에 불과하더라도 의사해석의 문제는
단순한 사실문제가 아니라 법률문제라는 등을 이유로 든다. 또 양자의 실제상의 구별
이 용이하지 않으므로 이를 구별하는 실익이 적다는 주장도 있다(손주찬 37).

私見으로서는 양자는 구별될 수 있고, 또 구별되어야 한다는 입장인데 그 이유는 다음
과 같다. 계약자유의 원칙상 성문법규에의 저촉 여부와는 무관하게 (상)거래에 있어
관습 또는 관행이 생기고 있는 한편 복잡다기한 (상)거래상의 법률문제를 성문법만으
로는 모두 해결할 수 없는 한계를 인정하여 관습법 또는 상관습법에 법원성을 부여하
고 있는 것이다(민법 1조, 상법 1조). 성문법이 불비(不備)한 경우 상관습이 존재하거
나 또는 관련 성문법이 존재함에도 불구하고 이에 저촉되는 상관습이 존재하고 그에
따라 법률행위가 이루어진 경우에 있어, 재판과정을 통하여 사실인 상관습의 존재가
인정되고 법관이 그 상관습을 재판의 준거로 삼았을 때 비로소 사실인 상관습은 상관
습법으로 승격되어 후일 동종 또는 유사사건에 있어서 법규범으로 역할하게 되는 것
이다. '법적 확신'은 법원에 의하여 재판의 준거로 채택되는 것을 의미하는 것이고, 상
관습법과 사실인 상관습은 위와 같은 '법적 확신'의 유무에 따라 구별되는 것이다.

Cf. 관습법의 의의와 효력 및 그 요건에 대하여 대법원 2005. 7. 21. 선고 2002다1178
전원합의체 판결은 "관습법이란 사회의 거듭된 관행으로 생성한 사회생활규범이 사회
의 법적 확신과 인식에 의하여 법적 규범으로 승인·강행되기에 이른 것을 말하고, 그러
한 관습법은 법원(法源)으로서 법령에 저촉되지 아니하는 한 법칙으로서의 효력이 있는
것이고, 또 사회의 거듭된 관행으로 생성한 어떤 사회생활규범이 법적 규범으로 승인되
기에 이르렀다고 하기 위하여는 헌법을 최상위 규범으로 하는 전체 법질서에 반하지 아
니하는 것으로서 정당성과 합리성이 있다고 인정될 수 있는 것이어야 하고, 그렇지 아
니한 사회생활규범은 비록 그것이 사회의 거듭된 관행으로 생성된 것이라고 할지라도
이를 법적 규범으로 삼아 관습법으로서의 효력을 인정할 수 없다"라고 판시하였다.

2. 상관습법의 특성

관습 또는 관습법은 일반적으로 보수적 성질을 가지는 것으로 인식되어 있으나 기업거래에 있어서 형성되어 온 상관습 또는 상관습법은 제정법의 불비나 결함을 보충하기 위하여 형성되는 경우가 대부분이므로 진보성을 가지며 따라서 후일 성문법에 흡수되는 경우가 많다(예: 어음법 10조의 백지어음). 이는 상법이 상인간의 상관습법에서 시작되어 국가의 발생 후 각국의 법전을 편찬하게 되면서 상법전 속에 편입되었던 연혁적인 측면에서도 알 수 있다.

3. 상관습법의 예

(1) 인 정 례

대법원에 의하여 상관습으로 인정된 사례는 여러 가지로서 해상물건운송에 있어서의 보증도(아래 ① 판결), 국제상거래에 있어서 일방당사자의 채무불이행에 대하여 일반적으로 승인된 적절한 국제금리에 따른 지연손해금의 지급을 명하는 것(아래 ② 판결), 선박의 매매대금을 연불조건으로 지급하기로 약정하는 경우의 중개수수료는 연불에 따른 이자를 제외한 선박대금액을 기준으로 산정하여 지급하는 것(아래 ③ 판결), 상인인 법인간의 계속적인 물품공급거래에 있어서의 인수증의 개별발행(아래 ④ 판결) 등이 그것이다. 그 외 백지어음에 관한 상관습법(대법원 1956. 10. 27. 선고 4289민재항31 판결)도 있으나 이는 어음법 제10조(수표법 13조)에 의하여 성문화되었다. 한편 국제거래에 관련한 인코텀즈(International Commercial Terms)와 신용장통일규칙(Uniform Customs and Practice for Documentary Credits)에 대하여는 이를 세계적으로 통용되는 상관습법으로 파악하는 견해(손주찬 38 및 아래 76다956 판결), 국제상관습으로 보는 견해(최준선 49) 및 당사자 사이의 채용합의를 기다려 비로소 당사자를 구속하는 것이므로 보통거래약관의 하나라는 견해[약관설: 정동윤(상) 30]가 대립한다. 생각건대 인코텀즈는 국제적인 상관습으로 파악되고, 신용장통일규칙은 위 대법원 판결에 의하여 적어도 우리나라에서는 상관습법으로 되었다고 보는 것이 타당하다.

① 대법원 1991. 12. 10. 선고 91다14123 판결

"은행의 신용장개설에 따라 이루어진 격지간의 상품매매에 따른 상품운송에 있어서 선하증권상에 수하인으로 되어 있어 장래 그 선하증권의 취득이 확실시되는 신용장개설은행의 보증 하에 그 명의의 화물선취보증장과 상환으로 선하증권과 상환함이 없이

그 선하증권상에 통지처로 되어 있는 실수요자에게 운송물을 인도하는 형태의 이른바 '보증도'가 국제해운업계에서 일반적으로 행하여지는 세계적인 상관습이나…"

② 대법원 1990. 4. 10. 선고 89다카20252 판결
국제상거래에 있어서 일방당사자의 채무불이행에 관하여는 일반적으로 승인된 적절한 국제금리에 따른 지연손해금의 지급을 명함이 관행이라 할 것인데, 영국 런던중재법원이 일반적으로 적용되는 국제금리인 미국은행 우대금리(그 최고이율도 연 2할 5리로서 우리나라 이자제한법의 제한범위 내이다)에 따른 지연손해금의 지급을 명한 것은 상당하므로 우리나라의 공공질서에 반하지 아니한다.

③ 대법원 1985. 10. 8. 선고 85누542 판결
선박을 매매함에 있어 그 대금을 연불조건으로 지급하기로 약정하는 경우의 중개수수료는 연불에 따른 이자를 제외한 선박대금액을 기준으로 산정하여 지급하는 것이 일반거래의 관행이다.

④ 대법원 1983. 2. 8. 선고 82다카1275 판결
상인인 법인간의 계속적인 물품공급거래에 있어서는 원칙적으로 기업의 회계자료로서 물품의 매출, 매입 또는 수불관계를 명확하게 하기 위하여 수요자는 공급자에게 사전에 물건의 종류, 규격, 수량을 지정하여 발주하고, 공급자는 발주수량의 물건에 송장을 첨부하여 인도하면 발주자는 이를 검수 확인하고 송장에 수령사실을 확인하거나, 수령할 물건의 명세를 표시한 인수증을 공급자에게 발행하고 그 부본을 발주법인이 보관하되 그 인수증은 물건의 인도, 인수사실을 증명하는 문서이므로 특단의 사정이 없는 한 물품의 종류, 규격, 수량, 인수법인, 인수자의 직위, 성명을 기재하고 작성자의 날인을 하여 인수일자마다 개별적으로 발행함이 거래의 상례라 할 것이다.

Cf. 신용장에 관한 대법원 1977. 4. 26. 선고 76다956 판결에서는 "국제무역에 있어서의 신용장거래는 수입업자의 의뢰에 의하여 그 거래은행이 신용장을 개설발행하여 수출품에 대한 대금지급이 보장되고 또 수출업자의 거래은행이 신용장통지은행이고 또 하환어음매입은행으로서 수출업자로부터 하환어음을 매입할 때는 그에 첨부된 선적서류가 신용장조건과 일치하는 여부를 조사확인하여 매수함으로써 수입업자에 대한 신용장조건과 일치되는 거래를 보장하여 신용장개설은행을 통하여 대금결제가 이루어지는 것이 통례라 할 것이며 그렇기 때문에 <u>모든 하환신용장에 적용되고 당사자를 구속하는 신용장통일규칙</u>이 하환신용장거래를 하는 경우는 모든 관계당사자는 서류의 거래를 하는 것이지 상품의 거래를 하는 것이 아니라 규정하고 있으며…"라고 하여 신용장통일규칙을 무역거래에 관한 상관습법으로 보고 있다.

(2) 부 정 례

한편 대법원에 의하여 상관습의 존재가 부정된 예로서는 수표의 분실신고가
있으면 지급은행이 수표금을 지급하지 아니하는 것(대법원 1959. 9. 10. 선고 4291민상
835 판결), 예금통장의 제시가 없어도 예금지급청구서에 찍힌 인영과 미리 신고한
인영이 맞으면 예금을 지급하는 것(대법원 1962. 1. 11. 선고 4294민상195 판결), 예금주
아닌 자가 예금통장 없이 예금청구서만으로 그 예금의 환불을 요구한 경우에 이에
대한 지급은 예금지급으로서의 효력이 있다는 것(대법원 1971. 12. 28. 선고 71다2299
판결) 등이 있다(기타 아래 판결들 참조).

※ 대법원 2007. 12. 13. 선고 2007다60080 판결
상법이 감사를 상임 감사와 비상임 감사로 구별하여 비상임 감사는 상임 감사에 비해
그 직무와 책임이 감경되는 것으로 규정하고 있지도 않을 뿐 아니라, 우리나라의 회사
들이 비상임 감사를 두어 비상임 감사는 상임 감사의 유고시에만 감사의 직무를 수행
하도록 하고 있다는 상관습의 존재도 인정할 수 없으므로, 비상임 감사는 감사로서의
선관주의의무 위반에 따른 책임을 지지 않는다는 주장은 허용될 수 없다.

※ 대법원 2007. 10. 26. 선고 2005다21302 판결
인재소개업체(이른바 헤드헌터)와 채용을 원하는 후보자 사이의 특약이 없는 한, 구인
기업과 후보자 사이에 채용계약이 체결된 경우 후보자가 인재소개업체에 대하여 구인
기업에서 근무해야 할 계약상 또는 신의칙상의 의무를 부담한다고 볼 수는 없고, 후보
자가 채용계약을 일방적으로 해제하였다고 하여 인재소개업체에 대하여 손해배상책임
을 진다는 상관행의 존재를 인정할 수 없다.

※ 대법원 1987. 6. 23. 선고 86다카2107 판결
당사자 사이에 해상운송인의 책임에 관하여 제소기간을 약정하고 그 기간연장에 합의
하였다 하더라도 위와 같은 제소기간의 약정과 그 기간연장에 관하여 상관습법이 확
립되었다고 인정되지 아니한다면 그러한 약정과 합의에 의하여 위 소멸시효에 관한
상법이나 민법규정의 적용을 배제할 수는 없다.

※ 서울민사지방법원 1989. 6. 27. 선고 88가합43584 판결(확정)
신용장에 의한 거래는 그 기초가 된 상품의 매매계약과는 독립된 별개의 거래로서 그
거래의 이행은 신용장에 기재된 문면과 형식상 엄격하게 합치됨을 요한다 할 것이고
수출용 원자재의 생산 및 조달에 관한 자금융통을 위하여 이용되는 내국신용장거래

역시 그 본질이 신용장거래인 이상 일반신용장과 달리 볼 이유는 없다 할 것이며 신용장조건의 하나로서 그 명시적 기재를 요하는 유효기일은 신용장개설은행이 매도인 또는 신용장에 기한 어음 소지인 등에 대하여 신용장개설의뢰인의 매매대금지급을 담보하겠다는 기간을 의미한다 할 것이므로 신용장개설은행은 신용장에 기재된 유효기일이 경과한 뒤에 지불 제시된 환어음에 대하여 신용장대금의 지급을 거절할 수 있다 할 것이고 가사 그 유효기일 경과 후에 신용장대금이 지급된 사례가 다수 있었다 하더라도 그러한 사정만으로는 엄격한 문언성의 준수가 요청되는 신용장거래의 원칙을 배제하여 내국신용장에 대하여는 이와 달리 유효기일의 기재내용과 관계없이 그 기일 경과 후에도 신용장개설은행이 계속적인 책임을 부담하는 상관습이 생성, 통용되고 있다고 볼 수 없다.

※ 대구고등법원 1961. 6. 21. 선고 4294민공245 판결(확정)
원고는 은행이 진출한 <u>자기앞수표에 대하여는</u> 정시기간 경과 후의 정시도 유효로 하여 수표금을 지급하는 현저한 관례가 있고 따라서 시효완성 전까지는 수표상의 권리가 소멸되는 것이 아니므로 원고는 정시기간 경과 후에 본건 수표를 취득하였다고 할지라도 유효히 수표상의 권리를 취득한 것이고 다만 시효완성으로 인하여 이득상환청구권이 발생된 것이라고 주장하나 원심증인 천영빈의 증언에 의하면 현하은행이 진출한 자기앞 수표에 대하여 특별한 사정이 없는 한 정시기간 경과 후의 정시도 유효로 하여 수표금을 지급하는 관례가 있음을 인정할 수 없는바 아니나 그렇다고 하여 동 증언만으로서 <u>기간 내 정시가 없더라도 당연히 정시기간이 연장되어 수표상의 권리가 소멸하지 않는다고 하는 상관습이 있다고 인정할 수는 없으며</u> 달리 그러한 관습의 존재를 인정할 만한 하등의 증거가 없다.
Cf. '진출'은 '발행', '정시'는 '제시'의 일본식 표현이다.

4. 상관습법의 적용

상관습법도 법이므로(상법 1조) 소송에 있어서 법원은 이를 직권으로 적용하여야 할 것이지 당사자의 주장이나 입증을 기다릴 것이 아니다. 그러나 실제에 있어서 당사자가 자신의 이익을 위하여 상관습법의 내용을 주장 및 입증하여야 할 경우가 많을 것이다. 반면에 사실인 상관습에 관하여는 이를 이익으로 원용하는 자에게 주장 및 입증책임이 있다(대법원 1959. 9. 24. 선고 4292민상102 판결).

5. 상관습법의 적용순위

이에 대하여는 후술하는 '상법적용의 순위'에서 보기로 한다.

V. 상사자치규정

1. 문제의 소재
회사의 정관과 거래소의 업무규정 등이 상사자치법으로서 상법의 법원인가에 대하여 견해가 대립한다.

2. 학설의 대립
(1) 법 규 설
정관은 회사의 조직과 활동 또는 사원의 지위에 관한 근본규칙으로서 상법에 의하여 그 작성이 요구되고(상법 178조, 269조, 287조의2, 288조, 543조), 일정한 경우 상법에 우선하는(상법 200조, 207조, 416조) 한편 유가증권시장에서의 매매거래에 관련된 사항을 정하는 거래소의 업무규정 또한 자본시장과 금융투자업에 관한 법률에 의하여 정하여지며 그 사항이 법정되어 있기 때문에(자본시장법 393조) 정관과 거래소의 업무규정은 강행규정에 반하지 않는 한 법적 구속력을 가지는 자치법규라는 입장이다(손주찬 39, 정찬형 41, 최기원 33-34).

(2) 계 약 설
법률에 의하여 작성이 강제되었다고 하여 그것이 곧 법적 효력을 가진다고 보는 것은 무리이며 따라서 정관과 거래소의 업무규정은 하나의 계약으로서의 성질을 가질 뿐 상법의 법원이 아니라는 입장이다(정동윤 53).

3. 결   론
상법이나 자본시장과 금융투자업에 관한 법률에 의하여 작성이 강제된다고 하여 그것이 법적 구속력을 가진다고 할 수 없으며, 상법이 당사자의 자율성을 존중하여 정관 규정을 상법에 우선시킨 것을 가지고 법적 구속력을 가진다고 볼 수 없다. 또한 정관의 경우 그 회사에만 효력을 미치는 것으로서 불특정 다수의 수규자(受規者)에 대하여 그들의 의사와 무관하게 적용되는 법(法)이라고 볼 수는 없다(계약이 구속력을 가지는 것은 의사자치의 결과인 것이지 그것이 법이기 때문은 아니다). 계약설이 타당하다.

> Cf. 대법원 2000. 11. 24. 선고 99다12437 판결은 민법상 비영리사단법인인 대한민국 헌정회의 정관상 회장 중임금지규정의 해석에 관련하여 "사단법인의 정관은 이를 작성한 사원뿐만 아니라 그 후에 가입한 사원이나 사단법인의 기관 등도 구속하는 점에

비추어 보면 그 법적 성질은 계약이 아니라 자치법규로 보는 것이 타당하"다고 판시
하였으나, 이를 영리사단법인인 상법상 회사의 정관에 그대로 적용할 수는 없다. 왜냐
하면 상법상 회사에는 '영리성'이라는 특성이 존재하는데 그로 인하여 원시정관을 작
성한 사원 또는 발기인은 정관을 작성할 당시 그에 따르겠다는 의사를 표명하는 것이
고, 그 이후에 가입한 사원 또는 주주도 해당 회사의 정관내용에 따르겠다는 의사를
전제로 가입 또는 주식의 인수 또는 매수를 하는 것이기 때문이다. 비영리법인의 경우
에는 그 법인의 비영리적 '목적'에 동조한다는 정도에서 한 사람의 동등한 자격의 회
원으로 가입하는 데 반하여 영리법인인 상법상 회사의 경우에는 사원에 따라 그가 부
담하는 책임의 종류나 범위(유한책임 또는 무한책임, 보유주식의 수와 종류)가 달라지
는 등 사원이나 주주가 강한 '영리목적성'을 띠므로 자연히 사원 또는 주주의 권리와
의무가 기재되어 있는 정관을 대하는 입장도 비영리법인과는 확연히 차이가 나는 것
이다. 요컨대 비영리사단법인에의 가입은 정관의 세세한 내용을 알 필요가 없는 상태
에서 정관의 준수에 대한 자각 없이 이루어지는 것이 일반적 모습이므로 비영리법인
의 정관을 계약으로 풀기에는 어려움이 있는 것임에 반하여 영리법인인 상법상 회사
의 경우에는 계약으로 푸는 것이 현실에 더 합당하다고 본다.

Ⅵ. 보통거래약관

1. 보통거래약관의 의의

보통거래약관(普通去來約款, general conditions)은 기업(사업자)이 집단적인 대량거
래의 편의를 위하여 획일적으로 적용할 목적으로 미리 작성한 정형적인 계약조항
을 말한다. 보통계약약관 또는 단순히 약관이라고도 한다.

2. 보통거래약관의 성립 형태

이러한 약관의 성립 형태는 세 가지로 나누어 볼 수 있다. 첫째는 기업이 일
방적으로 작성하는 경우로서 거래당사자 사이의 계약교섭력(bargaining power)의 격
차가 큰 경우가 이에 해당한다. 은행의 예금약관, 보험회사의 보험약관, 운송인의
운송약관 등 대부분의 약관이 이에 해당되며 뒤에서 보게 되는 약관에 대한 통제
의 필요성이 가장 강하게 요청되는 형태이다. 둘째는 기업이 그 거래의 상대방과
공동으로 작성하는 경우로서 통상의 약관 개념과는 거리가 있다. 화재보험의 특별
거래약관이 이에 해당한다. 셋째로 기업과 그 상대방 어느 쪽에도 해당되지 않는
제 3 자(국제기구, 협회, 학회 등)가 작성하는 경우이다. 국제법협회가 만든 공동해손
에 관한 요크·앤트워프규칙과 같은 것이 이에 해당한다.

3. 보통거래약관의 경제적 기능과 규제의 필요성

보통거래약관은 기업의 대량적이고 집단적인 거래를 합리적으로 신속하게 처리하는 데 있어서 필요하고, 그 거래내용을 명확히 하여 분쟁을 미연에 예방한다는 데 큰 장점을 가진다. 그러나 대부분의 보통거래약관이 기업에 의해 일방적으로 작성되는 까닭에 기업에게만 유리한 경우가 많아 거래상대방에게 부당하게 가혹한 경우가 적지 않다. 이 때문에 각국은 보통거래약관에 대하여 입법적·행정적·사법적 규제를 가하고 있다.

4. 보통거래약관의 구속력의 근거

(1) 문제의 소재

기업에 의하여 일방적으로 작성된 보통거래약관의 경우에 있어서 계약 체결시에 그 내용을 알지 못한 거래의 상대방에게도 그 구속력을 인정할 것인가 여부와 구속력을 인정하는 경우 구속력 인정의 근거가 무엇인가에 대한 논의가 그 중심이 된다. 이는 보통거래약관의 법원성 인정 여부와 관련된다.

(2) 자치법설(법규설)

약관을 법규범으로 보는 입장이다. 이에는 ① 약관은 당해 거래권이라고 하는 부분사회의 자치법으로서 정관과 동일하게 구속력을 가지는 것이라는 자치법설, ② 국가가 특정 기업에게 약관을 작성할 수 있는 권한을 부여하였기 때문에 구속력을 가진다는 수권설 및 ③ 일반적으로 약관에 의하여 거래가 형성되는 분야에서는 계약이 약관에 의한다는 상관습(법)이 성립되어 있기 때문에 그 계약은 약관에 의하여 지배된다는 상관습법설 또는 백지상관습법설이 있다.

(3) 법률행위설(계약설)

약관은 그 자체가 법규범이 될 수는 없으며 약관이 구속력을 가지는 것은 거래 상대방이 약관에 따를 것을 의사표시의 내용으로 하였기 때문이라는 입장이다. 이 입장은 상대방 의사의 정도에 따라 다시 나누어진다.

먼저 당사자가 약관의 내용을 충분히 인식하였거나 그것에 의하여 거래하는 것에 대하여 명시적 또는 묵시적인 의사가 있는 경우에 약관의 구속력이 발생한다는 전통적인 법률행위이론 또는 채용합의설의 입장이 있다. 이 입장에 대하여는 당사자가 약관의 내용을 알았는지 여부라는 주관적인 사정에 의하여 약관에 의한 계약의 효력이 좌우되는 결과를 초래할 우려가 있다는 비판이 있다. 전통적인 법

률행위이론 또는 채용합의설이 가지는 위와 같은 난점을 극복하기 위하여, 기업이
계약내용을 일방적으로 정하고 상대방이 이를 포괄적으로 승인함으로써 계약이 성
립한다는 부합계약설과 약관을 명시하는 등의 방법을 통하여 상대방이 알 수 있는
상태에 둔 경우에는 상대방이 특히 약관에 의하지 않겠다는 명시적인 의사를 표명
하지 않는 한 그 약관에 의하여 거래할 의사가 있는 것으로 추정한다는 의사추정
설도 주장된다.

(4) 약관의 규제에 관한 법률의 입장

약관의 규제에 관한 법률 제 3 조는 사업자로 하여금 고객에게 약관의 내용을
분명하게 밝힐 의무를 부과하고, 그 중 중요한 내용에 대하여는 성질상 현저하게
곤란한 경우를 제외하고는 고객이 이해할 수 있도록 설명할 의무를 부과함과 아울
러 위 각 의무에 위반한 경우 당해 약관을 계약의 내용으로 주장할 수 없다고 규
정하고 있다. 생각건대 약관의 중요한 내용에 관하여 설명의무를 부과하고 이를
이행하지 않을 경우에는 당해 약관을 계약의 내용으로 주장할 수 없도록 한 규정
은 전통적인 법률행위이론 또는 채용합의설의 입장으로 보이는 한편 약관의 일반
적인 내용과 성질상 설명이 현저하게 곤란한 경우에 있어서는 약관을 명시하는 것
만으로 구속력을 부여하는 규정은 의사추정설을 전제로 하고 있는 것으로 파악된
다(同旨: 손주찬 45, 정동윤 57).

(5) 대법원의 입장

대법원은 "보통보험약관을 포함한 이른바 일반거래약관이 계약의 내용으로 되
어 계약당사자에게 구속력을 갖게 되는 근거는 그 자체가 법규범 또는 법규범적
성질을 갖기 때문은 아니며 계약당사자가 이를 계약의 내용으로 하기로 하는 명시
적 또는 묵시적 합의를 하였기 때문"(대법원 2004. 11. 11. 선고 2003다30807 판결; 대법
원 1996. 10. 11. 선고 96다19307 판결도 同旨)이라고 하고 "일반적으로 당사자 사이에
서 보통보험약관을 계약내용에 포함시킨 보험계약서가 작성된 경우에는 계약자가
그 보험약관의 내용을 알지 못하는 경우에도 그 약관의 구속력을 배제할 수 없는
것이 원칙"(대법원 1985. 11. 26. 선고 84다카2543 판결)이라고 판시함으로써 의사추정설
의 입장을 취한 것으로 보인다.

(6) 결　론

법적 구속력의 근거가 법 아니면 합의뿐인 것은 주지하는 바와 같은 한편 대
법원이 적절히 지적하는 바와 같이 약관은 법이 아니므로 법규설을 취할 수는 없

다. 그렇다면 약관의 구속력은 당사자 사이의 합의에서 근거를 찾아야 할 것인데 계약설의 입장을 취할 경우 고객이 약관의 내용을 안 상태에서 이를 계약의 내용으로 하기로 합의한 바가 없는데도 불구하고 그것이 계약의 내용으로 편입되는 점을 설명하기가 어려운 것이 계약설이 가진 약점이다. 이를 무리 없이 설명하기 위하여 변형된 계약설의 입장들이 제시되고 있는바 의사추정설의 입장이 가장 무난하다고 본다.

5. 보통거래약관의 해석원칙

약관의 규제에 관한 법률에 의하면 약관의 해석은 다음의 원칙에 따라야 한다.

(1) 신의성실의 원칙

약관은 신의성실의 원칙에 따라 공정하게 해석되어야 한다(위 법 5조 1항 전단). 이는 약관해석의 근본적인 원칙으로 이로부터 아래의 구체적 원칙들이 도출된다.

(2) 통일적(획일적) 해석의 원칙

약관은 고객에 따라 다르게 해석되어서는 아니된다(위 법 5조 1항 후단).

(3) 작성자불리해석의 원칙

약관의 뜻이 명백하지 아니한 경우에는 고객에게 유리하게 해석되어야 한다(위 법 5조 2항). 불명료한 조항에 대하여 이를 작성한 사업자에게 불리하게 해석하는 원칙은 미국의 contra proferentem(against the offeror) rule과 같은 맥락의 것이다.

Cf. contra proferentem(against the offeror) rule: 서면을 해석함에 있어서 불명료한 경우에는 작성자에게 불리하게 해석되어야 한다는 미국법상의 원칙을 말한다.

(4) 개별약정우선의 원칙

약관에서 정하고 있는 사항에 관하여 사업자와 고객이 약관의 내용과 다르게 합의한 사항이 있을 때에는 그 합의사항은 약관보다 우선한다(위 법 4조).

6. 보통거래약관에 대한 규제

(1) 서 론

대개의 보통거래약관은 기업자가 일방적으로 작성하므로 상대방(고객)에게 부당하게 불리한 조항이 포함되는 경우가 많다. 따라서 이러한 경제적 약자인 고객을 보호하기 위하여 국가는 약관에 대한 규제를 할 필요가 있는바 이러한 규제에는 입법적·행정적·사법적 규제가 있다.

(2) 입법적 규제

보통거래약관에 기재할 내용과 그 효력요건 등을 법률로 정하는 것을 말한다. 우리나라의 경우 약관의 규제에 관한 법률을 두어 약관에 대한 규제를 하고 있다.

(3) 행정적 규제

행정관청에 의한 사전규제로서 약관의 인가를 말한다. 예컨대 보험약관에 대한 금융위원회의 허가(보험업법 4조, 5조), 운송약관의 국토교통부장관 등에 대한 신고(여객자동차 운수사업법 9조) 등이 있다. 약관에 대한 인가와 관련하여 인가와 약관의 사법상 효력의 관계가 문제된다. 인가는 행정감독 차원의 문제일 뿐으로 약관의 사법상의 효력과는 무관한 것이다. 따라서 인가를 받지 않은 약관도 사법상으로는 유효하고, 또 인가를 받았다고 하여 약관의 내용이 모두 사법상 유효하게 되는 것은 아니다.

(4) 사법적 규제

법원이 사후적으로 재판을 통해 약관의 효력을 규제하는 것이다.

Ⅶ. 상사판례법

1. 상사판례법의 의의

상사판례법은 상사사건에 관하여 법원이 내린 판결(들)에 의하여 밝혀진 이론이나 법칙이라고 정의할 수 있다. 영미법계에서는 선례구속력의 원칙(doctrine of stare decisis)에 따라 판례를 통하여 나타난 법원칙을 법원(法源)으로 인정하므로 이를 판례법(case law)이라고 할 수 있는 반면에 우리나라를 포함한 대륙법계 국가에서는 상급법원의 재판에 있어서의 판단은 당해 사건에 한하여만 하급심을 기속(羈束)할 뿐(법원조직법 8조) 선행판결(先行判決)의 법원성을 정면으로 인정하고 있지 않으므로 상사판례를 법원으로 볼 것이냐에 대하여 견해의 대립이 있다.

〈Note〉 표현상의 문제로서 엄격하게 말하면 판례의 법원성을 인정할 경우에만 판례법이라고 쓰는 것이 적절할 것이다.

2. 판례의 법원성 인정 여부

상사판례의 법원성 인정 여부에 대하여 다수설은 선례구속력을 인정하는 명문의 규정이 없다는 이유로 부정하나(손주찬 49, 정동윤 60) 법원의 판결이 성문법 또는 관습법에 대하여 수정적·창조적 작용을 하면 이에 대하여 법원성을 인정할 수 있다는 입장(정찬형 45)도 있다. 우리나라의 경우 종전의 판례와 다른 판결을 할 수 있고 이것이 상고이유가 되지 않는 점(민소법 423조 참조)에 비추어 볼 때 상사판례의 법원성은 부정된다고 보아야 할 것이다. 이렇게 상사판례의 법원성을 부정하더라도 그 사실상의 구속력까지 부정할 수는 없는 것이며 '살아있는 법'으로서의 판례에 대한 연구는 지속되어야 할 것이다.

Ⅷ. 상사학설

상사학설은 상사에 관한 유력한 학자의 학설을 말하는 것으로 이것이 상법의 법원이 되는가에 대하여는 이를 인정하는 견해도 있으나 상사학설이 간접적으로 성문법의 해석에 영향을 미치기는 하지만 같은 사항에 대하여 둘 이상의 학설이 대립할 때 어느 설을 택하여 규범성을 인정할 것인가 하는 어려운 문제가 있으므로 그 법원성을 인정하기는 곤란하다(同旨: 손주찬 49, 정동윤 61, 정찬형 46).

Ⅸ. 조리(條理)

1. 조리의 의의

조리(條理, nature of things)는 사물의 도리를 말한다. 다시 말하면 건전한 사회인의 절대다수가 인정할 것으로 생각되는 객관적인 원리 또는 법칙으로서, 사회통념·사회적 타당성·사회질서·신의성실·정의·형평·이성·법의 일반원리·경험법칙·논리법칙·공서양속이라는 각종의 표현에서 떠올릴 수 있는 개념이다. 이러한 조리는 실정법과 계약의 해석에 있어서 기준이 되는 것은 물론 이와 별도로 재판에 있어서 적용할 법이 없는 경우에 재판의 준거가 된다(민법 1조).

2. 조리의 법원성 인정 여부

법의 흠결시에 조리에 의하도록 한 민법 제 1 조가 조리의 법원성을 인정한 것이냐 여부에 대하여 견해가 대립한다.

(1) 인 정 설

이는 법관은 적용할 법이 없다고 하여 재판을 거부할 수 없는 것으로서 민법 제 1 조는 조리의 법원성을 명문으로 인정하고 있다는 입장이다(손주찬 50).

(2) 부 정 설

민법 제 1 조는 조리의 법원성을 인정한 것이 아니라 법 흠결시의 재판의 준거가 됨을 밝힌 것에 불과하며, 조리는 자연법적인 존재로서 일종의 이념이므로 법원의 의미를 법의 존재형식이라는 경험적·실재적 뜻으로 보면 이념으로서의 조리는 법원이 될 수 없다고 한다(정동윤 61, 정찬형 46).

(3) 결   론

생각건대 조리가 추상적인 원리에 지나지 않고 경험적 실재가 아니라는 이유로 법원으로 보기 어렵다는 주장은 납득하기 어렵다. 성문의 법규와 같은 경험적 실재로서의 법원(法源)들은 모두 조리를 구체화한 것이고, 민법 제 1 조는 사회생활에 필요한 모든 규범을 실정법화할 수 없다는 불완전성을 전제로, 법 흠결시 법관에 의한 보충적 입법권의 근거로서의 조리의 법원성을 선언해 둔 것이라고 보아야 할 것이다. 대법원은 조리가 재판의 준거가 될 수 있다는 점은 명시하고 있으나 법원성을 인정하는지 여부에 대하여는 명확하지 않다.

※ 대법원 1965. 8. 31. 선고 65다1156 판결
정관에 보수에 관한 규정이 없고 주주총회의 의결도 없는 경우의 구 민법상의 상무취체역에 대한 보수는 그에 대한 상관습이나 민법의 규정 또는 민사관습도 없는 바이니 조리에 의하여 상당한 액을 지급하기로 한 것이라고 단정하고 그 상당액을 증거에 의하여 일정액으로 인정한 조처에 위법이 있지 아니하다.
Cf. '상무취체역'은 '상무이사'의 일본식 표현이다.

제2절 상사에 관한 법원의 적용순위

Ⅰ. 상법 제 1 조의 의의

상법 제 1 조는 "상사에 관하여 본법에 규정이 없으면 상관습법에 의하고 상관습법이 없으면 민법의 규정에 의한다."라고 규정하여 상사(商事)에 대하여 수개의

법규정이 경합하는 경우에 있어서의 법원(法源)의 적용순서를 정하고 있다. 상사에 관한 법원에 관련하여 먼저 '상사(商事)'의 범위에 대하여 견해가 대립한다.

형식설은 상법전에 규정되어 있는 사항 및 특별법에 의하여 상법전의 적용을 받도록 되어 있는 사항을 뜻한다고 한다[손주찬 51, 최기원 46, 임홍근 37, 정동윤(상) 24, 채이식 28].

한편 실질설은 기업관계에 속하는 모든 사항을 의미한다고 한다. 이론적으로 형식설은 적용범위가 명확한 반면 실질설은 상사의 범위가 명확하지 못한 단점이 있다고 하나 실제에 있어서 큰 차이는 없다.

II. 상법전과 상관습법의 관계

1. 문제의 소재

상법 제1조에 의하면 "상사에 관하여 본법에 규정이 없으면 상관습법에 의하고…"라고 규정되어 있는바 동일한 사항에 관하여 상법전과 상관습법이 경합하는 경우의 적용순위에 관하여 견해가 대립한다.

2. 견해의 대립

(1) 제정법우선주의(보충적 효력설)

상법 제1조를 문리해석하여 이 규정이 제정법우선주의를 취한다는 입장이다. 즉, 상법전에 규정이 없는 사항에 대하여만 상관습법이 보충적으로 적용된다는 것으로 상관습법의 제정법 개폐력을 인정하지 않는 입장이다(정찬형 47).

(2) 상관습법동등주의(개폐적 효력설)

상법전의 고정적 성격으로 인하여 구체적인 타당성이 결여되는 불합리를 피하기 위하여 상관습법의 제정법 개폐력을 인정하는 견해이다. 이는 다시 둘로 나누어진다.

① 상관습법의 변경력은 상사제정법 중 임의규정에 한하여 우선적 효력이 인정된다는 입장(이 입장에서는 상법 제1조의 '본법에 규정이 없으면'의 의미를 상법전에 강행규정이 없는 경우를 가리키는 것으로 해석한다, 임홍근 38-39)과 ② 강행규정에 대하여도 인정된다는 입장이다(손주찬 53, 정동윤 63, 최기원 46).

(3) 결 론

생각건대 제정법의 고정성에서 비롯되는 결함을 보완하기 위하여 생성된 새로운 상관습법이 강행규정을 포함한 상사제정법에 우선한다는 입장이 타당하다고 본다. 실제로 과거 어음법과 수표법의 강행규정에 반하는 백지어음과 백지수표가 상관습법으로 인정되었고 이것이 후일 성문화되었던 예를 생각하면 더욱 그러하다. 따라서 상법 제 1 조는 '본법에 규정이 없으면'이라는 문구에 구애됨이 없이 상관습법도 법원성을 가진다는 의미로 해석하는 것이 옳다. 만약 상법전과 상관습법이 충돌할 경우에는 "신법(新法)이 구법(舊法)에 우선한다"라는 원칙에 따라 그 우선순위를 정하면 될 것이다.

Ⅲ. 상관습법과 민법전의 관계

상법 제 1 조에 의하면 "상사에 관하여 … 상관습법이 없으면 민법의 규정에 의한다."라고 하여 상사에 관하여 상관습법이 민법에 우선하는 효력을 인정하고 있다. 즉, 상관습법은 민법에 규정이 없는 경우뿐만 아니라 있는 경우에도 성립되며 또한 민법을 변경하는 효력이 있다.

다만 상관습법의 우선적 효력에 대한 해석방법에 있어서 ① 불문법인 상관습법이 성문법인 민법전에 우선하는 것은 제정법우선주의에 대한 예외라는 입장(최기원 46)과 ② 상관습법과 민법전은 특별법과 일반법의 관계에 있으므로 특별법우선의 원칙상 당연한 규정이라는 입장(손주찬 54)이 대립하고 있다.

생각건대 상관습법을 상법전과 동등한 법원으로 본다면 상관습법은 상법전과 같이 민법의 특별법이므로 당연히 민법에 우선한다고 보아야 할 것이다(同旨: 정동윤 63). 상관습법이 우선적 효력을 가진다는 것은 강행규정을 포함한 민법에 규정이 있는 사항에 대하여도 상관습법이 성립하고 그 범위 내에서는 민법의 규정을 변경하는 효력을 가진다는 뜻이다.

Ⅳ. 상법전과 민법전의 관계

상사에 관하여 민법은 상법전의 규정과 상관습법이 없는 경우에 적용된다(상법 1조). 이는 특별법 우선의 원칙상 당연하다고 할 것이다. 상법전과 민법전과의 관계를 구체적으로 고찰하면 다음과 같다.

1. 상법규정의 유형

(1) 상법전에만 존재하는 특유한 제도로서 민법에는 규정이 없는 것이 있다. 이에는 ① 상법이 순수한 고유의 제도로 규정하고 있는 것(예: 상업장부, 상호, 상업등기 등)과 ② 상법이 창설한 규정이기는 하지만 민법에 그 기초를 두고 있는 것(예: 회사와 사단법인, 지배인과 대리 등)이 있다.

(2) 민법의 원칙규정에 대하여 상법이 예외규정을 두고 있는 것(예: 법정이율, 유질계약의 허용, 상사매매 등)이 있다.

(3) 민법의 일반규정이 상사에도 그대로 적용되는 것(예: 능력, 물건, 법률행위, 기간, 물권관계, 불법행위 등)이 있다.

2. 민법의 적용영역

위의 (1)의 ① 및 (2)의 경우는 상사에 관하여 민법전이 적용될 여지가 거의 없다. (1)의 ②의 경우 민법전이 보충적으로 적용될 수 있지만 그에 관한 상법전의 규정이 상세하여 그 여지는 적다. 따라서 실제에 있어서 (3)의 경우가 가장 중요하다. 이 경우 상사에 관하여 민법전이 적용 또는 유추적용된다.

Ⅴ. 법원적용의 순위

위에서 본 바에 따라 법원의 적용순서를 정리하면 다음과 같다.

> (상사자치법) → 상사특별법령 및 상사조약 → 상법전 → (상관습법) →
> (상관습법)
>
> (상사판례법) → (민사자치법) → 민사특별법령 및 민사조약 → 민법전 →
> (민사관습법)
>
> (민사관습법) → (민사판례법) → (條理)
>
> * 법원성 인정 여부나 그 순위에 다툼이 있는 것은 괄호 속에 표시하였음.

제5장 상법의 효력(적용범위)

제1절 총   설

상법의 효력은 시간, 사람, 장소 및 사항의 네 가지 면에서 제약을 받는다.

제2절 시간에 관한 적용범위

I. 시 제 법

상법은 경제의 발전과 기업생활관계의 변화에 따라 자주 개정되는 법영역(法領域)이다. 동일한 사항에 대하여 이전의 법(舊法)을 대체하는 신법(新法)이 만들어진 경우 신법 시행 후에 생긴 사실에 대하여는 현행법인 신법을 적용하여야 함은 당연하고, 구법시에 효력이 생긴 사실에 대하여는 신법을 적용할 여지가 없다. 문제는 구법시대에 발생하여 신법 시행 후에도 존속하고 있는 사실에 대하여 신법(新法)의 소급효(遡及效)를 적용할 것인가 아니면 구법(舊法)의 추급효(追及效)를 인정할 것인가 하는 것이다. 이러한 문제를 정하는 규정을 시제법(時際法) 또는 경과규정(經過規定)이라고 하는데 보통 시행법이나 부칙에서 이를 정한다. 이러한 경우 일반적으로 법적 안정성과 기득권 존중의 견지에서 행위 당시의 법인 구법(舊法)을 적용하는 것이 옳다고 할 수 있다. 그리고 형벌에 관련한 영역에서는 형벌불소급

의 원칙이 더욱 엄격히 적용될 필요가 있다. 그러나 이러한 법률불소급의 원칙은
해석상의 원칙일 뿐 입법을 구속하는 것은 아니다. 특히 합리성을 위주로 하는 상
법 영역에 있어서는 이해관계인에게 유리한 신법의 이익을 균점시키기 위하거나
신법의 이상을 실현하기 위하여 또는 법률관계의 획일적 확정을 위하는 등 여러
가지 이유에서 신법에 소급효를 인정하는 경우가 있다. 이는 결국 법률정책적인
문제인 것이다. 상법시행법 제 2 조 제 1 항 본문에서 "상법은 특별한 규정이 없으
면 상법 시행 전에 생긴 사항에도 적용한다."라고 규정하고 있는 것은 이러한 맥
락에서 이해되어야 한다.

> ※ 대법원 1995. 7. 25. 선고 94다52911 판결
> 상법 제724조 제 2 항 본문은 "제 3 자는 피보험자가 책임을 질 사고를 입은 손해에 대
> 하여 보험금액의 한도 내에서 보험자에게 직접 보상을 청구할 수 있다"고 규정하여,
> 그 개정 상법의 시행일인 1993. 1. 1.부터는 교통사고의 피해자가 가해차량에 대한 자
> 동차보험을 인수한 보험회사에 대하여 직접 보상을 청구할 수 있게 되었는데, 그 개정
> 상법 부칙(1991. 12. 31.) 제 2 조 제 1 항 본문에 의하면 개정 상법 시행 이전에 성립한
> 보험계약에도 개정 상법 중 보험편의 규정을 적용한다는 것이므로, 보험사고인 교통사
> 고가 개정 상법 시행 이전에 발생하였다고 하더라도 피해자는 상법 제724조 제 2 항
> 본문의 규정에 의하여 자동차보험을 인수한 보험회사에 대하여 직접 보상을 청구할
> 수 있다고 할 것이며, 개정 상법 부칙 제 2 조 제 1 항 단서의 규정이 위와 같은 해석
> 을 방해하는 것은 아니다.
> 〈해 설〉 1991년 12월 31일 상법 개정시 상법 제724조 제 2 항을 개정하여 자동차보
> 험에 부보된 차량사고의 피해자는 가해자나 차량소유자가 아닌 보험자에게 직접 그
> 배상을 청구할 수 있도록 규정하였다. 이렇게 보험자에 대한 직접청구권을 피해자에게
> 인정하게 된 것은 피해자가 가해자나 차량소유자에 대하여 소송을 제기하여 이행판결
> 을 취득한 이후에야 그 판결에 기한 채권을 전부 받아 비로소 보험자에게 집행을 할
> 수 있었던 구법 시대의 피해자측의 불편을 시정하기 위함이었다. 위와 같이 상법을 개
> 정하면서 부칙 제 2 조에 "이 법 제 4 편의 규정은 이 법 시행 전에 성립한 보험계약에
> 도 이를 적용한다"라는 경과규정을 두어 피해자의 위 직접청구권이 신법 시행 이전의
> 교통사고에 대하여도 적용되도록 조처한 것이다.

II. 시간적으로 선후관계에 있는 상이한 법규 상호간의 우월관계

신법(新法)에 의하여 구법(舊法)이 폐지되는 것이 아니라 동일한 사항에 관하여
적용되어야 할 2개 이상의 법 사이에 시간적으로 선후관계가 있고 그 내용이 상이

한 경우 그 우월관계를 정하여야 하는 문제가 발생한다. 이는 법규 자체의 효력에 관련한 문제로서 다음의 두 가지 원칙에 의하여 해결되어야 한다. 즉, ① 법규가 동일순위인 경우 "신법은 구법을 변경한다"(lex posterior derogat legi priori)는 원칙과 ② 법규가 일반법과 특별법의 관계에 있을 때에는 "일반적 신법은 특별적 구법을 변경하지 아니한다"(lex posterior generalis non derogat legi priori speciali)는 원칙이다. 상법시행법 제 3 조는 "상사에 관한 특별한 법령은 상법 시행 후에도 그 효력이 있다."라고 규정하여 후자의 원칙을 밝히고 있다.

제3절   사람에 관한 적용범위

상법은 원칙적으로 모든 대한민국 국민에게 적용된다. 그러나 여기에는 두 가지 예외가 있다.

Ⅰ. 국제사법상의 문제

특정한 사항에 관하여 우리 상법이 외국인에 대하여 또는 외국영토에서 적용되는 경우가 있는 반면 한국영토 내에서 또는 한국인에 대하여 외국의 상법이 적용되는 경우도 있다. 이러한 국제사법상의 문제는 기업활동이 국제화됨에 따라 더 빈번히 발생하며 이를 근원적으로 해결하기 위한 노력으로 각국 상법의 국제적 통일화 운동이 이루어지고 있음은 기술한 바와 같다.

Ⅱ. 소상인(小商人)

상법의 규정 중에는 특수한 상인에게 적용되지 않는 것이 있다. 즉, 소상인에게는 지배인·상호·상업장부·상업등기에 관한 규정을 적용하지 않는다(상법 9조).

제4절 장소에 관한 적용범위

상법은 원칙적으로 대한민국 영토 전역에 적용됨이 원칙이나 이 부분 역시 위에서 언급한 국제사법상의 문제가 있을 수 있다.

제5절 사항에 관한 적용범위

Ⅰ. 상사관계

상법은 사법관계 중에서 상사관계에만 적용된다(상법 1조). 상법 제 1 조의 '상사'의 의의에 대하여는 이미 언급한 바와 같다.

Ⅱ. 공법인의 상행위

국가나 지방자치단체와 같은 공법인의 상행위에 대하여는 법령에 다른 규정이 없는 경우에 한하여 상법이 적용된다(상법 2조). 이는 공법인의 상행위에 대하여는 특별한 정책적 이유나 목적 때문에 특별규정으로써 상법의 적용을 배제할 수 있도록 한 것이다. 따라서 그러한 법령에 특별한 규정이 없는 한 공법인도 일반사인(一般私人)과 동등한 입장에서 상행위를 하는 때에는 당연히 상법의 적용을 받게 되는 것이다.

※ 대법원 2013. 4. 11. 선고 2011다112032 판결
전기수용가(피고)가 일반용 전력으로 계약종별을 신청하여 한국전력공사(원고)와 사이에 전기공급계약을 체결하고는 일반용보다 요율이 높은 주택용으로도 전기를 사용하자 원고가 위 전기공급계약에 적용되는 약관 등을 근거로 하여 면탈금액과 추징금 등을 포함한 위약금을 피고에게 청구한 사안에 대하여 원심은 이와 같은 위약금은 손해배상액의 예정에 해당하므로 민법 제163조 제 1 호의 3년의 단기소멸시효가 적용되는 전기요금 채권과 동일한 소멸시효가 적용된다고 판단하였다. 그러나 대법원은 원심을 파기환송하면서 "계약종별 위반으로 약관에 의하여 부담하는 위약금 지급채무는 전기의

공급에 따른 전기요금 채무 자체가 아니므로, 3년의 단기소멸시효가 적용되는 민법 제 163조 제 1 호의 채권, 즉 '1년 이내의 기간으로 정한 금전의 지급을 목적으로 한 채 권'에 해당하지 않는다. 그러나 '영업으로 하는 전기의 공급에 관한 행위'는 상법상 기 <u>본적 상행위에 해당하고(상법 제46조 제 4 호), 전기공급주체가 공법인인 경우에도 법 령에 다른 규정이 없는 한 상법이 적용되므로(상법 제 2 조)</u>, 그러한 전기공급계약에 근거한 위약금 지급채무 역시 상행위로 인한 채권으로서 상법 제64조에 따라 5년의 소멸시효기간이 적용된다."라고 판시하였다.

Cf. 한편 대법원 2014. 10. 6. 선고 2013다84940 판결은 전력공급계약에 따른 전기요 금채권은 3년의 단기소멸시효가 적용되는 민법 제163조 제 6 호의 채권이라고 판시하 였는데 이는 상법 제64조 단서가 적용되기 때문이다.

Ⅲ. 일방적 상행위

상법이 적용되는 상행위에는 당사자 일방의 행위만이 상행위가 되는 일방적 상행위와 그 쌍방의 행위가 모두 상행위가 되는 쌍방적 상행위가 있다. 후자의 경 우 상법이 적용되는 것은 당연하나 전자의 경우에는 상행위가 되는 쪽에는 상법 이, 그 상대방에게는 민법이 각각 적용된다고 할 경우 양법 사이의 저촉으로 인하 여 불합리한 결과가 초래될 수 있다. 상법은 이 경우 당사자 쌍방에 상법을 적용 하도록 한다(상법 3조). 이는 당사자 일방이 수인인 경우에 그 중 1인에게만 상행위 가 되는 경우에도 적용된다(대법원 2014. 4. 10. 선고 2013다68207 판결). 이러한 상법 제 3 조의 원칙에 대하여는 예외가 있는데, 쌍방이 모두 상인인 경우에 한하여 상 법이 적용되는 경우(58조·67조~71조)가 그것이다.

제1편 상법총칙

상법전 제1편은 기업에 관한 일반원칙을 규정하고 있다. 기업의 주체에는 개인상인과 회사상인의 두 종류가 있는데 제1편에서는 개인상인과 회사상인에 공통된 사항을 규정하고 있다(회사상인의 조직과 활동에 관하여는 제3편에 상세한 규정을 두고 있다).

상법전 제1편의 구성을 살펴보면 제2장에는 기업의 주체인 상인, 제3장에는 상인의 인적보조자인 상업사용인, 제4장에는 상인의 영업상의 명칭인 상호, 제5장에는 상인의 영업활동의 기록인 상업장부, 제6장에는 상인에 대한 공시방법인 상업등기, 그리고 제7장에는 기업주체의 변경방법인 영업양도에 관하여 각각 규정하고 있다. 한편 상법은 상인의 영업활동의 장소적 중심인 영업소에 대하여 본점과 지점의 두 종류를 인정하고 있다(상법 21조 2항 등).

〈Note〉이하 괄호 안의 상법 조문은 특별히 구별하여야 할 경우가 아니면 조항만을 기재하고 따로 상법이라고 표기하지 않기로 한다.

제1장 기업의 주체 – 상인(商人)

제1절 상인의 의의

제1관 서 설

Ⅰ. 기업의 주체(상인)의 의의

'기업의 주체'는 자기명의로 기업을 경영하는 권리주체를 말한다. 기업의 주체에는 개인상인과 회사(법인)상인이 있으며, 개인상인은 상법 제4조와 제5조 제1항에, 회사(법인)상인은 상법 제5조 제2항과 제169조에 각 규정되어 있다.

Ⅱ. 상인의 개념을 정하는 입법주의

기업의 주체로서의 상인의 개념을 정함에 있어서 다음의 세 가지 입법주의(立法主義)가 있다.

1. 실질주의(객관주의 · 상행위법주의)

실질적으로 일정한 행위(상행위)를 하는 자를 상인으로 하는 주의를 말한다. 이는 상행위를 열거하고 그러한 행위를 영업으로 하는 자를 상인으로 인정하는 것으로 열거주의라고도 한다. 프랑스 상법과 이탈리아 구 상법(舊商法) 및 독일의 구 상법(舊商法)이 이에 해당한다.

2. 형식주의(주관주의 · 상인법주의)

행위의 종류나 내용과는 무관하게 일정한 조직 또는 설비라는 형식을 갖추고 상인적 방법에 의하여 영리행위를 하는 자를 상인으로 보는 입장이다. 스위스 채무법이 이에 해당한다.

3. 절충주의

실질주의에 형식주의를 가미한 입장이다. 즉, '상행위를 영업으로 하는 자'뿐만 아니라 '일정한 형식을 갖추고 상인적 방법으로 영업을 하는 자'도 상인으로 인정한다. 일본 상법이 이에 해당한다.

4. 결   어

실질주의에 의하면 상인개념을 정하기 위한 전제로 상행위개념이 정해지게 되는데 이 경우 상행위개념의 고정성 때문에 새로운 종류의 영업을 상행위로 포섭하지 못하게 됨으로써 기업활동의 변화에 부응하지 못하는 단점이 있고, 형식주의에 의하면 그 형식과 상인적 방법의 모호성으로 인하여 상인의 범위가 불명확하게 되는 결함이 있다. 절충주의가 타당하다.

Ⅲ. 우리 상법의 입장

한국 상법은 제 4 조에서 영업적 상행위(46조)개념을 기초로 하여 상인개념을 정하는(실질주의) 한편 제 5 조에서는 상행위와 무관하게 영업의 설비 또는 조직에 착안하여 상인성을 인정하고 있으므로(형식주의), 결국 절충주의에 속하는 셈이다. 전자를 당연상인, 후자를 의제상인이라고 부른다. 그러나 이는 상인으로서의 인정근거의 차이일 뿐 상인성이 인정되는 이상 상법의 적용에 있어서 양자(兩者) 사이에 차이가 있는 것은 아니다.

제 2 관   당연상인(고유상인 · 실질상인)

Ⅰ. 의   의

기본적으로 상법에서 정하는 상인(merchant)의 개념은 자기명의로 상행위를 하는 자(4조)이며, 이는 기업의 실질에 따라 정한 것이다. 이것은 상법의 적용상 인정

된 개념이므로 경제상 또는 통속적인 의미의 상인과는 반드시 일치하지는 아니한
다. 이 당연상인의 개념을 분설하면 다음과 같다.

1. '자기명의'로 상행위를 하는 자이다

자기명의(自己名義)로 상행위를 한다는 것은 그 행위의 결과 발생하는 (법률상)
권리의무의 주체가 된다는 뜻이다. 권리의무의 주체가 되는 이상 영업에 속하는
행위를 자신이 하여야 한다는 것은 아니며, 타인에게 대신 시켜도(예컨대 던킨도너
츠가게에서 아르바이트 학생의 도너츠 판매) 무방하다. 따라서 친권자가 미성년자인 자
녀를 위하여, 또는 지배인(支配人)이 영업주를 위하여 영업을 대리하는 경우 미성년
자 또는 영업주가 상인이 되는 것이지 친권자 또는 지배인이 상인이 되는 것이 아
니다. 또 자신이 권리의무의 귀속자가 되는 이상 영업의 자본이 누구의 것이든 영
업상의 이익이 누구에게 귀속하든 그 이익의 용도가 무엇이든 상관없다. 그러므로
夫가 妻의 재산을 가지고 영업을 하고, 子가 父의 계산으로 영업을 하는 경우에도
夫 또는 子가 상인이지 妻나 父가 상인이 되는 것이 아니다. 즉, 자기명의로 하는
것과 자기의 계산으로(17조 참조) 하는 것은 다른 개념이다. 전자는 법률상 권리의
무의 주체가 된다는 것이고, 후자는 경제상 손익의 주체가 된다는 뜻이다. 그리고
권리의무의 주체가 된다는 것은 행정관청에 대한 신고명의인이 되거나 납세의 명
의자가 되는 것과는 무관하다(대법원 2008. 12. 11. 선고 2007다66590 판결).

夫가 妻의 명의로 사업자등록을 하고, 사실상 夫가 권리의무의 주체로서 상행위를 하
는 경우에는 夫가 상인(商人)이 되는 것이고, 명의차용인이 명의대여자의 명의로 영업
을 하는 경우에도 상인이 되는 것은 명의차용인이지 명의대여자가 아니다. 후자의 경
우 명의대여자가 책임을 지는 것은(24조, 81조) 명의차용인이 영업의 주체로서 상인이
되는 것을 전제한 것이다.

2. '상행위'의 '영업성'

(1) 상행위의 의의

여기의 '상행위'는 상법 제46조에 한정적으로 열거되어 있는 상행위와 특별법
(담보부사채신탁법 23조 2항)에 의하여 상행위로 규정되어 있는 행위를 말한다.

〈Note〉 담보부사채신탁법 제23조 제 2 항에는 "제 1 항에 따른 사채총액의 인수는 상행

위로 본다."라고 되어 있어서 영업성을 전제로 하지 않는데 이를 절대적 상행위라고
한다.

(2) 영 업 성

'영업으로 한다'는 것은 이익을 목적으로 일정한 계획에 따라서 동종의 행위를
계속적으로 반복하는 것을 말한다. 이를 다시 분설하면 다음과 같다.

가. 동종행위의 반복　　　행위의 종류는 1종에 한하지 않고 수종도 가능하다.
행위의 반복이 있어야 하므로 당연히 계속적 의도에서 이루어져야 한다. 다만 그
기간의 장단은 불문한다(예: 해수욕장에서의 일시적 기간 동안의 장사).

나. 영리목적　　　그 목적은 개개의 행위에 대하여 존재하여야 하는 것은 아
니며 전체로서 영리목적이 인정되면 된다.

※ 대법원 1998. 7. 10. 선고 98다10793 판결
[1] 어느 행위가 상법 제46조 소정의 기본적 상행위에 해당하기 위하여는 영업으로
동조 각 호 소정의 행위를 하는 경우이어야 하고, 여기서 영업으로 한다고 함은 영리
를 목적으로 동종의 행위를 계속 반복적으로 하는 것을 의미한다.
[2] 새마을금고법의 제반 규정에 의하면 새마을금고는 우리나라 고유의 상부상조 정
신에 입각하여 자금의 조성 및 이용과 회원의 경제적·사회적·문화적 지위의 향상 및
지역사회개발을 통한 건전한 국민정신의 함양과 국가경제발전에 기여함을 목적으로 하
는 비영리법인이므로, 새마을금고가 금고의 회원에게 자금을 대출하는 행위는 일반적
으로는 영리를 목적으로 하는 행위라고 보기 어렵다.

※ 대법원 1994. 4. 29. 선고 93다54842 판결
어느 행위가 상법 제46조 소정의 기본적 상행위에 해당하기 위하여는 영업으로 같은
조 각 호 소정의 행위를 하는 경우이어야 하고, 여기서 영업으로 한다고 함은 영리를
목적으로 동종의 행위를 계속 반복적으로 하는 것을 의미하는바, 구 대한광업진흥공사
법(1986. 5. 12. 법률 제3834호로 전문 개정되기 전의 것)의 제반 규정에 비추어 볼 때
대한광업진흥공사가 광업자금을 광산업자에게 융자하여 주고 소정의 금리에 따른 이자
및 연체이자를 지급받는다고 하더라도, 이와 같은 대금행위는 같은 법 제 1 조 소정의
목적인 민영광산의 육성 및 합리적인 개발을 지원하기 위하여 하는 사업이지 이를 '영
리를 목적'으로 하는 행위라고 보기는 어렵다.
Cf. '대한광업진흥공사'는 '한국광물자원공사'의 이전 명칭이다.

다. 영업의 의사　　　영업의 의사(意思)가 외부에서 인식될 수 있어야 한다. 상

인자격의 유무(有無)는 일반 제 3 자의 이해에 관계되기 때문이다. 그러나 특별한
의사를 적극적으로 표시함을 요하지는 아니한다. 그러므로 점포의 마련 등 개업준
비행위로 인정되는 행위가 있으면 영업의사가 대외적으로 인식된다고 할 것이다(최
기원 55).

라. 영업성이 배제되는 행위 변호사·의사·화가·음악가가 실제 영리목적을
가지고 상행위로서 열거된 사항에 해당하는 행위를 하더라도 이것은 영업으로는
인정되지 않는다[정동윤(상) 51, 임홍근 57, 손주찬 68]. 이러한 것은 영리만을 위한
것이 아니라 공익성을 띠기 때문이다. 학설 중에는 의사가 의료수단의 범위를 넘
어서 환자를 입원시켜서 병실과 음식을 공급하고 대가를 받는 것을 목적으로 하는
경우에는 영업이 된다는 견해(손주찬 68)가 있으나 수긍할 수 없다(同旨: 정동윤 51,
임홍근 57).

> ※ 대법원 2007. 7. 26. 자 2006마334 결정(대법원 2011. 4. 22. 자 2011마110 결정도
>   同旨)
> 변호사의 영리추구 활동을 엄격히 제한하고 그 직무에 관하여 고도의 공공성과 윤리
> 성을 강조하는 변호사법의 여러 규정에 비추어 보면, 위임인·위촉인과의 개별적 신뢰
> 관계에 기초하여 개개 사건의 특성에 따라 전문적인 법률지식을 활용하여 소송에 관
> 한 행위 및 행정처분의 청구에 관한 대리행위와 일반 법률사무를 수행하는 변호사의
> 활동은, 간이·신속하고 외관을 중시하는 정형적인 영업활동을 벌이고, 자유로운 광고·
> 선전활동을 통하여 영업의 활성화를 도모하며, 영업소의 설치 및 지배인 등 상업사용
> 인의 선임, 익명조합, 대리상 등을 통하여 인적·물적 영업기반을 자유로이 확충하여
> 효율적인 방법으로 최대한의 영리를 추구하는 것이 허용되는 상인의 영업활동과는 본
> 질적으로 차이가 있다 할 것이고, 변호사의 직무 관련 활동과 그로 인하여 형성된 법
> 률관계에 대하여 상인의 영업활동 및 그로 인한 형성된 법률관계와 동일하게 상법을
> 적용하지 않으면 아니 될 특별한 사회경제적 필요 내지 요청이 있다고 볼 수도 없다.
> 따라서 근래에 전문직업인의 직무 관련 활동이 점차 상업적 성향을 띠게 됨에 따라
> 사회적 인식도 일부 변화하여 변호사가 유상의 위임계약 등을 통하여 사실상 영리를
> 목적으로 그 직무를 행하는 것으로 보는 경향이 생겨나고, 소득세법이 변호사의 직무
> 수행으로 인하여 발생한 수익을 같은 법 제19조 제 1 항 제11호가 규정하는 '사업서비
> 스업에서 발생하는 소득'으로 보아 과세대상으로 삼고 있는 사정 등을 감안한다 하더
> 라도, 위에서 본 변호사법의 여러 규정과 제반 사정을 참작하여 볼 때, 변호사를 상법
> 제 5 조 제 1 항이 규정하는 '상인적 방법에 의하여 영업을 하는 자'라고 볼 수는 없다
> 할 것이므로, 변호사는 의제상인에 해당하지 아니한다.

Cf. 위 내용은 변호사는 상인이 아니므로 그 명칭을 상호(상인의 영업상의 명칭)로 등기할 수 없다는 결정이유 중의 일부이다. 또한 하급심판결이기는 하나 서울지방법원 2003. 12. 17. 자 2003비단19 결정 중의 "변호사라는 전문직에 대해 어느 정도의 공익성을 요구할 것인가, 공익성 때문에 영리성은 어느 정도로 제한되어야 하는가의 문제는 입법정책의 문제라고 할 것인데, 상법에 대한 관계에서 특별법이라고 할 수 있는 변호사법은 변호사는 기본적인 인권을 옹호하고 사회정의를 실현함을 사명으로 하며, 공공성을 지닌 법률전문가로서 독립하여 자유롭게 그 직무를 행하며, 당사자 기타 관계인의 위임과 위촉 등에 의하여 소송에 관한 행위 및 행정처분의 청구에 관한 대리행위와 일반 법률사무를 행함을 그 직무로 하는 것으로 규정하고 있고, 또 엄격한 자격을 지닌 자만이 변호사로 등록하여 변호사 직무를 수행할 수 있도록 하여 변호사가 아니면서 변호사의 직무를 행하는 자를 처벌하는 규정을 두고 있으며, 특히 변호사법 제38조에서 겸직제한 규정을 두어 변호사가 소속 지방변호사회의 허가없이 상업 기타 영리를 목적으로 하는 업무를 경영하거나 이를 경영하는 자의 사용인이 되거나 영리를 목적으로 하는 법인의 업무집행사원, 이사 또는 사용인이 될 수 없는 것으로 규정하고 있어, 변호사가 변호사의 직무를 수행하는 것은 상업이나 영리를 목적으로 하는 업무가 아닌 것으로, 즉 상행위가 아닌 것으로 천명하고 있다고 보아야 할 것이고, 더 나아가서는 변호사가 변호사의 직무를 수행하는 것이 상행위가 되어서는 안 된다는 것을 천명하고 있다고 보아야 할 것이므로 변호사의 자격을 가진 자가 변호사로서 등록하여 변호사로서의 직무를 수행하는 범위 내에서는 그 직무 수행은 상행위가 아니며 변호사는 상인이 될 수 없다고 보아야 할 것이고, 변호사가 변호사의 직무 이외의 다른 상업이나 영리활동을 상인으로서 영위하고자 한다면 소속 지방변호사회의 허가를 받거나 변호사의 직무에 대해서는 휴업하여야 한다."라는 판시 참조.

(3) 기 업 성

오로지 임금을 받을 목적으로 물건을 제조하거나 노무에 종사하는 자의 행위는 기업성이 없어 상행위가 아니다. 여기의 '기업성'은 상거래의 주체가 된다는 인식을 의미하는 것이지 규모의 거대성을 뜻하는 것은 아니다.

II. 상인 개념의 기초가 되는 상행위-기본적 상행위

1. 서   설

상법 제46조에 열거한 행위를 영업으로 할 때 그것은 상행위가 된다. 따라서 이를 영업적 상행위라고 한다. 상법 제46조 각 호의 행위는 한정적 열거사항이며 모두 채권적 행위이다. 상법상의 상행위에는 이것 외에도 제47조의 보조적 상행위와 제66조의 준상행위가 있으나 상인의 개념을 정하는 상행위는 제46조의 영업적 상행위이며, 절대적 상행위와 함께 기본적 상행위라고 한다.

2. 영업적 상행위

(1) 동산·부동산·유가증권 기타의 재산의 매매(46조 1호)

가. 서 설 매매는 상거래의 가장 일반적이고 원초적이며 전형적인 영업행위이다. 이러한 매매를 영업으로 한다는 것은 그 판매차액을 얻는 것을 말한다. 매매의 목적물은 동산·부동산·유가증권 기타의 재산이다. 동산·부동산의 소유권과 유가증권상의 권리가 매매의 대상이 되므로 '기타의 재산'이라는 것은 소유권 이외의 물권, 채권, 사원권, 특허권, 저작권, 광업권, 어업권 등을 말하나 이들을 영업으로 계속하여 매매하는 일은 현실적으로 거의 없을 것이다. 유가증권의 매매를 영업으로 할 수 있는 자는 금융위원회의 인가를 받은 주식회사 등으로서 소정의 요건을 갖추어야 한다(자본시장법 12조 참조). 다만 본호의 유가증권 매매에는 제 8 호의 금융거래에 해당하는 거래는 제외된다. 제 8 호는 본호에 대한 특칙이기 때문이다.

나. '매매'의 의미 이에 대하여는 견해가 대립한다.

가) '매수와 매도'설: 본호의 매매를 '(싸게) 사서 (비싸게) 파는 행위'로 보는 입장이다[정동윤(상) 143, 최기원 57-58]. 이 설에 의하면 매수와 매도는 이익을 얻고 양도할 의사에 의하여 내면적으로 관련되어 있어야 한다. 그리고 내면적으로 관련이 있는 이상 시간적으로 매수가 반드시 매도에 앞서야 하는 것은 아니고, 먼저 팔기로 계약을 체결한 뒤 그 물건을 사서 인도하는 것도 상관이 없다고 한다. 이 설에서는 뒤에 나오는 '매수 또는 매도'설에 대하여 매수 또는 매도 어느 일방만을 영업으로 하는 업종을 생각하기 힘들다는 이유로 반박한다.

나) '매수 또는 매도'설: 매수나 매도 중 어느 하나의 행위만으로도 본호의 매매에 해당한다는 입장이다(정찬형 55, 손주찬 69). 이 설에서는 '매매'를 판매할 목적으로 매입하는 행위 또는 미리 매입해 둔 목적물을 판매하는 행위의 뜻으로 보고, 매입과 판매가 서로 내면적인 관련을 가지는 것이면 어느 하나의 행위라도 본호에 해당한다는 것이다. 이 설은 위의 '매수와 매도'설에 대하여 매수와 매도는 이익을 얻고자 하는 의사에 의하여 내면적 연관성만 있으면 되는 것이지 매수행위와 매도행위를 합쳐서 하나의 상행위로 보고자 하는 것이 아니므로 타당하지 않다고 한다.

다) '매수와 매도' 또는 '매도' 설: 매수 또는 매도가 영업으로 행하여짐으로써 상행위가 되지만 오로지 매수만을 하는 영업은 상상하기 어렵기 때문에 본호의 매매는 '매수와 매도' 또는 '매도'를 가리킨다고 한다(이철송 283).

라) 검토 및 결론: 가)설과 나)설의 차이는 가)설에서는 매수와 매도, 즉 사는 것과 파는 것을 하나의 상행위로 보는 반면 나)설에서는 매수나 매도 어느 하나의 행위라도 본호에 해당하는 것으로 보는 점이다.

생각건대 가)설이 지적하는 바와 같이 대개의 상사매매가 매도를 위하여 매수하는 것이고 매도나 매수만을 영업으로 하는 업종을 생각하기 어려운 것은 사실이다. 그러나 영업목적을 위하여 예외적으로 일정 기간 동안 부동산이나 주식 또는 고미술품 등을 사들이기만 하거나 그동안 소장하여 온 물건을 팔기만 하는 영업도 전혀 불가능한 것은 아니다(이 점에서 매도만을 영업으로 하는 행위는 생각할 수 있으나 매수만을 영업으로 하는 행위는 상상하기 어렵다는 다)설의 주장은 설득력이 없다). 그런데 만약 이들의 행위를 본호의 매매에 해당하지 않는다고 한다면 달리 이를 포섭할 상행위 형태가 없어 결국 민법의 적용을 받게 된다고 할 것인데 이는 영업의사에 명백히 반한다. 뿐만 아니라 가)설에 의하면 매수 후에 매도가 이루어지는 경우에는 매도, 그리고 매도 후에 그 목적물을 매수하는 경우에는 매수가 이루어지기 전까지는 각각 매매라는 상행위에 해당되지 않으므로 전자의 매수 또는 후자의 매도 상태에서 각각 법률상 다툼이 생길 경우 민법이 적용되어야 하는 불합리한 결론이 도출되게 된다. 따라서 나)설이 타당하다고 본다.

이러한 매매의 의미와 관련하여 또 한 가지 살펴볼 문제가 있다. 광업(46조 18호 참조)을 제외한 농업·임업·어업 등 원시생산업에 있어서 사실행위에 의하여 원시취득한 물건을 양도하는 행위(바닷물로 소금을 만들어 파는 행위, 우물물로 얼음을 만들어 파는 행위, 농부가 자신이 재배한 농산물을 파는 행위, 어부가 잡은 물고기를 파는 행위 등)는 본호에 해당하여 당연상인성이 인정될 것인가의 문제이다. 이에 대하여 가)설에 의하면 이는 (팔기 위하여) 산 물건, 즉 유상으로 승계취득한 물건이 아니므로 본호에 해당되지 않아 상행위가 될 수 없다. 이에 대하여 나)설에 의하면 매도행위만으로도 본호의 상행위가 되므로 이 경우 본호의 상행위에 해당된다고 할 수도 있으나 나)설에서도 '매수'를 법률행위에 의한 유상승계취득을 뜻하는 것으로 해석하므로(손주찬 69, 정찬형 56), 결론은 가)설과 동일하게 된다. 즉, 원시생산업자의 위와 같은 물건판매행위는 어느 학설에 의하더라도 본호의 매매에 해당되지 않고 다만 그 설비 등에 의하여 의제상인의 요건(5조)에 해당하는 경우에 준상행위 (66조)가 될 수 있을 뿐이다. 다시 정리하면 본호의 '매수'는 어느 학설에 의하더라 도 '법률행위에 의한 유상의 승계취득'만을 의미하고 증여·유증과 같은 무상취득이 나 무주물 선점·원시생산과 같은 원시취득은 해당되지 않으나 유상의 승계취득인 한 민법상의 매매계약만을 뜻하는 것이 아니라 널리 교환, 소비대차, 소비임치 및 대물변제 등도 포함한다고 해석한다. 또한 본호의 '매매'는 재산의 취득 또는 양도 를 목적으로 하는 유상(有償)의 채권계약으로서의 법률행위를 가리킬 뿐 그 이행을 위하여 하는 물권행위를 뜻하는 것은 아니다.

> ※ 대법원 1993. 6. 11. 선고 93다7174,7181(반소) 판결
> 자기가 재배한 농산물을 매도하는 행위도 이를 영업으로 할 경우에는 상행위에 해당 한다고 볼 수 있겠으나 ··· 약 5,000평 부분의 사과나무 과수원을 경영하면서 그 중 약 2,000평 부분의 사과나무에서 사과를 수확하여 이를 대부분 대도시의 사과판매상에 위탁판매한다면 이는 영업으로 사과를 판매하는 것으로 볼 수 없으니 상인이 아니다.
> 〈해 설〉 이 판결의 결론, 즉 사과를 재배하여 판매상에게 위탁판매한 경우 영업성 이 없어 상인이 아니라는 부분은 타당하나 "자기가 재배한 농산물을 매도하는 행위도 영업으로 할 경우에는 상행위에 해당한다고 볼 수 있다"라는 부분은 위에서 논한 바 와 같은 이유로 동의할 수 없다[同旨: 정동윤(상) 143].

다. 자기가 매수한 재료로 제조하거나 이에 가공을 하여 매도하는 경우　　이 경 우 본호의 매매에 해당한다는 견해와 제46조 제 3 호의 '제조·가공에 관한 행위'에 해당한다는 견해가 대립한다.

가) **본호적용설**: 이 경우 매도행위에 중점이 있는 것이므로 본호의 매매에 해당 한다는 견해이다. 이 입장에서는 제 3 호의 제조·가공은 타인을 위하여 하는 경우, 즉 타인으로부터 재료의 인도를 받거나 또는 타인의 계산에서 매입하여 제조·가공 하는 것을 의미하며, 자기재료에 제조·가공을 하여 매각하는 것은 매매에 해당한 다고 한다(손주찬 69-70).

나) **제 3 호적용설**: 자기를 위하여 제조·가공하여 판매하는 행위는 매매보다 제 조·가공에 그 중점이 있으므로 제 3 호에 해당된다는 견해이다(최기원 58). 이 입장 에서는 상법이 제조·가공에 관한 행위를 별도로 규정하고 있음에도 불구하고 제조· 가공하여 매각하는 행위를 본호에 포함시키면 상법 제46조 제 4 호 내지 제 6 호,

제18호와의 한계가 불분명해진다고 한다(정동윤 281-282).

다) **결론**: 생각건대 자기의 계산으로 물건(원료)을 매입하여 이를 가지고 제조·가공하여 판매하는 경우에는 제조업 또는 가공업으로 보는 것이 합당하며, 이것이 본호의 매매와 달리 제3호의 제조·가공에 관한 행위를 따로 둔 입법취지에도 부합한다(同旨: 정찬형 56-57). 따라서 본호의 매매는 취득한 물건을 '그 상태대로' 파는 행위만을 의미한다고 보아야 할 것이다[정동윤(상) 144].

(2) **동산·부동산·유가증권 기타의 재산의 임대차**(46조 2호)

소유권의 이전이 아닌 재산의 이용을 영업의 대상으로 하는 행위이다. 여기의 '임대차'는 임차한 재산을 임대하는 경우뿐만 아니라 영리를 목적으로 임대 또는 임차하는 경우를 포함하는 것으로 해석하여야 한다(同旨: 손주찬 70, 정찬형 57, 정동윤 283-284). 임대하는 재산이 반드시 임차한 것이어야 한다면 실거래계의 상당수의 자신이 소유하는 재산의 임대업자가 (의제상인으로서의 요건을 갖추지 않는 한) 상인으로 취급받지 못하는 불합리한 결과가 생긴다. 따라서 매수 등의 유상취득 또는 원시취득을 한 재산을 임대하는 경우도 여기의 임대차에 포함시켜야 할 것이다.

(3) **제조·가공 또는 수선에 관한 행위**(46조 3호)

'제조'는 재료에 노력을 가하여 전혀 다른 종류의 물건을 만드는 것을 말하고, '가공'은 물건의 종류를 변경하지 않는 정도에서 노력을 가하는 것을 말하며, '수선'은 물건의 용도에 따르는 기능이 완전하지 못할 때에 그 성질에 따라서 완전하게 하는 것을 말한다. 이들은 모두 사실행위이므로 여기서의 의미는 이들을 인수하는 행위를 말한다. 타인으로부터 재료의 인도를 받거나 타인의 계산으로 재료를 매입하여 제조·가공 또는 수선하는 것이 본호에 해당하는 점에 대하여는 이론(異論)이 없으나 자기재료에 제조·가공하여 매각하는 것에 대하여는 가) 본호에 해당한다는 입장과 나) 위 제1호에 해당한다는 입장이 대립함은 위에서 살펴본 바와 같다.

※ 대법원 2018. 6. 15. 선고 2018다10920 판결은 <u>세탁업체를 운영하던</u> 피고가 소외인으로부터 그 사업자금으로 1억 원을 이자 월 2%로 정해 차용하였다면 <u>피고는 상법 제46조 제3호에 정한 제조·가공 또는 수선에 관한 행위를 영업으로 하는 상인</u>이고, 피고의 위 금전차용행위는 그 영업을 위한 행위로서 상행위(상법 47조의 보조적 상행위, 筆者 註)에 해당하므로, 이 사건 차용금 채권은 상사채권으로서 5년의 소멸시효기간이 적용된다고 판시하였다.

(4) 전기·전파·가스 또는 물의 공급에 관한 행위(46조 4호)

전기사업·방송사업·가스사업·수도사업 등과 같이 전기 등의 계속적인 급부를 인수하는 행위를 말한다. 그 성질은 매매인 경우도 있고, 설비의 임대가 수반되는 경우에는 매매와 임대차의 혼합계약인 경우도 있다.

(5) 작업 또는 노무의 도급의 인수(46조 5호)

'작업의 도급'은 가옥의 건축·교량의 구축·철도의 부설 등과 같은 공사의 도급계약을 말하며, '노무의 도급'은 하역업과 같이 노무자로 하여금 상대방을 위하여 노무에 종사하게 할 목적으로 이를 공급할 것을 인수하는 계약을 말한다(직업안정법 33조 참조).

(6) 출판·인쇄 또는 촬영에 관한 행위(46조 6호)

'출판'은 문서 또는 도화를 인쇄하여 발매 또는 배포하는 행위를 말한다. 출판을 함에 있어서는 저작자와의 사이에 출판계약이, 인쇄업자와의 사이에는 인쇄계약이 필요한데 이러한 계약은 출판업자의 부속적 상행위에 속한다. 왜냐하면 출판업자의 기본적 상행위는 출판물의 매도행위이기 때문이다. 그러므로 자기가 직접 출판하거나 인쇄를 하는 경우, 예컨대 신문사가 자기의 인쇄소에서 신문을 인쇄하여 발매하는 행위도 이에 해당한다. '인쇄'는 기계적·화학적 방법에 의한 문서(文書) 또는 도화(圖畵)의 복제를 인수하는 것이며, '촬영에 관한 행위'는 사진의 촬영을 인수하는 계약으로서 사진사의 행위가 이에 해당한다.

(7) 광고·통신 또는 정보에 관한 행위(46조 7호)

'광고'는 널리 대중에게 전달·홍보하는 행위이며 그 방법에 제한이 없다. '통신'에 관한 행위는 서신 또는 뉴스의 전달·공급을 인수하는 행위이고, '정보'에 관한 행위는 신원이나 신용상태 등의 조사보고를 인수하는 행위이다.

(8) 수신·여신·환 기타의 금융거래(46조 8호)

금전 또는 유가증권의 수신·여신에 관한 행위와 이종화폐간의 교환행위, 어음의 할인이나 보증 등의 행위를 말한다. 또 금전 또는 유가증권을 타인에게 대부하는 대금업·전당포 등의 대금행위도 여기에 속한다. 다만 금융거래 중에서 제16호의 상호부금 기타 이와 유사한 행위와 제19호의 리스에 해당하는 행위는 제외된다.

(9) 공중이 이용하는 시설에 의한 거래(46조 9호)

공중(公衆)의 이용에 적합한 인적·물적 설비를 갖추고 이를 이용하게 하는 행위를 말한다. 여관·극장·목욕탕·유원지·당구장·음식점·야구장·다방·이발소·동물원 등이 이에 속하며, 상법 제151조의 공중접객업자의 거래행위가 본호에 해당한다. 이러한 거래의 성질은 매매·임대차·도급 등 다양하다. 사설유료 주차장의 경우도 본호에 해당하는 것으로 본다.

(10) 상행위의 대리의 인수(46조 10호)

독립된 상인으로서 일정한 상인을 위하여 계속적으로 상행위의 대리를 인수하는 행위이다. 체약대리상(87조)의 행위가 이에 속한다.

(11) 중개에 관한 행위(46조 11호)

'중개'는 타인간의 법률행위의 매개를 인수하는 행위이며, 중개인(93조 이하)·중개대리상(87조 후단)의 행위가 이에 속한다. 중개계약에 있어서는 중개되는 행위가 위탁자에 대하여 상행위임을 요하지 아니한다. 따라서 부동산·자동차 등의 매매를 중개하는 민사중개도 이에 해당한다.

※ 대법원 1968. 7. 24. 선고 68다955 판결

낙원복덕방이라는 상호를 내걸고 부동산 매매 등의 소개업을 하는 자는 본조 제11호, 상법 제 4 조에 의하여 상인임이 명백하고 상인인 위 소개업자가 그 영업범위 내에서 타인을 위하여 행위를 한 이상 특별한 약정이 없다 하여도 상법 제61조에 의하여 소개를 부탁한 상대방에 대하여 상당한 보수를 청구할 수 있다.

(12) 위탁매매 기타의 주선에 관한 행위(46조 12호)

이는 자기명의로 타인의 계산으로 법률행위를 하는 것을 인수하는 행위로서 간접대리(間接代理)의 인수(引受)라고도 한다. '타인의 계산'이라 함은 법률적으로는 자기가 권리의무의 주체가 되지만 경제적으로는 그 타인이 손익의 주체가 되는 것을 말한다. 위탁매매업(101조 이하)·운송주선업(114조 이하)·준위탁매매업(113조)이 이에 해당한다. '주선'이라는 용어는 알선을 의미한다.

(13) 운송의 인수(46조 13호)

운송을 인수하는 계약, 즉 운송계약을 말하며 운송이라는 사실행위를 의미하는 것은 아니다. 운송은 사람 또는 물건의 장소적 이동을 말하며 운송의 대상에 따라 여객운송과 물건운송으로 나누어지고, 운송의 경로에 따라 육상운송·해상운송·항공운송으로 나누어진다.

(14) 임치의 인수(46조 14호)

임치계약을 말한다. 임치계약은 물건의 보관을 목적으로 하는 계약으로서(민법 693조) 창고업자의 영업행위(155조 이하)가 그 전형이나, 일시물건보관소 같은 것도 이에 해당한다.

(15) 신탁의 인수(46조 15호)

'신탁'은 신탁을 설정하는 자(위탁자)와 신탁을 인수하는 자(수탁자) 간의 신임 관계에 기하여 위탁자가 수탁자에게 특정의 재산(영업이나 저작재산권의 일부를 포함한다)을 이전하거나 담보권의 설정 또는 그 밖의 처분을 하고 수탁자로 하여금 수익자의 이익 또는 특정의 목적을 위하여 그 재산의 관리, 처분, 운용, 개발, 그 밖에 신탁 목적의 달성을 위하여 필요한 행위를 하게 하는 법률관계를 말한다(신탁법 2조). 이 때 수탁자의 지위를 인수하는 행위가 상행위가 된다. 금융위원회로부터 인가를 받은 자만이 신탁업을 영위할 수 있다(자본시장법 12조).

(16) 상호부금 기타 이와 유사한 행위(46조 16호)

상법이 규정하는 '상호부금'이라는 용어는 다른 법에서는 사용되지 않고 있어 그 정확한 의미를 부여하기에는 어려움이 있다. 이에 관하여 1995년 본호 개정 전에는 무진(無盡)이라는 용어가 사용되었고 그 의미가 '일정한 좌수와 급부금액을 정하고 정기적으로 부금을 납입케 하여 1좌마다 추첨·입찰 기타 유사한 방법에 의하여 특정한 자에게 금전을 급부하는 것을 내용으로 하는 업무'이었던 점에 착안하여 '상호부금'의 의미를 상호저축은행법 제 2 조에서 정하는 업무로 파악한다. 다만 그 구체적 범위에 대하여는 상호저축은행법 제 2 조의 업무 중에서 신용계업무(2호)에만 해당한다는 견해(손주찬 73)와 위 신용계업무와 신용부금업무(3호)를 의미하는 것으로 파악하는 견해(정찬형 61, 임홍근 216)가 있다. 은행법 제 6 조는 상호저축은행업무만을 영위하는 회사를 은행으로 보지 않기 때문에 상호부금을 금융거래에 관한 제 8 호와 별도로 규정한 것이다.

(17) 보험(46조 17호)

'보험(保險)'은 당사자의 일방(보험계약자)이 약정한 보험료를 지급하고 상대방(보험자)이 피보험자의 재산 또는 생명이나 신체에 관하여 불확정한 사고(보험사고)가 생길 경우에 일정한 보험금액 기타의 급여를 지급하는 것을 말한다(638조). 여기에는 영리를 목적으로 보험을 인수하는 것만 포함되고 영리를 목적으로 하지 않는 상호보험과 의료보험 기타 사회보험은 제외된다. 이러한 보험사업을 영위할 수

있는 자는 주식회사·상호회사(보험업법 2조 7호) 및 외국보험회사에 한하며 또한 금
융위원회의 허가를 받아야 한다(보험업법 4조).

(18) 광물 또는 토석의 채취에 관한 행위(46조 18호)

이는 천연적인 광물·토석 등을 채굴·채집하여 공급할 것을 목적으로 하는 행
위이다. 이것은 원래 농·임·수산업과 더불어 원시산업에 속하는 것이나 상법은 광
업·채토석업의 기업성에 착안, 이를 영업으로 할 때 당연상인으로 인정하는 것이다.

(19) 기계, 시설, 그 밖의 재산의 금융리스에 관한 행위(46조 19호)

이는 금융리스(finance lease)업을 말한다. '금융리스'는 금융리스업자(lessor)가 금
융리스이용자(lessee)에게 특정물건을 일정기간 대여하고 그 대가(금융리스료)를 정기
적으로 분할지급 받음으로써 그 투자금을 회수하는 것을 내용으로 하는 계약을 말
한다. 1995년 상법 개정시에 추가된 상행위로서 그 당시에는 '물융(物融)'이라고 명
명(命名)하였다가 2010년 개정시에 '금융리스'로 명칭을 변경하면서 상법 제168조의
2 내지 제168조의5에 그에 관한 규정을 신설하였다.

(20) 상호·상표 등의 사용허락에 의한 영업에 관한 행위(46조 20호)

이는 프랜차이즈(franchise)업에 관한 행위를 말한다. '프랜차이즈계약(franchise
agreement)'은 프랜차이즈이용자(franchisee)가 프랜차이즈제공자(franchisor)의 지도와
통제 하에 제공자의 상호·상표 등의 영업표지를 이용자 자신의 영업을 위하여 이
용하고 이에 대하여 일정한 대가를 지급할 것을 내용으로 하는 계약을 말한다.
1995년 상법 개정시에 추가된 상행위로서 2010년 개정시 '가맹업'이라는 명칭으로
상법 제168조의6 내지 제168조의10에 그에 관한 규정이 신설되었다.

(21) 영업상 채권의 매입·회수 등에 관한 행위(46조 21호)

이는 팩토링(factoring)을 말한다. '팩토링계약'은 팩토링업자(factor)가 거래기업
(client)으로부터 그의 채무자(customer)에 대한 매출채권(accounts receivable)을 양수하
고, 매출채권의 회계관리와 회수 또는 매출채권평가액에 상응하는 금융 제공을 내
용으로 하는 팩토링업자와 거래기업 사이의 계약을 말한다. 1995년 상법 개정시에
추가된 상행위로서 2010년 개정시 '채권매입업'이라는 명칭으로 상법 제168조의11
및 제168조의12에 그에 관한 규정이 신설되었다.

(22) 신용카드, 전자화폐 등을 이용한 지급결제 업무의 인수(46조 22호)

이는 2010년 상법 개정시에 새로운 상행위로 추가되었으나 이에 대한 규정은
두지 않았다. 이러한 지급결제업무는 과거에는 금융거래에 관한 위 제9호 또는

채권매입업에 관한 위 제21호에 속하던 것을 분리하여 독립한 상행위로 분류하였다.

3. 특별법상의 상행위-담보부사채신탁법에 의한 사채총액의 인수

담보부사채는 사채권의 담보를 위하여 물상담보가 붙여진 사채를 말한다. 변동하는 많은 수의 사채권자들이 이러한 담보권을 직접 취득·행사하는 것은 사실상 불가능하므로 사채발행회사(위탁회사)와 사채권자 사이에 신탁회사가 개입하여 위탁회사와 신탁회사 사이의 신탁계약에 의하여 신탁회사가 물상담보권을 취득하는 동시에 이것을 총사채권자를 위하여 보유·실행할 의무를 가지고 총사채권자는 수익자로서 그 채권액에 따라서 평등하게 담보의 이익을 받도록 되어 있다. '사채총액의 인수'는 제 3 자가 위탁회사 또는 신탁회사와의 계약에 의하여 사채의 총액을 인수하는 행위를 말하며(담보부사채신탁법 23조 1항), 이 규정에 의한 사채총액의 인수는 상행위가 된다(위 법 23조 2항, 이는 조문 자체에서 영업성을 전제로 하지 않으므로 한 번의 인수만으로도 상행위가 되는데 이러한 상행위를 영업적 상행위와 구별하여 절대적 상행위라고도 부르며, 사채총액의 인수는 우리 법령상 유일한 절대적 상행위이다).

4. 예   외

위에서 본 행위의 어느 것이든 이를 영업으로 하면 상행위가 되며(단, 담보부사채신탁업법 23조 2항의 제 3 자의 사채총액의 인수는 제외), 자기명의로 하는 경우에 당연상인이 되는 것이다. 그러나 위의 행위를 하여도 오로지 임금을 받을 목적으로 물건을 제조하거나 노무에 종사하는 행위는 제외된다(46조 단서).

제 3 관   의제상인(형식상인)

I. 서   설

상법이 당연상인 개념의 전제가 되는 상행위를 한정적으로 열거함에 따라 경제의 발전으로 인하여 새로이 나타나는 영업행위의 상행위성이 부정됨으로써 결국 상법이 적용되지 못하는 불합리한 결과가 발생할 수 있다. 이에 상법은 상행위개념과는 무관하게 새로운 영업행위를 하는 이들의 설비와 방법에 착안하여 이들을 상인으로 취급, 상법을 적용하고자 제 5 조에 의제상인 제도를 규정하였다. 의제상인에는 설비상인과 민사회사가 있다.

Cf. 당연상인과 의제상인의 비교: 당연상인의 영업행위의 대상은 상법 제46조 각 호의 행위, 즉 상행위인 반면에 의제상인의 영업행위의 대상은 상법 제46조 각 호 이외의 행위, 즉 상행위가 아니라는 점에 차이가 있다. 한편 설비상인은 상법 제46조 각 호의 상행위가 아닌 영업행위를 할 때 상인이 되는 것이나 민사회사는 상법 제46조 각 호의 상행위가 아닌 영업행위를 하지 않더라도 회사라는 조직 때문에 성립시부터 일률적으로 상인으로 취급된다는 점에 차이가 있다. 당연상인이든 의제상인이든 그 요건에 해당하는 경우 상인자격을 취득하고, 그 행위에 대하여 상법이 적용되는 점에서는 차이가 없다.

II. 설비상인

1. 의   의

설비상인(設備商人)은 점포 기타 유사한 설비에 의하여 상인적 방법으로 영업을 하는 자로서 상행위(46조)를 하지 아니하는 자를 말한다(5조 1항). 설비상인은 상행위를 하지 않더라도 상인으로 본다. 다음에 분설한다.

(1) 법률에 규정한 상행위 이외의 영업행위

예컨대 농업·임업·수산업 등 원시산업을 경영하거나 새로운 유형의 영업행위(예: 변호사나 회계사 등 해당분야의 전문자격이 없는 개인이 기업경영에 관한 조언을 해주고 대가를 수령하는 행위 등)를 하는 경우가 이에 해당한다.

(2) 점포 기타 유사한 설비

이는 사회통념상 영업행위를 할 수 있는 설비로 인정될 수 있는 것이면 족하다. 다만, 점포 기타 유사한 설비에 의하여야 하므로 일정한 영업소가 전제되어야 한다[정동윤(상) 52].

(3) 상인적 방법으로 영업

'상인적 방법'은 사회통념상 당연상인이 통상적으로 사용하는 경영방법을 뜻하며, 구체적으로 장부체계, 업무의 분담, 기업보조자의 고용 등 기업의 전체적인 모습을 기준으로 결정되어야 할 것이다[정동윤(상) 52]. 또한 '영업으로' 하여야 하는 것이므로 동종행위의 계속반복성이 전제되어야 한다. 이와 관련하여 변호사는 상인적 방법에 의하여 영업을 하는 자라고 볼 수 없으므로 설비상인에 해당하지 않는다는 대법원 판결에 대하여는 기술(旣述)하였다.

(4) 설비상인의 예로는 농수산물 등을 생산하는 원시생산업자의 판매행위를 들 수 있다. 이러한 생산물은 유상취득한 것이 아니므로 상법 제46조 제1호의 동산의 매매에 해당되지 않는다. 따라서 영리를 목적으로 재배 또는 포획하여 판매하더라도 상행위가 되지 않는다. 그러나 점포 또는 유사한 설비에 의하여 영업행위로서 판매하는 경우에는 제5조 제1항에 의하여 상인으로 인정되며, 그 판매행위는 준상행위(準商行爲, 66조)가 되어 상행위편의 규정이 적용된다. 그 밖에 자기소유의 염전에서 생산한 식염을 판매하는 행위, 제빙업자가 우물물로 얼음을 제조·판매하는 행위, 양계업자가 계란을 판매하는 행위 등이 제5조 제1항의 적용대상이 된다. 다음으로 농업협동조합이나 수산업협동조합 등의 특수한 법인의 농·수산물판매행위의 상인성에 대하여는 견해가 대립하는데 다수설은 위 법인들은 비영리법인으로서 상인성이 인정되지 않으므로 설비상인이 되지 못한다는 입장을 취하고 있다[정찬형 71, 손주찬 78, 정동윤(상) 56, 이철송 78]. 판례도 같은 입장이다.

(5) 설비상인이 회사의 형태를 취하는 경우에는 다음에 설명하는 민사회사가 된다. 이에 대하여 회사가 설비상인의 요건을 갖춘 경우에는 설비상인(5조 1항)이 되고, 설비상인의 요건을 갖추지 못한 경우에는 민사회사(5조 2항)가 된다는 견해[이철송(12판) 88]가 있으나 수긍할 수 없다. 회사(169조)가 상행위를 하는 경우에는 상법 제4조에 의하여 당연상인이 되고, 상행위를 하지 않는 경우에는 상법 제5조 제2항에 의하여 그 자체로 의제상인이 되는 것이다(설비상인의 요건을 구비하였는지 여부와 무관하다).

Ⅲ. 민사회사

회사는 상행위를 하는지 여부를 기준으로, 영리를 목적으로 상행위를 하는 상사회사(商事會社)와 상행위가 아닌 행위를 영리를 목적으로 하는 민사회사(民事會社)로 나뉜다. 상사회사는 상행위를 하므로 당연상인(4조)이지만 민사회사는 상행위를 하지 않으므로 당연상인이 아니나 그 조직면을 중시하여 의제상인으로 함과 아울러 민사회사의 영업행위에 상행위편의 규정을 준용한다(66조의 준상행위). 이렇게 상법이 상사회사와 민사회사를 구별하여 규정하고 있는 것에 대하여 민사회사도 상사회사의 설립의 조건에 좇아 설립되고(민법 39조 1항) 민사회사에도 모두 상사회사에 관한 규정이 준용되므로(민법 39조 2항) 양자는 모두 상법의 적용면에서는 같으므로 구별할 실익이 없다는 견해(정찬형 66)도 있고, 회사는 모두 등기에 의하여 그 기업성이 공시되고 있을 뿐 아니라 오늘날 경제사회에 있어서 전형적인 기업의 주체 내지 상인으로 취급되기 때문에 상사회사와 민사회사를 구별할 실익은 없고, 회사법상으로도 양자를 별도로 구별하고 있지 않으므로(169조) 입법론적으로는 민사회사를 당연상인으로 취급하는 것이 타당하다는 견해도 있다(주석상법 I 154).

제 4 관 소 상 인

I. 서   설

상인은 영업규모를 기준으로 완전상인(보통상인)과 소상인(小商人)으로 나눌 수 있다. 소상인은 상행위 기타의 행위를 영업으로 하더라도 그 규모가 작고 영업조직이 단순한 한편 상인에 대한 상법상의 여러 규정들은 일정 규모의 상인을 전제로 하고 있는데 소규모의 상인에게도 상법의 여러 규정들을 예외 없이 적용할 경우 그들에게 가혹하거나 또는 완전상인에게 방해가 될 우려가 있으므로 이를 완화하기 위하여 소상인제도를 채택한 것이다.

II. 소상인의 의의

상법 시행령 제 2 조는 상법 제 9 조의 소상인을 '자본금액이 1천만원에 미치지 못하는 상인으로서 회사가 아닌 자'라고 정의한다. 자본금액의 산정기준에 대하여는 위 시행령에서 아무런 기준을 제시하고 있지 않으나 영업재산의 현재 가격으로 파악하여야 할 것이다. 회사는 아무리 자본금이 적더라도 소상인이 될 수 없다.

III. 소상인에게 적용되지 아니하는 규정

상법은 제 9 조에서 이를 규정하고 있는데 구체적으로 보면 다음과 같다.

1. 지배인에 관한 규정

지배인제도는 상업등기와 결부되어 있으므로 상업등기에 관한 규정을 소상인에게 적용하지 않는 것과 보조를 같이하여 지배인에 관한 규정도 그 적용을 배제한 것이다. 그렇다고 하여 소상인이 지배인을 둘 수 없다는 것은 아니며, 다만 지배인에 관한 등기를 할 수 없으므로 선의의 제 3 자에게 대항할 수 없다는 것뿐이다. 지배인 이외의 상업사용인의 선임은 등기사항이 아니므로 소상인의 경우에도 문제될 것이 없다.

2. 상호에 관한 규정

소상인도 상호를 사용할 수는 있다. 그러나 그 경우에도 상호에 관한 상법의 규정(18조 이하)은 적용이 없다. 다만 상호권의 침해에 관한 규정(20조, 23조, 28조)과 명의대여자의 책임에 관한 규정(24조)은 소상인에게도 적용된다고 본다(손주찬 81).

3. 상업장부에 관한 규정

상법상 상업장부에 관한 규정(29조 이하)은 소상인에게 적용되지 않는다. 다만 소상인이라도 자기 영업상의 필요에 의하여 각종의 상업장부를 작성·보존할 수 있고, 일정한 경우 법원에 제출할 의무도 있다(민소법 344조).

4. 상업등기에 관한 규정

상업등기규정의 적용이 없으므로, 상법상 등기사항에 해당하는 사실이 생겨도 등기할 필요가 없으며, 등기에 의한 이익도 받지 못한다.

제2절 상인자격의 취득과 상실

제 1 관 서   설

상인자격은 권리능력자가 상법 제 4 조와 제 5 조의 요건을 구비함으로써 취득하는 자격을 말한다. 이는 일반법상의 권리능력을 전제로 하여 권리능력자가 상행위 또는 영업이라는 특별한 목적을 위하여 가지게 되는 자격인 것이다. 즉, 권리능력은 법이 부여하는 것임에 반하여 상인자격은 의사에 의하여 취득하는 것이다. 상인자격의 유무는 상법의 적용에 있어서 그 기준이 될 뿐 아니라 상법은 기업과 거래관계에 있는 일반 공중에게도 적용되므로(3조) 상인자격의 취득과 상실시기는 중요한 의미를 가진다.

제2관 자연인의 상인자격

I. 취 득

1. 서 론

자연인은 생존한 동안 권리능력이 있으므로 자기의 의사에 기하여 상법 제4
조의 상행위 또는 제5조 제1항의 영업행위를 개시함으로써 상인자격을 취득한다.
여기서 언제 상행위 또는 영업행위를 개시하였다고 볼 것인가가 문제된다. 구체적
으로는 개업준비행위도 상행위 또는 영업행위의 개시로 볼 수 있는가, 그리고
그럴 경우 개업준비행위 중 어느 단계에서 상인자격이 취득된다고 볼 것인가가 논
의된다.

예를 들어 설명하면 다음과 같다. 예컨대 A가 물품판매점을 개업하여 최초로 물건을
판매하기까지 일반적으로 여러 단계의 과정을 거치게 된다. 판매점 개업의사를 확정하
는 내면적 의사결정단계(①)에 이어 영업자금의 차입(대출계약)이나 영업용 차량이나
기계의 매입(매매계약)과 같은 개업의사의 주관적 실현단계(②)와 점포의 매입 또는
임차(매매계약 또는 임대차계약), 영업의 양수(영업양도계약), 상업사용인의 채용(고용
계약), 점포인테리어계약(도급계약), 점포의 집기와 비품매입(매매계약), 판매할 물품의
매입(매매계약) 등의 개업의사가 객관적으로 인식가능한 단계(③) 및 상호등기, 간판부
착, 개업광고, 개업식과 같은 개업의사가 대외적으로 표백되는 단계(④)를 거쳐 최초의
물품판매가 이루어지게 된다. 위의 예에서 상법 제4조에 의하면 상인자격은 최초의
상행위를 한 때 취득되므로 상법 제46조 제1호의 매매의 의미에 대하여 매도와 매수
설을 취할 경우에는 최초의 물품판매시점, 매도 또는 매수설을 취할 경우에는 판매할
물품의 매입시점이 최초의 매매행위를 한 때로서 그 시점에 이르러서야 비로소 A는
상인자격을 취득하게 될 것이다. 위와 같이 상인자격의 취득시기를 정할 경우 A가 위
판매점과 관련하여 그 이전에 맺었던 법률관계는 (상법 3조를 무시할 경우) 민법의 적
용을 받게 될 가능성이 있다. 이렇게 상법 제4조를 문리해석하여 최초의 매매행위가
있어야만 상인이 되어 상법의 적용을 받는다고 할 때 하나의 판매점 개업을 둘러싼
법률관계에 적용되는 법이 상인자격의 취득 전후를 기준으로 하여 달라지게 된다. 이
에 대하여 판매점이라는 하나의 생활관계에 대하여 가급적 단일한 법을 적용하는 것
이 합당하다는 관점 하에 최초의 매매행위 이전의 어떤 시점까지 상법의 적용범위를
넓힐 필요성이 있다는 주장이 대두되게 되었다(그 외 상인자격의 취득시기를 앞당기게
될 경우 상호등기나 영업자금의 추가대출, 상업사용인의 선임 등에 있어서 보다 용이

해지는 이점도 있다). 이러한 현실적 필요성을 전제로 하여 A의 상인자격의 취득시기를 최초의 매매행위 이전의 어떤 시점, 즉 개업준비행위(위의 예에서 ②~④단계)의 어느 시점까지 소급시킬 것인가를 논의하게 된다. 그리고 이러한 논의에는 "상인이 영업을 위하여 하는 행위는 상행위로 본다"라는 상법 제47조 제1항이 그 이론적 근거가 된다. 왜냐하면 상법 제4조는 자기명의로 '상행위'를 하는 자를 상인이라 한다라고 규정하는 한편 개업준비행위는 상법 제46조 제1호의 '매매'와 같은 기본적 상행위는 아니지만 상법 제47조의 영업을 위하여 하는 행위로서 보조적이기는 하나 이 또한 '상행위'인 것으로 해석할 수 있기 때문이다(물론 상법 4조의 '상행위'는 기본적 상행위를 의미하는 것이고, 기본적 상행위를 함으로써 상인이 되고 난 다음 그 상인이 영업을 위하여 하는 행위가 보조적 상행위가 되는 것이 논리에 합당한 해석이다). 설비상인의 경우에도 점포 등의 설비를 갖추고 상인적 방법으로 영업행위를 하기 위하여 위에서 본 당연상인의 예와 유사한 과정을 밟게 될 것이다.

2. 다수설과 판례의 입장

다수설은 자연인의 상인자격은 상법 제4조와 제5조의 요건을 구비한 때, 즉 상법이 정하는 일정한 종류의 영업(46조 각 호) 또는 일정한 형식에 의한 영업(5조)을 개시한 때 취득한다고 한다[최기원 68-69, 임홍근 67, 채이식 42, 손주찬 83, 강위두 외 43, 정동윤(상) 55, 이철송 78]. 여기의 '영업의 개시'는 영업의 목적 자체인 행위, 즉 기본적 상행위의 개시가 아니라 영업을 위한 준비행위, 즉 개업준비행위를 한 때를 포함한다. 따라서 이 설에 의하면 개업준비행위는 영업을 위한 행위로서 최초의 보조적 상행위(47조)가 된다. 판례도 이 입장에서 '개업준비행위'는 상호등기·개업광고·간판부착 등에 의하여 영업의사를 일반적·대외적으로 표시할 필요는 없으나 점포구입·영업양수·상업사용인의 고용 등 준비행위의 성질로 보아 영업의사를 상대방이 객관적으로 인식할 수 있으면 되고, 영업자금차입행위와 같이 행위 자체의 성질로 보아서는 영업의 목적인 상행위를 준비하는 행위라고 할 수는 없으나 행위자의 주관적 의사가 영업을 위한 준비행위이었고, 상대방도 행위자의 설명 등에 의하여 그 행위가 영업을 위한 준비행위라는 점을 인식하였던 경우에는 포함된다고 판시하였다(대법원 2012. 4. 13. 선고 2011다104246 판결). 그리고 개업준비행위는 상인자격을 취득할 의사, 즉 영업의사가 전제되어야 하고(대법원 2012. 11. 15. 선고 2012다47388 판결), 영업의사는 자기를 위한 것이어야 한다(따라서 예컨대 C회사 설립을 위한 개인 A의 자금차입행위는 다른 상인인 C의 영업을 위한 준비행위이므로 A의 개업준비행위가 될 수 없다: 대법원 2012. 7. 26. 선고 2011다43594 판결; 대법원 2020. 3. 12.

선고 2019다283794 판결).

Cf. 상인자격 취득시기의 결정기준에 관하여는 획일적 결정설과 단계적 결정설이 대립한다. 획일적 결정설은 일정한 개업준비행위가 있는 때에 모든 자에 대하여 절대적으로 상인자격이 생긴다는 입장으로서 이는 (가) 개업의사주관적실현설: 개업의사를 표백하지 않더라도 영업자금을 차입하거나 영업용기계를 구입하는 등으로 개업의사를 주관적으로 실현하는 행위가 있으면 개업준비행위로 볼 수 있다는 견해(위의 예에서 ②단계), (나) 개업의사객관적인식가능시설: 개업의사를 대외적으로 표백할 필요는 없으나, 개업의사를 주관적으로 실현하는 행위만으로는 부족하고 점포임차행위와 같이 거래상대방이 개업의사를 객관적으로 인식할 수 있는 행위가 있어야 개업준비행위로 볼 수 있다는 견해(위의 예에서 ③단계) 및 (다) 개업의사표백설: 상호의 등기, 개업광고, 간판의 게시 등과 같은 방법으로 개업의사를 대외적으로 표백하는 행위를 하여야 개업준비행위로 볼 수 있다는 견해(위의 예에서 ④단계)로 나뉜다. 한편 단계적 결정설은 상인자격의 취득시기를 획일적으로 결정하지 않고 당사자간의 구체적 사정에 따라 상대적·단계적으로 결정하는 견해로서 이에 의하면 개업의사가 준비행위에 의하여 주관적으로만 실현된 단계에서는 거래상대방만이 행위자의 상인자격과 그 행위의 보조적 상행위성을 주장할 수 있고, 개업의사를 거래상대방이 인식하거나 인식할 수 있는 단계에서는 행위자도 거래상대방에 대하여 자기의 상인성과 그 행위의 보조적 상행위성을 주장할 수 있으며, 영업의사가 대외적으로 표백된 경우에는 일반 제 3 자에 대하여 자기의 상인자격을 주장할 수 있고 보조적 상행위(47조 2항)로 추정된다고 한다. 다수설과 판례는 획일적 결정설 중에서도 개업의사객관적인식가능시설의 입장을 취하는 것으로 이해된다.

3. 소수설의 입장

소수설에 의하면 다수설과 같이 상인자격의 취득시기를 정하면 그 취득시기가 매우 불명확할 뿐만 아니라 (법인인 상인과 비교하여) 너무 확대된 면이 있으므로 상인자격은 '객관적으로 기업으로서 인식될 수 있는 조직이 갖추어졌을 때' 취득되는 것이라고 보아야 하고, 이렇게 해석하여야 법인인 상인이 객관적으로 기업으로서의 조직을 갖추었을 때에 등기함으로써 상인자격을 취득하는 것과 균형을 이룬다고 한다. 따라서 자연인의 경우 영업준비행위에 대하여는 설립중의 회사의 행위와 동일하게 취급하여 보조적 상행위로 인정하여 상법을 적용할지라도 결코 상인성을 그 준비행위시까지 확장할 수는 없다고 한다(정찬형 69).

4. 결 론

생각건대 소수설은 당연상인과 설비상인을 구별함이 없이 그 상인자격의 취득시기를 '객관적으로 기업으로서 인식될 수 있는 조직이 갖추어졌을 때'라고 함으로써 혼란을 주고 있다. 당연상인의 경우 자연인이 상행위를 하는 때에 상인자격을 취득한다는 상법 제 4 조의 규정이 있음에도 불구하고 객관적으로 기업으로서 인식될 수 있는 조직이 갖추어졌을 때 상인자격을 취득한다는 것은 법문에 어긋나는 해석이기 때문이다. 또한 소수설에 의할 경우 상인자격의 취득시기가 더더욱 불명확해질 염려가 있다. 왜냐하면 객관적으로 기업으로서 인식될 수 있는 조직이 갖추어졌는지 여부에 대한 판단의 기준이 모호하기 때문이다. 이에 관하여 소수설은 '객관적으로 기업으로서 인식될 수 있는 조직이 갖추어졌을 때'의 의미에 대하여 '기업의 존재를 객관적으로 인식하게 할 수 있을 정도의 영업의사가 나타났을 때에 상인자격을 취득하는 것'이라고 부연한다(정찬형 69). 그러나 소수설이 주장하는 '그와 같은 영업의사가 나타났을 때'와 다수설이 말하는 '개업의사가 객관적으로 인식가능한 시점' 사이에 어떠한 차이가 있는지 의문이다. 만약 양자가 다르지 않다면 상인자격의 취득시기의 불명확성의 문제는 다수설만이 가진 문제는 아닐 것이다(더구나 다수설에 의하더라도 개업의사의 객관적 인식가능시점을 기준으로 할 경우 불명확하여질 염려는 없다). 따라서 당연상인과 설비상인을 구별하지 않고 개업준비행위 중 개업의사가 객관적으로 인식가능한 시점을 상인자격의 취득시기로 정하는 다수설과 판례의 입장이 옳다고 본다. 한편 상인자격의 취득은 영업의 성질상 허가를 필요로 하는 경우에도 그 허가의 유무와 상관없이 이루어진다(최기원 69).

※ 대법원 1999. 1. 29. 선고 98다1584 판결
영업의 목적인 기본적 상행위를 개시하기 전에 영업을 위한 준비행위를 하는 자는 영업으로 상행위를 할 의사를 실현하는 것이므로 그 준비행위를 한 때 상인자격을 취득함과 아울러 이 개업준비행위는 영업을 위한 행위로서 그의 최초의 보조적 상행위가 되는 것이고, 이와 같은 개업준비행위는 반드시 상호등기 · 개업광고 · 간판부착 등에 의하여 영업의사를 일반적 · 대외적으로 표시할 필요는 없으나 점포구입 · 영업양수 · 상업사용인의 고용 등 그 준비행위의 성질로 보아 영업의사를 상대방이 객관적으로 인식할 수 있으면 당해 준비행위는 보조적 상행위로서 여기에 상행위에 관한 상법의 규정이 적용된다 할 것이다. 원심판결 이유와 기록에 의하면, 원고는 부동산임대업을 개시할 목적으로 그 준비행위의 일환으로 당시 부동산임대업을 하고 있던 상인인 피고로부터

이 사건 건물을 매수한 사실을 알 수 있으므로, 원고의 위 매수행위는 보조적 상행위로서의 개업준비행위에 해당하고, 따라서 원고는 위 개업준비행위에 착수하였을 때 상인자격을 취득하였다 할 것이다.

Ⅱ. 상 실

자연인의 상인자격은 영업의 폐지나 양도 또는 사망으로 상실(喪失)된다. 영업폐지의 경우 기본적인 거래행위의 중지가 아니라 사후처리, 즉 청산행위가 종료한 때에 상실한다. 영업의 허가가 취소되었거나 법률의 개정으로 영업이 금지된 경우에도 영업활동이 계속되는 한 상인자격이 없어지지 아니한다.

〈Note〉 자연인인 상인이 사망하면 그의 영업은 상속인에게 상속되어 상속인이 상인자격을 승계취득하는 것이지, 상인자격(기업실체)을 상실한다고 볼 수는 없다는 견해[정찬형 70, 정동윤(상) 55도 同旨]가 있다. 그러나 상인이 사망하면 그가 취득하였던 상인자격은 사망으로 인하여 상실되고, 그의 상인활동 중에 생긴 채권채무 등의 재산이 상속인에게 상속되는 것일 뿐 상인자격 자체가 상속인에게 승계되는 것이 아니다(同旨: 최기원 70).

제3관 법인의 상인자격

법인의 경우 자연인과 달리 제약이 있는데 이는 개별적으로 고찰하여야 한다.

Ⅰ. 사법인(私法人)의 경우

1. 영리법인(회사)

영리법인은 원칙적으로 사단법인에 한하여 인정되는데 이는 상행위를 영리의 목적으로 하는 상사회사(商事會社)와 상행위 이외의 행위를 영리의 목적으로 하는 민사회사(民事會社)로 나뉜다(169조). 상사회사는 당연상인(4조)이고, 민사회사는 의제상인(5조)이나 모두 상인으로서 그 상인자격은 상행위 또는 영업행위의 개시 여부와 상관없이 회사가 성립함으로써 취득되고(172조), 그 청산의 사실상의 종결에 의하여 상실된다. 청산절차가 필요 없는 합병의 경우에는 소멸회사는 해산과 동시에 상인자격을 상실하고, 파산의 경우에는 파산관재인에 의하여 잔무처리행위가 종료된 때에 상실한다.

2. 비영리법인

(1) 공익법인

학술·종교·자선·기예·사교 등을 목적으로 하는 비영리법인(민법 32조)도 상인자격을 취득할 수 있는가에 대하여 ① 비영리공익법인의 경우 그 목적은 특정한 공익사업에 한정된다는 이유로 부정하는 견해와 ② 공익법인이 영리행위를 통하여 얻은 이익을 공익을 위하여 사용하는 한 그 본래의 목적인 공익을 촉진하기 위한 수단으로서 영업을 하는 것은 가능하다는 다수설(정찬형 71, 강위두 외 45, 손주찬 87, 최기원 72)이 대립한다. '비영리'라는 의미는 법인의 구성원에게 그 수익을 분배하지 않는다는 것이므로 공익의 목적으로 수익을 사용하는 한 영리행위를 막을 논리적인 이유는 없는 것일 뿐 아니라 사립학교법 제 6 조 제 1 항에서 학교법인이 사립학교의 교육에 지장이 없는 범위 내에서 그 수익을 사립학교의 경영에 충당하기 위하여 수익을 목적으로 하는 사업을 할 수 있도록 허용하고 있는 점을 참고하면 다수설이 타당하다고 할 것이다. 이 경우 상인자격의 취득과 상실은 자연인의 경우와 같다.

(2) 중간법인

각종의 협동조합·노동조합·상호보험회사 같은 것은 특수한 형태의 법인으로서 구성원의 내부적인 이익을 도모하기 위한 단체이므로 공익법인도 아니고 영리법인도 아니기 때문에 중간법인 또는 중성법인이라고 한다. 이들은 모두 사업목적이 특정되어 있고 그 사업은 영리사업으로 인정되지 않으므로 일반적으로 그 상인성을 부정한다.

Ⅱ. 공 법 인

1. 일반적 공법인

국가나 지방자치단체와 같은 일반적인 행정목적을 위하여 존재하는 공법인은 목적의 수행을 위하여 필요한 수단에 관하여 어떠한 제한이 있는 것이 아니므로 영리사업을 할 수 있는 상인능력이 인정된다고 본다. 상법 제 2 조도 공법인(公法人)의 상인성을 전제로 하는 규정이다. 다만 공법인의 영리행위에 관하여는 특별규정이 있는 경우가 많으므로 상법은 그러한 특별규정이 없는 경우에 보충적으로 적용되는 데 불과한 것이다. 그리고 상업등기·상호·상업장부에 관한 규정도 성질상 적용이 없다.

2. 특수한 공법인

한국농어촌공사 등과 같이 법률상 그 법인존립의 목적이 특정되어 있는 특수한 공법인에 있어서는 그 특정된 사업목적에 영리성이 없으므로 상인능력이 인정되지 않는다고 보는 것이 다수설과 판례의 입장이라는 점에 대하여는 설비상인에 관한 논의에서 이미 살펴본 바와 같다.

〈상인자격의 취득과 상실〉

	취　　득	상　　실
자 연 인	1. 다수설(영업의사의 객관적 　 인식가능시설) 2. 소수설(객관적 기업조직 　 구비시설)	영업의 폐지·양도, 상인의 사망, 설비상인의 설비폐지 등
법　　인	설립등기(172조)	원칙적으로 청산종결등기시(264조, 269조, 542조 1항, 613조 1항)에 상실하나 청산종결등기의 경료에도 불구하고 청산사무가 미종결된 경우에는 사실상의 청산종결시에 상실(대법원 1969. 2. 4. 선고 68다2284 판결)

제3절　영업능력

제 1 관　서　　설

영업상의 행위능력을 영업능력이라고 한다. 따라서 영업능력의 유무와 그 범위는 행위능력에 관한 민법의 일반원칙에 의하여 결정된다. 다만 상법은 영업활동의 특수성에 비추어 자연인의 경우 약간의 특별규정을 두고 있다. 법인의 경우 권리능력의 범위 내에서는 완전한 행위능력이 있으므로 영업능력에 관하여 특별히 논할 문제가 없다.

제 2 관   미성년자

Ⅰ. 법정대리인의 허락을 얻어 영업을 하는 경우

미성년자(未成年者)도 법정대리인으로부터 허락을 얻은 특정한 영업에 관하여는 행위능력이 인정된다(민법 8조 1항). 이 경우에는 거래의 안전을 위하여 상업등기부에 등기를 하도록 되어 있다(상법 6조, 상업등기법 46조). 법정대리인은 그 허락을 취소 또는 제한할 수 있고 이를 지체 없이 등기하여야 하나(민법 8조 2항 본문, 상법 40조, 상업등기법 47조 2항) 선의의 제 3 자에게 대항하지 못한다(민법 8조 2항 단서).

Ⅱ. 법정대리인이 미성년자의 영업을 대리하는 경우

법정대리인이 미성년자를 위하여 영업하는 때에는 공시의 필요가 있으므로 등기하도록 되어 있다(상법 8조 1항, 상업등기법 48조 1항).

Ⅲ. 미성년자가 회사의 무한책임사원이 되는 경우

미성년자가 법정대리인의 허락을 얻어 회사의 무한책임사원이 된 때에는 그 사원자격으로 인한 행위에는 능력자로 본다(7조). '회사의 사원자격으로 인한 행위'는 사원과 회사와의 관계에 기한 행위(예컨대 출자의 이행·지분의 양도 등)를 가리킨다.

제 3 관   피한정후견인 또는 피성년후견인

법정대리인이 피한정후견인 또는 피성년후견인을 위하여 영업을 하는 때에는 등기를 하여야 하고(8조 1항, 상업등기법 48조 1항), 법정대리인의 대리권에 대한 제한은 선의의 제3자에게 대항하지 못한다(8조 2항). 이 점은 미성년자의 경우와 같다.

제4절 영업의 제한

제 1 관 서설 - 영업의 자유와 그 제한가능성

영업의 자유는 프랑스 혁명 이후 자본주의경제의 근본원칙으로 우리 헌법(憲法)도 제15조[직업선택의 자유]에서 이를 천명하고 있으나 이미 말한 바와 같이 이러한 영업의 자유는 절대적인 것은 아니고, 일정한 경우에 한하여 법률로써 제한할 수 있는 것이다.

영업의 자유에 대한 제한으로서는 영업을 하는 것 자체에 대한 제한과 영업활동의 태양에 관한 제한으로 나누어 볼 수 있으며, 이러한 제한에 위반한 경우의 법률상 효과는 구체적인 경우에 따라 개별적으로 판단하여야 한다.

제 2 관 영업을 하는 것 자체에 대한 제한

영업을 하는 것 자체에 대한 제한에는 여러 가지가 있으며 그 대부분은 공법상의 제한이다.

I. 공법상의 제한

1. 영업으로서의 성립을 인정하지 않는 경우

우편환사업(우편환법 3조), 우편대체(우편대체법 2조), 우체국예금사업과 우체국보험사업(우체국예금·보험에 관한 법률 3조) 등에서는 국가재정상의 이유로 국가의 독점사업으로 하여, 사인(私人)에 의한 영업의 성립을 인정할 여지가 없다. 따라서 사인(私人)이 이러한 영업을 하여도 사법상 효력이 없으며, 상인이 되지 않는다(손주찬 92).

2. 허가 또는 인가영업

과거 전당포(폐지되기 전의 전당포영업법 2조) 등과 같은 일반 공안, 식품영업(식품위생법 37조)이나 의약품·의약외품의 제조업(약사법 3조)과 같은 보건위생, 총포·

화약류의 제조 또는 수출입업(총포·도검·화약류 등의 안전관리에 관한 법률 4조, 6조, 9조)과 같은 위험예방 및 은행업(은행법 8조), 보험업(보험업법 4조), 금융투자업(자본시장법 12조), 일반전기사업 또는 발전사업(전기사업법 7조)과 같은 사업의 공공성 확보를 위하여 이러한 영업을 위하여는 행정관청의 허가, 면허 또는 인가를 받아야 한다. 이들 허가 또는 인가는 산업경찰적 제한이므로 이에 위반한 경우 각 해당 법률에 정한 벌칙의 제재는 별론으로 하더라도 그 사법상 행위 자체는 유효하다. 따라서 이것을 영업으로 하는 자는 상인이 된다.

3. 신분상 이유에 의한 제한

이는 특수한 신분을 가진 자에게 영업행위를 금지 또는 제한하는 것으로서 법관(법원조직법 49조 5호), 검사(검찰청법 43조 3호), 변호사(변호사법 38조 2항), 공무원(국가공무원법 64조, 지방공무원법 56조) 등 일정한 신분에 있는 자는 관기숙정, 공무의 능률적 수행 기타의 이유에서 금전상의 이익을 목적으로 하는 업무에 종사하지 못하나, 위 각 규정에 위반한 행위도 사법상으로는 유효하며, 따라서 상인자격이 인정된다(이 경우 각 법률에 따른 제재를 받게 될 것이나 이는 별론으로 한다).

4. 일반 공익상의 이유에 따른 영업의 제한

아편, 몰핀 또는 그 화합물의 제조·수입·판매(형법 198조), 아편흡식기의 제조·수입·판매(같은 법 199조), 음란한 문서·도화·필름 기타 물건의 반포·판매 또는 임대·공연전시 또는 상영·수출입(같은 법 243조, 244조) 등은 행위 자체가 금지되고 있으므로 영업의 자유 문제가 거론될 여지가 없다. 그리고 공서양속에 위반하는 행위, 예를 들어 밀수입업도 성립될 수 없다. 따라서 사인(私人)이 이러한 영업을 하더라도 영업으로 성립할 수 없고 또 상인자격을 취득할 수도 없다.

II. 사법상의 제한

1. 공서양속에 의한 제한

공서양속(公序良俗)에 위반하는 행위를 목적으로 하는 영업은 성립 자체가 부정된다(민법 103조).

2. 법률에 의한 제한

상법은 경제주체간의 이익을 조정한다는 견지에서 영업양도인(41조 1항), 지배

인 등 상업사용인(17조), 대리상(89조), 회사의 무한책임사원(198조, 269조), 업무집행
자(287조의10), 이사(397조, 567조)에 대하여 일정한 범위 내에서 영업양수인, 영업주,
본인 또는 회사에 대한 경업을 금지하고 있으나 위 규정을 위반한 경우에도 영업
행위는 유효하다.

3. 계약에 의한 제한

당사자 사이에 적당한 기간 또는 구역을 제한하여 경업을 하지 않기로 하는
경업금지계약은 그것이 선량한 풍속 기타 사회질서에 위반하지 않는 한 유효하지
만(민법 103조) 이러한 경업금지계약은 당사자간에 경업을 하지 않는다는 부작위를
내용으로 하는 채권적 구속만이 발생하는 데 그치는 것이므로 그에 위반하는 행위
가 무효가 되는 것은 아니고, 이러한 제한에 위반하여 영업을 하는 자도 상인이
되는 것이다.

제 3 관   영업의 태양에 관한 제한

Ⅰ. 서   설

헌법상 영업의 자유가 기본적으로 보장되는 한편 부정한 경쟁을 방지하고, 공
정한 거래를 촉진하기 위한 차원에서 영업의 태양에 관한 제한이 이루어진다.

Ⅱ. 부정경쟁방지 및 영업비밀보호에 관한 법률에 의한 제한

영업의 태양에 관한 제한으로서는 상법 중에도 상호에 관련하여 약간의 규정
(22조, 23조, 28조)이 있고 상표법·특허법 등의 지식재산 관련법규에도 그와 같은 내
용의 규정들이 있으나 일반적인 규제를 규정하고 있는 것으로는 부정경쟁방지 및
영업비밀보호에 관한 법률이 있다. 이 법은 국내에 널리 인식된 타인의 성명, 상
호, 상표, 상품의 용기·포장, 그 밖에 타인의 상품임을 표시한 표지(標識)와 동일하
거나 유사한 것을 사용하거나 이러한 것을 사용한 상품을 판매·반포(頒布) 또는
수입·수출하여 타인의 상품과 혼동하게 하는 행위 등의 부정경쟁행위와 타인의 영
업비밀을 침해하는 행위를 금지하면서 그러한 행위에 대한 금지청구, 침해자의 고
의·과실을 요건으로 한 손해배상청구 또는 영업상의 신용회복을 위한 조처의 청구

를 규정하고 있는 외에 침해자에 대한 형벌의 제재를 규정하고 있다.

Cf. 상표법 제82조 제 1 항은 "상표권은 설정등록에 의하여 발생한다."라고 규정하고 있으나 부정경쟁방지 및 영업비밀보호에 관한 법률에 있어서의 상표의 개념은 상표법 상의 그것보다 넓은 것으로 이에 관하여 대법원은 "부정경쟁방지법 제 2 조 제 1 호 소 정의 행위는 상표권침해행위와는 달라서 반드시 등록된 상표와 동일 또는 유사한 상 호를 사용하는 것을 요하는 것이 아니고, 등록 여부와 관계없이 사실상 국내에 널리 인식된 타인의 성명, 상호, 상표, 상품의 용기, 포장 기타 타인의 상품임을 표시하는 표지와 동일 또는 유사한 것을 사용하거나 이러한 것을 사용한 상품을 판매 등을 하 여 타인의 상품과 혼동을 일으키게 하거나 타인의 영업상의 시설 또는 활동과 혼동을 일으키게 하는 행위를 의미한다."(대법원 1996. 5. 31. 선고 96도197 판결)라고 판시하 였다.

Ⅲ. 독점규제 및 공정거래에 관한 법률에 의한 제한

영업에 관한 공정한 자유경쟁의 확보와 관련하여 문제되는 것으로 독점규제 및 공정거래에 관한 법률에 의한 규제가 있다. 시장을 독점함으로써 공정한 경쟁 을 배제하는 것은 소비자의 이익을 침해하고 영세한 영업을 궤멸시키므로 국가는 특정한 기업이 시장지배적 지위를 남용하거나 과도하게 경제력을 집중하는 것을 방지하고, 부당한 공동행위와 부정한 거래행위를 규제할 필요가 있는데 이러한 필 요에서 입법된 것이 독점규제 및 공정거래에 관한 법률이다.

제2장 기업의 인적 설비 – 상업사용인

　　일반적으로 기업활동을 보조하는 자에는 특정한 상인에 종속하여 그 기업의 내부에서 보조하는 자와 그 자신도 독립한 상인으로서 다른 상인의 기업조직의 외부에서 보조하는 자의 두 가지가 있다. 상업사용인(商業使用人)은 전자에 속하고, 대리상·중개인·위탁매매인·운송주선인·운송인·공중접객업자·창고업자·금융리스업자·가맹업자·채권매입업자는 후자에 속한다. 아래에서는 전자에 대하여 살펴보고, 후자에 대하여는 상행위편에서 설명하게 될 것이다.

　　상업사용인과 상인의 법률관계는 양자 사이의 내부관계와 외부관계의 양면이 있으나 이에 관한 상법의 규정은 거의 외부관계에 관한 것이고, 내부관계에 대하여는 제17조의 규정을 두고 있을 뿐이다. 내부관계는 원칙적으로 당사자의 자율에 맡길 수 있는 데 반하여 외부관계는 거래안전의 보호를 위하여 강행규정에 의한 규율을 받게 된다.

<기업의 설비>

기 업	인적설비	기업의 경영자	개인기업	商人(영업주)		
			회사기업	기관(機關)		
		기업의 보조자	종속적 보조자	대외적 활동 (경영보조자)	상업사용인	상법
				대내적 보조	노동자	민법

				(기술보조자)	기사	노동법
		독립적 보조자		특정인 보조	대리상	
				불특정인 보조	중개인 · 위탁매매인 · 운송주선인 · 창고업자 등	
		보호적 보조자	친권자 · 후견인			
		기관적 보조자	이사 · 업무집행사원			
		관리적 보조자	선박임차인 · 상호차용인 · 영업임차인			
물적설비			자본(금) · 영업소 · 상호 · 상업장부			

제1절 상업사용인의 의의

Ⅰ. 상업사용인의 의의

상업사용인(商業使用人)은 특정상인에게 종속하여 상시 경영상의 노무(대외적인 영업상의 업무)에 종사하는 자를 말한다. 분설하면 다음과 같다.

1. 특정상인에 종속한 보조자이다

(1) 종 속

상업사용인은 그 자신이 독립한 경영자가 아니고, 특정상인에게 종속하여 그 상인의 영업을 보조하는 자이다. 여기의 '종속'은 기업조직의 내부에서 상인의 지시에 따르는 관계에 있음을 말한다. 상업사용인은 불특정다수의 상인의 영업활동을 보조하는 중개인 · 위탁매매인과 차이가 있고, 기업조직의 외부에서 보조하는 대리상과도 상이하다. 무한책임사원 · 업무집행자 · 이사 또는 감사와 같은 회사의 기관도 종속관계에 있는 것이 아니므로 상업사용인이 아니다.

Cf. 상업사용인과 대리상의 공통점 및 차이점
① 상업사용인(10조 이하)과 대리상(87조)의 의의
② 양자의 공통점: 상인의 기업보조자이며 특정상인과 계속적인 관계를 맺는 점에서 공통

③ 양자의 차이점: 아래 표 참조

	상업사용인	대 리 상
당 사 자	영업주는 특정 1인 한정 (경업피지)/상업사용인은 성질상 자연인에 한함	본인은 특정되나 영업부류가 다를 경우 다수의 본인과 계약 가능/대리상은 자연인에 한하지 않음
계약의 성질	대리권 수여로 족함 (고용·위임 무관)	위임(민법 680조)
종 속 성	종속	독립
보수지급관계	고정급료/주식·유한회사 우선변제권	수수료/상사유치권(91조)
영 업 소	영업주의 영업소	자기 영업소
영업비 부담관계	영업주	대리상
통지의무	특칙 없음	지체 없이 통지(88조)
경업피지	광범위하게 인정(17조)	제한적으로 인정(89조)
대 리 권	포괄·획일·공시·의제	정형화되어 있지 않음

(2) 특정상인

상업사용인에 의하여 영업상 활동의 보조를 받는 특정상인을 영업주(營業主)라 한다. 이는 개인상인이든 회사이든, 개인상인의 경우에도 행위무능력자이든 소상인 이든 상관없다. 다만 소상인의 경우에는 상법상 지배인의 규정이 적용되지 않는다 (9조).

2. 대리권을 가지고 대외적인 업무를 보조하는 자이다

따라서 대리권이 없이 영업의 내부적인 업무만을 담당하는 자는 상법상의 사용인이 아니다(예컨대 기사·공원·선원·청소부 등).

3. 자연인에 한한다

상업사용인은 영업상의 활동을 보조하는 자이므로 자연인(自然人)에 한한다는 것이 통설이다. 왜냐하면 영업주와 지배인 간에는 신뢰관계(信賴關係)가 필요하기 때문이다. 법인이 지배인이 되는 경우에는 그 기관의 구성원이 영업주를 위하여 대리권을 행사하게 되는데 기관의 구성원은 자주 바뀔 가능성이 있고 그럴 경우 영업주와의 사이에 신뢰관계를 기대하기 어렵기 때문이다(손주찬 95).

4. 영업주와의 고용관계의 존재를 요하지 아니한다

상업사용인은 영업주와의 사이에 고용관계가 있는 동시에 영업에 관한 대리권이 수여된 경우가 많으나 상법상 상업사용인은 영업주와의 사이에 반드시 고용관계가 존재함을 요하지는 아니한다. 즉, 부모·자녀간 또는 친척간에도 대리권 수여관계가 있기만 하면 상업사용인이 될 수 있는 것이다.

제2절 상업사용인의 종류

상법은 대리권의 범위를 기준으로 하여 상업사용인을 ① 지배인, ② 부분적 포괄대리권을 가진 사용인 및 ③ 물품판매점포의 사용인으로 나누고 있다. 위 3자 중 전 2자는 대리권이 영업주에 의하여 수여되는 경우(10조, 15조)이고, 후자의 대리권은 의제된다(16조). 대리권이 없는 사용인은 상업사용인이 아니다.

제 1 관 지 배 인

I. 의   의

지배인(支配人)은 영업주에 갈음하여 영업에 관한 재판상 또는 재판 외의 모든 행위를 할 수 있는 자(11조)로서 상업사용인 중에서 가장 중요한 것이다. 지배인의 대리권을 지배권이라고 하며 지배인인가 아닌가는 오로지 실질적인 지배권의 유무에 따라 결정된다.

II. 선임과 해임

1. 선   임

(1) 선임 일반

지배인(manager)은 영업주 또는 지배인 선임권한이 수여된 대리인에 의하여 선임된다(10조). 지배인의 선임은 불요식행위로서 구두 또는 서면에 의하여 가능하나 포괄적인 대리권을 수여하는 행위이므로 명확을 기하기 위하여 명시적 의사표시에 의하여야 할 것이다(정동윤 111, 최기원 82). 따라서 묵시의 의사표시에 의해서도 가능하다는 견해(정찬형 81, 손주찬 97)에 대하여는 동의할 수 없다. 지배인은 특별한 수권이 없으면 그 영업주를 위하여 다른 지배인을 선임할 수 없다(11조 2항의 반대해석).

(2) 회사 지배인의 선임

회사의 지배인은 그 대표기관이 선임하며, 선임에 있어서는 각 회사마다 일정한 내부절차를 거칠 것을 규정하고 있다(203조, 274조, 287조의18, 393조, 564조).

내부절차를 위반한 지배인선임행위의 효력과 그의 대외적 행위의 효력에 관하여 ① 지배인선임은 무효이고 거래안전의 보호는 표현지배인(14조)제도로써 해결하여야 한다는 입장(이철송 97)과 ② 절차상의 하자는 대내관계에만 영향을 미칠 뿐 선임행위 자체의 효력이나 그 행위의 효력에는 영향이 없다는 입장[정동윤(상) 60, 정찬형 80, 손주찬 96]이 대립한다. 생각건대 ①의 입장도 수긍이 가나 표현지배인의 경우 재판상의 행위와 상대방이 악의인 경우에는 적용되지 않는 한편 소송행위의 1회성의 원칙과 제3자로서는 지배인선임에 관한 내부적인 절차를 준수하였는지 여부를 알기 어려운 것이 통상의 경우라는 점을 감안하여 대표기관이 지배인을 선임한 이상 동적 거래의 안전을 위하여 ②의 입장과 같이 풀이하는 것이 옳다고 본다.

(3) 지배인선임행위의 법적 성질

이에 대하여는 ① 대리권수여계약이라는 견해(손주찬 97), ② 대리권수여행위와 결합한 고용계약 또는 위임계약이라는 견해[정동윤(상) 61], ③ 대리권(지배권)의 수여행위라는 견해(정찬형 81) 및 ④ 지배인의 수령을 요하는 영업주의 단독행위라는 견해(이철송 97)가 있다. 민법상 수권행위의 법적 성질을 상대방의 수령을 필요로 하는 단독행위로 파악함이 옳듯이 지배인선임행위의 법적 성질도 마찬가지로 파악하는 것이 옳을 것이다.

2. 지배인의 선임자격

자연인에 한정되나 행위능력자임을 요하지는 아니한다(민법 117조). 회사의 이사나 업무집행사원은 지배인을 겸할 수 있으나(아래 95다39472 판결 참조), 주식회사나 유한회사의 감사는 감사기관인 성질상 그 회사 또는 자회사의 지배인을 겸할 수 없다(411조, 570조 및 아래 2007다60080 판결 참조).

※ 대법원 1996. 8. 23. 선고 95다39472 판결

주식회사의 기관인 상무이사라고 하더라도 부분적 포괄대리권을 가지는 동 회사의 사용인을 겸임할 수 있다고 할 것이다(대법원 1968. 7. 23. 선고 68다442 판결 참조).

※ 대법원 2007. 12. 13. 선고 2007다60080 판결

감사가 회사 또는 자회사의 이사 또는 지배인 기타의 사용인에 선임되거나 반대로 회사 또는 자회사의 이사 또는 지배인 기타의 사용인이 회사의 감사에 선임된 경우에는 그 선임행위는 각각의 선임 당시에 있어 현직을 사임하는 것을 조건으로 하여 효력을 가지고, 피선임자가 새로이 선임된 지위에 취임할 것을 승낙한 때에는 종전의 직을 사임하는 의사를 표시한 것으로 해석하여야 한다.

3. 지배인의 수(數)

지배인의 수에는 제한이 없다. 개인상인과 회사상인을 불문하고 1인 또는 수인의 지배인을 둘 수 있고, 본점과 지점에 각각 지배인을 둘 수 있으나 수인의 지배인을 두는 경우에도 공동지배인(12조)이 아닌 한 각자가 단독으로 지배권을 행사한다.

4. 해임·대리권의 소멸

지배인과 영업주 사이의 법률관계는 대리관계이므로 지배인은 대리권의 소멸로 인하여 종임된다. 또 지배인은 영업의 존속을 전제로 하므로 영업주의 영업의 폐지·회사의 해산에 의하여도 종임된다. 그 외 지배인의 사망·성년후견의 개시·파산(민법 127조 2호)·영업주 또는 지배인의 상호간의 위임계약의 해지(민법 689조)·영업주의 파산(민법 690조)으로 인하여 소멸한다. 민법상으로는 본인의 사망도 대리권의 소멸원인으로 되어 있으나(민법 127조 1호) 지배인의 대리권은 상행위의 위임에 의한 대리권이므로 영업주의 사망으로 소멸되지 아니한다(50조).

5. 등   기

지배인의 선임과 그 대리권의 소멸은 그 지배인을 둔 본점 또는 지점의 소재지에서 영업주가 등기하여야 한다(13조, 상업등기법 50조·51조). 지배인의 선임과 종임은 등기사항이기는 하나 이 각 등기는 대항요건에 불과하므로 지배권은 선임사실로써 취득하고, 종임사실로써 상실하는 것이지 선임등기 또는 종임등기에 의하여 취득 또는 상실되는 것이 아니다.

Ⅲ. 권한(지배권)

1. 내 용

(1) 총 설

지배권은 영업주를 대신하여 영업에 관한 모든 재판상 또는 재판 외의 행위를 할 권한을 말한다(11조 1항). 지배인의 대리권은 영업의 전반에 걸친 포괄적인 권한이며, 그 범위는 객관적으로 법정되어 있으므로 영업주도 임의로 이를 신축할 수 없다. 이러한 지배권의 포괄·획일성은 거래의 안전을 기하려는 데 그 취지가 있다. 지배인의 경우 반드시 지배인이라는 명칭을 사용할 필요는 없고 포괄적인 지배권만 있으면 지배인이 되는 것이다(정찬형 82).

◆ 타 권한과의 비교

1. 대표이사와의 비교

   (가) 공통점: 양자는 모두 ① 영업에 관하여 재판상 또는 재판 외의 모든 행위를 할 수 있는 점(11조 1항, 389조 3항, 209조), ② 회사의 지배인인 경우 지배인과 대표이사 양자의 선임과 해임 모두 이사회의 권한사항인 점(389조 1항, 393조 1항) 및 ③ 등기사항인 점에 공통된다.

   (나) 차이점

   ① 권한의 성질: 지배인의 권한은 상업사용인으로서의 개인법상의 대리권인 반면 대표이사의 권한은 회사의 기관으로서의 단체법상의 고유한 대표권이다.

   ② 권한의 범위: 전자는 원칙적으로 특정한 영업소의 영업에 한정되나 후자는 회사의 영업 전반에 미친다.

   ③ 임기의 제한 여부: 전자의 경우에는 없지만 후자의 경우 3년을 초과하지 못한다(383조 2항).

   ④ 겸직금지의무의 범위: 전자의 경우 이종영업(異種營業)의 경우에도 부담하지만(17조 1항 후단) 후자의 경우 동종영업인 경우에만 부담한다(397조 2항 후단).

   ⑤ 회사의 불법행위책임 부담의 근거: 전자의 경우 지배인의 불법행위에 대하여 영업주는 사용자책임(민법 756조)을 부담하는 반면 후자의 경우 회사는 그 대표이사와 연대하여 손해배상책임을 진다(389조 3항, 210조).

2. 선장과의 비교

   (가) 공통점: 선장도 (선적항 외에서 항해에 필요한) 재판상 또는 재판 외의 모든 행위를 할 포괄적인 권한을 가지며(749조 1항), 선장의 대리권에 대한 제한은 선의

의 제 3 자에게 대항하지 못하는(751조) 점에 있어서 지배인의 경우와 공통된다.

(나) 차이점

① 등기제도: 지배인에게는 등기(13조)라는 공시방법이 인정되나 선장에게는 등기
제도가 인정되지 않는다.

② 공동대리제도: 선장에게는 지배인의 경우와는 달리 공동대리에 의한 권한행사
의 제한이 불가능하다.

③ 권한의 범위: 지배인의 경우에는 일반적인 영업 전반에 권한이 미치는 반면 선
장의 경우에는 특정한 항해에 한정된다는 제한이 있다(749조). 따라서 선장의
경우에는 지배인에 비하여 업무권한에 대한 제한의 범위가 넓다(750조).

④ 공법상의 권한 유무: 선장은 지배인과는 달리 일정한 공법상의 권한(예컨대 선
원법 6조의 지휘명령권과 22조의 징계권 등)도 행사할 수 있다.

⑤ 대리권: 선장은 선주의 대리인이지만 하주(荷主)의 법정대리인으로서의 권한도
행사할 수 있다(752조).

⑥ 선임권: 선장은 선주가 선임하나, 선장 자신이 자기 책임 하에 대선장(代船長)
을 선임할 수 있는 점(748조)에서 지배인의 경우와 차이가 있다.

(2) 지배권의 포괄성

가. 영업에 관한 포괄적 권한   지배인의 권한은 특정 영업에 관한 재판상 또
는 재판 외의 모든 행위에 미친다(11조 1항). 즉, 지배인은 신분법상의 행위와 같이
영업주의 일신에 전속한 것이 아닌 한 포괄적인 대리권을 가진다. 그러나 영업에
관한 대리권이므로 영업의 존재를 전제로 하여서만 인정되는 것이고 따라서 영업
의 폐지·양도와 같은 영업 자체의 처분행위나 지점의 설치 같은 것은 지배권의
범위에서 제외된다(손주찬 99). 어떤 행위가 영업주의 영업에 관한 것인가 아닌가는
지배인의 행위 당시의 주관적인 의사와는 관계없이 그 행위의 객관적인 성질에 따
라 추상적으로 판단되어야 한다(외형설). 예컨대 자금의 대출을 업무의 하나로 규정
하고 있는 은행의 지배인인 지점장이 부동산매입을 위하여 대출을 신청한 매수인
과 매도인 사이에 위 대출이 승인집행될 경우 매도인의 계좌에 직접입금하기로 한
약정은 대출행위 및 그에 부수하는 행위로서 객관적·추상적 성질에 비추어 은행의
영업에 관련되나(대법원 1987. 3. 24. 선고 86다카2073 판결 참조), 생활필수품 판매회사
의 지배인이 자신의 아파트매입잔대금에 관하여 위 회사 명의로 지급보증한 행위
는 객관적·추상적으로 판단할 때 그 회사의 영업범위 내에 속하는 일이라고 볼
수 없다. 지배인의 자격에서 한 상행위는 반증이 없는 한 영업주의 영업을 위하여

한 것으로 추정하는 것이 타당할 것이다. 지배인은 일반적으로는 지배인을 제외한 점원 기타 사용인에 대한 선임 또는 해임권을 가지나(11조 2항), 영업주의 특별수권이 있는 경우에는 다른 지배인을 선임할 수 있다. 또한 재판상의 행위는 소송행위를 가리킨다. 지배인은 모든 심급의 법원에서 영업주의 소송대리인이 될 수 있고, 영업주를 위하여 소송대리인을 선임할 수 있다.

　※ 대법원 1999. 3. 9. 선고 97다7721,7738 판결
　지배인의 어떤 행위가 영업주의 영업에 관한 것인가의 여부는 지배인의 행위 당시의 주관적인 의사와는 관계없이 그 행위의 객관적 성질에 따라 추상적으로 판단되어야 할 것이다(대법원 1987. 3. 24. 선고 86다카2073 판결, 1997. 8. 26. 선고 96다36753 판결 등 참조). …(중략)…그런데 원심이 확정한 사실관계와 기록에 의하면, 원고은행의 명동지점장은 지배인으로서 그 지점의 영업에 관한 포괄적인 대리권한을 갖고 있고, 어음 등 유가증권의 할인은 은행이 행하는 업무로서 위 지점의 영업에 해당한다 할 것이므로, 그가 피고에게 이 사건 원심 판시 제1어음을 할인하고 이 사건 제1, 2어음을 배서·양도한 행위는 이를 객관적·추상적으로 보아 명동지점의 영업에 관한 행위로서 지배인의 대리권한의 범위 내에 속하는 것으로 보여진다 할 것…(이하 생략)

　Cf. **가장지배인(假裝支配人)**: 이는 정상적인 지배인이 아님에도 불구하고 지배인으로 등기해둔 사람을 일컫는 표현이다. 일명 사이비지배인이라고도 한다. 민사소송법상 변호사소송대리원칙(87조)의 예외로서, 지배인에게 재판상의 권한을 부여한 상법 제11조 제 1 항을 악용하여 일부 기업에서 변호사비용을 아끼기 위하여 소속 직원(비변호사)을 지배인으로 등기한 뒤 소송업무를 전담시킨 데서 나온 명칭이다. 가장지배인의 소송수행은 변호사법 제109조 위반행위로서 형사처벌의 대상도 될 수 있다(이에 대한 상세는 2022년 7월 11일자 법조신문 제 5 면 참조).

　　나. **지배권남용행위**　　위에서 본 바와 같이 지배인의 행위가 객관적으로 보아 영업에 관한 행위로 판단되는 이상 사실상 지배인 자신의 이익을 위한 경우에도 원칙적으로 그 행위는 영업주에 대하여 효력이 있는 것이다. 이는 외관존중 또는 거래안전의 보호 차원에서 당연한 것이다. 그러나 위와 같이 지배인이 그 권한범위 내의 행위이기는 하지만 영업주 본인의 이익이나 의사에 반하여 또는 자기나 (영업주가 아닌) 제 3 자의 이익을 위하여 대리행위를 하는 모든 경우(지배권남용행위 또는 배임적 지배행위)에 그렇게 해석되어야 하는 것은 아니다. 적어도 그러한 남용행위를 알고 있는 악의의 상대방에 대하여는 영업주의 행위로서의 효력이 부인되

어야 할 것이다. 이와 같은 결론에 대하여는 견해가 일치하나 그 부인의 논거에 있어서는 다음 네 가지 학설이 대립한다.

가) 심리유보설: 이는 민법 제107조 제1항 단서의 규정을 유추적용하여 지배권 남용행위는 원칙적으로 유효이지만, 상대방이 지배권남용사실을 알았거나 알 수 있었을 경우에는 무효라는 입장이다(채이식 534-535). 이에 대하여는 민법 제107조의 심리유보에 있어서는 행위자에게 그 행위를 할 진의가 없는 데 반하여 지배권남용 행위의 경우에는 지배인에게 그 행위에 대한 진의가 있으나 다만 배임적 목적이 곁들여 있는 점에서 양자는 상이함에도 불구하고 지배권남용행위에 대하여 민법 제107조 제1항 단서를 유추적용하는 것은 논리에 어긋난다는 비판이 있다[정동윤 (상) 65-66].

나) 내부적 제한설: 지배권남용행위를 지배권에 대한 내부적 제한(11조 3항)을 위반한 것과 같이 취급하여 지배권남용행위는 원칙적으로 유효하나, 다만 상대방이 악의인 경우에는 그에게 무효를 주장할 수 있다는 입장이다. 이에 대하여는 지배권 에 대한 내부적 제한위반행위는 지배권범위 외의 행위를 한 경우인 한편 지배권 남용행위는 지배권범위 내의 행위로서 서로 다른 양자를 동일시한다는 비판이 있다.

다) 권리남용설: 지배권남용행위는 원칙적으로 유효하지만 상대방이 지배권남용 사실을 알고 있는 경우에는 그 거래행위로 취득한 권리를 영업주에 대하여 행사하 는 것은 권리남용 또는 신의칙위반으로서 허용되지 않는다는 입장이다[정동윤(상) 66, 손주찬 101]. 이에 대하여는 권리남용과 같은 일반조항에의 의지는 극히 예외적 인 경우에만 허용되어야 한다는 비판이 있다.

라) 상대적 무효설(이익형량설): 지배권은 원래 영업주를 위하여 행사하여야 하는 것이므로 개인적 이익을 위하여 행사한 경우에는 당연히 무효가 되는 것이지만 선 의의 상대방에 대하여는 그 무효를 주장할 수 없다는 입장이다. 이에 대하여는 실 정법상의 근거도 없을 뿐 아니라 객관적으로 그 권한 내에서 한 지배행위를 당연 무효라고 보는 것은 잘못이라는 비판이 있다.

마) 판례의 입장: 대법원은 과거 (지배권남용행위와 같은 법적 성질을 가지고 있는 대표권남용행위에 관하여) 권리남용설을 취한 적도 있었으나(대법원 1987. 10. 13. 선고 86다카1522 판결) 현재는 심리유보설을 취하고 있다.

바) 결 론: 생각건대 어느 학설도 위에서 본 바와 같은 난점을 가지고 있어 완벽하지 않으나 지배권남용행위의 상대방이 지배권남용사실을 알았거나(악의) 또

는 알 수 있었을 때(중대한 과실)에 영업주의 이익을 보호하는 명확하고도 구체적인 실정법적 기준을 제시하는 심리유보설이 타당하다고 본다. 상대방의 악의 또는 중대한 과실은 그 책임을 면하려는 영업주가 입증하여야 한다.

※ 대법원 1999. 3. 9. 선고 97다7721,7738 판결

[사안의 요지] 지배인인 은행지점장이 그 고객의 양도성예금증서(Certificate of Deposit, CD)를 보관함을 기화로 이를 이중매매하여 개인적인 자금거래에 유용하여 오다가 위 CD금의 지급을 요구받게 되자 자금 마련을 위하여 위 지점이 보관중인 어음들을 할인 또는 배서·양도하는 방법으로 금융업을 하고 있는 피고와 장기간 거래해오던 중 위 은행이 피고를 상대로 그 보관 중인 약속어음들의 인도를 청구한 사안이다.

[판결요지]

① 지배권남용 부분: <u>지배인의 행위가 영업에 관한 것으로서 대리권한 범위 내의 행위라 하더라도 영업주 본인의 이익이나 의사에 반하여 자기 또는 제 3 자의 이익을 도모할 목적으로 그 권한을 행사한 경우에 그 상대방이 지배인의 진의를 알았거나 알 수 있었을 때에는 민법 제107조 제 1 항 단서의 유추해석상 그 지배인의 행위에 대하여 영업주 본인은 아무런 책임을 지지 않는다고 보아야</u> 하고, 그 상대방이 지배인의 표시의사가 진의 아님을 알았거나 알 수 있었는가의 여부는 표의자인 지배인과 상대방 사이에 있었던 의사표시 형성과정과 그 내용 및 그로 인하여 나타나는 효과 등을 객관적인 사정에 따라 합리적으로 판단하여야 한다.

② 사용자책임의 성립 여부: 피용자의 불법행위가 외관상 사무집행의 범위 내에 속하는 것으로 보이는 경우에 있어서도, 피용자의 행위가 사용자나 사용자에 갈음하여 그 사무를 감독하는 자의 사무집행 행위에 해당하지 않음을 피해자 자신이 알았거나 또는 중대한 과실로 알지 못한 경우에는 사용자 혹은 사용자에 갈음하여 그 사무를 감독하는 자에 대하여 사용자책임을 물을 수 없다.

〈Note〉 민법 제107조 제 1 항 단서의 '알았거나 이를 알 수 있었을 경우'의 의미에 대하여 민법학자들은 대개 '악의 또는 과실이 있는 경우'로 해석하는 데 반하여 판례는 지배권의 남용행위의 효력을 결정하는 기준으로서 위 단서를 유추적용하면서도 그 의미에 대하여는 '악의 또는 중대한 과실이 있는 경우'로 해석하고 있다. 생각건대 민법의 영역에 있어서도 표시주의이론을 채택하면서 무과실을 요구하는 점에 대하여 입법론적으로 의문을 표시하는 견해(곽윤직, 민법총칙, 360)가 있는 점 외에도 외관과 거래안전의 보호를 중시하는 상사의 영역에서 지배권남용행위의 상대방을 두텁게 보호하기 위하여 그렇게 해석하는 것이 합리적이라고 본다. 또 여기의 '중대한 과실'은 지배권남용행위의 상대방이 조금만 주의를 기울였더라면 지배인의 행위가 그 지배권 범위

내에서 적법하게 이루어진 것이 아니라는 사정을 알 수 있었음에도 불구하고 만연히 이를 지배권 범위 내의 행위라고 믿음으로써 일반인에게 요구되는 주의의무에 현저히 위반한 것으로 거의 악의에 가까운 정도의 주의를 결여함으로써 공평의 관점에서 상대방을 구태여 보호할 필요가 없다고 인정되는 상태라고 정의할 수 있을 것이다(민법 756조의 사용자책임에 있어서의 '중대한 과실'의 의미를 정의한 대법원 2011. 11. 24. 선고 2011다41529 판결 참조).

(3) 지배권의 획일성(정형성)

위에서 본 바와 같이 지배인의 대리권은 영업에 관하여 영업주 본인이 할 수 있는 거의 모든 행위에 미치므로 만약 지배인이 이를 남용하거나 그릇된 판단 하에 행사할 경우 영업주에게 막대한 손해를 끼칠 우려가 있다. 이에 영업주는 지배인제도는 그대로 이용하면서, 지배권을 제한하여 그 위험을 줄이려는 시도를 하게 된다. 그 결과 영업주와 지배인 사이의 약정으로 일정한 종류의 거래를 금지시키거나(예: 물품제조판매회사의 지배인에 대한 수표나 어음발행 금지, 은행지배인에 대한 대출업무 금지 등), 일정한 한도를 설정하기도 한다(예: 1억 이상의 계약금지 또는 그러한 계약에는 영업주의 사전동의를 받도록 하는 것 등). 이러한 약정을 지배권에 대한 내부적 제한이라고 하는데 이를 자유롭게 허용한다면 지배권을 정형화시킴으로써 거래의 신속과 안전을 도모하려는 법취지가 몰각될 우려가 있다. 따라서 법률에 의하여 객관적으로 정하여져 있는 지배권에 대하여 영업주가 내부적 제한을 가하더라도 그 제한으로써 선의의 제 3 자에게 대항할 수 없도록 한다(지배권의 불가제한성, 11조 3항). 여기의 '선의'에는 지배권남용행위에서와 마찬가지로 중대한 과실은 제외된다. 따라서 영업주가 상대방이 지배권에 대한 내부적 제한을 알았거나 알 수 있었다는 점에 대하여 입증하지 못하는 한 지배인의 내부적 제한을 위반하였음을 이유로 그 행위의 효력을 부인하지 못한다(대법원 1997. 8. 26. 선고 96다36753 판결 참조). 한편 여기의 '제 3 자'에는 지배인으로부터 직접 어음을 취득한 자뿐만 아니라 이후의 배서로 어음을 취득한 자도 포함된다(대법원 1997. 8. 26. 선고 96다36753 판결). 영업주는 지배인의 선임 여부의 자유만 있을 뿐(즉, 지배인은 임의대리인이다), 일단 선임하면 지배권의 범위는 법정되어 있는 것이다. 그러나 영업주의 지배권에 대한 내부적 제한 자체가 무효는 아니고 당사자간의 내부관계에 있어서는 유효하므로 이를 가지고 영업주에 의한 해임 또는 손해배상청구의 사유로 할 수 있다. 지배권의 (내부적) 제한 또는 특별한 수권은 등기할 수 없으며, 잘못하여 등기되어도 그 등기는 효력이 없다.

2. 지배권의 범위

지배권은 영업주의 영업에 관한 것이며, 이 영업에 의하여 지배권의 범위가 확정된다. 여기의 '영업'은 영업주의 모든 영업이 아니고 상호 또는 영업소에 의하여 개별화된 특정한 영업을 가리킨다. 예컨대 영업주가 수종의 영업을 하기 위하여 수개의 상호를 사용한 때에는 각 상호마다 지배권이 성립하나 1인의 지배인이 수개의 영업소의 지배인을 겸임하는 것은 무방하다.

Ⅳ. 공동지배인(共同支配人)

1. 의   의

영업주는 수인의 지배인이 공동으로만 대리권을 행사하도록 할 수 있는데(12조 1항), 이 경우의 지배인을 공동지배인이라 한다. 이는 지배권의 남용 또는 오용을 막기 위한 제도로서 주식회사의 공동대표이사(389조 2항·3항, 208조 2항), 합명회사의 공동대표사원(208조), 유한책임회사의 공동업무집행자(287조의19 3항·4항) 및 유한회사의 공동대표사원(562조 3항)과 같은 취지에서 마련된 것이다. 공동지배인제도는 지배권의 행사방법에 대하여 제한을 가하는 것으로서 지배권의 범위 자체에 대한 상법 제11조 제3항의 제한과는 구별된다. 또한 공동지배인들은 공동으로만 지배권을 행사할 수 있는 한편 단순히 지배인이 수인(數人)인 경우에는 각자 단독으로 지배권을 행사한다. 공동지배인 선임형태에는 제한이 없으므로 영업주는 수인의 지배인 모두를 공동지배인으로 선임하거나 그 중 일부만을 공동지배인으로 선임할 수도 있는데, 후자의 경우 공동지배인으로 선임되지 않은 지배인(들)은 단독으로 지배권을 행사한다.

2. 공동지배권의 행사방법

(1) 능동대리(能動代理)

공동으로만 영업주를 대리하여야 하나 반드시 동시에 행하여야 하는 것은 아니며 순차적으로 하여도 된다. 아래 몇 가지 문제가 있다.

가. 공동지배인간 위임의 허부

가) 포괄적 위임: 부정설이 다수설로서 다른 지배인에 대한 포괄적 위임은 공동

지배인제도의 취지에 어긋나고 지배인이 지배인을 선임하는 불합리한 결과를 초래한다는 것을 이유로 한다(손주찬 102, 최기원 88).

나) **개별적 위임**: 특정한 종류 또는 특정한 행위에 관하여 공동지배인 중의 일부가 자신의 권한을 다른 공동지배인에게 개별적으로 위임하는 것이 가능한가에 대하여 견해가 대립한다.

① 부정설은 대리권의 남용 방지 등 공동지배인제도의 취지에 어긋난다고 하고, ② 긍정설은 이 정도의 위임은 대리권의 남용 또는 오용의 염려가 적다는 점과 기업활동의 원활을 위하여 필요하다는 점을 근거로 든다(최기원 88, 정동윤 118). ③ 판례는 긍정설의 입장이다(아래 판결 참조). 생각건대 판례가 지적하는 바와 같이 위임이 불가피한 경우(예컨대 공동지배인 중의 1인이 해외출장을 가서 연락을 취하기 힘든 상황에서 급박한 계약 건이 생긴 경우 등)가 있을 수 있으므로 개별적 위임은 허용하여야 할 것으로 보인다. 그러나 불가피성의 인정범위를 넓힐 경우나 또는 개별적 위임을 계속 반복할 경우 부정설이 염려하는 바와 같이 공동지배인제도의 취지가 퇴색될 우려가 있다. 따라서 개별적인 운용에 있어서 공동지배인제도를 인정한 취지에 맞추어 영업주와 제3자 간의 이익의 조화를 꾀하여야 할 것이다(私見).

〈Note〉 대법원 1989. 5. 23. 선고 89다카3677 판결에 의하면 "주식회사에 있어서의 공동대표제도는 대외관계에서 수인의 대표이사가 공동으로만 대표권을 행사할 수 있게 하여 업무집행의 통일성을 확보하고, 대표권 행사의 신중을 기함과 아울러 대표이사 상호간의 견제에 의하여 대표권의 남용 내지는 오용을 방지하여 회사의 이익을 도모하려는 데 그 취지가 있으므로 공동대표이사의 1인이 그 대표권의 행사를 특정사항에 관하여 개별적으로 다른 공동대표이사에게 위임함은 별론으로 하고, 일반적·포괄적으로 위임함은 허용되지 아니한다."라고 한다.

나. **재판상의 대리행위** 이에 대하여는 ① 민사소송법 제93조의 개별대리원칙에 어긋난다는 이유로 공동대리를 인정하지 않는 견해(손주찬 102)와 ② 공동지배인제도는 상법 제11조 제1항 전체에 대한 예외규정이므로 재판상의 행위를 제외시킬 이유가 없다는 견해(정찬형 86, 최기원 88) 및 ③ 소·상소의 제기, 소·상소의 취하, 화해, 청구의 포기·인낙, 소송탈퇴 등은 전원이 공동으로 하여야 하지만 그 외의 소송행위는 공동지배인 중의 1인이 다른 지배인의 동의 또는 묵인 하에 단독으로 할 수 있다는 견해(정동윤 118)가 대립한다. 생각건대 공동지배인은 등기

부상 표시될 뿐 아니라 영업주를 보호할 필요성이 재판상의 행위라고 하여 덜하다고 볼 수 없으므로 ②의 견해가 타당하다(私見).

　　다. 어음행위의 대리　　　어음·수표행위 등과 같은 요식행위에 있어서는 수인의 공동지배인이 반드시 각각 기명날인 또는 서명하여야 하며, 최후의 기명날인 또는 서명에 의하여 영업주에 대하여 당해 어음·수표행위의 효력이 생긴다(손주찬 102, 정동윤 118).

　　라. 위반의 효과　　　공동지배인 중의 1인이 단독으로 한 대리행위의 효과는 ① 공동지배인등기가 경료된 경우에는 무권대리로서 영업주가 추인하지 않는 한 무효이고(민법 130조, 상대방이 선의라고 하여 결론이 달라지지 않는바 이것이 공동지배인 등기를 함으로써 영업주가 얻는 실익이다), ② 공동지배인등기가 경료되지 않았으나 상대방이 공동지배인이라는 사실을 알았거나 알 수 있었던 경우에는 ①과 같은 결론이 되나, 공동지배인등기가 경료되지 않았고 상대방이 선의(경과실 포함)인 경우에는 영업주에게 효력이 미치게 된다(상법 37조 1항).

　　(2) 수동대리

　　대리권의 남용이라는 문제가 없고 거래의 신속·원활을 꾀하기 위하여 공동지배인의 한 사람에 대한 의사표시로 족하다(12조 2항). 공동지배인 중에서 1인이 악의이면 영업주의 악의가 성립한다(정찬형 86).

　　(3) 공동지배인 중 1인의 대리권의 소멸

　　그 대리권 소멸이 등기되어 있는 경우에는(13조 2문) 나머지 공동지배인들이 공동대리권을 행사할 수 있다는 점에는 의문이 없다. 문제는 소멸등기가 되어 있지 않은 경우에 발생한다. 이 경우에도 거래중단의 불이익을 피하기 위하여 나머지 공동지배인들에게 공동대리권을 인정하는 것이 거래실정에 맞을 것이나(손주찬 103) 현실적으로는 나머지 공동지배인들의 공동행사가 어려울 것으로 보인다.

　　(4) 등　　기

　　공동지배인을 두었을 경우 거래의 상대방에게 미치는 이해관계가 클 것이므로 공시를 위하여 그 변경과 소멸을 등기하도록 되어 있다(13조 2문, 상업등기법 53조 1항 5호·2항). 이 경우 상법 제37조가 적용되어 제 3 자의 악의가 의제된다.

V. 표현지배인(表見支配人)

1. 의   의

표현지배인(表見支配人)은 본점 또는 지점의 본부장, 지점장, 그 밖에 지배인으로 인정될 만한 명칭을 사용하는 자로서 사실은 지배인이 아닌 자를 말하며, 재판상의 행위 및 상대방이 악의인 경우를 제외하고는 본점 또는 지점의 지배인과 동일한 권한이 있는 것으로 본다(14조). 지배인인가의 여부는 사용하는 명칭에 상관없이 지배권의 유무에 따라 정하여지나 영업주가 지배권을 수여하지 않았음에도 불구하고 외관상 마치 지배권이 있는 것과 같은 명칭을 사용할 것을 허락한 경우에 그 명칭을 신뢰하고 거래한 선의의 제 3 자를 보호함으로써 거래안전을 도모할 필요가 있다. 이 제도는 민법상의 표현대리를 구체화한 것으로 영미법상 표시에 의한 금반언(禁反言, estoppel by representation)과 독일법상 외관법리(外觀法理, Rechtsschein-theorie)에 그 기초를 두고 있으며 주식회사의 표현대표이사(395조)도 이와 같은 취지에서 인정된 제도이다.

2. 요   건

영업주가 표현지배인의 행위에 대하여 책임을 지기 위하여는 다음 세 가지 요건이 갖추어져야 한다.

(1) 본부장 등의 명칭 사용(외관의 존재)

가. 본점 또는 지점의 본부장, 지점장 기타 지배인으로 인정될 만한 명칭(表見的 名稱)을 사용하여야 한다. 판례를 살펴보면 제약회사의 지방 분실장(分室長)이 개인적 목적을 위하여 대표이사의 배서를 위조하여 어음할인을 한 경우 표현지배인의 성립을 인정한 것(대법원 1998. 8. 21. 선고 97다6704 판결)이 있는 한편 보험회사 지점차장(대법원 1993. 12. 10. 선고 93다36974 판결) 또는 증권회사 지점장대리(대법원 1994. 1. 28. 선고 93다49703 판결)는 그 명칭 자체로서 상위직 사용인의 존재를 추측할 수 있으므로 이러한 명칭에 해당하지 않는다고 판시하였고, 건설회사 현장소장(대법원 1994. 9. 30. 선고 94다20884 판결), 보험회사 영업소장(대법원 1983. 10. 25. 선고 83다107 판결)의 경우에도 이를 부정하였다.

나. 지배인의 권한범위 내의 행위를 하였어야 한다. 재판상의 행위는 외관에 대한 신뢰보호의 문제가 없으므로 제외된다(최기원 92, 정찬형 88).

다. 본점 또는 지점은 상법상 영업소의 실질을 갖추어야 한다(실질설). 본부장

등의 명칭이 붙은 본점 또는 지점이 영업소의 실질을 갖추어야 하는가에 대하여
판례와 다수설(손주찬 104, 정찬형 88, 정동윤 129, 최기원 92)은 긍정하나 거래보호를
위하여 영업소의 외관만 갖추고 있으면 충분하다는 반대의 입장(외관설: 채이식 62)
이 있다. 생각건대 지배인은 실체를 갖춘 영업소의 대리권을 가지는 자이므로, 표
현지배인의 경우에도 실체를 갖춘 영업소의 경우에만 인정하여야 할 것이다. 본점
또는 지점의 실체를 갖춘 이상 그 명칭이나 등기 유무는 불문한다.

> ※ 대법원 2000. 8. 22. 선고 2000다13320 판결
> 상법 제14조 제1항에 정해진 표현지배인에 관한 규정이 적용되기 위하여는 당해 사
> 용인의 근무장소가 상법상 지점으로서의 실체를 구비하여야 하고, 어떠한 영업장소가
> 상법상 지점으로서의 실체를 구비하였다고 하려면 그 영업장소가 본점 또는 지점의
> 지휘·감독 아래 기계적으로 제한된 보조적 사무만을 처리하는 것이 아니라, 일정한
> 범위 내에서 본점 또는 지점으로부터 독립하여 독자적으로 영업활동에 관한 결정을
> 하고 대외적인 거래를 할 수 있는 조직을 갖추어야 할 것이므로, 본·지점의 기본적인
> 업무를 독립하여 처리할 수 있는 것이 아니라 단순히 본·지점의 지휘·감독 아래 기
> 계적으로 제한된 보조적 사무만을 처리하는 영업소는 상법상의 영업소인 본·지점에
> 준하는 영업장소라고 볼 수 없다 할 것이다(대법원 1978. 12. 13. 선고 78다1567 판결,
> 1998. 8. 21. 선고 97다6704 판결, 1998. 10. 13. 선고 97다43819 판결 등 참조).

> Cf. 대법원 1998. 8. 21. 선고 97다6704 판결은 "피고회사(제약회사) 부산분실은 그 판
> 시와 같은 인적 조직을 갖추고, 부산 일원의 약국 등에 피고회사가 제조한 약품을 판
> 매하고 그 대금을 수금하며 거래처에서 수금한 약속어음 등을 할인하여 피고회사에
> 입금시키는 등의 업무를 담당"하여 왔다는 원심의 사실인정을 전제로, 위 분실이 본점
> 으로부터 어느 정도 독립하여 독자적으로 약품의 판매 여부에 관한 결정을 하고 그
> 결정에 따라 판매행위를 하는 등 영업활동을 하여 왔으므로 위 분실이 피고회사 부산
> 지점으로서의 실체를 구비한 것으로 판단한 원심판단이 정당하다고 판시하였다.

(2) 영업주의 허락(외관의 부여)

영업주는 표현지배인에게 그러한 명칭의 사용을 명시적으로 허락하였거나 그
사용을 묵인하였어야 한다.

〈Note〉 지배인의 해임등기를 해태한 것은 상법 제37조 제1항으로 규율할 사항이지
이것을 가지고 여기의 '허락'이 있었다고 볼 수는 없다.

(3) 제 3 자의 선의(외관의 신뢰)

가. 상대방이 악의인 경우　　본조는 상대방이 악의인 경우에는 적용되지 않는다(14조 2항). 이는 외관보호라는 제도의 취지상 당연한 것이다. 여기의 '악의'는 지배인이 아님을 알고 있는 것을 말한다. 또 실질설에 따를 경우 영업활동을 하는 장소가 영업소의 실질을 갖추지 못한 것을 알고 있는 경우도 포함한다. 악의 유무의 판단은 거래시(유가증권의 경우에는 증권의 취득시)를 기준으로 한다. 중과실은 악의로 취급하여야 할 것이다(정찬형 89, 손주찬 106, 최기원 92, 정동윤 130). 악의의 입증책임은 영업주가 부담한다.

나. 상대방의 범위　　표현지배인에 관한 규정은 거래의 직접 상대방에 한하여 적용한다. 그러나 표현지배인이 어음·수표행위를 한 경우에는 직접 상대방뿐만 아니라 그 이후의 어음·수표의 취득자도 상대방에 포함된다고 할 것이다(최기원 93).

〈Note〉 지배권이 제한된 지배인의 어음·수표행위에 있어서 보호되는 상대방의 범위와 표현대리의 상대방에 관한 판례의 입장을 혼동하여서는 아니된다. 대법원 1994. 5. 27. 선고 93다21521 판결은 표현대리의 경우에 있어서는 "권한을 넘은 표현대리에 관한 민법 제126조의 규정에서 제 3 자라 함은 당해 표현대리행위의 직접 상대방이 된 자만을 지칭하는 것이고, 이는 위 규정을 배서와 같은 어음행위에 적용 또는 유추적용할 경우에 있어서도 마찬가지로 보아야 할 것이며, 약속어음의 배서행위의 직접 상대방은 그 배서에 의하여 어음을 양도받은 피배서인만을 가리키고 그 피배서인으로부터 다시 어음을 취득한 자는 민법 제126조 소정의 제 3 자에는 해당하지 아니한다."라는 입장을 취하고 있다.

3. 효　　과

표현지배인은 본점 또는 지점의 지배인과 동일한 권한이 있는 것으로 본다. 다만 재판상의 행위는 제외된다(14조 1항). 즉, 영업주는 상대방에 대하여 표현지배인의 행위에 대하여 책임을 지는데 이 경우 표현지배인은 상대방에 대하여 책임을 지지 않는다(민법 135조 1항). 또한 표현지배인의 행위가 그 행위의 객관적 성질에 따라 추상적으로 판단할 때 영업주의 영업에 관한 행위로서 지배인의 대리권의 범위에 속하는 행위인 경우에는 표현지배인이 개인적 목적을 위하여 행위한 경우에도 지배인의 경우와 마찬가지로 영업주가 책임을 진다.

※ 대법원 1998. 8. 21. 선고 97다6704 판결

지배인의 행위가 영업주의 영업에 관한 것인가의 여부는 지배인의 행위 당시의 주관적인 의사와는 관계없이 그 행위의 객관적 성질에 따라 추상적으로 판단하여야 할 것인바(대법원 1997. 8. 26. 선고 96다36753 판결 등 참조), 지배인이 영업주 명의로 한 어음행위는 객관적으로 영업에 관한 행위로서 지배인의 대리권의 범위에 속하는 행위라 할 것이므로 지배인이 개인적 목적을 위하여 어음행위를 한 경우에도 그 행위의 효력은 영업주에게 미친다 할 것이고, 이러한 법리는 표현지배인의 경우에도 동일하다 할 것이다. 원심이 같은 취지에서 피고 회사 부산 분실장인 소외인이 자신의 개인적 목적을 위하여 아무런 권한 없이 피고 회사 명의의 배서를 위조하여 원고로부터 이 사건 약속어음을 할인하였다 하더라도, 이는 표현지배인의 행위로서 피고 회사에 대하여 효력이 미친다고 판단한 것은 정당하고, 거기에 상고이유에서 주장하는 지배인의 대리권의 범위에 관한 법리오해의 위법이 있다고 할 수 없다.

제 2 관 부분적 포괄대리권을 가진 상업사용인

I. 의   의

1. 의   의

부분적 포괄대리권을 가진 상업사용인은 영업의 특정한 종류 또는 특정한 사항에 관한 위임을 받은 자를 말한다. 이 사용인은 위임받은 종류 또는 사항에 관한 재판 외의 모든 행위를 할 수 있다(15조 1항). 회사의 부장, 팀장, 차장, 과장, 계장, 대리 등이 이에 속하며 회사의 이사도 이를 겸할 수 있다.

※ 대법원 1989. 8. 8. 선고 88다카23742 판결

회사의 영업부장과 과장대리가 거래선 선정 및 계약체결, 담보설정, 어물구매, 어물판매, 어물재고의 관리 등의 업무에 종사하고 있었다면 비록 상무, 사장 등의 결재를 받아 그 업무를 시행하였더라도 상법 제15조 소정의 "영업의 특정한 종류 또는 특정한 사항에 대한 위임을 받은 사용인"으로서 그 업무에 관한 부분적 포괄대리권을 가진 사용인이라 할 것이다.

Cf. 대법원 1996. 8. 23. 선고 95다39472 판결은 주식회사의 기관인 상무이사라고 하더라도 부분적 포괄대리권을 가지는 동 회사의 사용인을 겸임할 수 있다고 판시하였다(대법원 1968. 7. 23. 선고 68다442 판결도 同旨).

이러한 사용인과 거래하는 상대방은 그 직책 때문에 대리권이 있다고 신뢰하는 것이 보통이다. 따라서 상법은 이러한 자에게 법률상 포괄적 대리권을 부여함으로써 거래의 신속과 안전을 도모하고 있다.

2. 지배권과의 차이

이 사용인은 지배인에 다음가는 상업사용인으로서 포괄정형성(15조 1항) 및 불가제한성(15조 2항, 11조 3항)을 가진다는 점에서 지배인과 공통하나 다음과 같은 점에 차이가 있다. ① 대리권의 범위가 영업 전반에 걸치지 않고 영업주로부터 위임받은 특정한 종류 또는 사항에 한정된다. ② 부분적 포괄대리권에 속하지 않는 행위에 대하여는 영업주가 선의의 제 3 자에게 대항할 수 있다(단, 후술하는 바와 같은 표현책임을 지는 경우가 있다). ③ 영업주뿐만 아니라 지배인도 선임할 수 있다. ④ 완전상인뿐만 아니라 소상인도 선임할 수 있다. ⑤ 재판상의 대리권이 없다. ⑥ 선임과 종임은 등기사항이 아니므로 상법 제37조가 적용되지 아니한다. ⑦ 특별한 수권이 없는 한 영업주를 위한 어음채무부담행위나 소비대차를 할 수 없다.

II. 대 리 권

1. 범   위

이 사용인은 그가 수권 받은 판매·구입·대부·출납 등과 같은 영업의 특정한 종류 또는 사항에 대하여 재판 외의 포괄적인 대리권을 가진다(15조 1항). 그러므로 이 사용인에 해당하기 위하여는 사용인의 업무내용에 영업주를 대리하여 법률행위를 하는 것이 포함되어 있을 것을 요한다(대법원 2007. 8. 23. 선고 2007다23425 판결). 그리고 사용인의 업무내용에 영업주를 위한 대리권이 포함되어 있는 이상 개개의 행위에 대하여 영업주로부터의 별도의 수권은 필요가 없다. 어떠한 행위가 위임받은 영업의 특정한 종류 또는 사항에 속하는가는 당해 영업의 규모와 성격, 거래행위의 형태 및 계속 반복 여부, 사용인의 직책명, 전체적 업무분장 등 여러 사정을 고려하여 거래통념에 따라 객관적으로 판단하여야 한다(대법원 2013. 2. 28. 선고 2011다79838 판결; 대법원 2009. 5. 28. 선고 2007다20440,20457 판결). 그러므로 객관적으로 보아 대리권의 범위에 속하는 행위로 인정되는 때에는 실제로는 그 권한이 수여되지 않은 때에도 대리권이 있는 것으로 인정된다. 그러나 특별한 수권이 없는 한 영업주를 위한 채무부담행위를 하지 못한다(아래 판결들 참조).

※ 대법원 1990. 1. 23. 선고 88다카3250 판결
일반적으로 주식회사의 경리부장은 경상자금의 수입과 지출, 은행거래, 경리장부의 작성 및 관리 등 경리사무 일체에 관하여 그 권한을 위임받은 것으로 봄이 타당하고 그 지위나 직책, 회사에 미치는 영향, 특히 회사의 자금차입을 위하여 이사회의 결의를 요하는 등의 사정에 비추어 보면 특별한 사정이 없는 한 독자적인 자금차용은 회사로부터 위임되어 있지 않다고 보아야 할 것이므로 경리부장에게 자금차용에 관한 상법 제15조의 부분적 포괄대리권이 있다고 할 수 없다.

※ 대법원 2013. 2. 28. 선고 2011다79838 판결
건설회사 현장소장은 일반적으로 특정된 건설현장에서 공사의 시공과 관련된 업무만을 담당하는 자이어서 특별한 사정이 없는 한 상법 제15조 소정의 영업의 특정한 종류 또는 특정한 사항에 대한 위임을 받은 사용인으로서 그 업무에 관한 부분적 포괄대리권만을 가지고 있다고 봄이 상당하고, 일반적으로 건설회사의 현장소장에게는 회사의 부담으로 될 채무보증 또는 채무인수 등과 같은 행위를 할 권한이나 회사가 공사와 관련하여 거래상대방에 대하여 취득한 채권을 대가 없이 일방적으로 포기할 권한이 회사로부터 위임되어 있다고 볼 수 없다.

※ 대법원 1999. 5. 28. 선고 98다34515 판결
도로공사를 도급받은 회사에서 그 공사의 시공에 관련한 업무를 총괄하는 현장소장의 지휘 아래 노무, 자재, 안전 및 경리업무를 담당하는 관리부서장은 그 업무에 관하여 상법 제15조 소정의 부분적 포괄대리권을 가지고 있다고 할 것이지만, 그 통상적인 업무가 공사의 시공에 관련된 노무, 자재, 안전 및 경리업무에 한정되어 있는 이상 일반적으로 회사의 부담으로 될 채무보증 또는 채무인수 등과 같은 행위를 할 권한이 있다고 볼 수는 없다.

※ 대법원 2006. 6. 15. 선고 2006다13117 판결
전산개발장비 구매와 관련된 실무를 총괄하는 상업사용인의 지위에 있는 자가 회사에 새로운 채무부담을 발생시키는 지급보증행위를 하는 것은 부분적 포괄대리권을 가진 상업사용인의 권한에 속하지 아니한다.

2. 대리권의 포괄성과 획일성(불가제한성)

이 사용인의 권한에 대하여 영업주는 대내적으로 제한을 가할 수는 있으나 그 제한으로써 선의의 제 3 자에게 대항하지는 못한다(15조 2항, 11조 3항). 이는 거래의

안전을 위하여 대리권을 법정한 것이다. 결국 이 대리권은 부분적이기는 하나 포괄적이고 획일적(불가제한적)인 것이다. 부분적 포괄대리권을 가진 상업사용인이 특정한 영업이나 특정한 사항에 속하지 않는 행위를 한 경우에도 그 상업사용인과 거래한 상대방이 그 상업사용인에게 그 권한이 있다고 믿을 만한 정당한 이유가 있는 때에는 영업주는 민법상의 표현대리의 법리에 의하여 그 책임을 지게 된다 (대법원 2012. 12. 13. 선고 2011다69770 판결; 대법원 2006. 6. 15. 선고 2006다13117 판결). 또한 이 사용인의 경우에도 영업주 본인의 이익이나 의사에 반하여 사용인 개인의 목적을 위하여 대리권을 행사한 경우 원칙적으로 영업주 본인의 행위로서 유효하나 그 상대방이 사용인의 권한남용에 대한 악의(중과실 포함)인 경우에는 영업주 본인에 대하여 무효가 됨은 지배권남용행위와 같다(아래 판결 참조).

※ 대법원 2008. 7. 10. 선고 2006다43767 판결
부분적 포괄대리권을 가진 상업사용인이 그 범위 내에서 한 행위는 설사 상업사용인이 영업주 본인의 이익이나 의사에 반하여 자기 또는 제 3 자의 이익을 도모할 목적으로 그 권한을 남용한 것이라 할지라도 일단 영업주 본인의 행위로서 유효하나, 그 행위의 상대방이 상업사용인의 진의를 알았거나 알 수 있었을 때에는 민법 제107조 제 1 항 단서의 유추해석상 그 행위에 대하여 영업주 본인에 대하여 무효가 되고, 그 상대방이 상업사용인의 표시된 의사가 진의 아님을 알았거나 알 수 있었는가의 여부는 표의자인 상업사용인과 상대방 사이에 있었던 의사표시 형성과정과 그 내용 및 그로 인하여 나타나는 효과 등을 객관적인 사정에 따라 합리적으로 판단하여야 한다.

3. 공동대리의 가부

이 사용인에 대하여는 지배인과는 달리 공동대리에 관한 규정이 없다. 이에 관하여 ① 부분적 포괄대리권의 경우 공동대리가 허용되지 않는다는 견해(정찬형 92)와 ② 법률행위자유의 원칙에 비추어 공동대리도 인정된다고 보고 이 경우 제 3 자의 보호는 상법 제15조 제 2 항의 유추적용으로 가능하다는 견해(최기원 97)가 있다.

생각건대 지배인은 영업 전반에 관한 포괄적인 대리권을 가지는 반면에 부분적 포괄대리권을 가진 상업사용인의 경우에는 대리권의 범위가 영업의 특정한 종류 또는 특정한 사항에 한정되는 한편 지배인은 등기를 통하여 공시하는 반면에 부분적 포괄대리권을 가진 상업사용인의 경우에는 등기사항이 아니므로 공시가 불

가능하다. 지배인에 비하여 대리권의 범위도 제한되어 있고, 공동대리에 관한 등기
도 불가능함에도 불구하고 공동대리를 허용할 경우 거래의 안전을 크게 해치게 될
위험이 있다. 전자의 견해가 타당하다고 본다.

Ⅲ. 선임과 해임

영업주뿐만 아니라 지배인도 이를 선임 또는 해임할 수 있는 점(11조 2항), 선
임과 해임에 등기를 요하지 않으므로 소상인(小商人)도 이를 선임할 수 있는 점을
제외하고는 지배인의 경우와 같다.

Ⅳ. 표현 부분적 포괄대리권을 가진 사용인과 상법 제14조 유추적용의 가부

영업주의 허락에 의하여 부분적 포괄대리권을 가진 듯한 명칭을 사용하되 사
실은 그에 상당한 대리권이 수여된 바 없이 상대방과 거래한 경우 표현지배인에
관한 상법 제14조를 유추적용할 것인가가 문제된다.

이에 대하여 ① 상대방 보호를 위하여 긍정하여야 한다는 입장(손주찬 108, 정
찬형 92, 정동윤 134)과 ② 명문의 규정 없이 쉽게 유추적용할 수 없음을 전제로 제
3 자 보호의 필요성이 있다면 이는 민법의 표현대리(민법 125조, 126조) 또는 사용자
책임(민법 756조)으로 해결하여야 한다는 견해(이철송 122)가 대립한다. 생각건대 유
추적용의 가부는 명문 규정의 유무가 아니라 그 필요성이 잣대가 되어야 하는 것
이고(명문의 규정이 있다면 유추적용이 아니라 준용일 것이다), 민법 제125조의 '제 3 자
에 대하여 타인에게 대리권을 수여함을 표시'한 경우와 명칭 사용의 허락은 별개
이며, 제 3 자가 그러한 명칭을 사용하는 자를 대리권이 있는 것으로 오인하였다고
하여 항상 민법 제126조의 '정당한 이유'가 해당된다고 볼 수도 없고, 민법상 표현
대리의 경우 제 3 자의 선의·무과실을 요건으로 하므로 경과실의 제 3 자가 보호받
지 못하게 되며, 사용자책임이 성립되려면 불법행위성과 지휘감독관계 등이 전제되
어야 하는 등 민법규정에만 맡길 경우에 상대방(제 3 자) 보호가 충분하지 않을 위
험이 있으므로 유추적용을 긍정함이 타당하다(단, 지배인이 아니므로 영업소의 실질요
건은 해당이 없다).

대법원은 대리권에 관하여 지배인과 같은 정도의 획일성, 정형성이 인정되지
않는 부분적 포괄대리권을 가진 상업사용인에 대해서까지 그 표현적 명칭의 사용

에 대한 거래상대방의 신뢰를 보호하는 것은 영업주의 책임을 지나치게 확대하는 것이 될 수 있다는 이유로 상법 제14조의 유추적용을 부정하고 있다(아래 판결 참조).

※ 대법원 2007. 8. 23. 선고 2007다23425 판결

상법 제14조 제 1 항은, 실제로는 지배인에 해당하지 않는 사용인이 지배인처럼 보이는 명칭을 사용하는 경우에 그러한 사용인을 지배인으로 신뢰하여 거래한 상대방을 보호하기 위한 취지에서, 본점 또는 지점의 영업주임 기타 유사한 명칭을 가진 사용인은 표현지배인으로서 재판상의 행위에 관한 것을 제외하고는 본점 또는 지점의 지배인과 동일한 권한이 있는 것으로 본다고 규정하고 있으나, 부분적 포괄대리권을 가진 사용인의 경우에는 상법은 그러한 사용인으로 오인될 만한 유사한 명칭에 대한 거래상대방의 신뢰를 보호하는 취지의 규정을 따로 두지 않고 있는바, 그 대리권에 관하여 지배인과 같은 정도의 획일성, 정형성이 인정되지 않는 부분적 포괄대리권을 가진 사용인들에 대해서까지 그 표현적 명칭의 사용에 대한 거래상대방의 신뢰를 무조건적으로 보호한다는 것은 오히려 영업주의 책임을 지나치게 확대하는 것이 될 우려가 있으며, 부분적 포괄대리권을 가진 사용인에 해당하지 않는 사용인이 그러한 사용인과 유사한 명칭을 사용하여 법률행위를 한 경우 그 거래상대방은 민법 제125조의 표현대리나 민법 제756조의 사용자책임 등의 규정에 의하여 보호될 수 있다고 할 것이므로, 부분적 포괄대리권을 가진 사용인의 경우에도 표현지배인에 관한 상법 제14조의 규정이 유추적용되어야 한다고 할 수는 없다.

제 3 관 점포사용인

I. 의   의

점포사용인은 물건을 판매하는 점포의 사용인으로서 그 판매에 관한 권한이 없으면서 외관에 따라 상법 제16조의 규정에 의하여 판매의 권한이 있는 것으로 의제된 자를 말한다(16조 1항). 예컨대 일반 가사사용인, 회계담당자, 타자수, 일반 사무직원 등이 여기에 속한다. 상법은 이러한 자들에 대하여 대리권 수여 여부와 상관없이 대리권이 있는 것으로 의제하고 있다. 이는 소규모 거래에 있어서 외관 자체에 법적 효력을 부여함으로써 거래의 신속 및 안전을 도모하기 위한 것이다.

II. 적용요건

상법 제16조는 물건을 판매하는 점포의 사용인에게만 적용된다.

1. 점   포

물건을 판매하는 점포의 사용인의 판매행위이어야 한다. 여기의 '점포'는 고객의 출입이 자유롭고 그 곳에서 물건이 판매되는 장소를 뜻한다.

※ 대법원 1976. 7. 13. 선고 76다860 판결
상사회사(백화점) 지점의 외무사원은 상법 제16조 소정의 물건 판매점포의 사용인이 아니므로 위 회사를 대리하여 물품을 판매하거나 또는 물품대금의 선금을 받을 권한이 있다고 할 수 없고 위 외무사원의 점포 밖에서 그 사무집행에 관한 물품거래행위로 인하여 타인에게 손해를 입힌 경우에는 위 회사는 사용자의 배상책임을 면할 수 없다.

2. 사 용 인

사용인은 당해 점포의 사용인으로서 물건판매의 대리권이 없는 자이어야 한다. 물건판매의 권한이 있는 사용인에게는 본조를 적용할 필요가 없다. 상업사용인과 마찬가지로 고용계약은 그 요건이 아니라고 본다(손주찬 110, 정동윤 135).

3. 목 적 물

본조는 당해 점포에 있는 물건을 그 점포에서 판매하는 것에 적용된다. 이에 대하여는 거래가 점포에서 체결되었거나 적어도 점포에서 개시되어야 하고 거래가 점포에서 개시된 이상 반드시 판매의 목적물이 점포 내에 있어야 하는 것은 아니라는 견해가 있다(최기원 100). 그러나 이에 대하여는 당해 점포의 외부에 있는 물건을 판매하는 경우에는 실제 판매권한이 있는 경우일 것이며, 그러한 권한 없이 외부의 물건을 판매하는 경우는 생각하기 어렵다는 반대견해가 있다(손주찬 110).

4. 행   위

물건판매에만 적용되므로 물건이나 자재의 구입·자금차입·어음이나 수표의 발행 등은 적용대상이 아니다. 물건판매에 관한 행위인 이상 현실적인 판매 자체에 관한 행위만을 의미하는 것이 아니라 외상판매·할인판매·교환 등과 같이 통상판매와 관련되는 모든 행위(채무부담행위·처분행위 등)를 포함하나(정찬형 94), 어음·수표행위에 의한 채무부담행위는 할 수 없다(최기원 99).

5. 선   의

물건판매점포사용인에게 판매권한이 있는 것으로 의제하는 것은 상대방이 악의인 경우에는 적용이 없다(16조 2항, 14조 2항). 외관보호를 위한 의제인 이상 당연한 것이다. 여기의 '선의'는 당해 사용인이 판매권한이 없음을 알지 못한 경우를 말하는데 중과실이 있는 경우에 관하여는 적용을 긍정하는 견해(채이식 55)와 부정하는 견해(손주찬 110, 정찬형 95, 최기원 100)가 대립한다.

Ⅲ. 효   과

물품판매점포사용인은 원래 물품판매의 대리권이 없으므로 그 판매행위는 무권대리에 해당하지만 본조에 의하여 물품판매의 권한이 있는 것으로 의제된다. 그 결과 대리권을 수여받아 판매한 경우와 동일한 효력이 발생한다. 따라서 영업주는 선의의 상대방에 대하여 유효한 매매계약의 매도인과 동일한 의무를 부담하는 동시에 상대방에 대하여 대금채권을 가지게 된다.

Ⅳ. 적용범위의 확대

상법 제16조는 물건판매의 점포사용인에 대하여만 규정하고 있으나, 그 외의 경우(예를 들어 도서·카세트·자전거·자동차 등의 임대업이나 공중접객업 등)에도 유추적용하여야 할 것이다(同旨: 손주찬 111, 정동윤 135).

제3절   상업사용인의 의무-경업피지의무

상업사용인은 영업주와 위임 또는 고용관계에 있는 것이 보통의 경우이므로 일반원칙에 따라 영업주의 영업에 관하여 선량한 관리자로서의 주의의무(민법 681조)나 보고의무(민법 683조) 또는 노무제공의무(민법 655조)를 부담한다. 한편 상업사용인은 영업주의 영업에 관하여 대리권이 있으며, 영업내용에 정통하므로 영업주와의 사이에 고도의 신뢰관계가 형성·유지되어야 할 것이다. 이러한 점에 착안하여

상업사용인과 영업주 사이에 영업상 경쟁관계의 형성 및 상업사용인의 정력분산을 막기 위하여 상법은 상업사용인에 대하여 다음과 같은 부작위의무를 부담시키고 있다. 이는 양자 사이의 계약에 의하여도 성립될 수 있으나 아래의 것은 상법에서 정한 의무이다.

I. 경업피지의무의 의의

경업피지의무(競業避止義務)는 영업주의 이익보호를 위한 부작위의무이다(17조). 이는 상업사용인 이외에도 대리상(89조), 합명회사의 사원(198조), 합자회사의 무한 책임사원(269조, 198조), 유한책임회사의 업무집행자(287조의10), 주식회사와 유한회사의 이사(397조, 567조) 그리고 영업양도인(41조)에게도 인정되나 상업사용인의 그것이 가장 범위가 넓다. 상업사용인이 퇴임하면 이 의무는 당연히 소멸하나 민법 제103조와 제104조 위반이 아닌 한 당사자간의 특약으로 계속 부담하게 할 수 있다.

Cf. 경업피지의무는 위에서 본 바와 같이 명문규정에 의하여 인정되는 경우 외에 익명 조합의 영업자와 같이 해석상 인정되는 경우도 있다.

II. 의무의 내용

1. 경업행위의 금지

상업사용인은 영업주의 허락이 없으면 자기 또는 제 3 자의 계산으로 영업주의 영업부류에 속한 거래를 하지 못한다. 경업금지의무를 부담하는 자는 '모든 상업사용인'이다. 이는 상업사용인의 지위에 있는 동안에만 적용되나 상업사용인의 지위에 있는 이상 근무시간 외에도 마찬가지이다. 영업주의 '허락'은 사전, 사후, 명시, 묵시 및 서면 또는 구두로 가능하다. 여기의 '계산으로'는 '이익을 위하여'라는 뜻이고 명의당사자는 영업주, 자기 또는 제 3 자 누구라도 상관없다. '영업주의 영업부류에 속한 거래'는 영업주가 영업으로 하는 기본적 상행위(준상행위 포함)를 말하고, 영업을 위하여 하는 보조적 상행위를 의미하는 것은 아니다. 또한 영업주의 영업부류에 속한 거래라 하더라도 영리적 성질이 없는 것은 영업주의 이익을 해하는 것이 아니므로 이에 해당되지 않는다. 예컨대 부동산매매업을 경영하는 상인의 사용인이 자기의 주택을 구입하는 행위나 백화점의 지배인이 자기의 생활용품을 구입하는 행위는 금지의 대상이 되지 아니한다.

《Note》 상업사용인의 경업피지의무위반행위와 대리권남용행위의 구별

경업피지의무위반행위는 영업주의 허락이 없이 영업주의 영업부류에 속한 거래를 상업사용인 자신 또는 제 3 자의 계산으로 하는 경우를 말하는 데 반하여 대리권남용행위는 객관적으로는 대리권의 범위 내의 행위이나 그 목적이 영업주를 위할 의사나 영업주의 이익을 위한 것이 아니라 상업사용인 자신 또는 제 3 자의 이익을 위한 것인 경우를 일컫는 것이다. 서울 아현동의 가구도소매점 밀집지역에서 가구판매점을 경영하는 A와 A의 지배인 X의 경우를 예로 들면 다음과 같다. 고객인 Y가 A의 점포에 가구를 사려고 왔는데 X가 Y에게 A의 가구를 판매하지 않고 X 개인의 가구를 판매하여 그 대금을 자기가 취하거나 또는 Y를 그 인근에서 가구판매점을 경영하는 B에게 소개하여 B의 가구를 사게 하는 경우가 X의 경업피지의무위반행위의 전형적인 예이다. 한편 대리권남용행위는 위의 예에서 X가 개인적으로 필요한 자금조달을 위하여 B에게 A의 가구들을 헐값에 매도하는 경우이다. 경업피지의무에 위반한 행위는 사법상으로는 완전히 유효하되 다만 영업주에게 상법 제17조에 정한 구제방법이 인정되는 것일 뿐임에 반하여 대리권남용행위의 경우에는 B가 X로부터 가구들을 사들일 당시 X의 가구판매행위가 A의 이익을 위하여 또는 그의 의사에 기한 것이 아니라 X 개인의 이익을 위한 것이었던 점에 대하여 악의 또는 중대한 과실이 있었는지 여부에 따라 그 판매행위의 효과가 영업주인 A에게 귀속될 것인지 여부가 결정된다는 점에 차이가 있다. 또한 경업피지의무위반행위는 상업사용인 자신 또는 제 3 자의 계산으로 이루어지면 족하고 그 명의 여부는 불문함에 반하여 대리권남용행위는 영업주의 명의로 이루어진다는 점에서도 차이가 있다.

2. 특정지위 취임의 금지(겸직금지)

상업사용인은 영업주의 허락이 없으면 회사의 무한책임사원, 이사 또는 다른 상인의 사용인이 되지 못한다. 이는 충실의무(忠實義務)의 발현이다. 이때의 '회사'는 동종영업을 하는 회사라는 제한설도 있으나 영업의 종류에 상관없이 모든 종류의 회사를 의미한다(무제한설, 89조 1항의 문언 참조: 손주찬 113, 정찬형 98, 최기원 103, 정동윤 125).

Ⅲ. 의무위반의 효과

1. 위반행위의 효력

상업사용인이 위 의무를 위반한 때에도 그 위반행위가 무효가 되는 것은 아니며 이는 상대방이 영업주의 허락이 없었음을 안 경우에도 동일하다. 상법은 상업사용인의 위반행위의 효력에 대하여 다음과 같이 규정하고 있다.

2. 경업행위금지에 위반한 경우

(1) 개입권(탈취권)

이 경우 영업주는 그 거래가 상업사용인 자신의 계산으로 한 것인 때에는 영업주의 계산으로 한 것으로 볼 수 있고, 제 3 자의 계산으로 한 것인 때에는 상업사용인에 대하여 이로 인한 이득의 양도를 청구할 수 있는데, 이를 개입권(介入權) 또는 탈취권(奪取權)이라고 한다. 이는 형성권으로서 상업사용인에 대한 의사표시만으로 효력이 발생한다.

Cf. 개입제도는 상거래의 정형성 내지 몰개성성을 반영한 제도로서 상법상 다음과 같은 경우에 인정된다.
① 개입권: 이에는 실질적(내부적) 개입권과 전면적(외부적) 개입권이 있다.
 ⅰ) 실질적(내부적) 개입권: 이는 경제적 효과만을 박탈하는 것으로 상업사용인(17조), 대리상(89조), 무한책임사원(198조, 269조), 업무집행자(287조의10), 이사(397조, 567조)의 경우 인정된다.
 ⅱ) 전면적(외부적) 개입권: 경제적 효과만이 아니라 법률상으로도 거래의 당사자가 되는 경우를 말하는 것으로 위탁매매인(107조), 운송주선인(116조), 준위탁매매인(113조)의 경우 인정된다.
② 개입의무: 이는 중개인(99조)과 위탁매매인(105조)의 경우에 인정된다.

가. 상업사용인의 계산으로 위반행위를 한 경우　　영업주는 이를 영업주의 계산으로 한 것으로 볼 수 있다(17조 2항 전단). '영업주의 계산으로 한 것으로 볼 수 있다'는 의미는 영업주가 제 3 자에 대하여 직접 당사자가 된다는 것(물권적 귀속)이 아니라 상업사용인이 그가 취득한 경제적 효과를 영업주에게 이전할 의무를 부담한다는 뜻이다(채권적 귀속). 따라서 영업주는 상업사용인에 대하여 그 거래로 인하여 취득한 물건 또는 권리의 양도를 청구할 수 있는 한편 상업사용인이 부담한 채무를 변제하고, 그가 지출한 비용을 지급할 의무를 부담한다.

　나. 제 3 자의 계산으로 위반행위를 한 경우　　　영업주는 상업사용인에 대하여 이로 인한 이득의 양도를 청구할 수 있다(이득양도청구권, 17조 2항 후단). 영업주가 상업사용인에 대하여 청구할 수 있는 '이득'은 상업사용인이 제 3 자로부터 받은 이익(기수령한 보수 또는 미수령시에는 보수청구권의 양도)이지 제 3 자가 그 거래로 인하여 취득한 이익이 아니다. 이 경우 상업사용인의 위반거래의 결과 이득이 있어야 하며, 이득사실의 입증책임은 영업주가 진다.

　(2) 영업주의 권리 소멸

　이상의 권리는 영업주가 그 거래를 안 날로부터 2주간을 경과하거나 그 거래가 있은 날로부터 1년을 경과하면 소멸한다(17조 4항). 이는 소멸시효기간이 아니라 제척기간이다.

　(3) 계약해지권·손해배상청구권

　영업주는 위의 개입권을 행사할 수 있는 외에 상업사용인과의 고용계약을 해지하거나 또는 상업사용인에게 손해배상을 청구할 수 있다(17조 3항).

　3. 특정지위 취임금지에 위반한 경우

　상법에 규정이 없다. 이러한 행위의 효력은 유효하나 다만 영업주와 사용인 사이의 고용계약을 해지할 수 있고, 이와 선택적으로 또는 병렬적으로 손해배상청구를 할 수 있다고 보아야 할 것이다. 다만 이 경우에도 개입권을 인정하는 견해도 있다(채이식 58).

제3장 기업의 물적 설비

제1절 총 설

기업에는 그 주체가 되는 상인과 그를 보조하는 인적 설비(상업사용인) 외에 물적인 설비가 필요하다. 이러한 물적 설비 중에 가장 중요한 것은 자본일 것이나 이에 대하여는 회사편에서만 규정하고 있고 상법총칙편에서는 그 물적 설비로서 상호 및 상업장부에 대하여 규율하고 있다. 그 외 상법총칙편에 명문의 규정을 두지는 않았으나 기업활동을 지휘통솔하는 장소적 중심인 영업소 개념이 있다. 이하 영업소에 대하여 먼저 논하고 상호와 상업장부에 대하여 살펴보기로 한다.

제2절 영 업 소

I. 영업소의 의의

영업소(營業所, office)는 기업의 존재와 활동을 공간적으로 통일하는 일정한 장소, 즉 기업경영의 본거를 말한다. 이는 자연인의 주소(민법 18조)에 해당한다. 아래에서 분설한다.

1. 기업활동의 장소적 중심
영업소는 일정 범위의 독립성을 가지고 영업에 관하여 내부적으로 지휘·명령을 하며, 외부적으로도 영업목적인 기본거래가 이루어지고 영업활동의 결과가 통일되는 곳을 말한다. 일반적으로 영업의 목적이 되는 거래는 영업소에서 이루어지지만 단순히 영업적 거래가 체결되는 곳(예: 철도역매점·정류장 등)은 영업소라고 할 수 없다. 또한 사실적 행위(상품의 제조·가공)만이 이루어지는 공장이나 창고 등은 영업소가 아니다(최기원 153).

2. 계속성과 고정성

영업소는 영업활동의 중심적인 장소로서 시간적으로 어느 정도 계속성이 있어야 하므로 일시적인 매점은 제외된다. 다만 일정 기간 계속되는 매점(예: 여름철의 해변매점)은 영업소로 볼 수 있다. 또 영업소는 어느 정도 고정성이 있어야 하므로 이동매점은 영업소라고 할 수 없다.

3. 단 위 성

영업소는 기업활동 전반에 관하여 어느 정도 독립적인 결정권이 있어야 하며, 인적 및 물적 조직을 갖춘 유기적인 단위체이어야 하나 반드시 유일의 단위체이어야 하는 것은 아니다. 따라서 한 기업에 있어서 수개의 영업소가 있을 수 있다.

4. 객 관 성

영업소인가의 판단은 단순한 형식적 표시나 당사자의 주관적 의사를 기준으로 할 것이 아니라 이상의 요건이 구비되었는가에 의하여 객관적으로 결정되어야 한다. 다만 회사의 경우 등기된 영업소와 실제 영업소가 상이한 때에는 회사는 등기된 영업소를 신뢰한 자에 대하여 영업소가 아님을 주장할 수 없다[39조, 정동윤(상) 112].

II. 영업소의 종류

상법에서 인정하는 영업소는 영업소로서의 실질을 갖춘 본점(main office)과 지점(branch office)뿐이다(21조 2항). 본점과 지점은 영업의 동일성이 있어야 하고 동일 상인에게 귀속되어야 하나 지점도 하나의 영업소이므로 대외적으로는 어느 정도의 범위 내에서 독립적인 기업활동의 중심이 되어야 한다. 이 점에서 분점·출장소와 같은 것은 보통 본점 또는 지점의 영업으로부터 독립하지 않은 하나의 구성부분에 불과하다고 보아 여기서의 지점이 될 수는 없다. 다만 지점인가 아닌가는 명칭에 불구하고 실질에 의하여 결정되어야 한다. 그리고 본점과 지점은 장소적으로 분리되어야 한다.

Ⅲ. 영업소에 관한 법률상의 효과

1. 일반적 효과

상인의 주소와 영업소는 다른 것이 보통일 것이나 일치하는 경우도 있을 수 있다. 주소와 영업소가 다른 경우에는 영업소가 우선적인 지위를 가진다(민법 516조 참조). 법은 영업소에 대하여 다음과 같은 법률상의 효과를 인정하고 있다.

(1) 채무의 이행장소

특정물인도 이외의 영업에 관한 채무의 변제는 채권자의 현영업소에서 하여야 한다(민법 467조 2항 단서). 그리고 채권자의 지점에서의 거래로 인한 채무이행(債務履行)의 장소가 그 행위의 성질 또는 당사자의 의사표시에 의하여 특정되지 아니한 경우 특정물의 인도 이외의 채무이행은 그 지점을 이행장소로 본다(56조).

(2) 증권채권의 변제장소

증서에 변제장소를 정하지 아니한 때에는 채무자의 현영업소를 변제장소로 한다(민법 516조 전문). 무기명채권의 경우에도 마찬가지이다(민법 526조).

(3) 재판적의 결정

법인, 그 밖의 사단 또는 재단의 보통재판적은 이들의 주된 사무소 또는 영업소가 있는 곳에 따라 정하고(민소법 5조 1항), 사무소 또는 영업소가 있는 사람에 대하여 그 사무소 또는 영업소의 업무와 관련이 있는 소를 제기하는 경우에는 그 사무소 또는 영업소가 있는 곳의 법원에 제기할 수 있다(민소법 12조).

(4) 상업등기소의 결정

등기사항은 당사자의 신청에 의하여 영업소의 소재지를 관할하는 법원의 상업등기부에 등기한다(34조, 상업등기법 4조).

(5) 소송서류송달의 장소

송달은 이를 받을 사람의 주소·거소·영업소 또는 사무소에서 한다. 다만 법정대리인에게 할 송달은 본인의 영업소나 사무소에서도 할 수 있다(민소법 183조 1항).

(6) 회생·파산사건의 관할법원 결정

회생사건, 간이회생사건 및 파산사건 또는 개인회생사건은 채무자의 주된 사무소나 영업소가 있는 곳 또는 채무자가 계속하여 근무하는 사무소나 영업소가 있는 곳 등을 관할하는 회생법원의 관할에 전속한다(채무자파산법 3조 1항 본문 및 2호).

2. 지점의 법률상의 효과

지점은 법률상 본점에 종속되나 어느 정도 독립성이 인정되므로 다음과 같은 효과가 인정된다. 지점은 독립된 권리주체가 아니므로 본점과의 법률상의 거래는 불가능(장부상의 계산은 가능)하고 지점영업만의 양도도 불가능하다. 단, 어음·수표 거래에 있어서는 당사자 자격의 겸병(兼倂)이 인정되며 물건운송의 경우 송하인과 수하인이 동일인이 될 수 있다.

(1) 지 배 인

각 지점에 한정하여 지배인을 둘 수 있다(10조, 13조).

(2) 지점거래의 채무이행장소

채권자의 지점에서의 거래에 관하여는 원칙적으로 그 지점이 채무이행의 장소가 됨은 이미 본 바와 같다(56조).

(3) 지점에 관한 등기

본점소재지에서 등기할 사항은 원칙적으로 지점소재지에서도 등기하여야 하며 (35조), 지점소재지의 등기는 본점소재지의 그것과는 독립하여 효력을 발생한다.

(4) 재무제표 등의 등본 비치

주식회사의 경우 재무제표 및 영업보고서와 감사보고서의 각 등본을 지점에 3년간 비치하여 주주와 회사채권자가 열람할 수 있도록 하여야 한다(448조). 또 회사의 정관과 주주총회의 의사록을 본점과 더불어 지점에도 비치하여야 한다(396조 1항).

(5) 외국회사의 국내영업소

외국회사가 대한민국에서 영업을 하려면 대한민국에서의 대표자를 정하고 대한민국 내에 영업소를 설치하여야 하고, 그 영업소의 설치에 관하여 대한민국에서 설립되는 동종의 회사 또는 가장 유사한 회사의 지점과 동일한 등기를 하여야 한다(614조 1항·2항).

제3절 상 호

Ⅰ. 의 의

상호(商號, trade name)는 상인이 영업상 자기를 표시하기 위하여 사용하는 명칭이다(18조). 이를 분설하면 다음과 같다.

1. 상호는 '명칭' 이다

상호는 명칭이므로 문자로 표시되어야 하며, 발음될 수 있는 것이라야 한다. 이 점에서 기호나 도형으로도 구성 가능한 상표(trademarks)와 다르다. 외국어라도 무방하나 등기와의 관련상 결국 한글 또는 한자로써 표시될 수 있는 것이어야 한다. 다만 개인상인의 경우에는 그 상호를 반드시 등기하여야 하는 것은 아니므로 외국문자라도 미등기상호로 사용할 수 있을 것이다(정동윤 141, 최기원 108).

> Cf. 상표(trademark)는 상품을 제조 및 판매 등을 하는 자가 자기 상품을 타인의 상품과 구별하기 위하여 사용하는 표지를 말한다(예컨대 새우깡, 그랜저, 까스활명수 등). 상표법상 상표는 "자기의 상품(지리적 표시가 사용되는 상품의 경우를 제외하고는 서비스 또는 서비스의 제공에 관련된 물건을 포함)과 타인의 상품을 식별하기 위하여 사용하는 표장(標章)"으로 정의된다(상표법 2조 1항 1호). 2016. 2. 29. 상표법 개정 전에는 상표와 구별되어 서비스표라는 개념이 존재하였으나 위 개정으로 상표개념에 통합되었다.

2. '상인'의 명칭

상인이 아닌 상호보험회사나 소상인이 사용하는 명칭은 상호가 아니다.

3. 상인의 '영업상'의 명칭

일반생활상 영업과는 상관없이 자연인을 표시하는 명칭이나 영업 외의 특정생활상 사용하는 아호(雅號)·팬네임·예명(藝名)이나 속칭·별명 등은 상호가 아니다.

4. 상인이 '자기'를 표시하는 명칭(다수설)

상호는 사회적·경제적 기능면에서 보면 기업 그 자체의 명칭으로서 작용하여 기업의 신용표지가 되지만, 법률상으로는 상호에 의한 행위의 효과가 귀속하는 권리주체인 상인(商人)을 표시하는 것이다(손주찬 121, 최기원 108, 정동윤 142). 이에 대하여 상호가 무엇을 나타내는 것인가 하는 것과 상호의 명의인(名義人)인 법적 주체가 누구인가 하는 것은 이를 개념상 구별할 수 있다는 전제 하에 상호는 기업의 명칭이며, 상인은 상호권의 귀속의 주체로 취급되는데 불과하다는 소수설도 있다 (정찬형 104).

〈Note〉 예컨대 개인 홍길동이 경영하는 도서판매업체의 명칭이 연희서점인 경우에 다수설은 연희서점은 상인 홍길동이 도서판매업에 관하여 사용하는 자신의 명칭이라는 입장임에 반하여 소수설에 의하면 연희서점은 도서판매업이라는 영업의 명칭이고, 홍길동은 연희서점이라는 상호에 대한 권리의 귀속주체로 취급된다는 입장이다. 다수설은 소수설에 대하여 연희서점에 의하여 거래한 효과로서 발생하는 권리의무는 영업주(상인)인 홍길동에게 귀속되는 것이지 당해 영업, 즉 도서판매업이 귀속주체가 될 수는 없는 것이라고 비판한다. 한편 이상의 논의는 개인상인에 한정되는 것으로서 회사상인(법인상인)의 경우에는 해당이 없다. 회사상인의 경우에는 회사의 명칭이 곧 상호이고 그 외의 다른 명칭이 있을 수 없기 때문이다.

II. 상호의 선정

1. 입법주의
(1) 상호자유주의
영미법계의 입법주의로서 상인은 어떠한 상호라도 자유로이 선정(選定)할 수 있다는 것이다. 상호와 그 실체간의 합치를 요하지 않으므로 상인에게는 편하나 일반대중의 오인을 불러일으킬 위험이 있다.
(2) 상호진실주의
프랑스·스페인 등의 입법례로서 상호는 영업내용·영업주 또는 영업지(營業地) 등의 실체와 일치하여야 한다는 것이다. 따라서 일반대중의 오인의 염려는 없으나 상인의 영업내용 또는 영업지가 변경되었을 경우 종전의 상호를 계속 사용함으로써 얻을 수 있는 이익을 상실하게 되는 단점이 있다.
(3) 절충주의
1998년 개정 전의 독일 상법이 취한 입장이다. 새로운 상호에 관하여는 실체와의 합치를 요하나 기존 영업의 양수·상속 또는 변경의 경우에는 종전의 상호 사용을 허용한다. 입법론으로서는 이 입장이 가장 적당하다(손주찬 122).

2. 상법상의 상호선정

(1) 입법주의

상법 제18조는 상호선정의 자유를 원칙으로 하되 아래에서 보는 바와 같은 몇 가지 제약을 가함으로써 그 진실성을 기하고 있다. 이러한 우리 상법의 태도는 절충주의를 취하는 것으로 볼 수 있다(최기원 110, 손주찬 123, 정찬형 105, 정동윤 143).

(2) 상호선정의 자유

상인은 그 성명(姓名) 기타의 명칭으로 상호를 정할 수 있다(18조). 그리고 회사 이외의 개인상인은 상호를 사용할 것인지 여부도 자유이다.

(3) 상호선정의 자유에 대한 제한

상법은 공익 또는 개인의 이익 보호를 위하여 다음과 같은 제한을 두고 있다.

가. 회사의 상호　　　회사의 상호에는 그 종류에 따라 합명회사(合名會社)·합자회사(合資會社)·유한책임회사(有限責任會社)·주식회사(株式會社)·유한회사(有限會社)의 문자를 사용하여야 한다(19조). 회사는 개인상인과 달리 그와 관계를 가지는 일반대중의 수가 비교적 많으므로 이러한 이해관계인의 보호를 위하여 회사의 종류를 미리 밝혀 둘 필요가 있기 때문이다. 그러나 이러한 표시의 위치나 부가적 표시 여부는 불문한다. 이밖에 한국은행과 은행이 아니면 은행이라는 문자를 사용할 수 없고(은행법 14조), 보험회사가 아니면 보험회사임을 표시하는 글자를 사용할 수 없으며(보험업법 8조 2항), 신탁업자가 아니면 신탁이라는 문자를 사용할 수 없는(자본시장법 38조 7항 본문) 등의 특별법상의 제한이 있다(보험회사는 그 상호 또는 명칭 중에 주로 경영하는 보험업의 종류까지 표시하여야 한다, 보험업법 8조 1항).

나. 비회사 상인의 상호　　　회사가 아니면 상호에 회사임을 표시하는 문자를 사용하지 못하며, 이는 회사의 영업을 양수한 경우에도 같다(20조). 이에 위반한 경우 과태료의 제재가 있다(28조).

다. 주체를 오인시킬 상호의 사용금지　　　누구든지 부정한 목적으로 타인의 영업으로 오인할 수 있는 상호를 사용하지 못한다(23조 1항). 이에 위반하여 상호를 사용하는 자가 있는 경우에 이로 인하여 손해를 받을 염려가 있는 자 또는 상호를 등기한 자는 그 폐지를 청구할 수 있고(동조 2항), 이와 별도로 손해가 있는 경우에는 그 배상을 청구할 수 있다(동조 3항). 동일한 특별시·광역시·시·군에서 동종영업으로 타인이 등기한 상호를 사용하는 자는 부정한 목적으로 사용하는 것으로 추정한다(동조 4항). 소상인에게는 상호에 관한 규정을 적용하지 아니하나(9조), 소상인이 부정한 목적으로 타인의 상호를 사용하는 경우에는 상법 제23조가 적용된다(손주찬 124).

　　라. 부정경쟁방지 및 영업비밀보호에 관한 법률에 의한 상호사용의 금지　　　부정경쟁방지 및 영업비밀보호에 관한 법률 제2조 제1호 나목에는 부정경쟁행위의 한 유형으로 국내에 널리 인식된 타인의 성명, 상호, 표장, 그 밖에 타인의 영업임을 표시하는 표지와 동일 또는 유사한 것을 사용하여 타인의 영업상의 시설 또는 활동과 혼동을 일으키게 하는 행위를 들고 있는바 이러한 부정경쟁행위에 대하여는 그로 인하여 자신의 영업상 이익이 침해되거나 침해될 우려가 있는 자는 부정경쟁행위를 하거나 하려는 자에 대하여 법원에 그 행위의 금지 또는 예방을 청구할 수 있으며, 이때 그러한 청구와 함께 그 부정경쟁행위를 조성한 물건의 폐기, 부정경쟁행위에 제공된 설비의 제거, 부정경쟁행위의 대상이 된 도메인이름의 등록말소 그 밖에 부정경쟁행위의 금지 또는 예방을 위하여 필요한 조치를 청구할 수 있도록 하고 있다(부정경쟁법 4조 1항·2항). 이 경우의 금지청구의 대상이 되는 부정경쟁행위의 성립에는 '부정한 목적'이나 부정행위자의 고의·과실 및 등기의 유무는 불문한다. 다만 고의 또는 과실에 의한 부정경쟁행위로 손해를 가한 경우에는 손해배상의 책임도 진다(부정경쟁법 5조).

Ⅲ. 상호의 수

1. 개인상인의 경우

　　동일한 영업에는 단일상호를 사용하여야 한다(상호단일의 원칙, 21조 1항). 이는 동일한 영업에 관하여 수개의 상호를 사용할 경우 발생하는 일반대중의 오인가능성과 타인의 상호선정 자유에 대한 부당한 침해를 막기 위한 것이다. 하나의 영업에 관하여는 수개의 영업소를 가지고 있더라도 하나의 상호밖에 가질 수 없으므로 지점의 상호에는 본점과의 종속관계를 표시하여야 한다(21조 2항). 상호단일의 원칙은 영업을 단위로 하는 것이므로 개인상인이 수개의 영업을 하는 경우에는 그 각 영업에 관하여 별개의 상호를 가질 수 있다(상업등기법 30조 3호 및 50조 1항 3호 참조).

※ 제주지방법원 1998. 4. 23. 선고 97가합3244 판결(확정)

상법 제21조에서는 동일한 영업에 대한 상호단일의 원칙을 명문화함으로써 소비자를 보호하고 타인의 상호선정 자유의 부당한 제약을 방지하고 있는바, 동일인이 자기명의 와 처 명의로 각 상호를 등기한 후 실질적으로 동일한 영업소에서 동일·유사한 영업 에 2개의 상호를 병행사용하고 있는 것은 상법상 상호단일의 원칙을 위배한 것으로 그 등기 여하에 불구하고 이중 상호로서 보호받을 수 없다.

2. 회사의 경우

개인상인과는 달리 회사는 수개의 영업을 영위하는 때에도 1개의 상호만을 사용할 수 있다. 회사의 상호는 자연인의 이름과 같이 회사의 인격을 표시하는 유일한 명칭이기 때문이다.

Ⅳ. 상호의 등기

상호는 상인 자신뿐만 아니라 그 거래의 상대방인 일반대중과의 이해와도 관계가 많으므로 법은 이를 공시(公示)하기 위하여 상호의 등기제도를 마련하고 있다. 구체적으로 보면 개인상인의 경우에는 자신의 선택에 따라 상호등기부에 등기할 수 있도록 하고(상업등기법 29조 이하 참조), 회사의 경우에는 상호는 설립등기사 항이므로(180조 1호, 179조 2호 등) 반드시 이를 등기하도록 하고 있으나 다만 이 경우의 등기는 상호등기부가 아니라 회사등기부에 하게 된다(상업등기법 37조 참조).

Cf. 변호사법 제43조 제 2 항 제 1 호에는 법무법인의 경우 설립등기시에 그 명칭을 등 기하도록 규정하고 있는바 대법원은 '상호'가 아닌 '명칭'을 등기하도록 하는 법무법인 의 설립등기는 '상호' 등을 등기사항으로 하는 상법상 회사의 설립등기나 개인상인의 상호등기와 동일시할 수 없다(대법원 2007. 7. 26. 자 2006마334 결정).

Ⅴ. 상호의 가등기

1. 의   의

상호의 가등기는 상호의 본등기를 할 요건이 갖추어지기 전에 장래의 상호등기의 보전을 위하여 미리 하는 등기를 말한다. 이는 1995년 상법 개정시에 도입하였는데 상업등기법 제38조 내지 제45조에 상세한 규정을 두고 있다.

2. 기 능

상법상 타인이 등기한 상호는 동일한 행정구역 내에서는 등기하지 못하는데 (22조) 이로 인하여 사실은 먼저 상호를 정하였음에도 불구하고 타인의 상호등기로 인하여 그 상호를 사용치 못하는 폐해를 제거하기 위하여 상호가등기제도를 도입하였다. 이는 회사 중에서도 특히 설립에 비교적 장기간을 요하는 주식회사와 유한회사의 경우에 그 효용이 크다.

3. 상호가등기제도의 적용대상

상호의 가등기는 회사에 대하여만 인정되며 설립시에는 유한책임회사, 주식회사 또는 유한회사에만(22조의2 1항), 설립 후에는 회사의 상호나 목적 또는 상호와 목적의 변경시 그리고 본점소재지 이전의 경우에 상법상의 5종의 회사 모두에 대하여 인정된다(22조의2 2항·3항).

4. 상호가등기의 요건

(1) 회사성립 전(유한책임회사 · 주식회사 · 유한회사)

유한책임회사, 주식회사 또는 유한회사를 설립하는 경우에 설립등기를 하기 전 상호의 가등기를 신청할 수 있다. 상호의 가등기를 하는 경우에 본등기를 할 때까지의 기간, 즉 예정기간을 정하여야 한다. 이는 가등기만의 방치로 인하여 타인의 상호선정 또는 상호등기를 부당하게 방해하는 결과가 초래될 수 있기 때문이다. 이 경우 예정기간은 2년을 초과할 수 없도록 하고 있다(상업등기법 38조 3항).

(2) 회사성립 후(각종의 회사)

가. 상호 또는/및 목적의 변경 회사의 성립 후에 상호나 목적 또는 상호와 목적을 변경하고자 하는 경우에 본점의 소재지를 관할하는 등기소에 상호의 가등기를 신청할 수 있고(22조의2 2항), 이 경우의 예정기간은 1년을 넘지 못한다(상업등기법 39조 2항 후단).

나. 본점의 이전 성립 후의 회사가 본점을 이전하고자 하는 경우 이전할 곳을 관할하는 등기소에 상호의 가등기를 신청할 수 있고(22조의2 3항), 이 경우의 예정기간은 2년을 초과할 수 없다(상업등기법 39조 2항 전단).

5. 상호가등기의 절차

(1) 신청주의

회사설립시의 상호가등기는 발기인 또는 사원(상업등기법 38조 1항), 회사성립 후의 가등기는 회사대표자(상업등기법 23조 1항)의 각 신청에 의하여 한다. 신청된 상호가 동종영업을 위하여 다른 상인이 이미 등기한 상호와 동일한 경우 및 법령의 규정에 따라 사용이 금지된 상호인 때에는 등기관은 그 신청을 각하하여야 한다(상업등기법 26조 13호·14호, 29조).

(2) 가등기의 방법

상호의 가등기는 상업등기규칙 별지 제10호부터 제14호까지의 양식 중 해당 양식의 각 란에 해당하는 상호의 가등기에 관한 등기정보를 기록하는 방식으로 한다(상업등기규칙 78조).

(3) 공 탁 금

가등기의 남용을 방지하기 위하여 소정의 금액을 공탁하게 하고 예정기간 내에 본등기를 한 때에는 원칙적으로 이를 회수할 수 있도록 한다(상업등기법 41조, 44조 1항).

6. 상호가등기의 효력

(1) 사전등기배척

상호의 가등기는 본등기와 동일한 등기배척력이 있다(22조의2 4항, 22조). 이 점에서 부동산에 대한 가등기가 순위보전적 효력만을 가지는 것과 구별된다.

(2) 사후등기배척

등기관의 심사착오 등 사유로 가등기된 상호와 동일한 상호가 등기된 경우에 가등기권리자가 후등기의 말소를 청구할 수 있는지에 대하여 학설이 대립하나 긍정하여야 할 것이다(손주찬 136, 최기원 115).

7. 상호가등기의 말소

① 회사측의 신청에 의한 말소(상업등기법 42조)와 ② 등기관에 의한 직권말소(상업등기법 43조)가 있다.

Ⅵ. 상호의 보호

1. 서 설

상호권은 상인이 그의 상호에 관하여 가지는 권리이다. 이는 인격권과 재산권의 성질을 겸병한 것(손주찬 137, 정찬형 108, 최기원 117, 정동윤 149)이므로 법은 상호의 사용에 대하여 배타적 권리를 인정하여 타인의 침해로부터 보호하고 있다. 다만 그 보호의 정도는 등기의 전후에 따라서 다르며 등기 후에는 법률상 강한 보호를 받는다.

2. 상호사용권·상호전용권

상호권은 크게 두 가지로 나뉜다. 하나는 상인이 자기가 선정한 상호를 타인의 방해를 받지 않고 사용할 수 있는 권리이고, 다른 하나는 타인이 부정한 목적으로 자기와 동일 또는 유사한 상호를 사용하는 것을 배척할 수 있는 권리이다. 다수설은 이상의 권리에 관하여 그 등기 유무에 관계없이 전자를 상호사용권 또는 적극적 상호권이라고 하고, 후자를 상호전용권 또는 소극적 상호권이라고 하나, 이에 반대하여 상호에 대한 등기의 전후에 따라 등기 전의 상호권을 상호사용권(商號使用權), 등기 후의 상호권을 상호전용권(商號專用權)이라고 부르는 입장(채이식 73)도 있다. 이하 다수설의 입장에 의한다.

3. 상호권의 내용

(1) 상호사용권(商號使用權)

이러한 상호사용권은 등기 여부에 관계없이 인정된다. 따라서 미등기상호의 사용자는 타인이 뒤에 자기와 동일한 상호를 선정하여 먼저 등기한 경우에도 계속하여 자기의 상호를 사용할 수 있고, 이 경우 사용폐지청구를 받거나 손해배상청구를 받는 일이 없다. 왜냐하면 상법 제23조 제 1 항의 '부정한 목적'이 없기 때문이다.

(2) 상호전용권(商號專用權)

상호전용권 또한 상호가 등기되었는가 여부에 상관없이 상호를 적법하게 선정하여 사용하는 자에게 인정되나 다만 상호를 등기하면 세 가지 점에서 권리가 강화된다.

가. 등기 전의 효력

가) 총   설: 누구든지 부정한 목적으로 타인의 영업으로 오인할 수 있는 상호를 사용하지 못한다(23조 1항). 이 규정의 입법취지는 일반거래시장에서 상호에 관한 공중의 오인·혼동을 방지하여 이에 대한 신뢰를 보호함과 아울러 상호권자가 타인의 상호와 구별되는 상호를 사용할 수 있는 이익을 보호하는 데 있다. 여기의 '부정한 목적'은 어느 명칭을 자기의 상호로 사용함으로써 일반인으로 하여금 자기의 영업을 그 명칭으로 표시된 타인의 영업으로 오인하게 하여 부당한 이익을 얻으려 하거나 타인에게 손해를 가하려고 하는 등의 부정한 의도를 말하고, 부정한 목적이 있는지는 상인의 명성이나 신용, 영업의 종류·규모·방법, 상호 사용의 경위 등 여러 사정을 종합하여 판단하여야 한다(대법원 2021. 7. 15. 선고 2016다25393 판결; 대법원 2016. 1. 28. 선고 2013다76635 판결도 同旨). 여기의 '타인'은 상인임을 요하지 않는다. 또한 어떤 상호가 '타인의 영업으로 오인할 수 있는 상호'에 해당하는지를 판단할 때에는 두 상호 전체를 비교 관찰하여 각 영업의 성질이나 내용, 영업방법, 수요자층 등에서 서로 밀접한 관련을 가지고 있는 경우로서 일반인이 두 업무의 주체가 서로 관련이 있는 것으로 생각하거나 또는 타인의 상호가 현저하게 널리 알려져 있어 일반인으로부터 기업의 명성으로 견고한 신뢰를 획득한 경우에 해당하는지를 종합적으로 고려하여야 한다(위 2016다25393 판결). 그리고 타인의 영업으로 오인할 수 있는 상호의 '사용'은 계약서에의 기재와 같은 법률상 사용과 광고(지)·간판·포장지·봉투 등에 사용 또는 기재하는 사실상 사용을 포함한다. 위와 같이 부정한 목적으로 타인의 영업으로 오인할 수 있는 상호를 사용하는 자가 있는 경우 미등기상호권자도 그러한 상호의 폐지와 손해배상청구를 할 수 있다(23조 2항·3항). 다만 미등기상호권자는 등기상호권자와는 달리 ① 위반사용자에게 부정한 목적이 있음과 ② 그 사용으로 인하여 손해를 받을 염려가 있음을 증명하여야 한다. 이러한 상호권자의 권리는 상호사용자가 애초부터 아무런 권리가 없는 경우는 물론 영업양도와 함께 상호를 양도하기로 하는 상호변경계약을 체결한 후 영업양도계약이 주주총회의 특별결의(374조 1항 1호 참조)를 얻지 못하여 무효가 됨에 따라 위 상호변경계약도 무효가 되었는데도 불구하고 영업양수인이 그 상호를 계속 사용하는 경우에도 인정된다(위 2016다25393 판결).

※ 대법원 1996. 10. 15. 선고 96다24637 판결
'합동공업사'라는 등록상호로 자동차정비업을 하던 갑이 '합동특수레카'라는 상호를 추가로 등록하여 자동차견인업을 함께 하고 있는 상황에서 을이 같은 시에서 자동차견인업을 하면서 '충주합동레카'라는 상호로 등록하였음에도 실제는 등록상호를 사용하지 않고 '합동레카'라는 상호를 사용한 경우, 자동차정비업과 자동차견인업이 영업의 종류가 다른 점, 자동차를 견인할 경우 견인장소를 차량 소유자가 지정할 수 있는 점, 운수관련 업계에서 '합동'이라는 용어가 일반적으로 널리 사용되고 있어 식별력이 그다지 크지 아니한 점 등을 고려할 때 양 상호 중의 요부(要部)인 '합동'이 동일하다 하더라도 을이 상법 제23조 제 1 항의 '부정한 목적'으로 상호를 사용하였다고 볼 수 없다.

나) **상호폐지청구권**: 미등기상호권자는 부정한 목적으로 자기와 동일 또는 유사한 상호를 사용하는 자에 대하여 그 상호의 사용폐지를 청구할 수 있다(23조 2항). 상호사용의 폐지청구는 장래의 상호사용의 금지청구 외에 간판의 철거, 포장지·인쇄 봉투 등의 폐기, 상호등기의 말소 등 상호사용의 폐지에 필요한 모든 청구를 포함한다(정동윤 150).
다) **손해배상청구권**: 미등기상호권자는 상호폐지청구권과 별도로 매출액 감소·신용훼손 등의 손해가 발생한 경우 손해배상을 청구할 수 있다(23조 3항).

나. 등기 후의 효력　　등기상호의 경우 강화되는 상호권의 내용은 아래와 같다.
가) **사전등기배척권**: 타인이 등기한 상호는 동일한 특별시·광역시·시·군에서 동종영업의 상호로 등기하지 못한다(22조, 상업등기법 29조). 여기의 '등기할 수 없는 상호'는 다른 사람이 등기한 것과 동일한 상호에 한정된다(상업등기법 29조 및 아래 2010다20754 판결 참조).

※ 대법원 2011. 12. 27. 선고 2010다20754 판결
그런데 상법은 상호 선정 자유의 원칙을 선언하는(상법 제18조) 한편으로, 누구든지 부정한 목적으로 타인의 영업으로 오인할 수 있는 상호를 사용하지 못하게 함으로써(상법 제23조 제 1 항) 상호에 관한 일반 공중의 오인·혼동을 방지하기 위한 장치를 추가로 마련해 두고 있음에도 불구하고, 구 비송사건절차법 제164조, 구 상업등기법 제30조에서는 위와 같이 먼저 등기된 상호와 확연히 구별할 수 없는 것도 등기할 수 없도록 규정함으로써 상호의 검색·선정에 많은 시간이 소요되는 불편을 초래할 뿐만 아니라 등기관의 자의적인 법해석과 적용의 우려도 없지 않았으므로, 2009. 5. 28. 법률 제9749호로 상업등기법 제30

조를 개정하여 '동일한 특별시·광역시·시 또는 군 내에서는 동일한 영업을 위하여 다른 사람이 등기한 것과 동일한 상호는 등기할 수 없다'고 규정함으로써 먼저 등기된 상호가 가지는 등기 배척력이 미치는 범위를 그와 동일한 상호로 한정하기에 이르렀다. 그렇다면 상법 제22조의 규정 취지 및 상업등기법 제30조의 개정 경위 등에 비추어 볼 때, 위와 같이 개정된 상업등기법의 시행 이후에는 상법 제22조에 의하여 선등기자가 후등기자를 상대로 등기의 말소를 소로써 청구할 수 있는 효력이 미치는 범위 역시 개정 상업등기법 제30조에 상응하도록 동일한 상호에 한정된다고 봄이 상당하다.

다만 상업등기법은 위 개정 당시 부칙 등에 그 시행 전에 등기를 마친 등기사항에 대한 법령의 적용에 관하여 아무런 경과규정을 두고 있지 않으나,···(중략)···결국 개정 상업등기법 시행 후에 사실심 변론이 종결된 경우라면 상법 제22조에 의하여 선등기자가 후등기자를 상대로 등기의 말소를 소로써 청구할 수 있는 효력이 미치는 범위는 먼저 등기된 상호와 동일한 상호에 한정된다고 보아야 할 것이다.

상법 제22조가 사후등기배척권의 근거규정인지 여부에 관한 논의가 있다. 즉, 갑이 먼저 등기한 상호를 을이 상법 제22조에 위반하여 동일한 행정구역 내에서 등기하게 된 경우에 먼저 등기한 갑이 을의 상호등기의 말소(抹消)를 청구할 수 있는가 하는 문제이다. 이에 대하여는 ① 본조를 동일한 상호에 대한 등기신청이 있으면 등기관은 이를 각하하여야 할 의무를 진다고 보는 입장(등기법상권리설: 정찬형 115, 이철송 164)과 ② 본조에 위반하여 동일한 상호가 2중으로 등기된 경우에 선등기자가 후등기자에 대하여 직접 그 등기의 말소를 구할 수 있는 사법상의 효력까지 규정한 것이라는 입장(실체법상권리설: 손주찬 140, 최기원 124, 정동윤 152)이 있다. ①설은 침해된 상호권자에게 사용폐지청구권(23조 2항)이 인정된다는 것과 선등기자가 후등기에 대한 이의신청(상업등기법 26조 13호, 29조, 82조)을 하여 말소하게 할 수 있으므로 이로써 상호권자가 충분히 보호될 수 있다고 한다. 생각건대 등기상호권에 관한 상법 제23조는 '부정한 목적'이 있는 경우에 발동되는 것임에 반하여 상법 제22조는 그러한 '부정한 목적'이 없어도 인정되는 권리라는 점에 차이가 있을 뿐 아니라 상업등기법에 따라 등기관에게 등기의 말소(상업등기법 77조)를 신청할 수 있다고 하나 등기관과 선등기자의 판단이 다를 수 있으므로(등기상호의 문구는 동일하더라도 동종의 영업인지 여부에 대한 판단에 이견이 있을 수 있다, 상업등기법 30조 3호), 이 점에서 소송을 통하여 법원의 판단을 구할 실익이 있다. 따라서 상호권자의 보호에 충실한 ②설이 타당하다. 판례도 ②설의 입장을 취하고 있다.

※ 대법원 2004. 3. 26. 선고 2001다72081 판결

상법 제22조는 "타인이 등기한 상호는 동일한 특별시·광역시·시·군에서 동종영업의 상호로 등기하지 못한다"고 규정하고 있는바, 위 규정의 취지는 일정한 지역 범위 내에서 먼저 등기된 상호에 관한 일반 공중의 오인·혼동을 방지하여 이에 대한 신뢰를 보호함과 아울러, 상호를 먼저 등기한 자가 그 상호를 타인의 상호와 구별하고자 하는 이익을 보호하는 데 있고, 한편 비송사건절차법 제164조에서 "상호의 등기는 동일한 특별시·광역시·시 또는 군 내에서는 동일한 영업을 위하여 타인이 등기한 것과 확연히 구별할 수 있는 것이 아니면 이를 할 수 없다"고 규정하여 먼저 등기된 상호가 상호등기에 관한 절차에서 갖는 효력에 관한 규정을 마련하고 있으므로, 상법 제22조의 규정은 동일한 특별시·광역시·시 또는 군 내에서는 동일한 영업을 위하여 타인이 등기한 상호 또는 확연히 구별할 수 없는 상호의 등기를 금지하는 효력과 함께 그와 같은 상호가 등기된 경우에는 선등기자가 후등기자를 상대로 그와 같은 등기의 말소를 소로써 청구할 수 있는 효력도 인정한 규정이라고 봄이 상당하다.

Cf. 2007. 7. 27. 비송사건절차법 개정시 상업등기 관련 규정을 떼어 상업등기법으로 옮겼으므로, 위 판시에 나오는 비송사건절차법 제164조는 삭제되었다. 한편 삭제 전의 비송사건절차법 제164조에는 등기할 수 없는 상호의 제한기준으로 '확연히 구별할 수 없는 상호'라고 규정하였으나 2009. 5. 28. 상업등기법 개정시 제30조에서 그 제한기준을 '동일한 상호'로 좁혀 규정하였는데, 이는 등기관이 상호 유사성 여부에 대하여 자의적으로 판단할 우려를 배제함과 아울러 상호사용가능성에 대한 창업자의 예측가능성을 높이기 위해서이다(위 제30조는 2014. 11. 21. 상업등기법 개정시 제29조로 번호수정되어 현재에 이르고 있다).

나) **상호폐지청구권**: 미등기상호의 경우 부정목적 사용으로 인하여 손해를 받을 염려가 있는 경우에만 상호사용의 폐지를 청구할 수 있음에 반하여 등기상호의 경우에는 그러한 염려가 없는 경우에도 폐지를 청구할 수 있다(23조 2항). 또한 미등기상호권자의 경우에는 '부정한 목적'을 입증하여야 함에 반하여 등기상호의 경우에는 부정목적 사용이 추정되므로(23조 4항) 이 점에서 강력한 보호를 받게 된다.

※ 대법원 2004. 3. 26. 선고 2001다72081 판결은 원고는 서울특별시에서 '주식회사 유니텍'이라는 상호를 등기하여 사용 중이었는데 피고가 서울특별시에서 동종영업의 상호로 '주식회사 유니텍전자'를 등기한 사안에서 피고의 등기상호와 원고의 등기상호가 확연히 구별할 수 없는 상호이므로 피고는 위 상호를 부정한 목적으로 사용하는

것으로 추정된다고 전제하고, 위 상호 사용에 있어서 부정한 목적이 없다는 피고의 주장에 대하여는 원고는 소프트웨어의 개발·판매업에, 피고는 컴퓨터 하드웨어의 제조·판매업에 각 영업의 중점을 두고 있기 때문에 원·피고가 실제 영위하는 영업의 구체적 내용에 다소 차이가 있지만, 원고 역시 전체 매출액의 30% 가량이 피고가 영위하는 영업과 같은 컴퓨터 하드웨어의 조립·판매에서 발생하고 있어 원·피고의 주고객층도 명백히 차별화되어 있다고 단정할 수 없으므로 피고가 위 상호를 사용하는 것이 원고의 영업에 영향을 미치지 않는다고 볼 수 없는 한편 '유니택'이라는 단어가 컴퓨터 관련 업계에서 흔히 사용하는 상호라거나 피고의 영업이 신장됨에 따라 현재 자본금 또는 매출액에 있어서 피고가 원고보다 월등히 많고 피고의 주식이 코스닥(KOSDAQ)시장에 등록되었다는 사정만으로는 상법 제23조 제 4 항에서 말하는 부정한 목적에 의한 사용에 관한 추정이 번복되었다고 볼 수 없다는 이유로 피고의 위 주장을 배척한 원심의 판단을 정당하다고 판시하였다.

다) 손해배상청구권: 상호의 부정목적사용으로 인하여 매출액 감소·신용훼손 등의 손해가 발생한 경우 상호폐지청구권과 별도로 부정목적사용자에게 손해배상을 청구할 수 있다(23조 3항). 이 권리의 법적 성질은 민법상 손해배상청구권(민법 750조)으로, 그 내용은 등기 전의 효력과 동일하다.

4. 상호부정사용에 대한 제재

회사가 아니면서 상호에 회사임을 표시한 문자를 사용한 경우(20조)와 부정한 목적으로 타인의 영업으로 오인할 수 있는 상호를 사용한 경우(23조 1항) 위반자는 200만원 이하의 과태료의 제재(制裁)에 처한다고 규정하고 있다(28조).

5. 상호의 양도와 상속 및 압류

(1) 상호의 양도

가. 의 의   상호는 재산권의 성질도 가지므로 등기 전후를 불문하고 양도할 수 있다. 상호권을 양도하는 것을 상호의 양도라고 한다.

나. 요 건   상호는 영업을 폐지하거나 영업과 함께 하는 경우에 한하여 양도할 수 있다(25조 1항). 이때의 '영업의 폐지'는 정식으로 영업폐지에 필요한 행정절차를 밟아 폐업하는 경우에 한하지 아니하고 사실상 폐업한 경우도 이에 해당한다(대법원 1988. 1. 19. 선고 87다카1295 판결). 상호는 사회적·경제적으로는 기업의 명칭으로서의 기능을 가지며, 신용의 표지가 되는 것으로 그 실체인 기업을 떠나서 상호만의 양도를 인정하는 것은 필요성이 적으며, 그 상호의 배후에 동일한

기업을 예상하는 일반대중의 신뢰를 보호하는 차원에서 이러한 제한을 두고 있는 것이다.

다. 절   차   당사자 사이에는 의사표시의 합치만으로 효력이 발생하나 등기상호의 경우 제 3 자에게 대항하기 위하여는 상호의 양도등기를 하여야 한다(25조 2항, 상업등기법 33조). 이는 상호가 2중으로 양도된 경우 양수인들 사이의 우열관계를 가늠하는 기준이 된다. 즉, 이때의 '제 3 자'는 양수인을 의미하며, 선의·악의를 불문하고 먼저 등기한 자가 상호권을 취득한다. 상법 제25조 제 2 항과 상법 제37조의 관계에 대하여 전자가 후자의 예외라는 입장(정동윤 200)도 있으나 전자는 2중양도에 있어서의 우열관계, 후자는 상업등기의 일반적 효력에 각각 관련한 조문으로서 양자는 그 규율대상을 달리하고 있다. 그리고 미등기상호 양도의 경우 상법 제25조 제 2 항의 적용 여부에 관하여 양도 시에만 등기를 강제할 이유가 없다는 이유로 등기 없이 대항할 수 있다는 견해(정동윤 153)가 있다. 그러나 그렇게 해석할 경우 미등기상호의 양수인이 등기상호의 양수인보다 더 두텁게 보호되는 결과가 되어 부당하다[이철송(12판) 198]. 또한 미등기상호의 사용은 자유이지만 그 상호를 양도하는 경우 상호의 귀속관계를 명확하게 하기 위하여 양수인에게 등기의무를 부과한다고 하여 크게 불합리해 보이지 않는다. 적용설이 타당하다. 다만, 현실적으로는 양도등기가 아니라 새로운 상호등기를 하여야 할 것이다.

라. 효   과   양수인이 상호권을 취득하는 외의 효과는 아래와 같다.

가) 상호를 영업과 함께 양도하는 경우에는 양도인은 경업피지의무(41조)를 부담하고, 양수인은 일정한 경우 변제책임을 부담하며(42조 1항), 일정한 경우 양도인의 채무자의 양수인에 대한 변제가 유효하게 되는 효과가 있다(43조).

나) 영업이 폐지되어 상호만이 양도된 경우에는 양도인과 양수인에게 전항의 법률상의 효과는 인정되지 않는다. 이는 영업이 전제되어 있지 않기 때문이다.

마. 양도의 제한   개인상인은 회사의 상호를 양수할 수 없고, 회사는 다른 종류의 회사의 상호를 양수할 수 없으며, 개인상인의 상호도 양수할 수 없다(19조).

(2) 상호의 상속

상호도 상속이 가능하다. 등기된 상호를 상속하는 경우에는 상속인 또는 법정대리인이 그 등기를 신청하여야 한다(상업등기법 33조, 35조). 다만 이 경우의 등기는 상호권 이전의 대항요건은 아니다. 공동상속의 경우 분할상속은 불가능하다(25조 1항).

(3) 상호의 압류

상호의 압류도 가능하지만 영업과 분리하여 상호만을 압류하는 것은 허용되지 아니한다.

Ⅶ. 상호의 폐지와 변경

1. 등기상호의 폐지 또는 변경에 대한 등기말소청구권

상호를 등기한 자가 그 상호를 폐지 또는 변경하였을 경우 그 폐지 또는 변경의 등기를 하여야 하나 이는 현실적으로 기대하기 어려우므로 2주간 내에 그 상호를 등기한 자가 폐지 또는 변경의 등기를 하지 않은 때에는 이해관계인은 그 등기의 말소를 청구할 수 있도록 하였다(27조).

2. 상호폐지 의제

상호폐지 여부는 판단이 곤란하므로 상호를 등기한 자가 정당한 사유 없이 2년간 그 상호를 사용하지 않을 때에는 상호를 폐지한 것으로 본다(26조).

Ⅷ. 명의대여자의 책임

1. 의   의

명의대여자(名義貸與者)는 타인에게 자기의 성명 또는 상호를 사용하여 영업을 할 것을 허락한 자를 말한다. 업종에 따라서는 명의대여가 금지되는 경우가 있으나 (예컨대 여객자동차 운수사업법 12조 등) 이러한 단속법규의 유무와는 별도로 제24조는 명의대여자의 사법상 책임을 규정하여 자기를 영업주로 오인하여 거래한 제3자에 대하여 그 타인과 연대하여 변제할 책임을 지우고 있다. 이는 외관주의 및 표시에 의한 금반언의 법리의 구체적 표현이다(대법원 1989. 9. 12. 선고 88다카26390 판결 참조).

Cf. 명의대여자의 책임과 표현대리: 양자 모두 외관법리에 기초한 제도라는 점에 공통하나 다음과 같은 점에 차이가 있다.

	명의대여자책임	표현대리책임
1. 오인의 대상	영업주	대리권
2. 귀책사유	명의사용의 허락 그 자체	대리권 수여 표시(민법 125조)
3. 책 임	명의대여자와 명의차용자 병존	표현대리의 본인 책임
4. 제 3 자에 대한 권리	없음(명의대여자는 제 3 자에 대한 책임만 부담)	본인의 책임 부담 외에 제 3 자에 대한 권리도 취득
5. 제 3 자 보호 요건	제 3 자의 선의 또는 무중과실	제 3 자의 선의·무과실

* 그 외 명의대여자책임제도는 영업상의 명의사용을 허락한 경우를 말하는 반면 영업 이외의 경우에 있어서의 명의사용의 허락은 표현대리의 문제에 속하므로 그 점에서 차이가 있다는 견해(최기원 131)도 있다.

2. 책임요건

(1) 명의사용의 허락(외관의 부여)

가. 영업의 허락　　　　명의대여자는 타인(명의차용자)에게 '자기의 성명 또는 상호를 사용하여 영업을 할 것을 허락'하여야 한다. 이 '허락'은 명시 또는 묵시로도 가능하다. 타인이 자기의 명칭을 임의로 사용하고 있는 것을 알면서 방치하는 경우 묵시에 의한 허락으로 볼 수 있다는 견해(손주찬 126)가 있으나 아무런 부가적인 사정없이(아래 82다카887판결 참조) 단순한 방치만으로 이 책임을 지우는 데 대하여는 동의하기 어렵다. 명의사용의 허락은 명의사용자에 대한 의사표시로 족하지만 그 철회는 명의사용자에게 통지하는 것만으로는 부족하고 명의대여사실을 모르고 명의사용자와 거래할 가능성이 있는 제 3 자가 능히 알 수 있는 방법으로 공지하거나 광고하여야 한다(따라서 일간지의 철회광고는 그 제 3 자가 사전에 이를 보았다는 사정이 없는 한 철회의 방법으로는 부족하다). 그리고 성명 또는 상호만을 사용할 것을 허락하는 것이 아니고, 성명 또는 상호를 사용하여 영업을 할 것을 허락한 경우이어야 한다. 또한 명의대여에 대한 대가나 명의대여의 적법성 여부는 불문한다.

※ 대법원 1982. 12. 28. 선고 82다카887 판결
묵시적 명의대여자의 책임을 인정하기 위하여는 영업주가 자기의 성명 또는 상호를 타인이 사용하는 것을 알고 이를 저지하지 아니하거나 자기의 성명 또는 상호를 타인이 사용함을 묵인한 사실 및 제 3 자가 타인의 성명 또는 상호를 사용하는 자를 영업주로 오인하여 거래를 한 사실이 인정되어야 할 것이므로, 영업주가 자기의 상점, 전

화, 창고 등을 타인에게 사용하게 한 사실은 있으나 그 타인과 원고와의 거래를 위하여 영업주의 상호를 사용한 사실이 없는 경우에는 영업주가 자기의 상호를 타인에게 묵시적으로 대여하여 원고가 그 타인을 영업주로 오인하여 거래하였다고 단정하기에 미흡하다고 할 것이다.

〈註〉과거 대법원의 판결 중에는 "소외인이 피고회사의 대리점 또는 하역소라는 명칭을 사용하여 타인과 피고회사의 영업범위에 속하는 상거래를 할 것을 허락하였거나 또는 그러한 명칭사용의 사실을 알면서도 이를 방지하지 않았다면 피고회사는 위 소외인의 영업의 외관을 신뢰하여 피고회사의 영업인 줄 잘못 알고 동 소외인과 거래를 한 제 3 자에 대하여 본조의 책임을 져야 할 것이다"라는 판시도 있다(대법원 1966. 3. 22. 선고 65다1991 판결).

※ 대법원 2008. 10. 23. 선고 2008다46555 판결

건설업 면허를 대여한 자는 자기의 성명 또는 상호를 사용하여 건설업을 할 것을 허락하였다고 할 것인데, 건설업에서는 공정에 따라 하도급거래를 수반하는 것이 일반적이어서 특별한 사정이 없는 한 건설업 면허를 대여받은 자가 그 면허를 사용하여 면허를 대여한 자의 명의로 하도급거래를 하는 것도 허락하였다고 봄이 상당하므로, 면허를 대여한 자를 영업의 주체로 오인한 하수급인에 대하여도 명의대여자로서의 책임을 지고, 면허를 대여받은 자를 대리 또는 대행한 자가 면허를 대여한 자의 명의로 하도급거래를 한 경우에도 마찬가지이다.

나. 명의대여당사자의 상인성의 요부(要否)

가) 명의대여자의 상인성의 요부(要否): 상법 제24조가 상호만이 아니라 성명도 열거하고 있으므로 본조의 명의대여자는 상인임을 요하지 않는다(손주찬 126, 정동윤 155, 정찬형 122, 최기원 135). 판례도 같다(아래 85다카2219 판결 참조).

나) 명의차용자의 상인성의 요부(要否): 이에 관하여 판례는 역시 상인성을 요하지 않으나(아래 85다카2219 판결) 학설은 대립하고 있다. 즉, ① 본조의 법문이 명의대여자의 명의를 사용하여 '영업을 할 것'을 허락한 경우를 요건으로 하고 있으므로 명의차용자는 상인이어야 한다는 견해(최기원 135)와 ② 명의차용자가 상인이 아닌 경우에도 본조를 유추적용하여야 한다는 견해(정동윤 156)가 있다. 생각건대 ①설이 법문에 충실한 견해이나 명의대여관계의 사법상 책임을 규정한 근거조항이 상법 제24조(81조도 익명조합원에 관한 명의대여자책임규정임)가 유일한 까닭에 법문에 불구하고 그 적용범위를 확대할 현실적 필요성이 있다고 본다.

※ 대법원 1987. 3. 24. 선고 85다카2219 판결
상법 제24조는 금반언의 법리 및 외관주의의 법리에 따라 타인에게 명의를 대여하여
영업을 하게 한 경우 그 명의대여자가 영업주인 줄로 알고 거래한 선의의 제 3 자를
보호하기 위하여 그 거래로 인하여 발생한 명의차용자의 채무에 대하여는 그 외관을
만드는 데에 원인을 제공한 명의대여자에게도 명의차용자와 같이 변제책임을 지우자는
것으로서 그 명의대여자가 상인이 아니거나, 명의차용자의 영업이 상행위가 아니라 하
더라도 위 법리를 적용하는 데에 아무런 영향이 없다.

(2) 외관의 존재

상대방이 명의차용자의 영업을 명의대여자의 영업으로 오인할 외관이 있어야
한다. 대법원은 대한여행사가 대한여행사 국제항공권판매처라는 명칭을 사용케 한
경우(대법원 1957. 6. 27. 선고 4290민상178 판결), 공사의 수급인이 하수급인에게 수급
인의 공사현장소장인 것처럼 표시하여 행동하게 한 경우(대법원 1985. 2. 26. 선고 83
다카1018 판결), 보험회사가 보험회사 부산지사라는 명칭을 사용하게 한 경우(대법원
1969. 3. 31. 선고 68다2270 판결)에 이 책임을 인정하였고, 인터넷 가전제품 사이트의
사업자등록과 함께 그 사이트에 대표이사의 1인 및 대금결제계좌명의자로 표시된
경우 그 책임을 인정할 여지가 충분하다고 판시하였다(대법원 2013. 9. 26. 선고 2013
다36392 판결). 한편 대법원은 타인의 상호(금성전선주식회사) 아래 '대리점'이라는 명
칭(전주 완주군 농업기계대리점)을 붙인 사안에 대하여, 실질적으로는 대리상, 특약점
또는 위탁매매업이면서도 대리점이란 명칭을 두루 사용하는 거래계의 실정에다가
타인의 상호 아래 대리점이란 명칭을 붙인 경우는 그 아래 지점, 영업소, 출장소
등을 붙인 경우와는 달리 타인의 영업을 종속적으로 표시하는 부가부분이라고 보
기도 어렵다는 이유로 그 타인이 이를 허락하거나 묵인하였더라도 이 책임을 물을
수는 없다고 판시하였다(대법원 1989. 10. 10. 선고 88다카8354 판결). 이러한 외관의
존재에 관련하여 명의대여자가 영업을 하고 있지 않은 경우에는 명의차용자가 명
의대여자의 명의를 사용하여 영업을 한다는 사실만으로 족하지만 명의대여자가 영
업을 하는 경우에는 명의차용자의 영업도 그와 동일하여야 한다(同旨: 대법원 1983.
3. 22. 선고 82다카1852 판결, 대법원 1977. 7. 26. 선고 76다2289 판결, 정동윤 156). 상법
제24조는 명의차용자의 영업의 외관을 신뢰한 제 3 자를 보호하기 위한 것이기 때
문이다. 이에 대하여는 영업과 무관한 비상인도 명의를 대여한 경우에 책임을 지

므로 영업의 동일성은 요건이 아니라는 반대설(최기원 139)이 있다.

(3) 제 3 자의 오인(외관의 신뢰)

명의차용자와 거래한 상대방은 명의대여자를 영업주로 오인하여 거래하였어야 한다. '오인'의 의미에 대하여 ① 상대방이 악의인 경우를 제외하고 과실을 불문하는 견해(강위두 외 94), ② 상대방이 경과실인 경우에도 면책된다는 견해 및 ③ 상대방이 중과실인 경우에만 면책된다는 견해(정찬형 124, 손주찬 128, 정동윤 157, 최기원 135)가 있는데 악의 또는 중과실의 경우에 명의대여자가 면책된다는 ③설이 타당하다. 악의 또는 중과실의 입증책임은 명의대여자가 부담한다(아래 2006다21330 판결 참조).

※ 대법원 2008. 1. 24. 선고 2006다21330 판결
상법 제24조에서 규정한 명의대여자의 책임은 명의자를 사업주로 오인하여 거래한 제 3 자를 보호하기 위한 것이므로 거래상대방이 명의대여사실을 알았거나 모르는 데 대하여 중대한 과실이 있는 때에는 책임을 지지 않는바, 이때 거래의 상대방이 명의대여사실을 알았거나 모른 데 대한 중대한 과실이 있었는지 여부에 대하여는 면책을 주장하는 명의대여자가 입증책임을 부담한다.

3. 효   과

(1) 책임의 내용

명의대여자는 명의차용자와 연대하여 변제할 책임이 있다(24조). 이 책임은 명의사용을 허락받은 명의차용자의 행위에 한하므로 명의차용자의 피용자의 행위에 대하여는 책임지지 않는다(대법원 1989. 9. 12. 선고 88다카26390 판결). 여기의 '거래로 인한 채무'의 범위에는 거래로 인하여 직접 발생한 채무뿐만 아니라 그 불이행으로 인한 손해배상채무도 포함된다. 불법행위로 인한 채무는 거래로 인한 것이 아니므로 원칙적으로 제외되나(아래 97다55621 판결 참조) 사기적인 거래로 인한 것은 포함될 수 있을 것이다. 한편 특정한 사업에 대하여 명의를 대여한 자는 그 명의사용자의 업무수행상 불법행위에 대하여 본조의 책임을 지지는 않지만 민법상의 사용자책임은 부담한다(아래 2007다26929 판결 참조).

※ 대법원 1998. 3. 24. 선고 97다55621 판결
상법 제24조 소정의 명의대여자 책임은 명의차용인과 그 상대방의 거래행위에 의하여

생긴 채무에 관하여 명의대여자를 진실한 상대방으로 오인하고 그 신용·명의 등을 신
뢰한 제 3 자를 보호하기 위한 것으로, 불법행위의 경우에는 설령 피해자가 명의대여자
를 영업주로 오인하고 있었더라도 그와 같은 오인과 피해의 발생 사이에 아무런 인과
관계가 없으므로, 이 경우 신뢰관계를 이유로 명의대여자에게 책임을 지워야 할 이유
가 없다.

※ 대법원 2007. 6. 28. 선고 2007다26929 판결
타인에게 어떤 사업에 관하여 자기의 명의를 사용할 것을 허용한 경우에 그 사업이
내부관계에 있어서는 타인의 사업이고 명의자의 고용인이 아니라 하더라도 외부에 대
한 관계에 있어서는 그 사업이 명의자의 사업이고 또 그 타인은 명의자의 종업원임을
표명한 것과 다름이 없으므로, 명의사용을 허용받은 사람이 업무수행을 함에 있어 고
의 또는 과실로 다른 사람에게 손해를 끼쳤다면 명의사용을 허용한 사람은 민법 제
756조에 의하여 그 손해를 배상할 책임이 있고, 명의대여관계의 경우 민법 제756조가
규정하고 있는 사용자책임의 요건으로서의 사용관계가 있느냐 여부는 실제적으로 지휘·
감독을 하였느냐의 여부에 관계없이 객관적·규범적으로 보아 사용자가 그 불법행위자
를 지휘·감독해야 할 지위에 있었느냐의 여부를 기준으로 결정하여야 할 것이다(대법
원 2001. 8. 21. 선고 2001다3658 판결 등 참조).

(2) 범위를 정하여 명의대여를 허락한 경우에 명의차용자가 그 범위를 넘어서
거래를 한 때에는 원칙적으로는 책임을 지지 않으나 표현대리의 법리가 유추적용
되는 경우가 있을 것이다. 또한 기한을 정하여 명의사용을 허락한 경우 그 기한을
지나서 한 명의차용자의 거래에 대하여는 제 3 자가 그 기간의 경과를 안 경우에는
당연히 본조의 적용대상에서 제외되어야 할 것이나 그렇지 않은 경우에는 명의대
여자가 제 3 자에게 기간의 경과사실을 알려야 할 것이고 그러한 조처를 취하지 못
한 경우에는 본조의 책임을 면하지 못한다(손주찬 129, 최기원 133).
(3) 명의대여자와 명의차용자의 책임은 부진정연대관계에 있다(아래 2010다
91886 판결).

※ 대법원 2011. 4. 14. 선고 2010다91886 판결
상법 제24조에 의한 명의대여자와 명의차용자의 책임은 동일한 경제적 목적을 가진
채무로서 서로 중첩되는 부분에 관하여 일방의 채무가 변제 등으로 소멸하면 타방의
채무도 소멸하는 이른바 부진정연대의 관계에 있다. 이와 같은 부진정연대채무에 있어
서는 채무자 1인에 대한 이행청구 또는 채무자 1인이 행한 채무의 승인 등 소멸시효

의 중단사유나 시효이익의 포기가 다른 채무자에게 효력을 미치지 아니한다.

4. 관련 문제

(1) 어음행위에 대한 명의대여자의 책임문제

가. 영업에 관하여 명의대여가 있고 그 영업과 관련하여 어음행위가 이루어진 경우에는 본조의 적용이 있다.

※ 대법원 1969. 3. 31. 선고 68다2270 판결

갑이 약속어음을 발행할 때 주소를 대한교육보험주식회사 부산지사라고 표시하고 지사 장이라고 기재하지 않았다 해도 그 성명 아래에는 개인도장 외에 동 회사 부산지사장 이라는 직인을 찍은 것이므로 특별한 사정이 없는 한 이는 동인이 위 회사 부산지사 장이라는 대표자격을 표시한 것이라 할 것이고 또 동 회사는 갑에게 부산지사라는 상 호를 사용하여 보험가입자와 회사 간의 보험계약체결을 알선할 것을 허락하였고 갑은 동 지사 사무실비품대금 조달을 위하여 을에게 약속어음을 발행하여 병이 그 소지인 이 된 것이며 을이 갑의 위 어음발행행위의 주체를 위 회사로 오인한 데에 중대한 과 실이 있다고 보여지지 않으므로 동 회사는 명의대여자로서 그 외관을 신뢰한 갑과의 거래에 대하여 본조에 의한 책임을 져야 한다.

나. 영업에 관하여서가 아니라 어음행위에 관하여서만 명의대여가 이루어진 경우에 대하여는 본조의 유추적용긍정설(손주찬 130, 정찬형 126)과 유추적용부정설 (정동윤 160)이 대립한다. 긍정설에 의할 경우 어음상의 기명날인 또는 서명은 차용 자를 표시하는 것이 되므로 차용자는 어음상의 책임을, 대여자는 본조의 책임을 지게 될 것이다.

(2) 상호의 양도와 명의대여자의 책임

상호가 양도된 경우(25조 1항)에 양도인이 명의대여자로서의 책임을 지는가가 문제된다. 미등기상호를 양도하였는데 양수인도 등기를 하지 않은 경우에는 양도인 은 상당기간 명의대여자로서의 책임을 면치 못할 것이다. 등기상호를 양도한 경우 에 양수인이 양도의 등기를 마친 경우에는 제 3 자의 중과실이 인정될 터이므로 본 조의 적용이 없을 것이나 이 경우에도 그 상호 중에 양도인의 성명이 사용되고 있 는 경우에는 설사 양도의 등기가 마쳐졌다고 하더라도 오인을 방지할 수 있는 문자 를 부가하지 않는 한 명의대여자로서의 책임을 진다고 본다(손주찬 130, 정동윤 159).

제4절   상업장부-영업성과의 확인

I. 의의와 기능

1. 의   의

상업장부(trade books)는 상인이 그 영업상의 재산 및 손익의 상황을 명백히 하기 위하여 상법상의 의무로 작성하는 장부로서, 이에는 회계장부 및 대차대조표가 있다. 이를 분설하면 다음과 같다.

(1) 상인이 상법상의 의무로서 작성하는 장부이다. 따라서 상인이 아닌 상호보험회사가 작성하는 재무제표나 상업장부의 규정의 적용을 받지 않는 소상인이 작성하는 장부는 상업장부가 아니다.

(2) 상인의 영업상의 재산 및 손익의 상황에 대한 기록이다. 중개인일기장(97조), 주주명부(352조), 주주총회의사록(373조), 사채원부(488조), 사채권자집회의사록(510조 2항) 등은 상법상 그 작성이 의무화되기는 하지만 상인의 영업상의 재산 및 손익의 상황을 직접적인 목적으로 하는 것이 아니므로 상업장부가 아니다. 영업보고서(447조의2, 579조의2)는 매 결산기에 주식회사와 유한회사에서 법률상 그 작성이 요구되고 있기는 하지만 문서에 의한 일반적 상황의 보고에 불과하여 상업장부로 볼 수 없다.

Cf. 손익계산서(287조의33, 447조 1항 2호, 579조 1항 2호)에 대하여는 학설의 대립이 있다. 즉, 이를 영업의 재산상태가 아니고 영업성적을 나타내는 것이라는 이유로 부정하는 견해(손주찬 145, 정찬형 129, 최기원 143)와 과거 상법 제29조 제 1 항에서 상업장부의 기재사항에 대하여 "일상의 거래와 기타 재산상태에 영향 있는 사항을 명기하여야 한다"라고 규정하였다가 1984년의 상법 개정시 상업장부의 기재목적에 대하여 '영업상의 재산 및 손익의 상황을 명백히 하기 위하여'라고 개정한 점에 착안하여 이는 종래의 재산법적 회계체계로부터 손익법적 회계체계로 전환하는 데 취지가 있다고 하면서 손익에 관한 계산서도 상업장부의 하나로 보는 것이 옳다는 견해(정동윤 165-166)가 있다. 생각건대 위 후자의 논거는 확실히 일리가 있으나 현행 상법 제29조 제 1 항에서 상업장부의 종류를 회계장부 및 대차대조표라고 명기하고 있는 이상 손익계산서를 상업장부의 범주에 넣는 것은 무리라고 본다.
Cf. 기업의 이익 또는 손실을 계산하는 방법에는 재산법과 손익법의 두 가지가 있다.

재산법은 기중(期中)에 추가적인 출자가 없다는 전제 하에서 기말(期末) 및 기초(期初)의 자본을 구하여 이를 비교함으로써 순손익을 구하는 방법이고, 후자는 순손익을 일정기간의 수익과 비용의 차액으로 산출하는 방법이다.

2. 기   능

상업장부는 재산의 상황과 영업의 성과를 밝힘으로써 개인상인이나 회사의 지급능력과 신용의 자료를 제공하기도 하며 그에 따라 상인이 장래의 계획을 수립하는 데에 기초를 제공하고 특히 회사의 경우 사원에 대한 이익배당의 기초가 되는 기능을 가진다.

3. 재무제표와의 비교

	상업장부	재무제표
① 종류	회계장부 및 대차대조표	대차대조표, 손익계산서, 회사의 재무상태와 경영성과를 표시하는 것으로서 대통령령으로 정하는 서류(447조 1항 1호~3호)
② 적용범위	소상인을 제외한 모든 상인	유한책임회사(287조의33), 주식회사(447조) 및 유한회사(579조)에만 적용
③ 작성시기	회계장부의 경우에는 거래 또는 재산변동시마다 수시 작성, 대차대조표는 개인상인의 경우에는 영업을 개시한 때와 매년 1회 이상 일정시기에, 회사의 경우에는 성립한 때와 매 결산기에 각각 작성(30조 1항·2항)	회사의 결산기에 작성(287조의33, 447조, 579조)
④ 재산평가	일반적으로 공정·타당한 회계관행에 의함(29조 2항)	좌동(유한책임회사는 287조의32, 주식회사는 446조의2, 유한회사는 29조 2항)
⑤ 확정절차 및 공시	규정 없음	유한책임회사는 업무집행자가 작성하여 본점에 5년간, 등본은 지점에 3년간 갖추어 두어야 하고(287조의33, 287조의34 1항), 주식회사는 (대표)이사가 작성하여 이사회의 승인을 얻고(447조) 감사(監事)의 감사보고서(監査報告書)를 받아

		본·지점에 비치하고(448조) 정기총회의 승인(단, 449조의2의 예외 있음)을 얻은 후 그 중 대차대조표는 공고하여야 하며(449조 1항·3항), 유한회사는 이사가 작성하여 사원총회의 승인을 받아야 함 (579조, 583조 1항, 449조 1항)
⑥ 작성의무 위반의 효과	비회사상인의 경우에는 제재 없음	회사의 경우 제재 있음(635조 1항 9호)

II. 상업장부에 관한 입법주의와 우리 상법의 개정경과

1. 입법주의

(1) 간섭주의(엄격주의)

스페인 구 상법(舊商法), 프랑스 상법 등이 이에 속한다. 상업장부의 작성에 관청의 서명을 요하고 그 기재방법에 엄격한 제한을 가하는 입법주의로서 이렇게 기재된 장부에는 법정의 증거력이 인정된다.

(2) 방임주의

영미법계국가의 입법이 이에 속한다. 상업장부의 작성을 직접적으로 법이 요구하고 있지는 않으나 장부를 비치하지 않은 상인이 파산한 경우에는 형벌의 제재를 가함으로써 간접적으로 강제하는 주의이다.

(3) 절충주의

상업장부의 작성의무를 요구하고 대체적인 규정을 두나 그 작성의 형식과 구체적인 내용에 대하여는 아무런 규정을 두지 않는 방식으로 우리나라 상법이 이에 속한다고 할 수 있다.

2. 상업장부에 관한 우리 상법의 개정경과

우리 상법의 경우 1984년과 1995년 및 2010년의 각 개정시에 주목할 만한 개정이 있었는바 주요한 점들을 보면 다음과 같다.

(1) 1984년 개정

① 상업장부의 종류가 개정 전에는 일기장·재산목록 및 대차대조표의 3종이

었으나(1984년 개정 전의 상법 29조, 30조), 1984년 개정법에서는 회계장부와 대차대조표의 2종으로 되었다.

② 상업장부에 기재할 재산의 평가에 있어서 개정 전에는 시가주의를 원칙으로 하였으나 개정법에서는 유동자산과 고정자산으로 이분하여 전자에 대하여는 원가주의 또는 시가주의에 의하되 저가주의를 병용하고, 후자에 대하여는 원가주의를 취하되 통상감가뿐 아니라 우발감가를 하도록 하였다(2010년 개정 전의 상법 31조).

③ 개정법에서는 상업장부의 작성에 관하여 상법에 규정한 것 이외에는 일반적으로 공정·타당한 회계관행에 의하도록 하였다(29조 2항).

(2) 1995년 개정

1995년 개정에서는 ① 전표 기타 이와 유사한 서류의 보존기간을 5년으로 하고(33조 1항 단서), ② 상업장부 및 영업에 관한 중요서류를 마이크로필름 기타 전산정보처리조직에 의하여 보존할 수 있도록 하였는데(동조 3항) 이는 서류의 보존에 따른 번거로움과 비용을 덜어주기 위한 조처이다.

(3) 2010년 개정

상법 제31조가 유동자산과 고정자산에 대하여만 평가원칙을 둠으로써 기업환경의 변화에 따라 수시로 변경되는 기업회계기준과의 부조화의 문제가 있어 2010년 개정시 동조를 삭제하고, 자산에 대한 평가도 상법 제29조 제 2 항에 따라 일반적으로 공정·타당한 회계관행, 즉 기업회계기준에 의하도록 하였다.

(4) 2011년 개정

2011년 상법 개정시 총칙편의 개정은 없었으나 상법 제29조 제 2 항이 상업장부 작성기준으로 제시하고 있는 '일반적으로 공정·타당한 회계관행'을 회사의 회계에 있어서도 준수하도록 하는 주의적인 규정을 신설하고(287조의32, 446조의2), 상법의 회계규정이 국제적인 회계규범의 변화를 제대로 반영하지 못하는 문제를 시정하기 위하여 과거 주식회사의 자산의 평가방법 등 구체적인 회계처리에 관한 규정들(452조, 453조, 453조의2, 454조~457조, 457조의2)을 삭제하였으며, 회계규범의 변화에 신속히 대응할 수 있도록 대차대조표와 손익계산서를 제외한 회계서류는 대통령령으로 규정하도록 하였다.

Ⅲ. 상업장부에 관한 의무-작성·보존 및 제출

1. 상업장부의 작성의무

(1) 작성의무자

소상인을 제외한 상인은 상업장부를 작성하여야 하는데(29조 1항, 30조 2항), 개인상인의 경우에는 그 자신, 회사의 경우에는 회사가 작성의무자가 된다.

(2) 작성원칙

상업장부의 작성에 관하여는 상법에 규정한 것을 제외하고는 일반적으로 공정·타당한 회계관행에 의한다(29조 2항). 회계이론과 관행은 시대에 따라 발전·변천하므로 이에 관한 세목을 상법에 상세히 규정하기는 어렵기 때문에 이러한 포괄적인 규정을 둠으로써 고정적인 상법과 유동적인 회계관행을 연결시키고 이를 통하여 상법이 회계관행과 조화될 수 있는 길을 열어놓은 것이다(정동윤 167). 여기의 '일반적으로 공정·타당한 회계관행'이라는 것은 오랜 기간을 통하여 형성되어 통용되는 회계처리의 기준인 관행을 가리킨다. 기업회계기준에 대하여 ① 본조에서 말하는 '일반적으로 공정·타당한 회계관행'은 기업회계기준을 지칭하는 것이라는 입장(손주찬 148-149, 최기원 144, 정동윤 167, 정찬형 133)과 ② 기업회계기준은 일반적으로 용인되는 회계모델이지 공정·타당한 회계관행은 아니라는 입장(채이식 92)이 있다.

> Cf. 기업회계처리를 위한 기준으로 2010년까지는 '기업회계기준'이 이용되었다. '기업회계기준'의 제정 및 개정업무는 애초 금융위원회가 담당하다가 민간단체인 한국회계기준원에 위임하였다(근거: 주식회사 등의 외부감사에 관한 법률 5조 4항). 현재 주권상장법인과 은행 등은 '한국채택국제회계기준'(Korean International Financial Reporting Standards: K-IFRS), 그 외 주권비상장법인 등은 '일반기업회계기준'에 따라 각각 재무제표 또는 연결재무제표를 작성하여야 한다(위 법률 5조 1항·3항, 위 법률 시행령 6조).

2. 상업장부의 보존의무

(1) 보존할 서류와 기간

상인은 10년간 상업장부와 영업에 관한 중요서류를 보존하여야 한다. 다만 전표 또는 이와 유사한 서류는 5년간 이를 보존하여야 한다(33조 1항). 보존기간의 기산점은 상업장부에 있어서는 장부를 폐쇄한 날이다. 이러한 장부폐쇄의 날은 최후로 장부에 기입한 때가 아니라 결산을 마감한 날을 가리킨다. 그리고 영업에 관한 중요서류의 보존에 있어서는 그 서류를 수령한 날을 기산점으로 한다. 회사가 청산하는 경우에는 상법 제33조의 보존의무와 별도로 청산종결의 등기 후 10년간 회사의 장부 기타 영업과 청산에 관한 중요한 서류를 보존하여야 한다(266조 1항, 269조, 287조의45, 541조 1항, 613조 1항).

(2) 보존의무자

상업장부의 보존의무자는 상인이다. 위 보존기간 내에는 상인자격을 상실하여도 보존의무가 있고, 사망한 경우 상속인이 이 의무를 진다. 영업과 더불어 상업장부를 양도한 때에는 영업양수인이, 회사가 합병한 때에는 존속회사 또는 신설회사가 보존의무를 진다. 회사가 청산하는 경우 합명회사와 합자회사 및 유한책임회사의 경우에는 총사원 과반수의 결의로, 주식회사와 유한회사의 경우에는 청산인 기타의 이해관계인의 청구에 의하여 법원이, 각각 장부와 서류의 보존인과 보존방법을 정하도록 하고 있다(266조 2항, 269조, 287조의45, 541조 2항, 613조 1항).

(3) 보존방법

상업장부의 보존방법에 대하여는 특별한 정함이 없으나 마이크로필름 기타의 전산정보처리조직에 의하여 이를 보존할 수 있고, 이 경우 그 보존방법 기타 필요한 사항은 대통령령(상법 시행령 3조)으로 정한다(33조 3항·4항).

3. 상업장부의 제출의무

법원은 신청에 의하여 또는 직권으로 소송당사자에게 상업장부 또는 그 일부분의 제출을 명할 수 있다(32조). 이 경우에는 상인 또는 상업장부 보존의무를 지는 소송당사자는 문서제출의무를 부담한다. 상업장부의 제출명령은 민사소송법상의 일반적인 문서제출의무(민소법 344조)에서와 같은 요건은 요하지 아니한다. 제출의무의 목적물은 상업장부에 한정되며, 그 소송의 성격은 불문한다. 위 의무에 따라 제출된 상업장부라도 그 증거력에 대하여는 민사소송법상의 일반원칙인 자유심증주의(민소법 202조)에 따르게 된다. 법원에 의한 제출명령에 응하지 않은 경우 민사소송법의 일반원칙에 따라 상업장부에 관한 상대방의 주장을 진실한 것으로 인정할 수 있으며, 상대방의 사용을 방해할 목적으로 상업장부를 훼손하여 버리거나 이를 사용할 수 없게 한 때에는 법원은 그 문서의 기재에 관한 상대방의 주장을 진실한 것으로 인정할 수 있다(민소법 349조, 350조).

4. 상업장부의 작성·보존의무위반의 효과

(1) 상법상의 효과

상업장부의 작성 및 보존의무위반에 대하여 총칙편에는 특별한 규정을 두고 있지 않다. 다만 회사에 있어서 대차대조표에 적을 사항을 적지 아니하거나 부실하게 적은 경우 또는 본·지점에 갖추어 두지 않은 경우에는 벌칙이 적용된다(635조 1항 9호·24호). 개인상인의 경우에는 이러한 벌칙이 없다.

(2) 채무자 회생 및 파산에 관한 법률상의 효과

법률의 규정에 의하여 작성하여야 하는 상업장부를 작성하지 아니하거나, 그 상업장부에 재산의 현황을 알 수 있는 정도의 기재를 하지 아니하거나, 그 상업장부에 부정의 기재를 하거나, 그 상업장부를 은닉 또는 손괴하는 행위에 대하여는 형벌의 제재가 있다(채무자파산법 651조 1항 3호).

Ⅳ. 상업장부의 종류

상업장부에는 회계장부, 대차대조표의 2종이 있다.

1. 회계장부

(1) 의   의

회계장부(accounting books)는 거래와 기타 영업상의 재산에 영향이 있는 사항을 기재하는 장부로서 대차대조표 작성의 기초가 되는 회계기록을 말한다(29조 1항, 30조 1항). 이는 그 성격·기능 및 형태에 따라 거래를 발생순서에 따라 분개하여 기록하는 분개장(journal)과 거래를 계정과목별로 기재하는 원장(ledger) 및 하나의 거래에 대하여 1장의 종이로 기록하는 전표(slip)로 구분된다.

Cf. 전표는 다시 입금전표(적전표), 출금전표(청전표), 대체전표(흑전표) 이상 3가지로 나뉜다.

(2) 기재사항

회계장부에는 '거래와 기타 영업상의 재산에 영향이 있는 사항'을 기재하여야 한다(30조 1항). 법률행위, 불법행위, 천재지변 등을 막론하고 자산·부채·자본의 증감을 일으키고, 비용과 수익을 발생시키는 사건을 기재하는 것이나 회계장부에 기재할 사항은 '부기상의 거래'로서 법률상의 거래를 의미하는 것이 아니다. 따라서 예컨대 매매계약을 체결하였으나 대금의 수수가 발생하지 않은 것은 대금의 수수가 발생할 때까지는 회계장부에 기재할 수 없다.

(3) 기재방법과 기재시기

상법은 이에 대하여 아무런 규정을 두고 있지 않으므로 일반적으로 공정·타당한 회계관행에 따라서, 그리고 상당한 시기에 기재하여야 한다.

2. 대차대조표

Cf. 상법은 대차대조표라는 표현을 여전히 사용하고 있는 한편 국제회계기준에서는 이를 대신하여 재무상태표(statement of financial position)라는 표현을 사용하고 있으나 양자의 내용은 동일하다.

(1) 의   의

대차대조표(balance sheet)는 일정한 시기에 있어서의 기업의 자산과 부채 및 자본을 계기하여 기업의 재무상태를 총괄적으로 표시하는 장부를 말한다.

(2) 종류와 작성시기

이는 통상대차대조표와 비상대차대조표로 나누어진다. 전자는 다시 개인상인의 개업시 또는 회사의 성립시에 작성하는 개업대차대조표와 개인상인이 매년 1회 이상 일정한 시기에 또는 회사가 매 결산기에 작성하는 결산대차대조표(연도대차대조표)로 나뉜다(30조 2항). 후자에는 합병대차대조표(522조의2, 603조), 분할대차대조표(530조의7 1항), 청산대차대조표(247조 1항, 269조, 533조 1항, 613조 1항), 파산대차대조표(채무자파산법 483조 1항) 등이 있다.

(3) 작성방법과 형식

대차대조표는 회계장부에 의하여 작성한다(30조 2항). 이렇게 회계장부에 근거하여 대차대조표를 작성하는 방법을 유도법(derivative method)이라고 한다. 이는 상법이 손익법적 회계체계를 채택함에 따른 것으로서 1984년 개정 이전에는 재산목록에 기하여 대차대조표를 작성하였었다(재산목록법).

제4장 상업등기-기업의 공시

제1절 상업등기의 의의와 목적 및 역사

I. 상업등기의 의의

상업등기(commercial registration)는 상법의 규정에 의하여 법원의 상업등기부에 하는 등기(34조)를 말한다. 상업등기부에는 상호등기부·미성년자등기부·법정대리인 등기부·지배인등기부·합자조합등기부·합명회사등기부·합자회사등기부·유한책임 회사등기부·주식회사등기부·유한회사등기부·외국회사등기부 이상 11종류가 있다 (상업등기법 11조 1항). 이하 분설한다.

1. 상업등기는 '상법의 규정에 의하여' '위 11종의 각 등기부에 하는 등기'만을 의미하므로 민법에 의한 부동산등기 또는 법인등기, 보험업법에 의한 상호회사의 설립등기(보험업법 40조)는 상업등기가 아니다. 또한 상법의 규정에 의하여 하는 등 기라 할지라도 선박등기(743조, 선박법 8조)는 성질상 부동산등기와 유사하여 선박등 기법에 의하여 상업등기부가 아닌 별도의 등기부에 등기되므로 이 역시 상업등기 가 아니다.

2. 상업등기는 일정한 '사실'을 등기하는 것이지 권리를 등기하는 것이 아니므 로(단, 상호등기의 경우에는 권리등기적 성격이 있으므로 제외) 이 점에서 민법의 부동 산등기와 다르다.

3. 상업등기는 '법원'에 하는 것이므로, 행정관청에서 취급하는 특허권·상표권 등의 등록과도 다르다.

4. 상법은 상업등기의 실체적 법률관계와 이것과 관련되는 약간의 중요한 절차적 사항에 관하여서만 규정하고 있으며, 등기절차는 상업등기법 및 상업등기규칙에 규정되어 있다.

5. 상업등기에 관한 규정은 소상인에게는 적용하지 않는다(9조).

II. 상업등기제도의 효용

상업등기제도의 목적은 상인에 관한 사항을 공시하는 데 있다. 상인은 일면에서 자기의 기업에 관하여 기밀을 유지할 것을 원하는 동시에 다른 면에서는 또 일반 대중의 신용을 얻기 위하여 일정한 사항을 공시하는 데 이익을 가진다. 뿐만아니라 그 공시의 결과로써 제 3 자에게 대항할 수 있게 될 때 그 편익은 더욱 크다. 한편 상인과 거래관계를 가지는 일반 대중도 상업등기에 의하여서만 기업상의 여러 가지 사항(예컨대 지배인·상호·회사의 설립 여부·그 목적·조직·기관·자본액 등)을 정확하게 알 수 있게 될 것이므로 상업등기제도는 대중을 위하여서도 필요하며 이해관계인이 많은 회사기업에서 특히 중요한 의미를 가진다. 따라서 상법은 회사에 대하여 많은 등기사항을 규정하는(180조, 269조, 287조의5, 317조, 549조, 635조 1항 1호) 반면 개인상인에 관하여는 상호·지배인 등 일부 사항만을 등기사항으로 규정하고 있다. 상업등기제도는 상법의 지도이념 중의 하나인 공시주의를 실현하는 가장 중요한 수단이다.

Cf. 상법상의 공시제도에는 상업등기 외에 회사의 공고제도(363조 3항, 287조의5 1항 6호, 289조 1항 7호, 449조 3항, 232조, 535조 1항 등), 정관·의사록 등의 비치·열람제도(287조의34, 396조, 448조, 566조, 466조, 581조 등)가 있다.

III. 상업등기제도의 역사

상업등기제도의 기원으로 중세 이탈리아의 상인단체원명부(Zunftmatrikel)를 드는 것이 일반적이나 이는 상인이 그 단체에 속하고 있는가 여부를 확인하거나 상사법원에 소송을 제기하는 경우의 확인근거로서 상업등기와는 그 성질이 다른 것이다. 그 후 13세기경부터는 회사의 지배인·상호 등에 관한 각종의 특별등기부가 사법적 목적에 이용되게 되었지만 근대적인 상업등기제도가 정비된 것은 18세기에 이르러서였다. 근대적인 상업등기제도를 확립한 것은 독일 구 상법(舊商法)으로, 독일 신 상법(新商法)도 이를 계수하였으며 스위스 채무법, 일본 상법, 우리나라 상법 등도 이를 본받은 것이다. 영미법에서는 상업등기에 관한 일반적 규정을 두지 않고 개개의 사항에 대하여 개별적인 등기규정을 두고 있을 뿐이다.

제2절 상업등기의 처리

Ⅰ. 상업등기사항

1. 서   설
상업등기의 대상인 사항을 상업등기사항이라고 한다. 어떠한 사항을 상업등기사항으로 할 것인가는 입법정책의 문제이다. 일반 대중을 위하여는 가능한 한 많은 사항을 등기하게 하는 것이 바람직하고 상인의 입장에서는 영업상의 비밀을 유지할 필요도 있는 한편 국가로서는 등기에 따르는 부담과 효율도 고려하여야 한다. 상법은 위의 제반 사항을 고려하여 거래상 중요한 사항을 등기사항으로 규정하고 있다. 법률상 등기사항으로 되어 있지 않은 사항은 등기할 수 없으며, 잘못하여 등기가 되더라도 아무런 효력이 없다. 등기사항은 이를 실질적으로 파악할 때 상인의 신용유지와 제 3 자의 보호에 관한 사항이며, 그 주요한 목적은 책임관계를 명확히 하는 데 있다.

2. 등기사항의 분류
등기사항은 그 기준에 따라 여러 가지로 분류할 수 있다.
(1) 등기주체에 따른 분류
등기사항을 등기주체에 따라서 분류하면 ① 상호·지배인 등의 상인 일반에 관한 사항, ② 미성년자·한정치산자 또는 후견인이 영업을 하는 경우의 개인상인에 관한 사항 및 ③ 회사의 설립·자본의 증감·특수사채·합병·해산·청산 등의 회사에 관한 사항으로 3대별할 수 있다. 개인상인의 경우에는 등기사항이 많지 않으나, 회사 특히 물적회사인 주식회사에 있어서는 등기사항이 많다.

(2) 절대적 등기사항과 상대적 등기사항

이는 등기의무에 따른 분류이다. 반드시 등기하여야 할 사항을 절대적 등기사항, 당사자의 의사에 따라서 등기할 것인지 여부를 결정할 수 있는 사항을 상대적 (임의적) 등기사항이라 한다. 지배인의 등기(13조) 등 대부분의 등기사항은 절대적 등기사항이며, 개인상인의 상호는 상대적 등기사항이다. 절대적 등기사항에 관하여 이를 등기하지 않은 경우 등기의무자가 그 사항에 관하여 선의의 제3자에게 대항하지 못한다는 불이익(37조)을 입는 외에 개인상인의 경우에는 아무런 공법상의 제재가 없으나, 회사의 경우에는 과태료의 제재가 있다(635조 1항 1호). 상대적 등기사항도 일단 등기한 이상 그 사항이 변경 또는 소멸될 경우에는 반드시 등기를 하여야 한다(40조). 즉, 절대적 등기사항으로 되는 것이다.

(3) 설정적(창설적) 등기사항·면책적(해소적) 등기사항

이는 등기의 효력에 따른 분류이다. 등기를 함으로써 어떠한 법률관계를 설정(창설)시키는 사항을 설정적(창설적) 등기사항이라고 하는데, 예컨대 회사는 본점소재지에서 설립등기함으로써 성립하고(172조, 설립등기에 의하여 회사라는 법인격이 창설), 상호의 등기(22조) 또는 가등기(22조의2)를 한 때에는 등기배척권이 생긴다. 또 지배인의 선임등기(13조)나 이사의 선임등기(317조 2항 8호)는 제3자에 대한 대항력을 생기게 한다(제3자의 악의 의제: 37조 1항). 위와는 반대로 등기를 함으로써 기존의 법률관계가 해소되는 경우 그 등기사항을 면책적(해소적) 등기사항이라고 하는데 상호의 폐지등기(27조)를 한 때에는 동일한 지역 내에서의 등기배척권(22조)이 없어지고, 지배인의 해임등기(13조)에 의하여 영업주와의 대리관계 소멸을 제3자에게 대항할 수 있는 효력이 생기며, 인적회사의 사원의 퇴사등기(225조)는 2년 후 사원의 책임이 면제되는 효과를 가져 오고, 인적회사의 해산등기(267조)는 5년 후 사원의 책임이 면제되는 효과를 가져 오는 것 등이 이에 속한다. 등기사항의 대부분이 여기에 속하므로 상업등기의 실익은 면책적 등기사항의 경우에 더 크다고 할 수 있다.

3. 등기사항에 관한 통칙

상법은 총칙편에는 등기사항에 관하여 공통적으로 문제가 되는 두 가지(지점의 등기와 변경·소멸의 등기)만을 규정하고, 나머지 등기사항에 대하여는 해당 법조에서 각각 규정하고 있다.

(1) 지점의 등기

본점의 소재지에서 등기할 사항은 법률에 다른 규정(예컨대 13조)이 없으면 지점의 소재지에서도 등기하여야 한다(35조). 지점소재지에서 이와 같은 등기를 요구하는 이유는 제 3 자가 지점을 통하여 본점의 영업주와 거래하는 일이 많기 때문이다. 이 규정은 절대적 등기사항에 관한 것이므로(손주찬 169, 정찬형 144, 최기원 160) 개인상인의 상호와 같은 상대적 등기사항에 관하여는 본점의 소재지에서 등기하여도 반드시 지점의 소재지에서 등기할 필요는 없다.

(2) 변경·소멸의 등기

등기한 사항에 변경이 있거나 그 사항이 소멸한 때에는 당사자는 지체 없이 변경 또는 소멸의 등기를 하여야 한다(40조). 상대적 등기사항도 일단 등기한 후에는 절대적 등기사항으로 변하게 됨은 기술한 바와 같다.

II. 상업등기의 절차

1. 서   설

(1) 신청주의

상업등기는 촉탁 및 직권에 의한 등기를 제외하고는 당사자의 신청에 의하여 한다(34조, 40조, 상업등기법 22조 1항). 즉, 신청주의를 원칙으로 한다. 여기서 '당사자'는 기업의 주체인 상인이라는 뜻이 아니라 등기사항의 관계자를 말한다. 개인상인인 경우에는 대부분 상인 자신이 신청자가 되나, 상인이 사망한 경우에는 그 상속인, 미성년자의 등기에는 그 미성년자(상업등기법 47조 1항), 법정대리인이 제한능력자인 상인에 갈음하여 영업을 하는 경우에는 그 법정대리인이 각각 등기신청자가 된다(상업등기법 49조 1항). 또 회사의 등기는 원칙적으로 그 대표자가 신청한다(상업등기법 23조 1항).

상업등기는 당사자의 신청에 의하여 등기관이 상업등기부(상업등기법 11조 1항)에 등기사항을 기록함으로써 한다(34조, 40조, 상업등기법 8조 2항). 등기절차는 상업등기법 및 상업등기규칙 제51조 이하의 규정에 따른다.

(2) 촉탁등기·직권등기

신청주의의 예외로서 법원에 의한 촉탁등기 및 직권등기가 있다. 촉탁등기가 이루어지는 경우로는 ① 법원이 회사의 해산을 명한 재판이 확정된 때(비송법 93조), ② 회사의 설립무효(비송법 98조)·설립취소(비송법 107조 2호)·합병 등의 무효(비송법 99조) 등의 판결이 확정된 때 등이 있고, 직권등기가 이루어지는 경우로는 상법 제520조의2 제 1 항에 의하여 휴면회사의 해산이 의제된 때의 해산등기를 등기공무원이 직권으로 하는 경우(상업등기법 73조)를 들 수 있다.

2. 등기신청의 방법

(1) 신청방법

상업등기는 서면 또는 전산정보처리조직을 이용하여 신청하고, 신청정보를 적은 신청서(등기신청서)에는 신청인 또는 그 대리인이 기명날인(상업등기규칙으로 정하는 전자서명 포함) 또는 서명하여야 한다(상업등기법 24조 1항·2항·4항).

(2) 신청기간

등기신청기간에 관하여 상법은 일반적으로는 변경 또는 소멸의 등기에 있어서 지체 없이 할 것을 요구하고 있을 뿐(40조), 자연인인 상인의 경우 특별한 규정을 두고 있지 않다. 그러나 회사에 관한 등기에 있어서는 등기사항이 발생한 때로부터 일정기간 내(보통 2주간 또는 3주간: 181조, 183조, 269조, 287조의5 4항, 317조 1항, 549조 1항 등)에 등기를 신청하여야 하며, 이를 게을리한 경우에는 과태료의 제재를 받는다(635조 1항 1호).

3. 등기소와 등기관

등기당사자의 영업소 소재지를 관할하는 등기사무를 담당하는 지방법원, 그 지원 또는 등기소가 관할등기소로서 등기사무를 담당하고(34조, 상업등기법 4조), 등기소에 근무하는 법원서기관·등기사무관·등기주사 또는 등기주사보 중에서 지방법원장(등기소의 사무를 지원장이 관장하는 경우에는 지원장)이 지정하는 사람, 즉 등기관이 등기사무를 처리한다(상업등기법 8조 1항).

4. 등기관의 심사권

(1) 총   설

상업등기는 당사자가 등기를 신청하는 데 필요한 법정의 방식과 절차를 취함으로써 신청하고 이에 의하여 등기관은 등기의 신청이 적법하지 않다고 인정되는 때에는 이유를 적은 결정으로 이를 각하하여야 한다(상업등기법 26조). 이 경우에 등기관이 그 신청의 적법 여부를 판단함에 있어서 어느 정도까지 심사할 권한과 의무를 가지는가가 문제되는데 이에 관하여 학설이 대립되고 있다.

Cf. 이 문제는 부동산등기법에서도 똑같은 모습으로 나타난다. 부동산등기법 제29조 참조.

(2) 학 설

가. 형식적 심사주의   등기관은 등기관할권의 유무·법정등기사항에 해당하는지 여부·신청인의 적격성·신청서류의 적식성 등 형식적 적법성을 심사할 수 있을 뿐이며 등기사실의 실질적 진실성에 관하여는 조사할 의무도 권한도 없다고 한다. 우리 판례의 입장이다(아래 2007마1154 결정 참조).

이 설의 근거로는 ① 등기관은 단순한 기록관에 불과하며, 재판관과는 다르므로 신청사실의 진실 여부에 관한 심사는 그 임무도 아니고 또 사실상 불가능하다는 점, ② 상업등기는 성질상 진실된 사실의 기재가 아니고 신청된 내용을 기재하는 것이라는 점, ③ 실질적 심사주의에 의하면 등기지연의 우려가 있다는 점, ④ 등기사무에 대하여 원칙적으로 공신력이 인정되지 않으므로 그 실체적 진실성까지 심사하게 할 필요가 없고 만약 실질적 심사주의를 취할 경우 공신력을 인정하지 않은 것과 조화되지 않는다는 점을 들 수 있다.

※ 대법원 2008. 12. 15. 자 2007마1154 결정
원칙적으로 등기공무원은 등기신청에 대하여 실체법상의 권리관계와 일치하는지 여부를 심사할 실질적 심사권한은 없고 오직 신청서 및 그 첨부서류와 등기부에 의하여 등기요건에 합당하는지 여부를 심사할 형식적 심사권한밖에는 없다. 따라서 등기관이 구 비송사건절차법(2007. 7. 27. 법률 제8569호로 개정되기 전의 것) 제159조 제10호에 의하여 등기할 사항에 관하여 무효 또는 취소의 원인이 있는지 여부를 심사할 권한이 있다고 하여도 그 심사방법에 있어서는 등기부 및 신청서와 법령에서 그 등기의 신청에 관하여 요구하는 각종 첨부서류만에 의하여 그 가운데 나타난 사실관계를 기초로 판단하여야 하고, 그 밖에 다른 서면의 제출을 받거나 그 외의 방법에 의해 사실관계의 진부를 조사할 수는 없다.

나. 실질적 심사주의   등기관은 위의 형식적 적법성뿐만 아니라 신청사항의 실질적 진실성까지 심사할 의무와 권한을 가진다고 한다.

이 설의 이론적 근거로는 ① 등기제도 본래의 정신은 일반 공중에 대하여 거래상 중요한 사항을 알려 불측의 손해로부터 보호하려는 것이기 때문에 등기는 될 수 있는 대로 진상을 공시하는 것이 바람직하다는 점과 ② 등기의 착오·유루의 경우에 관하여 당사자의 등기경정의 신청권 이외에 등기관의 직권경정을 인정하고 있는 점(상업등기법 76조) 등을 들 수 있다.

다. 절충주의   오늘날에는 형식적 심사주의와 실질적 심사주의를 순수한 형태로 관철하는 견해는 많지 않고, 각각의 입장을 일부 완화·수정한 절충주의적 견해가 많은데 이에 의하면 등기관은 등기사항의 진실성에 대하여 의심할 사정이 있을 때에는 그 진실성을 심사할 의무와 권한이 있으나, 그러한 의문이 없는 때에는 그러한 심사를 할 권한도 의무도 없다고 한다.

(3) 결   론

이 문제는 상업등기제도가 추구하려는 목적, 우리나라의 등기사무처리제도의 구조 및 법률의 규정 등을 종합하여 판단하여야 할 것이다. 우리나라에서는 등기사무가 법률전문가가 아닌 법원직원인 등기관에게 맡겨져 있으므로, 그에게 등기사항 전반에 관한 실질적 심사를 요구하는 것은 그 자질에 비추어 적당하지 아니할 뿐더러 등기의 신속한 처리를 방해할 염려가 있다. 이 점에서 상업등기법 제26조는 등기관이 심사할 대상을 원칙적으로 형식적 적법성에 한정하고 있는 것이다. 그러나 한편 이와 같이 등기관이 아무리 기록관에 불과하다고 하더라도 여러 가지 사정에 비추어 신청사항의 실질적 진실성에 대하여 현저한 의문이 있는 경우에도 그대로 등기를 하여야 한다고 해석할 수는 없다. 왜냐하면 그것은 진실한 객관적 사실의 공시를 꾀하는 상업등기제도의 목적에 반하기 때문이다. 따라서 등기관은 신청된 등기사항의 진실성에 관하여 의문이 있을 때에는 이를 조사할 권한과 의무가 있지만, 그렇지 아니한 경우에는 그에 관하여 조사할 권한도 의무도 없다고 보아야 할 것이다(절충주의: 손주찬 172, 정찬형 147, 정동윤 189, 최기원 163-164).

5. 등기의 경정과 말소

(1) 등기의 경정

등기에 착오가 있거나 빠진 것이 있는 때에는 당사자의 신청에 의하여(상업등기법 75조) 또는 등기공무원의 직권으로(상업등기법 76조) 등기의 경정을 한다.

(2) 등기의 말소

등기의 말소는 당사자의 신청에 의하는 경우(상업등기법 77조)와 등기관의 직권에 의한 경우(상업등기법 78조)가 있다.

6. 등기의 공시

(1) 상업등기의 두 가지 공시방법

상업등기제도는 일반 공중의 일상거래와 이해관계가 있는 중요한 사항을 알리는 데 목적이 있으며, 이는 공시에 의하여 실현되는바 상업등기의 공시에는 개별적 공시와 일반적 공시의 두 가지 방법이 있다.

가. 개별적 공시방법   개별적 공시방법이라는 것은 부동산등기나 선박등기와 같이 이해관계인의 필요에 따라서 등기부를 열람하는 방법인데, 상업등기법상의 등기기록사항의 열람, 증명서의 발급신청(상업등기법 15조) 등의 방법으로서 관계인들의 청구를 기다려 개별적으로 등기부 또는 그 부속서류를 공시하는 수동적 공시의 방법으로서 이러한 개별적 공시방법은 의용 상법 시대부터 지금에 이르기까지 그대로 유지되고 있다.

나. 일반적 공시방법   일반적 공시방법은 등기사항에 대하여 개별적 공시 외에 공고를 통하여 일반에게 주지시키는 방법으로, 1995년 개정 전의 상법 제36조 제 1 항에서 등기한 사항은 법원이 지체 없이 공고하도록 하고, 이 공고는 관보와 신문에 1회 이상 하여야 하며, 공고는 이를 최종 게재한 관보와 신문발행일의 다음 날에 한 것으로 보고(1996. 12. 30. 삭제되기 전의 비송법 133조), 등기사항의 대항력은 등기와 공고 후에 비로소 생기는 것이며(1995년 개정 전의 상법 37조 1항), 등기와 공고가 상위한 때에는 공고가 없는 것으로 보는 등의 방법인데, 이는 능동적이고 적극적인 공시방법으로서 공시의 효력이 광범위하게 미치는 것으로 상업등기에 특유한 것이었다.

(2) 1995년 공고제도폐지의 배경

1995년 개정 전, 즉 1962년 상법 제36조의 상업등기의 공고는 비용 등의 문제로 실제로는 행하여지지 않고 있다가 ① 실제 공고는 시행된 적이 전혀 없고 앞으로도 시행될 전망이 없다는 점, ② 거래상 필요한 경우에는 등기부의 열람으로 어려움 없이 공시의 목적을 달성할 수 있다는 점, ③ 과다한 비용에 비하여 이용도가 적다는 점 등의 이유로 1995년 개정시 폐지되었다.

(3) 상업등기의 공시(개별적 공시주의)

상업등기의 공시에는 ① 상업등기부의 열람 및 ② 증명서 교부의 두 가지 방법이 있다. 누구든지 수수료를 내고 상업등기규칙으로 정하는 바에 따라 등기기록에 기록되어 있는 사항의 전부 또는 일부의 열람과 이를 증명하는 등기사항증명서의 발급을 신청할 수 있으며, 이해관계 있는 부분에 한하여 등기부의 부속서류의 열람을 신청할 수 있다(상업등기법 15조 1항).

제3절 상업등기의 효력

I. 총 설

상법 제37조 제 1 항은 상업등기의 일반적 효력을, 동조 제 2 항은 적극적 공시력의 예외를, 그리고 상법 제39조는 부실등기의 효력을 각 규정하고 있다. 그리고 특수한 상업등기사항에 대하여는 상법의 각 해당부분에 규정하고 있다.

※ 대법원 1996. 10. 29. 선고 96다19321 판결
회사등기에는 공신력이 인정되지 아니하므로, 합자회사의 사원 지분등기가 부실등기인 경우 그 부실등기를 믿고 합자회사 사원의 지분을 양수하였다 하여 그 지분을 양수한 것으로는 될 수 없다.

II. 일반적 효력

상법 제37조 제 1 항의 효력은 등기 전후를 기준으로 하여 나누어 볼 수 있는 바 등기 전에는 일반 제 3 자의 보호에 중점을 두고, 등기 후에는 등기한 상인의 보호에 중점을 두고 있다.

1. 등기 전의 효력(소극적 공시력)

등기할 사항을 등기하기 전에는 악의의 제 3 자에게는 대항할 수 있으나, 선의의 제 3 자에게는 대항하지 못한다(37조 1항). 이를 소극적 공시력(消極的 公示力)이라

고 한다. 예컨대 영업주가 지배인을 해임하였으나 아직 해임등기를 하지 않은 사이에 지배인이었던 자가 해임사실을 모르는 제 3 자와 영업주의 영업에 관한 계약을 체결한 경우 영업주는 제 3 자에게 위 계약은 이미 해임된 지배인과 사이에 이루어진 것이므로 영업주 자신과는 무관하다는 주장을 할 수 없는 것이다. 즉, 여기서 '대항하지 못한다'는 것은 등기의무자측에서 제 3 자에 대하여 진실한 법률상태를 주장할 수 없다는 뜻이다. 그러나 제 3 자측에서 등기의무자에 대하여 진실한 법률상태를 주장하는 것은 상관이 없다. 따라서 제 3 자는 위 항에 의한 외관적 법률상태와 진정한 법률상태 중에서 선택권을 가진다(정동윤 194). 이러한 소극적 공시력은 권리외관이론을 기초로 한다(정동윤 191). 소극적 공시력에 의하여 법정등기사항의 등기가 촉진되고 선의의 제 3 자가 보호되는 효과가 있다. 여기의 '등기할 사항'에는 절대적 등기사항은 물론 상대적 등기사항도 포함되고(정찬형 149), 면책적 등기사항뿐만 아니라 설정적 등기사항도 포함된다. 이 항은 제 3 자 보호, 즉 거래 안전을 위한 규정이므로 등기가 이루어지지 않은 귀책사유가 등기의무자에 있든 등기소에 있든 불문한다. 여기의 '선의'는 등기할 사실관계의 존재(위의 예에서 지배인의 해임사실)를 알지 못하는 것을 말한다. 그리고 '선의'에 관하여는 선의이면 과실 여부를 불문한다는 견해(손주찬 179, 정동윤 193, 최기원 167-168)와 중과실은 제외된다는 견해(정찬형 149, 이철송 219)가 대립하는데 후자가 옳다고 본다. 선의·악의의 판단은 거래시를 기준으로 결정하고 입증책임은 제 3 자의 악의를 주장하는 자가 부담한다. '제 3 자'는 등기할 사항에 관하여 법률상 정당한 이해관계를 가지는 모든 자를 말하나 등기의무자 이외의 자라고 하여 항상 제 3 자가 되는 것은 아니다. 예컨대 주주는 주주총회결의에 의한 이사해임등기의 등기의무자가 아니지만 그렇다고 하여 제 3 자에도 해당되지 않는다. 주주는 등기사항변경의 결의에 참가가 인정되어 그 변경사실을 알고 있는 것으로 되기 때문이다(주석I 363). 또한 대등한 상태의 거래를 전제로 하므로 조세의 부과처분을 하는 국가는 해당되지 않는다(대법원 1990. 9. 28. 선고 90누4235 판결; 대법원 1978. 12. 26. 선고 78누167 판결). 소극적 공시력은 등기의무자측인 당사자와 제 3 자 사이에만 적용되고 당사자 상호간 또는 제 3 자 상호간에는 등기의 유무에 관계없이 객관적 사실관계에 따라 해결된다(아래 96다 19321 판결 참조). 따라서 이사가 사임한 경우 사임등기를 하지 않더라도 회사와의 관계에서는 이사의 자격은 소멸되고, 회사의 청산인으로부터 동산을 매수한 자는 청산인선임등기 여부에 불문하고 그 동산의 소유권을 제 3 자에게 대항할 수 있다.

※ 대법원 2014. 5. 29. 선고 2013다212295 판결

상법 제269조, 제180조 제 5 호, 제209조, 제37조에 의하면, 회사를 대표하는 사원은 회사의 영업에 관하여 재판상 또는 재판 외의 모든 행위를 할 권한이 있고, 정관으로 수인의 사원이 공동으로 회사를 대표할 것을 정하고도 공동대표 등기를 경료하지 아니한 경우, 공동대표사원 중 1인이 단독으로 회사를 대표하여 행위하였더라도 그 대표행위가 정관에 위배된다는 점을 들어 위 대표행위의 유효를 주장하는 선의의 제 3 자에게 대항하지 못한다.

※ 대법원 1996. 10. 29. 선고 96다19321 판결

합자회사의 무한책임사원으로 갑이 등재되어 있는 상태에서 총사원의 동의로 을을 무한책임사원으로 가입시키기로 합의하였으나 그에 관한 변경등기가 이루어지기 전에 갑이 등기부상의 총사원의 동의를 얻어 제 3 자에게 자신의 지분 및 회사를 양도하고 사원 및 지분 변경등기까지 마친 경우, 구 상법(1995. 11. 30. 법률 제5053호로 개정되기 전의 것) 제37조 제 1 항에 의하면 등기할 사항은 등기와 공고 후가 아니면 선의의 제 3 자에게 대항하지 못하므로, 총사원의 동의로 을이 무한책임사원으로서의 지위를 취득하였다고 하더라도 그에 관한 등기가 마쳐지기 전에는 등기 당사자인 회사나 을로서는 선의의 제 3 자에게 을이 무한책임사원이라는 사실을 주장할 수 없으므로, 만약 제 3 자가 갑만이 유일한 무한책임사원이라고 믿은 데 대하여 선의라면, 회사나 을로서는 제 3 자가 을의 동의를 받지 아니하였음을 주장하여 그 지분양도계약이 효력이 없다고 주장할 수 없다.

또 회사의 조직법상의 행위(예: 주주총회결의 무효의 확인판결이 대세적 효력을 가지는 것)는 관계자의 선의·악의에 따라 해결을 달리할 수 없고 진실한 법률관계에 따라서 해결되어야 할 것이므로 소극적 공시력은 그 적용이 없다고 할 것이고, 소송관계에의 적용 여부에 대하여는 긍정하는 견해(정찬형 149)와 부정하는 견해(정동윤 196)가 있으나 지배인에의 소장 송달과 같은 경우에는 이를 적용하여야 할 것이다.

그 외 사무관리·부당이득·불법행위와 같은 법률행위적 거래에 기인하지 않는 법률관계에 대하여는 상법 제37조가 외관을 보호하기 위한 규정임에 비추어 외관과 직접 관계가 없는 불법행위 등에 대하여는 그 적용이 없다고 할 것이다(정동윤 196).

2. 등기 후의 효력(적극적 공시력)

(1) 원칙(악의 의제)

등기할 사항을 등기한 후에는 선의의 제 3 자에게도 대항할 수 있다. 등기 후에는 제 3 자의 악의가 의제되는 것이다(아래 76나2843 판결, 정동윤 197, 정찬형 150). 이것을 적극적 공시력(積極的 公示力)이라 한다. 예컨대 영업주가 지배인을 해임하고 해임등기를 경료한 후에 지배인이었던 자가 제 3 자와 사이에 영업주의 영업에 관한 행위를 한 경우 영업주는 지배인해임사실에 대한 선의의 제 3 자에게 대하여도 책임을 부담하지 않는다(다른 책임사유가 없음을 전제로 함).

※ 서울고등법원 1977. 3. 23. 선고 76나2843 판결

주식회사의 이사가 퇴임하여 퇴임등기 및 공고를 한 경우에는 상법 37조의 해석상 제 3 자는 악의로 의제되므로 민법 제129조의 표현대리가 성립될 수 없다.

※ 대법원 2009. 12. 24. 선고 2009다60244 판결

상법에 의하여 등기할 사항은 이를 등기하지 아니하면 선의의 제 3 자에게 대항하지 못하나, 이를 등기한 경우에는 제 3 자가 등기된 사실을 알지 못한 데에 정당한 사유가 없는 한 선의의 제 3 자에게도 대항할 수 있는 점(상법 제37조) 등에 비추어, 대표이사의 퇴임등기가 된 경우에 대하여 민법 제129조의 적용 내지 유추적용이 있다고 한다면 상업등기에 공시력을 인정한 의의가 상실될 것이어서, 이 경우에는 민법 제129조의 적용 또는 유추적용을 부정할 것이다(대법원 2008. 2. 14. 선고 2007다53839 판결 참조). 위 법리와 원심에서 채택한 증거들을 기록에 비추어 검토하여 보면, 원심이 판시와 같은 이유로 원고가 2005. 7. 4.에 피고의 종전 대표이사이던 소외 1 또는 소외 1을 대리한 소외 1의 남편 소외 2와 사이에 준소비대차계약을 체결하였다고 판단하고, 같은 달 1일자로 피고의 대표이사를 소외 1에서 소외 3으로 변경하는 내용의 등기가 마쳐졌으므로 이 사건 준소비대차계약의 효력을 피고에 대하여 주장할 수 없다고 판단한 것은 정당하다.

(2) 예외(정당한 사유)

그러나 이러한 악의의제(constructive notice)의 효과는 제 3 자가 정당한 사유로 이를 알지 못하는 경우에는 적용되지 아니한다(37조 2항). 제 3 자가 정당한 사유로 등기사항을 알지 못한 경우에까지 제 3 자의 악의를 의제하는 것은 부당하기 때문이다. 이때의 '정당한 사유'에 관하여는 그것이 예외적인 사정임에 비추어 엄격하게

해석하여야 할 것이나(손주찬 180) 구체적으로 어떠한 경우가 이에 해당할 것인지가 문제된다. 이에 관하여 공고제도가 인정되었던 구 상법 하에서는 공고를 게재한 신문 등이 도달하지 못한 경우 등을 정당한 사유라고 하였으나 공고제도를 없애고 등기만 하면 즉시 효력이 발생하는 현행 상법 하에서는 제 3 자가 정당한 사유로 등기된 사실을 알지 못한 경우는 있을 수 없다는 이유로 상법 제37조 제 2 항은 공고제도의 폐지와 함께 삭제되었어야 한다는 견해(정동윤 197-198)도 있다.

그러나 등기부의 열람 또는 증명서의 교부를 방해하는 사정이나 자기디스크 등의 고장 등의 객관적 사정은 여전히 존재하는 것이므로 이러한 경우를 정당한 사유라고 하여야 할 것이다. 정당한 사유로 인한 등기사항의 부지는 주장하는 자(제 3 자)가 증명하여야 하는데 이 경우 제 3 자는 자기가 선의였다는 사실과 그 선의가 정당한 사유로 인한 것임을 모두 입증하여야 한다.

(3) 외관보호규정과의 관계

적극적 공시력에 관하여 외관보호규정(민법 제125조, 제126조 및 제129조의 표현대리에 관한 규정과 상법 제14조, 제15조 제 2 항, 제24조, 제39조, 제42조 제 1 항, 제43조, 제281조 제 2 항 및 제395조 등)과의 관계가 문제된다.

예컨대 영업주가 지배인 P를 해임하고 해임등기를 경료하였으나 여전히 P에게 마치 지배권이 있는 듯한 명칭의 사용을 허락한 상태에서 P가 제 3 자와 영업주의 영업에 관한 행위를 한 경우에 만약 상법 제37조 제 1 항에 따라 지배인 해임등기에 적극적 공시력이 인정된다고 한다면 제 3 자는 위 행위 당시 P가 해임된 지배인이라는 사실, 즉 위 행위 당시 지배권이 없다는 사실에 대하여 악의로 의제되므로 제 3 자가 선의인 경우에만 적용되는 표현지배인에 관한 상법 제14조에 따른 보호를 받지 못하게 되는 문제가 발생하게 된다.

이에 대하여 학설과 판례는 위에서 든 외관보호규정들은 외관(위의 예에서 해임등기와 상관없이 P에게 마치 지배권이 있는 듯한 명칭의 사용을 허락함으로써 형성된 외관)을 신뢰한 선의의 제 3 자의 보호를 위한 것으로서 이 경우 상업등기의 효력에 관한 상법 제37조 제 1 항의 규정은 적용되지 않는다고 해석한다. 다만 그 근거에 대하여는 ① 위 규정들은 상법 제37조가 규정하는 등기의 공시력과는 별개의 차원에서 외관을 보호하려는 취지라는 판례와 소수설(정동윤 198-199)의 입장(異次元說), ② 위 규정들은 상법 제37조의 예외규정이라는 입장(손주찬 184, 정찬형 152, 채이식 543) 및 ③ 위 규정들은 상법 제37조 제 2 항의 정당한 사유에 해당한다는 입장으로 나누어져 있다. 생각건대 위의 외관보호규정들이나 상업등기의 공시력이 공히 외관신뢰를 위한 것이라는 점은 부인할 수 없으나 상업등기의 공시력은 등기할 사항에 대한 등기로써 선의의 제 3 자에게 대항할 수 있다는 원칙을 천명한 것인 반면에 표현지배인이나 표현대표이사 등 외관보호규정은 등기와는 별개로 영업주나 회사가 명칭사용을 허락함으로써 작출(作出)한 외관에 대한 책임을 묻는 것이니만큼 양자는 별개의 차원과 입장에 서 있는 것이라 할 것이므로 이차원설(異次元說)이 타당하다고 본다.

Ⅲ. 특수한 상업등기의 효력

등기에 따라서는 제 3 자의 선의·악의, 제 3 자가 등기내용을 알지 못한 데 대한 정당한 사유가 있었는지 여부를 불문하고 등기 그 자체만으로 모든 제 3 자에게 대항할 수 있는 경우가 있는데 아래에서는 그러한 특수한 효력을 가지는 등기에 대하여 살펴본다.

1. 창설적 효력(創設的 效力)

등기에 의하여 새로운 법률관계가 형성 또는 설정되는 효력을 말한다. 회사는 본점소재지에서 설립등기를 함으로써 성립하고(172조), 회사의 합병도 본점소재지에서 합병등기를 함으로써 그 효력이 생긴다(234조, 269조, 287조의41, 530조 2항, 603조). 이 경우 상법 제37조가 적용될 여지가 없다.

2. 배타적 효력(排他的 效力)

상호의 등기(22조, 23조)와 상호양도의 등기(25조)에 있어서 타인의 등기를 배척하는 효력을 말한다. 이것은 제 3 자의 선의·악의에 따라 그 효력이 좌우되지 않는다. 상호등기의 배타적 효력은 개별적 법규정에 의하여 발생하는 것이며 상법 제37조와는 관련이 없다(손주찬 185).

3. 보완적 효력(補完的 效力)

등기에 의하여 그 전제되는 법률사실에 존재하는 하자에 대한 주장을 할 수 없게 하는 효력을 말한다. 주식회사 성립 후에는 주식인수인이 주식청약서의 요건 흠결을 이유로 하여 그 인수의 무효를 주장하거나 사기·강박 또는 착오를 이유로 하여 그 인수를 취소하는 것이 제한되고(320조 1항), 신주발행의 변경등기를 한 날로부터 1년을 경과한 후에는 신주인수인이 주식청약서 또는 신주인수권증서의 요 건 흠결을 이유로 하여 그 인수의 무효를 주장하거나 사기·강박 또는 착오를 이 유로 하여 그 인수를 취소하는 것이 제한되는 것(427조)이 이에 해당한다.

4. 면책적 효력(免責的 效力)

등기에 의하여 책임이 면제되는 것을 말한다. 합명회사와 합자회사의 사원의 퇴사등기(225조, 269조)가 이에 해당한다.

5. 외국회사등기의 거래허용효력

상법 제614조와 같이 외국회사가 한국에서 영업소 설치의 등기를 하면 거래를 할 수 있는 경우를 말한다.

Ⅳ. 부실등기(不實登記)의 효력

Cf. 不實登記의 한글표기에 있어서 대법원 2011. 7. 28. 선고 2010다70018 판결 등에 서는 '불'실등기로, 대법원 2009. 3. 12. 선고 2007다60455 판결 등에서는 '부'실등기로 표기하고 있으나 국립국어원에서 확인한 올바른 표기인 '부실등기'로 쓰기로 한다.

1. 의   의

(1) 상업등기의 확보적 효력

상업등기는 위에서 본 바와 같이 등기사항의 기초가 되는 사실이 존재하는 경 우에만 그 효력이 생기며 만일 그 사실이 존재하지 아니하는 경우에는 설령 등기 가 되어 있다고 하더라도 아무런 효력이 발생하지 않는다(등기의 확보적 효력).

(2) 사실상의 추정력

그러나 객관적 사실과 다른 사항이 등기되더라도 그 사항은 일단 진실하다는 추정을 받게 된다(정동윤 205, 손주찬 187, 정동윤 206). 이 '추정력'이 사실상의 추정 력이냐 법률상의 추정력이냐에 대하여는 상업등기의 심사절차가 철저하지 못하다 는 점에서 거증책임을 전가시키는 법률상의 추정력으로 볼 수는 없고 사실상의 추 정력이 있을 뿐이라고 보아야 할 것이다(同旨: 손주찬 187, 정찬형 154). 판례도 이와 같은 입장이다.

※ 대법원 1983. 12. 27. 선고 83다카331 판결

법인등기부에 이사 또는 감사로 등재되어 있는 경우에는 특단의 사정이 없는 한 정당한 절차에 의하여 선임된 적법한 이사 또는 감사로 추정된다.

Cf. 대법원 1991. 12. 27. 선고 91다4409,4416 판결도 同旨.

(3) 권리외관

상업등기에는 공신력(公信力)이 없으므로 그 등기를 믿고 거래한 자가 뜻하지 않은 불이익을 받을 수 있는데 이 경우 상업등기의 효용은 대단히 감소될 것이다. 이에 상법은 선의의 제3자를 보호하기 위하여 제39조를 두어 고의 또는 과실로 인하여 사실과 상위한 등기를 한 경우 그 등기를 신뢰한 자에게 대항하지 못하도록 규정하고 있다. 이와 같은 부실등기의 효력을 규정한 상법 제39조의 기초는 역시 외관법리이다.

2. 요   건

(1) 등기당사자의 고의·과실에 의한 사실과 상위한 사항의 등기

부실등기가 당사자, 즉 등기신청인(등기의무자)의 고의·과실에 기인한 것이어야 한다.

가. 등기당사자   등기신청인을 의미하는 것으로 그 대리인을 포함한다. 일반적으로 개인상인의 경우에는 그 상인, 회사상인의 경우에는 대표사원 또는 대표이사가 이에 해당한다. 따라서 등기관의 과실로 인한 부실등기는 이에 해당하지 않는다.

나. 고의·과실   여기의 '고의'는 사실이 아님을 알면서 부실등기를 한 경우를 말하고, '과실'은 부주의로 사실이 아님을 모르고 부실등기를 한 경우를 말하는데 중과실뿐 아니라 경과실도 포함된다(손주찬 189, 정찬형 155, 정동윤 203). 고의·과실은 등기신청인의 고의·과실뿐만 아니라 대리인의 고의·과실도 포함한다. 등기신청인이 회사인 경우 대표기관(대표사원, 업무집행자 또는 대표이사)을 기준으로 고의·과실을 판단한다(대법원 1981. 1. 27. 선고 79다1618,1619 판결; 대법원 1971. 2. 23. 선고 70다1361,1362 판결).

본조는 등기신청인의 고의·과실로 인하여 부실한 등기가 경료된 경우에 적용되는 것이지 제3자가 등기신청인 모르게 부실등기를 한 경우에는 적용되지 않는

다. 그럼에도 불구하고 제 3 자가 문서위조 등의 방법으로 경료한 등기신청인 명의의 부실등기에 관하여 등기신청인에게 귀책사유가 있는 경우 본조를 적용 또는 유추적용하여야 한다는 견해가 있다. 이러한 견해는 다시 ① 자기 모르게 부실등기가 된 경우에는 아무런 귀책사유가 없기 때문에 이를 방치하는 것이 등기신청인의 신청상의 과실로 평가될 수 있을 때에 한하여 본조의 적용이 가능하다는 견해[정동윤(상) 104], ② 그 부실등기의 신청 및 존속에 관하여 등기신청인에게 중과실이 있는 경우 본조를 (유추)적용하여야 한다는 견해(정찬형 156-157) 및 ③ 알고 방치한 경우뿐 아니라 과실로 알지 못하고 방치한 경우에도 본조를 적용하여야 한다는 견해(이철송 230)로 나뉜다. 판례는 알고 방치한 경우에 한하여 본조의 책임을 물을 수 있다는 입장으로 이해된다(아래 2011다870 판결). 생각건대 등기신청인의 고의·과실 없이 제 3 자에 의하여 등기가 이루어진 경우 단순히 이를 알고도 경정 또는 말소 조처를 취하지 않았다는 이유로 본조의 책임을 묻는 것은 등기신청인에게 가혹한 결과를 초래할 뿐 아니라 법문에도 어긋나는 해석이다. 따라서 원칙적으로는 본조의 적용 또는 유추적용을 부정함이 타당하다. 그러나 만약 그러한 부실등기가 존재함을 안 후 이를 이용할 목적으로 방치한 경우에는 예외적으로 본조를 유추적용할 필요가 있을 것이다.

※ 대법원 2013. 9. 26. 선고 2011다870 판결

등기신청권자에 대하여 상법 제39조에 의한 불실등기책임을 묻기 위해서는, 원칙적으로 그 등기가 등기신청권자에 의하여 마쳐진 것이어야 하지만, <u>등기신청권자가 스스로 등기를 하지 아니하였다 하더라도 그의 책임 있는 사유로 그 등기가 이루어지는 데에 관여하거나 그 불실등기의 존재를 알고 있음에도 이를 시정하지 않고 방치하는 등 등기신청권자의 고의 또는 과실로 불실등기를 한 것과 동일시할 수 있는 정도의 사정이 있는 경우에도 그 등기신청권자에 대하여 상법 제39조에 의한 불실등기 책임을 물을 수 있다고 봄이 상당</u>하므로, 회사의 적법한 대표이사가 그 불실등기가 이루어지는 것에 협조·묵인하는 등의 방법으로 관여하였다거나 회사가 그 불실등기의 존재를 알고 있음에도 시정하지 않고 방치하였다면 이를 회사의 고의 또는 과실로 불실등기를 한 것과 동일시할 수 있는 특별한 사정에 해당한다고 할 것이다(대법원 2008. 7. 24. 선고 2006다24100 판결 참조).

기록에 의하면, 위 2007. 10. 25.자 임시주주총회 이전의 원고의 대표이사였던 피고는 … (중략) … 2008. 3. 14.경 소외 1로부터 원고 소유의 이 사건 부동산에 관한 매매를 위임받고 2008. 3. 31. 원고를 대리하여 소외회사와 사이에 이 사건 부동산에 관한

매매계약을 체결한 사실 등을 알 수 있다.

그렇다면 원심으로서는 피고가 위 소외 1이 원고의 대표이사로 등기되어 있는 사실을 알았는지 여부 및 알았다면 그 등기를 시정하지 않고 방치한 이유는 무엇인지 등에 관하여 심리한 후 원고에게 상법 제39조에 의한 불실등기 책임이 있는지 여부를 가렸어야 할 것임에도, 이러한 심리 없이 원고의 불실등기 책임을 부정하고 말았으니, 이러한 원심판결에는 상법 제39조의 불실등기 책임에 관한 법리를 오해하여 필요한 심리를 다하지 아니한 위법이 있고, 이 점을 지적하는 상고이유도 이유 있다.

※ 대법원 2014. 11. 13. 선고 2009다71312,71329,71336,71343 판결
한편, 주식회사의 경우에는 위와 같은 부실등기에 대한 고의·과실의 유무는 대표이사를 기준으로 판정하여야 하는바, 대표이사가 아닌 자가 주주총회결의 및 이사회결의 등의 외관을 만들고 이에 터 잡아 새로운 대표이사 선임등기를 마쳤으나 주주총회의 소집절차 또는 결의방법에 총회결의가 존재한다고 볼 수 없을 정도의 중대한 하자가 있어 그 결의가 부존재한다고 인정될 경우에는, 주주총회의 개최와 결의가 존재하나 무효 또는 취소사유가 있는 경우와는 달리, 그 새로운 대표이사 선임에 관한 주식회사 내부의 의사결정이 존재하지 아니하여 등기신청권자인 회사가 그 등기가 이루어지는 데 관여할 수 없었으므로, 달리 회사의 적법한 대표이사가 그 부실등기가 이루어지는 것에 협조·묵인하는 등의 방법으로 관여하였다거나 그 부실등기의 존재를 알고 있었음에도 시정하지 않고 방치하는 등 이를 회사의 고의 또는 과실로 부실등기를 한 것과 동일시할 수 있는 특별한 사정이 없는 한 회사에 대하여 상법 제39조에 의한 부실등기 책임을 물을 수 없다(대법원 2011. 7. 28. 선고 2010다70018 판결, 대법원 2012. 1. 26. 선고 2009다85052 판결 등 참조).
기록에 의하면, 피고의 적법한 대표이사인 소외 2가 소외 1을 피고의 대표이사로 선임하는 데 대한 1996. 3. 13.자 임시주주총회결의 및 이사회결의에 관여하거나 소외 1의 대표이사 선임등기의 존재를 알고도 묵인·방치하였다거나, 그 밖에 피고가 위 대표이사 선임등기 과정에서 고의·과실로 부실등기를 한 것과 동일시할 수 있는 특별한 사정이 있었다는 점을 인정할 만한 아무런 자료가 없으므로, 피고에 상법 제39조의 부실등기책임의 전제가 되는 어떠한 귀책사유가 있다고 볼 수 없다.
같은 취지에서 원고의 상법 제39조에 의한 부실등기책임 주장을 배척한 원심의 판단은 정당하다.

다. 사실과 상위한 사항의 등기   부실등기(不實登記)에 관련하여 상법 제39조는 등기신청인이 부실한 등기를 한 경우(즉, 작위의 경우)에만 적용되는가 아니면 이미 등기한 사항에 대하여 변경·소멸의 등기(40조)를 하여야 함에도 불구하고 그

등기를 하지 아니하여 현재의 등기가 결과적으로 진정한 사실관계와 다르게 된 경우(예컨대 지배인을 해임한 후 그 등기를 하지 아니한 경우와 같은 부작위의 경우)에도 적용되는가에 대하여 다툼이 있다.

앞의 견해는 상법 제39조는 이른바 적극적 공시력을 정한 것이므로 부실한 등기를 한 경우에만 적용되고, 하여야 할 등기를 하지 아니한 경우는 상법 제37조 제1항의 소극적 공시력의 문제라는 입장(정동윤 202-203)인 한편 뒤의 견해에서는 위와 같은 등기의무자의 부작위에 대하여 상법 제37조뿐만 아니라 제39조의 문제가 동시에 될 수 있다고 주장한다(손주찬 189, 정찬형 156). 생각건대 등기하여야 할 사항을 등기하지 아니한 경우(변경·소멸의 등기 포함)는 상법 제37조의 상업등기의 일반적 효력의 문제이고, 상법 제39조는 고의 또는 과실로 인하여 사실과 상위한 등기를 한 경우에 외관법리에 따른 책임을 묻는 규정이라 할 것이므로 상법 제39조는 등기의무자의 작위의 경우에만 적용된다고 함이 타당할 뿐 아니라 상법 제39조의 법문('사실과 상위한 사항을 등기한 자는 …')과도 합치되는 해석이라고 할 것이다.

(2) 제 3 자의 선의

가. '제 3 자'는 등기신청인과 직접 거래한 상대방뿐만 아니라 등기에 관한 이해관계인을 포함한다. 예컨대 대표권 없이 대표이사로 등기된 자로부터 회사재산을 매입한 자로부터 이를 전득한 자도 제 3 자에 포함된다.

나. '선의'는 등기와 사실이 일치하지 않음을 알지 못하는 것을 말한다. 제 3 자의 선의에 과실을 묻지 아니한다는 견해(손주찬 190, 정동윤 204)와 중과실은 제외된다는 견해(정찬형 157)가 대립하나 후자가 타당하다. 선의의 여부는 거래시를 기준으로 하고, 악의의 입증책임은 등기신청인이 부담한다.

3. 효   과

이상의 요건이 갖추어지면 부실등기를 한 자는 그 등기가 사실과 다름을 선의의 제 3 자에게 대항하지 못한다. 그러나 제 3 자가 등기와 다른 사실을 주장하는 것은 무방하다(최기원 181, 정찬형 157). 즉, 거래 당시에 선의였던 제 3 자는 이후 부실등기한 사실과 진실한 사실 중 어느 쪽도 주장할 수 있는 선택권을 가진다(정동윤 205). 등기신청인이 부실등기를 하는 것을 승낙한 자에게도 본조를 유추적용하여야 할 것이다[정동윤(상) 105, 이철송 235]. 예컨대 지배인 아닌 자가 영업주에게 지배인으로 등기하는 데 승낙하였다면 자신이 지배인이 아니라는 주장을 하지 못한다.

※ 대법원 2004. 2. 27. 선고 2002다19797 판결
〈Note〉 이는 이사 선임의 주주총회결의에 대한 취소판결이 확정된 경우 상법 제39조
에 의하여 회사의 부실등기책임을 인정한 판결이다.
(i) 이사 선임의 주주총회결의에 대한 취소판결이 확정된 경우 그 결의에 의하여 이
사로 선임된 이사들에 의하여 구성된 이사회에서 선정된 대표이사는 소급하여 그 자
격을 상실하고, 그 대표이사가 이사 선임의 주주총회결의에 대한 취소판결이 확정되기
전에 한 행위는 대표권이 없는 자가 한 행위로서 무효가 된다.
(ii) 이사 선임의 주주총회결의에 대한 취소판결이 확정되어 그 결의가 소급하여 무
효가 된다고 하더라도 그 선임 결의가 취소되는 대표이사와 거래한 상대방은 상법 제
39조의 적용 내지 유추적용에 의하여 보호될 수 있으며, 주식회사의 법인등기의 경우
회사는 대표자를 통하여 등기를 신청하지만 등기신청권자는 회사 자체이므로 취소되는
주주총회결의에 의하여 이사로 선임된 대표이사가 마친 이사 선임등기는 상법 제39조
의 부실등기에 해당된다.

제5장 영업양도-기업주체의 변경

제1절 서 론

우리 헌법 제15조는 "모든 국민은 직업선택의 자유를 가진다."라고 하여 영업 활동의 자유를 천명하고 있는 한편 상법 제 1 편 총칙 제 7 장 영업양도(41조~45조) 부분에서는 영업양도의 효과에 대하여 규정하고 있다. 영업양도의 효과를 파악하기 위하여는 먼저 영업양도의 개념정의가 선행되어야 하고, 또한 영업양도의 개념정의 에는 영업의 의의를 확정하는 것이 전제되어야 한다.

제2절 영업의 개념

Ⅰ. 서 설

1. 영업 개념의 역할

상법은 기업관계에 관한 법이지만 '상인'과 '상행위'라는 두 가지 개념을 기본 으로 하고 있을 뿐 '영업'이라는 개념을 기본으로 하고 있지는 않으나, 이 '영업'이 라는 개념은 상법의 두 가지 중심개념인 '상인'과 '상행위'를 결합시키는 기능을 하 고 있다. 즉, 상인개념에 관한 형식주의에 의하면 상법은 '상인'에게 적용되는데 상 인의 기본형인 당연상인은 자기명의로 '상행위'를 하는 자이고(4조), 여기서 말하는

'상행위'는 '영업'으로 하는 상법 제46조 소정의 행위를 가리키므로 상인(당연상인)은
자기명의로 상행위를 하는 '영업'의 주체인 것이다. 한편 실제에 있어서는 영업활동
의 주체인 상인보다 인적·물적 조직을 갖춘 '영업'이 전면에 나타나게 되는바 이
'영업'이 바로 상법의 규율대상인 기업이 되는 것이고, 이 때문에 상법전이 '영업'이
라는 개념을 많이 사용하고 있는 것이다(정동윤 136).

Cf. 상법전상 '영업'이라는 용어는 상법전의 총칙편(5, 6, 8, 10, 11, 15, 17, 21, 22,
23~25, 29, 41~45조), 상행위편(46, 47, 60~63, 78, 84, 87, 89, 92조의2, 92조의3, 93,
101, 110, 113, 114, 125, 151, 155조, 168조의2, 168조의6~168조의9, 168조의11, 168조의
12), 회사편(176, 198, 209, 257, 275, 341, 342조의2, 374, 375, 397, 412, 520조의2, 541,
569, 576, 614, 617, 619, 622, 625조) 등 거의 전편(全編)을 통하여 사용되고 있는 한편
'기업'이라는 용어는 사용되고 있지 않다.

2. 영업과 기업

'영업'과 '기업'이라는 두 개의 용어 사이에 어떠한 차이가 있는 것인가에 대
하여 ① 원래 영업과 기업이라는 두 가지 용어의 개념은 연혁적으로는 같지 않으
며, 전자는 영업자를 중심으로 비교적 소규모의 사업을 뜻하고, 후자는 그 물적
조직을 중심으로 비교적 대규모의 사업을 의미하여 왔지만 오늘날 상법학의 분야
에서는 대체로 같은 뜻으로 풀이하고 있다는 견해(손주찬 191)와 ② 위와 같은 규
모의 대소에 따라 양자를 구별하여 왔다는 점에 대하여 의문을 표시하면서 엄밀
하게 말하면 기업은 유개념이고 영업은 종개념이므로, 기업은 영업의 상위개념이
지만 상법이 규제의 대상으로 하는 기업이 바로 영업이므로 양자를 동의어로 사
용하여도 무방하다는 견해(정동윤 137)가 있다.

3. 영업과 사업·상업

독점규제 및 공정거래에 관한 법률, 물가안정에 관한 법률, 소비자기본법 등
경제법규에는 '영업'이라는 용어 대신에 '사업'이라는 용어가 사용되고 있는데, 이것
은 상인이 영위하는 사업에 국한하지 않고 그것보다 넓은 뜻으로 사용되나, 상인
의 활동 또는 그 사업상의 재산에 대하여 사용되고 있는 경우에는 '영업'이라고 하
는 용어와 같은 뜻으로 파악해도 무방하다. 그리고 '상업'이라는 개념은 경제학적으
로는 원래 상품매매업을 의미하지만, 법률상으로는 상인의 영업 또는 사업의 분류

에 있어서 광업·금융업 등에 대한 물품판매업·중개업 등을 가리키는 경우에 사용
된다.

4. 영업의 두 가지 의미

'영업'이라는 용어의 상법상의 의의에 대하여는 해석이 나누어지나 일반적으로
는 주관적 의의와 객관적 의의의 두 가지 뜻으로 쓰이고 있다.

II. 주관적 의의의 영업과 객관적 의의의 영업

1. 주관적 의의의 영업

'주관적 의의의 영업'은 상인의 영업상의 활동, 즉 영리를 목적으로 계속·반복
적으로 하는 일정 행위의 전체를 말하는데, '영업을 한다'(6조, 8조, 24조, 41조), '영업
에 관한'(11조, 33조), '영업부류 또는 범위'(53조, 55조, 60조, 61조, 87조) 등의 경우에
있어서의 영업이 이에 해당한다. 이에 대하여 '객관적 의의의 영업'은 상인의 영업
활동의 기초가 되는 조직적 재산으로서 '영업의 양도 또는 임대차'(25조, 41조, 45조)
등의 경우에 있어서의 영업이 이에 해당한다.

2. 객관적 의의의 영업

영업양도 또는 임대차·출자 등의 대상이 되는 객관적인 존재로서의 영업, 즉
객관적 의의의 영업을 법률상 어떻게 파악할 것인가에 대하여 견해가 나누어져 있
다. 이러한 견해의 차이는 영업의 구성요소로서 인정되는 영업재산, 영업활동 및
영업에 관한 사실상의 관계 중에서 그 어느 것을 본질적 내용으로 볼 것인가 하는
시각의 차이에 기인하는 것으로, 중요한 학설들을 보면 다음과 같다.

(1) 영업재산설

이는 영업재산을 영업의 본질이라고 보는 견해로서 영업을 영업용으로 제공되
는 각종 재산의 총체라고 해석한다. 이 견해 중에서도 영업용으로 제공된 개개의
재산인 물건 및 권리, 즉 법률상 권리·의무로 인정되는 것의 총체를 영업이라고
보는 견해와 영업재산의 범위를 보다 확대하여 법률상의 권리·의무로서 인정되고
있는 재산뿐만 아니라, 이른바 영업비밀·고객관계·영업조직 등 영업에 관한 사실
관계(goodwill)도 포함한 조직적 일체로서의 재산을 영업이라고 해석하는 견해가 있
는데, 이 학설을 취하는 우리나라 학자들은 대부분 후자의 견해를 취하고 있다(손

주찬 192, 정찬형 159, 최기원 184-185, 정동윤 224).

(2) 영업조직설

이 견해는 영업의 주체는 재산적 가치가 있는 사실관계에 존재하고, 영업재산은 재산적 가치 있는 사실상의 관계의 종물로서 존재할 따름이라는 입장에서 거래선관계·구입선관계·판매의 기회·영업상의 비결·경영의 조직 등 영업에 고유한 사실관계를 영업의 본체라고 한다.

(3) 영업행위설

이 설은 보통 영업은 재산·활동·사실관계의 셋으로 구성되지만, 영업으로서 불가결한 것은 영업활동으로, 재산 또는 사실관계는 그 어느 것이 없더라도 영업이라고 할 수 있다는 입장이다.

(4) 결   론

생각건대 영업은 사회적 활력을 가진 조직적·유기적 결합물로서, 영업비결·명성(名聲)·고객관계·구입처관계·판매정보 기타 영업에 고유한 사실관계는 영업을 구성하는 각개의 재산의 총화보다 더 높은 가치를 부여받고 있는 경우가 많으므로 이러한 사실관계를 제외하고 영업의 관념을 인정하는 것은 의미가 없다. 그리고 영업이 다수의 재산으로 구성되고 있는 경우에 이러한 구체적인 재산을 제외하고 추상적인 사실관계만을 영업이라고 해석하는 것 또한 적절하다고 할 수 없다. 즉, 영업은 재산과 사실관계의 양자가 결합함으로써 그 기능을 제대로 발휘할 수 있는 것이다.

또 영리활동을 떠나서는 영업을 생각할 수 없다고 하나 그렇다고 하여 법률상 처분의 대상으로서의 영업을 영업활동으로 파악하는 것은 곤란하다(사람의 행동을 이전의 대상으로 삼을 수는 없다). 따라서 '객관적 의의의 영업'은 일정한 영업목적을 달성하기 위하여 조직화된 각종의 재산(물건·권리 등) 및 사실관계로 이루어지는 유기적 일체로서의 재산이라고 보는 것이 타당하며 이것이 통설적 견해로 보인다.

우리나라 대법원도 객관적 의의의 영업에 대하여 "상법 제41조가 말하는 영업이란 일정한 영업목적을 위하여 조직화된 유기적 일체로서의 기능재산(적극적 재산과 소극적 재산)을 뜻하는 것으로서 여기에는 단골관계 등의 경제적 가치가 있는 사실관계도 포함되는 것"이라고 하여 같은 견해를 취하고 있다(대법원 1989. 12. 26. 선고 88다카10128 판결). 이러한 객관적 의의의 영업, 즉 인적·물적 시설에 의하여 경제적 목적을 추구하는 조직적 일체로서의 영업재산은 단순한 영업용 재산이나 개인상인의 사용재산(私用財産)과 구별되며, 개인상인이 상호 또는 영업소를 달리하여 복수의 영업을 하는 경우에는 각 영업마다 영업재산이 존재하게 된다.

※ 대법원 2008. 4. 11. 선고 2007다89722 판결
상법 제42조 제 1 항의 영업이란 일정한 영업목적에 의하여 조직화된 유기적 일체로서의 기능적 재산을 말하고, 여기서 말하는 유기적 일체로서의 기능적 재산이란 영업을 구성하는 유형·무형의 재산과 경제적 가치를 갖는 사실관계가 서로 유기적으로 결합하여 수익의 원천으로 기능한다는 것과, 이와 같이 유기적으로 결합한 수익의 원천으로서의 기능적 재산이 마치 하나의 재화와 같이 거래의 객체가 된다는 것을 뜻하는 것이므로, 영업양도를 하였다고 볼 수 있는지의 여부는 양수인이 유기적으로 조직화된 수익의 원천으로서의 기능적 재산을 이전받아 양도인이 하던 것과 같은 영업적 활동을 계속하고 있다고 볼 수 있는지 여부에 따라 판단하여야 한다.

3. 객관적 의의의 영업의 구성요소

객관적 의의의 영업의 개념에 대한 통설적 견해에 의할 경우 이는 적극재산인 물건과 권리, 소극재산인 채무 및 재산적 가치 있는 사실관계로 구성된다.

(1) 적극재산·소극재산

물건으로서는 원료·상품·기계·기구 등의 동산과 토지·점포·창고·공장·건물 등의 부동산이 있고 권리로서는 지상권(민법 279조)·저당권(민법 356조)·질권(민법 329조) 등의 제한물권, 영업관계에서 생긴 채권, 불법행위·부당이득으로 인한 채권, 특허권·상표권·저작권·실용신안권·디자인권 등의 지적재산권 등이 있으며, 소극재산으로서는 영업에 관련하여 생긴 각종의 채무(법률행위나 불법행위 등 그 발생원인은 불문)가 있다.

(2) 사실관계

재산적 가치 있는 사실관계는 영업비결·고객관계·창업연대·명성·지리적 관계·구입처관계 등 영업수익성을 약속하는 모든 사정을 말한다. 이는 기업재산을 조직적·일체적 재산으로 파악하는 데 있어 중요한 요소로서 영업양도에서 특별한 고려의 대상이 될 뿐 아니라, 그 침해에 대하여는 보통의 권리 등의 침해의 경우와 마찬가지로 불법행위에 의한 손해배상책임이 성립하게 된다.

4. 객관적 의의의 영업의 법적 성질

객관적 의의의 영업인 영업재산이 특별한 지위를 가지는지 여부가 문제된다.

(1) 권리주체성의 인정 여부

영업재산은 단순히 다수의 물건 또는 권리의 집합물이 아니라 일체로서 사회적 활력을 가진 유기적인 결합물이고 조직체이며 영업을 구성하는 개개의 재산의 총화보다도 높은 조직적 가치를 가진다. 이와 같이 영업이 조직화된 유기적 일체로서의 재산이라는 측면에서 볼 때 영업 자체가 독립된 인격과 같은 외관을 나타내게 되는 점이 있으나 영업적 활동에 의하여 법률상 권리·의무를 취득하는 것은 영업주인 상인이지, 영업 그 자체가 아니다.

(2) 특별재산성의 인정 여부

영업은 하나의 유기적 조직체로서 다수의 물건, 권리 및 사실관계가 집합된 것 이상의 가치를 가진다. 따라서 영업은 그 자체로서 독자적인 교환가치를 가지므로 독립하여 양도, 임대차 등 채권계약의 목적으로 할 수 있다. 이러한 의미에서 영업은 상인의 재산 중에서도 특별한 지위를 가지게 되며, 사용재산(私用財産)에 대하여 특별재산을 이루게 된다.

영업의 특별재산성의 인정 여부는 회사와 개인상인에 있어 차이가 있다. 회사의 경우에는 영업상의 재산 이외에 사용재산(私用財産)이 없으므로 영업의 특별재산성이 인정되는 반면에 개인상인의 경우에는 그렇지 못하다. 견해에 따라서는 개인상인의 경우에도 상업장부상 사용재산(私用財産)을 기재할 필요가 없다는 점에서 영업재산의 특별재산성이 인정된다고 하나 개인상인의 경우에는 영업재산뿐만 아니라 사용재산(私用財産)도 채권자를 위한 책임재산이 된다는 점에서 특별재산성을 인정할 수 없다.

(3) 권리객체성 인정 여부

공장 및 광업재단 저당법상 인정되는 예외적인 경우를 제외하고 상법상으로는 영업 자체를 일괄하여 소유권·저당권 등 물권의 대상으로 할 수 없으며 영업을 구성하는 개개의 재산에 대하여 각종의 물권이 인정될 뿐이다. 즉, 영업에 대한 독립한 물권적 권리인 '기업권'이라는 관념은 상법상 인정되지 않는다.

제3절 영업의 양도

Ⅰ. 영업양도의 개념

영업양도(transfer of business)는 객관적 의의의 영업의 양도를 가리킨다. 대법원 판례에 의하면 '영업양도란 일정한 영업목적에 의하여 조직화된 유기적 일체로서의 기능적 재산인 영업재산을 그 동일성을 유지시키면서 일체로서 이전하는 채권계약' 이라고 정의되는데 여기의 '유기적 일체로서의 기능적 재산'은 '영업을 구성하는 유형·무형의 재산과 경제적 가치를 갖는 사실관계가 서로 유기적으로 결합하여 수익의 원천으로 기능한다는 것과 이와 같이 유기적으로 결합한 수익의 원천으로서의 기능적 재산이 마치 하나의 재화와 같이 거래의 객체가 된다는 것을 뜻'한다고 한다(대법원 2012. 7. 26. 선고 2012다27377 판결; 대법원 2005. 7. 22. 선고 2005다602 판결). 다음에 분설한다.

> Cf. 위의 대법원의 입장을 영업재산양도설이라고 부르는데 이는 국내의 다수설이기도 하다(손주찬 193, 정동윤 227, 정찬형 163, 임홍근 164, 채이식 121). 그 외 영업양도의 개념정의에 대하여 다음과 같은 학설들이 있다.
> ① 지위재산이전설: 이는 영업의 양도를 양도인이 양수인에게 자기와 자리를 바꾸어 영업의 경영자의 지위에 있게 할 목적으로 영업재산을 일괄하여 양수인에게 양도하는 계약이라는 견해이다(서돈각, 「개정상법요론」, 법문사, 1993, 51면). 이에 의하면 "종래의 통설은 영업재산의 양도라고만 하였으나, 이것은 외부적으로 영업재산의 이전이란 면이 강하게 나타나기 때문이고, 실제로는 위에서 말한 바와 같이 경영자인 지위의 인계와 영업재산의 이전을 내용으로 하는 채권계약이다"라고 한다.
> ② 영업자체이전설: 영업양도를 양도인이 가지는 영업이 전체로서 그 동일성을 해치지 않는 범위 안에서 계약에 의하여 양수인에게 이전하는 것이라고 한다(양승규, 「상법사례연구」, 삼영사, 1981, 55면).
> 위와 같은 학설들의 차이는 양도의 대상이 되는 영업을 어떻게 이해하는가에 따른 이론적인 문제에 불과하며, 실제에 있어서 큰 차이가 나는 것은 아니다(정동윤 230).

1. 이전의 목적

영업양도에 의하여 이전되는 대상은 객관적 의의의 영업, 즉 영업재산으로서 물건과 권리의무 외에 거래선관계·영업비결·경영조직 등 재산적 가치 있는 사실관계도 포함되며 이러한 것이 조직화되어 유기적 일체로서의 사회적 활력을 가지게 되는 것이기 때문에 이를 넘겨받은 양수인은 양도인과 같이 영업주의 지위에 서게 되는 것이다. 이렇게 영업은 하나의 재화와 같이 거래의 객체가 되므로 영업양도는 채권자취소권의 대상이 된다(대법원 2015. 12. 10. 선고 2013다84179 판결; 대법원 2015. 12. 10. 선고 2013다84162 판결). 이전되는 영업의 범위에 관하여 회사에 관한 상법 제374조 제 1 항 제 1 호와 달리 상법총칙의 영업양도는 전부양도만을 의미한다는 견해[정찬형(18판) 169-172]가 있다. 이는 영업의 일부양도에는 양도인에 대한 경업피지의무(41조) 또는 양도인의 채권자 및 채무자보호규정(42조~45조)을 적용할 수 없다는 것을 근거로 한다. 원칙적으로는 이 견해가 타당하나 영업의 일부양도나 영업용 재산의 양도의 결과 양도인의 영업 폐지와 동일시되는 경우에는 상법총칙의 영업양도에 포함된다고 보아야 할 것이다.

2. 영업의 동일성 유지

영업양도는 영업의 동일성이 유지된 상태에서의 영업재산의 일괄이전을 의미한다. '영업의 동일성'은 일반사회관념에 의하여 결정될 사실인정의 문제로서, 영업재산이 어느 정도로 이전되어 있는가에 의하여 결정되는 것이 아니라 종래의 영업조직이 유지되어 그 조직이 전부 또는 중요한 일부로서 기능할 수 있는가에 의하여 결정되는 것이다. 따라서 영업재산의 전부를 양도하였더라도 그 조직을 해체하여 양도한 경우에는 영업양도로 인정되지 않는 반면에 그 일부를 유보한 채 영업시설을 양도하였더라도 그 양도한 부분만으로도 종래의 조직이 유지되어 있다고 사회관념상 인정되면 영업양도라 할 수 있는 것이다(대법원 1989. 12. 26. 선고 88다카10128 판결; 대법원 2009. 1. 15. 선고 2007다17123,17130 판결). 즉, 영업의 요소로 인정되는 재산이 양도되는 한 그 영업을 구성하는 모든 재산을 양도하지 않더라도 영업양도인 것이다(영업 일부의 양도).

3. 채권계약에 의한 이전

영업양도는 영업재산의 '이전'을 목적으로 하는 채권계약이다(정동윤 228). 따라서 주유소 영업의 가장 중요한 영업용 재산인 주유소건물의 사용권을 이전 운영자가 아닌 건물소유자로부터 '새로이 취득'하여 이전 운영자가 사용하던 상호를 그대로 사용하여 영업한 경우에는 영업재산의 '이전'이 없으므로 영업양도가 될 수 없다(대법원 2012. 7. 26. 선고 2012다27377 판결). 이 계약은 반드시 명시적으로만 이루어져야 하는 것은 아니며, 묵시적 계약에 의하여도 가능하나(대법원 2009. 1. 15. 선고 2007다17123,17130 판결), 영업양도가 인정되기 위하여는 명시적이든 묵시적이든 영업양도 당사자 사이의 계약이 있어야 한다(대법원 2013. 2. 15. 선고 2012다102247 판결).

Ⅱ. 영업양도와 구별하여야 할 개념들

영업양도는 다음 몇 가지 개념들과 구별된다.

1. 회사합병

회사합병은 두 개 이상의 회사의 일부 또는 전부가 해산하고 그 재산과 사원이 존속회사(흡수합병의 경우) 또는 신설회사(신설합병의 경우)에 법률상 당연히 이전 또는 수용되는 회사법상의 법률요건이다. 양자는 시장독점·경쟁방지 등을 위한 기업의 목적에 이용되는 공통점이 있는 반면 다음과 같은 차이가 있다.

	영 업 양 도	회 사 합 병
제도의 근거	채권계약으로서 거래법상의 제도	2개 이상의 회사가 합병계약에 의하여 하나의 회사로 되는 조직(단체)법상의 제도
당사자 자격	회사와 개인상인	회사만
요 식 성	불요식계약	기재사항이 법정되어 있는 합병계약서의 작성이 요구됨
등 기	개개 재산의 이전 외 불요	합병등기에 의하여 포괄적으로 이전되며 효력발생요건임
법인격 소멸 여부	불소멸	해산회사는 소멸
이전대상	일부 재산 제외 가능	불가
이전절차	개별적인 이전절차 필요	포괄적으로 이전
경업피지의무	양도인에게 인정	없음
무효의 주장방법	일반원칙에 따라서	반드시 소(訴)로써

2. 영업의 출자

영업의 출자는 일정한 영업목적에 의하여 조직화된 업체, 즉 인적·물적 조직을 그 동일성을 유지하면서 일체로서 출자하는 것이다. 대법원은 영업을 출자하여 주식회사를 설립하고 그 상호를 계속 사용하는 경우에 있어서 출자의 목적인 영업의 개념이 동일할 뿐 아니라 법률행위에 의한 영업의 이전이라는 점에서 영업양도와 유사하여 채권자의 입장에서는 양도와 출자를 구분하기 어려우므로 영업양도에 관한 상법 제42조 제 1 항과 제45조가 유추적용된다고 한다(대법원 1996. 7. 9. 선고 96다13767 판결; 대법원 2009. 9. 10. 선고 2009다38827 판결).

3. 지분권양도에 의한 회사양도

지분권양도에 의한 회사양도는 회사의 대표자나 대주주가 보유하는 지분이나 주식의 전부 또는 지배적 부분을 양도함으로써 사실상 회사를 양도하는 효과를 가져오는 것이다. 지분권양도에 의한 회사양도를 통하여 회사영업의 양도와 동일한 경제적 목적을 달성할 수 있으나, 회사의 영업양도에 있어서 양도인은 회사로서 일정한 절차(예컨대 주식회사의 경우 374조 1항 1호에 따른 주주총회의 특별결의)를 밟아야 할 경우가 있음에 반하여 지분권양도에 의한 회사양도에 있어서 양도인은 주식 또는 지분을 보유하고 있는 주주 또는 지분권자로서 특별결의와 같은 절차를 거칠 필요가 없다는 점에서 양자는 구별된다(대법원 1995. 8. 25. 선고 95다20904 판결; 대법원 1999. 4. 23. 선고 98다45546 판결).

4. 영업용 재산의 양도

주식회사 또는 유한회사의 경우에 있어서 '영업의 전부 또는 중요한 일부의 양도'에는 주주총회 또는 사원총회의 특별결의(374조 1항 1호, 434조, 576조 1항, 585조)를 요하므로 위 규정을 반대해석하면 단순한 영업용 재산만을 양도하는 경우에는 이상의 특별결의를 요하지 않는다고 할 것이므로 이 점에서 영업양도와 영업용 재산의 양도는 구별된다. 이와 관련하여 대법원은 단순한 영업용 재산의 양도라고 할지라도 그 처분으로 말미암아 회사영업의 전부 또는 일부를 양도하거나 폐지하는 것과 같은 결과를 가져오는 경우에는 주주총회의 특별결의가 필요하다고 한다(대법원 2004. 7. 8. 선고 2004다13717 판결).

Ⅲ. 영업양도의 절차

1. 계약당사자

영업양도는 양도인과 양수인 사이의 계약에 의하여 이루어진다.

(1) 양도인은 양도의 목적인 영업의 주체로서 당연히 상인이어야 하나 상인인 이상 개인상인과 회사를 불문한다. 회사의 경우에는 청산 중에도 청산의 방법으로 영업양도를 할 수 있고, 영업 전부를 양도한 경우에도 해산사유가 되지 않으며(227조, 269조, 287조의38, 517조, 609조) 정관상의 목적을 변경하여 다른 종류의 영업을 할 수 있다. 개인상인이 영업 전부를 양도하면 상인자격을 상실하나 상인이 수종의 영업을 가지고 있는 경우 또는 수개의 영업소를 가지고 있는 경우에는 그 일부만을 양도할 수 있고 이 경우에는 상인자격을 잃지 아니한다.

(2) 양수인은 상인 여부를 불문한다. 비상인의 경우에는 영업의 양수에 의하여 상인자격을 취득하게 될 것이고 이 경우 영업양수행위는 개업준비행위로서 부속적 상행위(47조)가 된다. 또 양수인은 회사이든 개인이든 상관이 없다.

2. 대내적 의사결정

개인상인의 경우에는 그의 의사결정만으로 족하나 회사의 경우에는 정관의 변경을 수반하는 것이 보통이고 사원 또는 주주에게 중대한 이해관계가 있는 사항이므로 내부적으로 신중한 절차가 요구된다.

(1) 양도인이 회사인 경우

합명회사, 합자회사 및 유한책임회사에 있어서는 해산 전에는 정관변경의 사유이므로 총사원의 결의를 요하고(179조, 204조, 269조, 287조의16), 해산 후에는 총사원 과반수의 결의를 요하며(257조, 269조, 287조의45), 주식회사 또는 유한회사에 있어서는 해산의 전후를 불문하고 주주총회 또는 사원총회의 특별결의를 요한다(374조 1항 1호, 434조, 576조 1항, 585조). 한편 주식회사의 영업양도와 간이영업양도의 경우 양도반대주주의 주식매수청구권이 인정되므로 그에 필요한 절차를 밟아야 한다(374조의2, 374조의3 3항).

(2) 양수인이 회사인 경우

합명회사, 합자회사 및 유한책임회사의 경우 상법에 아무런 규정이 없으나 물적 회사에 비하여 인적 요소가 강할 뿐 아니라 영업양수에 있어서 정관상의 목적이나 자본액 등의 변경이 대부분 수반되는 사정을 고려하면 타인의 영업의 전부 또는 일부 양수에 총사원의 동의(204조, 269조, 287조의16)가 필요하다고 할 것이다. 주식회사와 유한회사에 있어서 회사의 영업에 중대한 영향을 미치는 다른 회사의 영업 전부 또는 일부의 양수에는 주주총회 또는 사원총회의 특별결의를 요한다(374

조 1항 3호, 434조, 576조 1항, 585조). 주식회사의 영업양수와 간이영업양수의 경우 양
도반대주주의 주식매수청구권에 관한 절차를 밟아야 한다(374조의2, 374조의3 3항).

3. 영업양도의 자유와 제한

상법상 영업의 양도·양수는 원칙적으로 자유이나 가맹업의 경우 가맹상의 영업
양도에 가맹업자의 동의를 받도록 하는(168조의9) 외에 은행법(55조 1항 3호), 독점규
제 및 공정거래에 관한 법률(9조 1항 4호) 등의 특별법에도 각종의 제한규정이 있다.

제4절　영업양도의 효과

영업양도의 효과는 크게 당사자 사이의 효과와 제 3 자에 대한 효과의 두 부분
으로 나누어 볼 수 있다. 전자는 양도인의 적극적 의무인 영업재산이전의무와 소
극적 의무인 경업피지의무가 문제되고, 후자는 영업양도인에 대한 영업상의 채권자·
채무자에 대한 양도인과 양수인의 책임관계가 상호의 속용 여부를 기준으로 하여
문제된다.

Ⅰ. 당사자 사이의 효과

1. 영업양도인의 적극적 의무(영업재산의 이전)

(1) 의무의 범위

이전하여야 할 재산의 범위는 계약에 따라 정하여질 것이나 계약에서 별도의
정함이 없는 경우에는 영업에 속한 일체의 재산을 이전하여야 한다. 계약에 의하여
이전범위를 제한할 수 있으나 영업의 동일성은 유지되어야 한다(손주찬 199). 물건과
권리 외에 고객관계·영업비결 등 재산적 가치 있는 사실관계도 당연히 포함된다.

(2) 개별적 이전절차

이전될 재산에 대한 개별적인 이전절차를 취하여야 한다. 이를 구체적으로 보
면 동산에 있어서는 인도(민법 188조), 부동산과 상호에 있어서는 등기(민법 186조,
상법 25조 2항), 특허권·상표권에 있어서는 등록(특허법 101조 1항, 상표법 96조 1항),
지명채권에 있어서는 채무자에 대한 통지 또는 채무자의 승낙(민법 450조, 아래 91다

22018,22025 판결 참조), 지시채권에 있어서는 배서·교부(민법 508조, 어음법 12조~14조), 기명주식에 있어서는 명의개서(337조) 등이 필요하고, 채무에 대하여는 양수인이 양도인으로 하여금 채무를 면하는 데 필요한 행위(면책적 채무인수 또는 채무자교체에 의한 경개 등)를 하여야 한다. 고객 또는 영업상의 비결과 같은 사실관계에 대하여는 법률상의 규정이 없으나 양수인이 이를 이용할 수 있도록 양도인이 양수인에게 영업상 또는 기술상의 비결을 전수하거나 구입선 또는 고객선을 소개하여야 한다.

※ 대법원 1991. 10. 8. 선고 91다22018,22025 판결

<u>영업양도는 채권계약이므로 양도인이 재산이전의무를 이행함에 있어서는</u> 상속이나 회사의 합병의 경우와 같이 포괄적 승계가 인정되지 않고 <u>특정승계의 방법에 의하여 재산의 종류에 따라 개별적으로 이전행위를 하여야 할 것인바</u> 그 이전에 있어 양도인의 제 3 자에 대한 매매계약 해제에 따른 원상회복청구권은 지명채권이므로 그 양도에는 양도인의 채무자에 대한 통지나 채무자의 승낙이 있어야 채무자에게 대항할 수 있다.

(3) 영업양도와 근로관계의 이전

영업양도의 경우 양도인과 상업사용인 등 사이의 고용계약 내지 근로계약을 양수인에게 이전함에 있어 해당 근로자의 동의가 필요한가의 문제가 있다. 이 점에 대하여 불요설(정동윤 238)은 영업양도가 기업 그 자체의 이전인 이상 영업의 인적 조직도 당연히 이전되어야 함을 전제로 근로자가 이전을 원하지 않을 경우 바로 계약을 해지할 수 있으며 사용자는 노무자의 동의 없이 고용계약상의 권리를 제 3 자에게 양도하지 못한다는 민법 제657조 제 1 항의 규정은 영업양도의 경우에는 적용이 없다고 한다. 한편 필요설의 입장에서는 불요설은 영업자 위주의 사고이며 위 민법규정을 영업양도에 있어서 배제할 근거가 없다고 한다. 대법원은 "영업양도에 의하여 양도인과 근로자 사이의 근로관계는 원칙적으로 양수인에게 포괄승계되는 것이지만 근로자가 반대의 의사를 표시함으로써 양수기업에 승계되는 대신 양도기업에 잔류하거나 양도기업과 양수기업 모두에서 퇴직할 수도 있는 것이고, 영업이 양도되는 과정에서 근로자가 일단 양수기업에의 취업을 희망하는 의사를 표시하였다고 하더라도 그 승계취업이 확정되기 전이라면 취업희망 의사표시를 철회하는 방법으로 위와 같은 반대의사를 표시할 수 있는 것으로 보아야 한다."라고 판시하여 불요설의 입장을 취하고 있다(대법원 2012. 5. 10. 선고 2011다45217 판결;

대법원 2002. 3. 29. 선고 2000두8455 판결).

※ 대법원 2020. 11. 5. 선고 2018두54705 판결

근로자가 영업양도일 이전에 정당한 이유 없이 해고된 경우 양도인과 근로자 사이의 근로관계는 여전히 유효하고, 해고 이후 영업 전부의 양도가 이루어진 경우라면 해고된 근로자로서는 양도인과의 사이에서 원직 복직도 사실상 불가능하게 되므로, 영업양도 계약에 따라 영업 전부를 동일성을 유지하면서 이전받는 양수인으로서는 양도인으로부터 정당한 이유 없이 해고된 근로자와의 근로관계를 원칙적으로 승계한다. 영업 전부의 양도가 이루어진 경우 영업양도 당사자 사이에 정당한 이유 없이 해고된 근로자를 승계의 대상에서 제외하기로 하는 특약이 있는 경우에는 그에 따라 근로관계의 승계가 이루어지지 않을 수 있으나, 그러한 특약은 실질적으로 또 다른 해고나 다름이 없으므로, 근로기준법 제23조 제1항에서 정한 정당한 이유가 있어야 유효하고, 영업양도 그 자체만으로 정당한 이유를 인정할 수 없다.

※ 대법원 2020. 12. 10. 선고 2020다245958 판결

계약당사자로서 지위 승계를 목적으로 하는 계약인수는 계약으로부터 발생하는 채권·채무의 이전 외에 계약관계로부터 생기는 해제권 등 포괄적 권리의무의 양도를 포함하는 것으로서, … 이러한 계약인수는 양도인과 양수인 및 잔류당사자의 합의에 의한 삼면계약으로 이루어지는 것이 통상적이며 관계당사자 3인 중 2인의 합의가 선행된 경우에는 나머지 당사자가 이를 동의 내지 승낙하여야 그 효력이 생긴다(대법원 2012. 5. 24. 선고 2009다88303 판결 등 참조). 이러한 계약인수가 이루어지면 그 계약관계에서 이미 발생한 채권·채무도 이를 인수 대상에서 배제하기로 하는 특약이 있는 등 특별한 사정이 없는 한 인수인에게 이전된다(채권양도의 대항요건의 구비는 요구되지 않는다). 이러한 법리는 상법상 영업양도에 수반된 계약인수에 대해서도 마찬가지로 적용된다. … 피고는 양도인과의 근로계약에 따라 양도인의 항공권 구매대행 업무를 담당하면서 일정기간 양도인의 고객 등이 송금한 돈을 피고 명의의 개인 계좌로 입금받아 개인 용도로 사용하였다. … 이 사건 영업양도에 수반된 근로계약의 인수 대상에 피고와의 근로계약이 포함되었고, 잔류당사자인 피고가 이 사건 영업양도를 인식하고 비코트립에서 퇴사한 이후 원고와 종전 근로계약상 근로조건과 동일한 조건으로 근로계약을 체결하면서 근로계약기간을 종전 근로계약상 근로기간으로 소급하여 작성하는 방법으로 근로계약의 인수를 승낙하였으므로, 인수인인 원고에게 사용자지위가 이전될 뿐만 아니라 그 근로계약관계를 기초로 하여 이미 발생한 이 사건 손해배상채권도 이를 인수 대상에서 배제하기로 하는 특약이 있는 등 특별한 사정이 없는 한 원고에게 이전되고, 개별 채권양도에 관한 대항요건을 별도로 갖출 필요는 없다. … 따라서 원고(양수인)는 이 사건 영업양도에 수반된 근로계약 인수의 효과로서 이 사건 손해배상채

권을 취득하였다고 볼 여지가 있다.

Cf. 위 판결의 판시내용의 일부는 필자가 임의로 축약하였음.

2. 영업양도인의 소극적 의무(경업피지의무)

(1) 경업피지의무의 인정근거와 합헌성

영업양도는 사실상 영업의 승계이므로 양도인이 동종의 영업을 계속할 경우 영업양도는 그 실효를 갖지 못하게 된다. 이에 상법은 당사자 사이에 특약이 없는 경우에 한하여 양도인에게 경업피지의무를 부담시키고 있다. 우리 상법상의 경업피지의무규정은 영업규모와 영업지역을 세분함이 없이 경업금지구역(특히 서울특별시)을 설정함으로써 그 제한의 정도가 비례의 원칙 및 평등권에 어긋나는 헌법위반의 소지가 있다는 법원의 위헌제청결정이 있었으나 헌법재판소 전원재판부에서는 위 규정은 영업양도의 실효성을 높이기 위하여 상법의 후견적 기능으로서 부과하고 있는 것이고 필요한 경우 당사자 사이에 다른 약정을 할 수 있다는 점 등을 이유로 하여 입법재량권의 한계를 벗어나 직업선택의 자유를 과잉침해한 것으로 볼 수 없다고 하였다(헌법재판소 1996. 10. 4. 선고 94헌가5 결정).

(2) 경업피지의무의 내용

영업을 양도한 경우에 다른 약정이 없으면 양도인은 동일한 특별시·광역시·시·군과 인접 특별시·광역시·시·군에서 10년간은 당연히 동종영업을 하지 못한다(41조 1항). 영업양도인이 영업을 양도하고도 동종 영업을 할 경우 영업양수인의 이익이 침해되므로 영업양수인 보호 차원에서 상법은 영업양도인에게 경업금지의무를 규정하고 있다. 이러한 상법의 취지에서 보면 경업금지대상으로서의 '동종 영업'은 영업의 내용, 규모, 방식, 범위 등 여러 사정을 종합적으로 고려하여 양도된 영업과 경쟁관계가 발생할 수 있는 영업을 의미한다(대법원 2015. 9. 10. 선고 2014다80440 판결). 경쟁관계의 영업이면 족하고, 영업소를 설치하였는지 여부는 불문한다. 같은 맥락에서 경업금지지역으로서의 '동일한' 지역 또는 '인접' 지역은 양도된 물적 설비가 있던 지역을 기준으로 정할 것이 아니라 영업양도인의 통상적인 영업활동이 이루어지던 지역을 기준으로 정하여야 하며, 이때 '통상적인 영업활동'인지 여부는 해당 영업의 내용, 규모, 방식, 범위 등 여러 사정을 종합적으로 고려하여 판단하여야 한다(위 2014다80440 판결). 당사자 사이의 특약으로 이 의무를 완화 또는 강화할 수 있으나 강화에 대하여는 동일 및 인접 특별시·광역시·시·군에 한하여 20년을 넘지 않아야 한다는 제한이 있고(41조 2항) 이 제한을 넘는 특약은 초과부분에 한하여 무효가 된

다(정동윤 239). 이 의무를 무한정 인정할 경우 개인의 자유를 부당하게 속박할 우려
가 있기 때문이다. 경업금지를 면제하는 특약도 유효하다. 경업금지의무의 발생시점
은 영업양도계약이 이행되어 양수인이 영업활동을 할 수 있는 상태에 이르렀을 때
이고, 영업양도의 채권계약이 체결된 때가 아니다. 그리고 이 의무를 지는 자는 양
도인이다. 만약 이 의무를 지는 개인이 회사를 설립하거나 반대로 양도인회사의 사
원이 개인적으로 동종영업을 하는 경우 법인격부인(또는 남용) 또는 계약의 합리적
해석에 의하여 이를 저지할 수 있을 것이다. 양도인의 상속인에 대한 경업금지의무
의 부담에 대하여는 상속인은 당해 영업주가 아님에도 부당한 구속을 받아서는 안
된다는 이유로 이를 부정하는 견해가 유력하다(정동윤 240, 임홍근 174).

(3) 의무위반의 효과

양도인이 이 의무를 위반한 경우 행정적·형사적 제재는 부과할 수 없고 민사
상 책임만을 부담한다. 구체적으로는 경업행위의 중지청구(민법 389조 3항)와 그로
인하여 발생한 손해의 배상청구(민법 390조, 393조)가 될 것이다. 경업금지의무의 이
행강제방법으로 양도인 본인의 경업금지 이외에 제 3 자에 대한 임대, 양도 등의
처분행위를 금할 수 있으나 다만 그러한 내용의 가처분에 위반한 처분행위도 사법
상으로는 유효하다(대법원 1996. 12. 23. 선고 96다37985 판결).

II. 제 3 자에 대한 효과

제 3 자에 대한 효과는 주로 제 3 자의 보호를 위한 것으로서 이는 그 제 3 자가
영업상의 채권자인지 채무자인지 그리고 양수인이 상호를 속용하고 있는지 여부에
따라 다르다.

1. 영업상의 채권자에 대한 관계

(1) 양수인이 양도인의 상호를 속용하는 경우

가. 양수인의 책임　　　영업양수인이 양도인의 상호를 계속 사용하는 경우에
는 양도인의 영업으로 인한 제 3 자의 채권에 대하여 양수인도 변제할 책임이 있다
(42조 1항). 이 규정의 입법취지에 대하여는 여러 견해가 있으나 외관법리의 한 표
현이라고 보아야 할 것이다(대법원 1989. 12. 26. 선고 88다카10128 판결).

나. 책임의 요건

가) 영　　업: '영업'을 양수하였어야 한다. 여기의 '영업'은 완전상인의 영업을

의미한다. 상호의 속용은 상호의 존재를 전제로 하는데 소상인에게는 상호에 관한 규정이 적용되지 않기 때문이다(9조).

> ※ 대법원 2017. 4. 7. 선고 2016다47737 판결
> 상법 제42조 제 1 항의 영업이란 일정한 영업목적에 의하여 조직화된 유기적 일체로서 의 기능적 재산을 말하고, 여기서 말하는 유기적 일체로서의 기능적 재산이란 영업을 구성하는 유형·무형의 재산과 경제적 가치를 갖는 사실관계가 서로 유기적으로 결합 하여 수익의 원천으로 기능한다는 것과 이와 같이 유기적으로 결합한 수익의 원천으 로서의 기능적 재산이 마치 하나의 재화와 같이 거래의 객체가 된다는 것을 뜻한다. 따라서 영업양도가 있다고 볼 수 있는지는 양수인이 유기적으로 조직화된 수익의 원 천으로서의 기능적 재산을 이전받아 양도인이 하던 것과 같은 영업적 활동을 계속하 고 있다고 볼 수 있는지에 따라 판단되어야 한다.

나) 양   수: 영업을 '양수'하였어야 한다. 이 '양수'의 개념은 양수인이 전 영 업주(前營業主)의 지위에 서게 되는 일체의 행위를 의미하므로 매매·교환·증여·신 탁 등 일체의 유무상계약이 해당된다. 양도계약이 무효·취소된 경우에 양수인이 이를 항변으로 제출하여 책임을 면할 수 있는가에 대하여는 ① 본조가 외관신뢰에 바탕을 두고 있음에 비추어 양수인이 사실상 영업을 계속하고 있는 한 이를 부정 하는 것이 옳다는 견해(손주찬 202, 정동윤 243, 최기원 196)와 ② 물권적 양도행위가 무효이면 이미 문언상으로도 누군가의 영업을 '양수'하였다는 상법 제42조 제 1 항 의 요건을 결하게 된다는 점에서 반대하는 견해(이기수 129)가 있다. 제 3 자 보호를 위한 본조의 취지상 ①의 견해가 옳다.

다) 상호속용: '상호를 계속 사용'하여야 한다. 영업양수인이 상호를 계속 사용 한 이상 사용기간의 장단(長短)은 불문한다(서울고등법원 2014. 6. 27. 선고 2013나59373 판결). 대법원에 의하면 상호속용은 상호속용의 원인관계를 불문하고 상호속용이라 는 사실관계가 있으면 충분한 것으로 상호의 양도 또는 사용허락이 있는 경우는 물론 그에 관한 합의가 무효 또는 취소된 경우와 상호를 무단사용하는 경우도 상 호속용에 포함된다고 한다(대법원 2009. 1. 15. 선고 2007다17123,17130 판결). 상호속용 은 양도인의 상호와 완전히 동일한 상호를 사용하는 경우에 한하지 아니하고 사회 통념상 동일한 상호라고 인정되는 경우도 포함된다 할 것이나 구체적인 경우에 여 러 가지 사정들을 종합하여 판단하여야 할 것이다. 판례는 "양수인이 계속 사용하 는 상호는 형식상 양도인의 상호와 전혀 동일한 것임을 요하지 않고, 양도인의 상

호 중 그 기업주체를 상징하는 부분을 양수한 영업의 주체를 상징하는 것이므로 상호 중에 사용하는 경우는 이에 포함된다고 할 것이고, 그 동일 여부는 명칭, 영업목적, 영업장소, 이사의 구성이 동일한지 등을 참작하여 결정하여야 할 것"이라고 하면서 "원심이 인정한 사실에 비추어 피고 남성정밀공업주식회사는 남성사라는 상호를 계속 사용한다고 보아야 할 것"이라고 판시하였고(대법원 1989. 3. 28. 선고 88다카12100 판결), 또 "상법 제42조 제1항은 영업양수인이 양도인의 상호를 계속 사용하는 경우에는 양도인의 영업으로 인한 제3자의 채권에 대하여 양수인도 변제할 책임이 있다고 규정하고 있는바 이 규정은 일반적으로 영업상의 채권자의 채무자에 대한 신용은 채무자의 영업재산에 의하여 실질적으로 담보되어 있는 것이 대부분인데도 실제로 영업의 양도가 행하여진 경우에 있어서 특히 채무의 승계가 제외된 경우에는 영업상의 채권자의 채권이 영업재산과 분리되게 되어 채권자를 해치게 되는 일이 일어나므로 영업상의 채권자에게 채권추구의 기회를 상실시키는 것과 같은 영업양도의 방법(채무를 승계하지 않았음에도 불구하고 상호를 속용함으로써 영업양도의 사실이, 또는 영업양도에도 불구하고 채무의 승계가 이루어지지 않은 사실이 각각 대외적으로 판명되기 어려운 방법)이 채용된 경우에 양수인에게도 변제의 책임을 지우기 위하여 마련된 규정이라 할 것이므로 위 규정에서 말하는 상호의 계속사용은 그러한 입법취지를 관철시키는 입장에서 결정되어야 하고 그렇게 볼 때에는 일반적으로 영업양도인이 사용하던 상호와 그 양수인이 사용하는 경우가 전혀 동일할 것까지는 필요 없는 일이고 다만 전후의 상호가 주요부분에 있어서 공통되기만 하면 된다고 볼 것"이라고 하면서 "주식회사 파주레미콘과 파주콘크리트 주식회사는 주요부분에서 공통된다"(대법원 1998. 4. 14. 선고 96다8826 판결) 또는 "삼정장여관이나 삼정호텔이라는 상호는 사회통념상 동일성이 있다고 인정"된다고 판시하여(대법원 1989. 12. 26. 선고 88다카10128 판결) '기업주체의 상징' 또는 '상호의 주요부분에 있어서의 공통'을 그 기준으로 제시하고 있다.

Cf. 그 외 하급심판결로서 '토방투'와 '토방'은 상호속용에 해당한다고 한 것이 있다(전주지방법원 1985. 5. 23. 선고 84나433 판결).

라) **채권자의 선의 요부**: 양수인이 양도인의 채무를 인수하지 않은 사실에 관하여 채권자가 선의이어야 하는지 여부에 대하여 견해의 대립이 있다. 선의불요설(善

意不要說)은 채권자로서는 자신이 알지 못하는 사이에 이루어진 영업양도에 의하여 영업이라는 담보재산을 잃게 되는 부당한 결과를 초래할 뿐만 아니라 양수인으로서는 양도인의 영업상 채무를 인수하기 싫으면 등기 또는 간단히 채권자에게 통지를 함으로써 책임을 면할 수 있으며 나아가 우연히 채권자가 양도인과 양수인 사이의 약정을 알았다고 하여 책임을 면할 이유는 어디에서도 찾아 볼 수 없다는 입장(정동윤 244-245)인 반면 선의필요설(善意必要說)은 권리외관설의 일반원칙에서 볼 때 선의가 아닌 자를 보호할 필요가 없다고 한다(이기수 131). 대법원은 상법 제42조 제 1 항을 "일반적으로 채권자의 채무자에 대한 영업상의 신용은 채무자의 영업재산에 의하여 실질적으로 담보되어 있는 것이 대부분인데도 실제 영업의 양도가 이루어지면서 채무의 승계가 제외된 경우에는 채권자의 영업상의 채권이 영업재산과 분리되게 되어 채권자를 해치게 되는 일이 일어나므로, 이러한 채권자를 보호하기 위하여 양도인의 상호를 계속 사용함으로써 대외적으로 영업양도 사실이나 채무의 승계가 이루어지지 아니한 사실을 알기 어렵게 하여 양도인의 채권자로 하여금 채권추구의 기회를 상실하도록 한 양수인에게 그 책임을 물어 타인인 양도인의 채무에 대한 변제의 책임을 지우기 위하여 마련한 규정"으로 전제하고(대법원 2017. 4. 7. 선고 2016다47737 판결), "상호를 속용하는 영업양수인의 책임은 위와 같이 채무승계가 없는 영업양도에 의하여 자기의 채권추구의 기회를 빼앗긴 채권자의 외관신뢰를 보호하기 위한 것이므로, 영업양도에도 불구하고 채무승계의 사실 등이 없다는 것을 알고 있는 악의의 채권자가 아닌 한, 당해 채권자가 비록 영업의 양도가 이루어진 것을 알고 있었다고 하더라도 그러한 사정만으로 보호의 적격이 없다고는 할 수 없"다고 판시함으로써(대법원 1989. 12. 26. 선고 88다카10128 판결) 선의필요설의 입장을 취하고 있다. 한편 '채권자의 악의'의 주장·증명책임은 본조의 책임을 면하려는 영업양수인에게 있다고 판시하였다(대법원 2009. 1. 15. 선고 2007다17123,17130 판결).

생각건대 채권자가 영업양도사실을 몰랐거나 또는 영업양도사실은 알았더라도 채무의 승계가 이루어지지 않은 사실에 대하여 선의인 경우에 한하여 영업양수인에게 본조의 책임을 인정하는 대법원의 입장에는 몇 가지 의문이 든다. 첫째, 대법원의 입장이 설득력을 가지기 위하여는 채권자가 채무승계가 없는 영업양도사실을 안 경우 자신의 채권추구의 기회를 가질 수 있다는 것이 전제되어야 한다. 그리고 채권추구의 기회를 가진다는 것은 양도인의 영업재산에 대한 보전처분 등의 법적 조처를 취한다는 의미로 이해된다. 그러나 상호가 속용되는 영업양도에 있어서 채권자가 영업양도사실을 알게 된다는 것도 현실적으로 쉽지 않지만 설사 이를 알았다고 하더라도 그 시점에서 법적 조처로 바로 나아간다는 것이 현실성이 있는 것인지(양도인이 개인상인인 경우 양도인 개인재산도 있을 수 있으며, 그 채권액이 상대적으로 저액인 경우 법적 조처를 취할 가능성은 더욱 적어진다), 그리고 채권자에게 그러한 법적 조처를 요구하는 것이 합리적인지 의문이다. 둘째, 대법원의 입장과 같이 채권자에게 채무불승계사실에 대한 선의를 요구할 경우 ① '선의'의 기준시점은 언제인지, 즉 영업양도계약체결시점으로 하여야 할 것인지, 아니면 영업양도의 효과가 발생하는 시점인지, 후자의 경우라면 모든 영업재산의 양도에 필요한 이전절차가 완료된 시점인지(대법원의 '채권추구의 기회를 빼앗긴'이라는 판시를 보면 이 입장인 것으로 보인다) 아니면 일부라도 영업재산이 이전되는 것으로 족한지 이 부분을 명확히 제시하여야 한다. ② '악의'의 방식에 대하여 양도인을 포함하여 누구든 채권자에게 단순히 채무불승계사실을 알림으로써 악의가 되는 것이라면 채권자를 보호하기 위한 본조의 규정취지가 몰각될 우려가 있다. ③ 채권자가 선의인 데 대하여 중과실이 있는 경우에 대하여도 이를 명확히 하여야 한다. 한편 선의불요설을 취할 경우 양수인이 상호를 속용한다는 점 때문에 자신이 인수하지 않은 채무에 대한 책임을 부담하게 되는 불리한 입장에 놓이게 되는 부작용이 있을 수 있다. 이러한 부작용을 고려하여 상법 제42조 제 2 항은 양수인이 영업양도를 받은 후 지체 없이 양도인의 채무에 대한 책임이 없음을 등기하거나 또는 양도인과 함께 지체 없이 채권자(법문상 '제 3 자')에 대하여 그 뜻을 통지함으로써 비교적 쉽게 그 책임을 면할 방법을 마련하고 있다. 따라서 상법 제42조 제 1 항은 채권자가 그러한 영업양도사실을 알았는지 여부를 불문하고 적용되는 것으로 해석하여야 한다.

Cf. 대법원 2022. 4. 28. 선고 2021다305659 판결은 상호속용이 아니라 옥호 또는 영업표지를 영업주체를 나타내는 것으로 속용한 사안에 관한 것이다. 위 판결은 이 경우에도 상법 제42조 제 1 항이 유추적용된다고 하면서, "채권자 보호의 취지와 상법 제42조 제 1 항의 적용을 면하기 위하여 양수인의 책임 없음을 등기하거나 통지하는 경우에는 영업양도를 받은 후 지체 없이 하도록 규정한 상법 제42조 제 2 항의 취지를 종합하면, 채권자가 영업양도 당시 채무인수 사실이 없음을 알고 있었거나 그 무렵 알게 된 경우에는 영업양수인의 변제책임이 발생하지 않으나, <u>채권자가 영업양도 무렵 채무인수 사실이 없음을 알지 못한 경우에는 특별한 사정이 없는 한 상법 제42조</u>

제 1 항에 따른 영업양수인의 변제책임이 발생하고, 이후 채권자가 채무인수 사실이 없음을 알게 되었다고 하더라도 이미 발생한 영업양수인의 변제책임이 소멸하는 것은 아니다"라고 판시하였는데 이는 채권자 '선의'의 기준시점을 영업양도계약체결시점으로 보는 것으로 해석할 수 있을 것이다.

다. 책임의 범위와 성질 및 배제

가) 책임의 범위: 양수인이 변제책임을 지는 제 3 자의 채권은 영업양수인이 영업양도계약에서 인수하지 않은 양도인의 채무로서, 양도인의 영업으로 인하여 발생한 것이어야 한다. '양도인의 영업으로 인하여 발생한 채무'는 영업상의 활동에 관하여 발생한 모든 채무를 말하므로, 거래상의 채무, 거래상의 채무불이행으로 인한 손해배상채무뿐만 아니라 거래와 관련한 부당이득 및 불법행위로 인한 손해배상채무 등 일체가 포함된다(대법원 1989. 3. 28. 선고 88다카12100 판결). 그 채무의 발생시기는 영업양도 이전이면 족하고(아래 2019다270217 판결 참조), 반드시 영업양도 당시의 상호를 사용하는 동안 발생한 채무에 한하는 것은 아니다(대법원 2010. 9. 30. 선고 2010다35138 판결). 2인 이상이 공동하여 영업을 양수한 경우에는 전원이 제 3 자에 대하여 연대하여 변제책임을 진다(대법원 1991. 8. 9. 선고 91다15225 판결). 양수인은 양수한 적극재산의 범위 내에서 책임을 지는 것이 아니라 채권 전체에 대한 책임을 지는 한편 양도인이 채권자에 대하여 가지는 항변은 양수인도 이를 주장할 수 있다. 그리고 영업양도 당시에 그 변제기가 도래하였는지 여부, 양수인이 그 채무의 존재를 알고 있었는지 여부는 묻지 아니한다. 양수인이 채무를 인수하지 아니하였음을 입증하더라도 양수인은 변제책임을 면하지 못한다. 양도인이 개인상인인 경우 그의 채무는 상법 제47조 제 2 항에 의하여 영업상의 채무로 법률상 추정되고, 양도인이 회사인 경우 회사에는 사적인 생활이 존재하지 아니하므로 그 행위는 영업과 관련이 있는 것으로 추정되므로 회사가 부담하는 채무도 영업상의 채무로 사실상 추정된다(대법원 2002. 6. 28. 선고 2000다5862 판결). 따라서 양수인측이 그 채무의 변제책임을 지지 않으려면 양도인이 개인상인의 경우에는 본증으로, 회사의 경우에는 반증으로 각 추정을 복멸하여야 할 것이다.

※ 대법원 2020. 2. 6. 선고 2019다270217 판결
상법 제42조 제 1 항은 영업양수인이 양도인의 상호를 계속 사용하는 경우 양도인의 영업으로 인한 제 3 자의 채권에 대하여 양수인도 변제할 책임이 있다고 규정함으로써 양도인이 여전히 주채무자로서 채무를 부담하면서 양수인도 함께 변제책임을 지도록

하고 있으나, 위 규정이 영업양수인이 양도인의 영업자금과 관련한 피보증인의 지위까지 승계하도록 한 것이라고 보기는 어렵고, 영업양수인이 위 규정에 따라 책임지는 제3자의 채권은 영업양도 당시 채무의 변제기가 도래할 필요까지는 없다고 하더라도 그 당시까지 발생한 것이어야 하고, 영업양도 당시로 보아 가까운 장래에 발생될 것이 확실한 채권도 양수인이 책임져야 한다고 볼 수 없다.

나) **책임의 성질**: 채권자 보호를 위하여 양수인에게 본조의 책임을 지우는 것과 양도인의 책임은 별개의 것으로 양 책임은 부진정연대관계가 된다. 양수인이 본조의 책임을 진다고 하여 양도인에 대한 집행권원으로써 바로 양수인 소유의 재산에 대하여 강제집행할 수는 없고(대법원 1967. 10. 31. 선고 67다1102 판결), 확정판결의 변론종결 후에 그 판결상의 채무자로부터 영업을 양수하여 본조의 책임을 지게 되었다고 하더라도 그 판결상의 채무를 면책적으로 인수하는 등의 특별한 사정이 없는 한 그 양수인을 곧 민사소송법 제204조의 변론을 종결한 뒤의 승계인에 해당된다고 할 수 없다(대법원 1979. 3. 13. 선고 78다2330 판결). 상법 제42조 제1항은 상호를 계속 사용하는 영업양수인에게 영업양도 이전에 발생한 영업양도인의 영업으로 인한 제3자에 대한 채무에 대한 변제책임을 지우는 것일 뿐이고, 위 규정으로 인하여 영업양도인이 영업양도 이후에 발생한 영업양수인의 제3자에 대한 채무를 변제할 책임을 부담하는 것은 아니다(대법원 2013. 4. 11. 선고 2012다64116 판결). 그리고 제3자인 채권자에 대하여 영업양수인이 변제책임을 부담하는 경우에, 채권자의 영업양도인에 대한 채권과 영업양수인에 대한 채권은 법률적으로 발생원인을 달리하는 별개의 채권으로서 그 성질상 영업양수인에 대한 채권이 영업양도인에 대한 채권의 처분에 당연히 종속된다고 볼 수 없으므로, 채권자가 영업양도인에 대한 채권을 타인에게 양도하였다는 사정만으로 영업양수인에 대한 채권까지 당연히 함께 양도된 것이라고 단정할 수 없고, 함께 양도된 경우에도 채권양도의 대항요건은 채무자별로 갖추어야 한다(대법원 2013. 3. 28. 선고 2012다114783 판결; 후술하는 바와 같이 상법 제44조의 경우에도 같은 법리가 적용된다. 아래 185면의 2009다23696 판결 참조).

다) **책임의 배제**: 위에서 본 양수인의 책임은 ① 양수인이 영업양도를 받은 후 지체 없이 양도인의 채무에 대한 책임이 없음을 등기한 때, ② 양도인과 양수인이 지체 없이 제3자에 대하여 그 뜻을 통지한 때에는 인정되지 아니한다(42조 2항). 위와 같은 면책등기는 모든 채권자에 대하여, 면책통지는 통지를 받은 채권자에 대하여 효력이 있다. 또한 위 면책통지는 반드시 양도인과 양수인이 하여야 하며

양도인만의 통지는 효력이 없다(대법원 1976. 4. 27. 선고 75다1209,1210 판결). 위의 등기나 통지는 양수인이 책임을 부담하게 될 외관이 형성되기 전에 이루어져야 하므로 상법은 '영업양도를 받은 후 지체 없이'라는 요건을 부가하고 있다.

　　라. 본조 유추적용의 가부　　대법원은 영업을 출자하여 주식회사를 설립하고 그 상호를 계속 사용하는 경우에는 영업의 양도는 아니지만 출자의 목적이 된 영업의 개념이 동일하고 법률행위에 의한 영업의 이전이라는 점에서 영업의 양도와 유사하며 채권자의 입장에서 볼 때는 외형상의 양도와 출자를 구분하기 어렵다는 이유로 영업출자에 대하여 상법 제42조 제 1 항을 유추적용하여 새로 설립된 법인에게 출자자의 채무를 변제할 책임을 인정하였고(대법원 1996. 7. 9. 선고 96다13767 판결), 양수인에 의하여 속용되는 명칭이 상호 자체가 아닌 옥호(屋號) 또는 영업표지인 때에도 그것이 영업주체를 나타내는 것으로 사용되는 경우에는 영업상의 채권자가 영업주체의 교체나 채무승계 여부 등을 용이하게 알 수 없다는 점에서 일반적인 상호속용의 경우와 다를 바 없다는 이유로 교육시설인 '서울종합예술원'의 영업을 양도받아 그 명칭을 사용하여 같은 영업을 계속한 양수인에 대하여 상법 제42조 제 1 항을 유추적용하여 책임을 인정하였다(대법원 2022. 4. 28. 선고 2021다 305659 판결; 대법원 2010. 9. 30. 선고 2010다35138 판결). 그러나 대법원은 영업임대차의 경우에는 상법 제42조 제 1 항의 유추적용을 부정한다(아래 2016다47737 판결; 대법원 2016. 8. 24. 선고 2014다9212 판결).

> ※ 대법원 2017. 4. 7. 선고 2016다47737 판결
> 영업임대차의 경우에는 상법 제42조 제 1 항과 같은 법률규정이 없을 뿐만 아니라, 채권자가 제공하는 영업상의 신용에 대하여 실질적인 담보의 기능을 하는 영업재산의 소유권이 재고상품 등 일부를 제외하고는 모두 임대인에게 유보되어 있고 임차인은 사용·수익권만을 가질 뿐이어서 임차인에게 임대인의 채무에 대한 변제책임을 부담시키면서까지 임대인의 채권자를 보호할 필요가 있다고 보기 어렵다. 여기에 상법 제42조 제 1 항에 의하여 양수인이 부담하는 책임은 양수한 영업재산에 한정되지 아니하고 그의 전 재산에 미친다는 점 등을 더하여 보면, 영업임대차의 경우에 상법 제42조 제 1 항을 그대로 유추적용할 것은 아니다. 이는 영업임대차의 종료로 영업을 반환하는 경우에도 마찬가지이다.

(2) 양수인이 양도인의 상호를 속용하지 아니하는 경우

이 경우 채권자의 신뢰는 없을 것이므로 양수인은 양도인의 영업상 채무에 대

하여 책임을 부담하지 않는 것이 원칙이다. 다만 양수인이 그 채무를 인수할 것을 광고한 때에는 양수인도 변제할 책임이 있다(44조). 이는 금반언의 법리에 의한 것이다. 상법 제44조는 광고를 한 경우만을 규정하고 있으나 양수인이 광고에 의하지 아니하고 개별적으로 채무인수의 통지를 한 경우에도 적용된다(대법원 2010. 11. 11. 선고 2010다26769 판결; 대법원 2008. 4. 11. 선고 2007다89722 판결, 손주찬 204). 이러한 채무인수의 통지는 그 통지로써 족하고 실제로 채무인수를 하여야 하는 것은 아니다. 만약 실제로 채무인수를 한 경우라면 본조를 적용할 필요 없이 채무인수 약정에 따라 책임을 부담하게 될 것이기 때문이다. 이때 양수인이 부담하는 채무는 상법 제42조 제 1 항의 채무와 같다. 본조의 적용을 받는 채무인수의 광고는 어떠한 것이어야 하는가에 대하여는 반드시 채무인수라는 문구를 쓰지 않더라도 사회통념상 양수인이 양도인의 영업상의 채무를 부담하는 것으로 믿을 만한 기재가 있는 것으로 족하다고 보나 그렇다고 하여 채무인수의 뜻이 없이 단순히 영업양도 또는 사업승계 등의 표현만 사용된 것으로는 부족하다고 본다(정동윤 246).

> ※ 대법원 2009. 7. 9. 선고 2009다23696 판결
> 영업양수인이 양도인의 상호를 계속 사용하지 아니하는 경우에 양도인의 영업으로 인한 채무를 인수할 것을 광고한 때에는 양수인도 변제할 책임이 있는바(상법 제44조), 이 경우 영업양도인의 영업으로 인한 채무와 영업양수인의 상법 제44조에 따른 채무는 같은 경제적 목적을 가진 채무로서 서로 중첩되는 부분에 관하여는 일방의 채무가 변제 등으로 소멸하면 다른 일방의 채무도 소멸하는 이른바 부진정연대의 관계에 있지만, 채권자의 영업양도인에 대한 채권과 영업양수인에 대한 채권은 어디까지나 법률적으로 발생원인을 달리하는 별개의 채권으로서 그 성질상 영업양수인에 대한 채권이 영업양도인에 대한 채권의 처분에 당연히 종속된다고 볼 수 없다. 따라서 채권자가 영업양도인에 대한 채권을 타인에게 양도하였다는 사정만으로 영업양수인에 대한 채권까지 당연히 함께 양도된 것이라고 단정할 수 없고, 함께 양도된 경우라도 채권양도의 대항요건은 채무자별로 갖추어야 한다.

(3) 양도인의 책임 소멸

양수인이 책임을 부담하는 경우에도 양도인의 책임이 면제되는 것은 아니나 양수인이 상호를 속용하거나 채무인수의 광고 또는 통지를 한 경우에도 양도인의 지위를 오랫동안 불안정한 상태에 두는 것은 바람직하지 않다는 견지에서 양도인의 책임에 대하여 상법은 특별한 제척기간을 두고 있다. 즉, 양도인의 제 3 자에 대

한 채무는 영업양도(상호속용) 또는 광고 후 2년이 경과하면 소멸한다(45조). 이 기간은 제척기간이므로 그 기간이 경과하였는지 여부는 직권조사사항으로서 이에 대한 당사자의 주장이 없더라도 법원이 당연히 직권으로 조사하여 재판에 고려하여야 한다(대법원 2013. 4. 11. 선고 2012다64116 판결). 따라서 이후에는 양수인만이 책임을 지게 된다. 2년의 제척기간 이내라도 채무가 시효로 소멸하면 그 때에 양수인의 채무도 소멸한다. 판례는 영업의 출자로 설립된 회사가 상호를 속용함으로써 상법 제42조 제 1 항이 유추적용되는 경우 상법 제45조도 당연히 유추적용된다고 한다(대법원 2009. 9. 10. 선고 2009다38827 판결).

2. 영업상의 채무자에 대한 관계

(1) 양수인이 상호를 속용하는 경우

양수인이 양도인의 상호를 속용하는 경우에는 채권의 양도가 없더라도 양도인의 영업으로 인한 채권에 대하여 채무자가 선의이며 중대한 과실 없이 양수인에게 변제한 때에는 그 효력이 있다(43조). 이는 채무자가 영업주의 교체사실을 알지 못하고 변제하는 경우에 채무자를 보호하기 위한 규정이다. 여기의 '선의'는 영업양도 사실을 알지 못한 경우를 말하며, '중대한 과실'은 조금만 주의를 하였으면 그 사실을 알 수 있었을 경우를 의미한다. 채무자의 '악의' 또는 '중대한 과실'에 대한 입증책임은 양도인이 부담하여야 할 것이다. 본조는 채권양도가 없는 경우를 전제한 규정이므로 채권양도의 절차와 대항요건이 구비된 경우에는 그 적용이 없다. 또 본조는 지시증권 또는 무기명증권상의 채무자에게도 적용되지 않는다. 이 경우에는 증권상의 피배서인 또는 소지인이 권리자이기 때문이다.

(2) 양수인이 상호를 속용하지 아니하는 경우

이 경우에 대하여는 상법에 아무런 규정이 없다. 따라서 민법의 일반원칙에 의하여야 한다. 채권양도의 대항요건이 구비된 경우에는 양수인에게 변제하여야 하고, 그 요건이 구비되지 않은 경우에는 양도인에게 변제하여야 한다. 만약 채무자의 오인으로 인하여 양수인에게 변제한 경우 채권의 준점유자에 대한 변제(민법 470조)로 되지 아니하는 한 변제의 효력이 인정될 수 없을 것이다. 이와 관련하여 채권의 이전이 없었음에도 불구하고 양수인이 채권양수를 공고 또는 통지한 경우에 이를 믿고 양수인에게 변제한 때에는 상법 제44조를 유추적용하여 그 효력을 인정하여야 한다는 견해(손주찬 205)가 있으나 그러한 공고 또는 통지사실을 양도인이 알고도 이를 묵인한 경우에는 별론으로 하더라도 양도인측에 아무런 귀책사유가 없는 상태에서 상법 제44조를 유추적용하는 것은 무리이다. 양도인측의 양해가 없는 양수인의 위와 같은 행위는 불법행위를 구성하는 것이고 그로 인하여 채무자가 예상치 못한 피해를 입게 된다고 하더라도 그것은 양수인과 채무자 사이의 문제일 뿐이기 때문이다.

〈영업양도의 제 3 자에 대한 효력〉

구 분	상호 속용 여부	상법 규정	구체적 내용	비 고
영업상 채권자	속 용	42조	1. 원칙: 양수인도 변제책임(1항) 2. 예외(2항) 　가. 책임 없음의 등기 　나. 양도인과 양수인의 통지	원칙에 따라 양수인이 책임을 지는 경우 양도인의 채권자에 대한 채무는 영업양도 후 2년 경과로 소멸(45조)
	비속용	44조	1. 원칙: 양수인은 책임 없음 2. 예외: 채무인수의 광고	예외에 따라 양수인이 책임을 지는 경우 양도인의 채권자에 대한 채무는 광고 후 2년 경과로 소멸(45조)
영업상 채무자	속 용	43조	채무자가 선의이며 중대한 과실 없이 변제한 경우 유효	
	비속용	없음	민법의 일반원칙에 의함 (민법 470조)	

제2편 상행위법

상법전 제 2 편은 상인의 상행위에 대하여 규정하고 있다.

제 1 장 통칙에는 상행위를 영업적 상행위(제46조)와 보조적 상행위(제47조) 및 준상행위(제66조)로 구분하여 규정하고, 제48조 내지 제65조에는 민법에 대한 상행위 전체에 공통된 특칙을 규정하고 있다.

제 2 장에는 상사매매(제67조~제71조)규정에 이어 상인의 영업활동을 위한 보조적 상행위 세 가지, 즉 상호계산(제 3 장, 제72조~제77조), 익명조합(제 4 장, 제78조~제86조) 및 합자조합(제 4 장의2, 제86조의2~제86조의9)에 대하여 규정하고 있다.

그 다음으로 상인의 영업적 상행위 중에서 전형적인 상행위형태에 대하여 각각 상세한 규율을 하고 있는데, 이를 구체적으로 보면 대리상(제 5 장, 제87조~제92조의3), 중개업(제 6 장, 제93조~제100조), 위탁매매업(제 7 장, 제101조~제113조), 운송주선업(제 8 장, 제114조~제124조), 운송업(제 9 장, 제125조~제150조), 공중접객업(제10장, 제151조~제154조), 창고업(제11장, 제155조~제168조), 금융리스업(제12장, 제168조의2~제168조의5), 가맹업(제13장, 제168조의6~제168조의10) 및 채권매입업(제14장, 제168조의11 및 제168조의12)에 관한 각 규정이다.

제1장 총 설

제1절 상행위법의 의의

Ⅰ. 실질적 의의의 상행위법

실질적 의의의 상행위법은 실질적 의의의 상법을 어떻게 파악하느냐에 따라 정하여지는 것으로, 실질적 의의의 상법을 기업에 관한 특별사법으로 본다면 실질적 의의의 상행위법은 기업거래(또는 활동)에 관한 특별사법을 의미하게 된다.

Ⅱ. 형식적 의의의 상행위법

형식적 의의의 상행위법은 '상행위'라는 명칭을 가지고 성문의 형식으로 존재하는 법, 즉 상법전 제2편을 가리킨다. 이는 총 15장으로 구성되는데 제1장에는 상행위의 종류 및 민법에 대한 상행위 전체에 공통된 규정(통칙)을 두고 제2장에는 매매, 제3장에는 상호계산, 제4장에는 익명조합, 제4장의2에는 합자조합, 제5장에는 대리상, 제6장에는 중개업, 제7장에는 위탁매매업, 제8장에는 운송주선업, 제9장에는 운송업, 제10장에는 공중접객업, 제11장에는 창고업, 제12장에는 금융리스업, 제13장에는 가맹업, 제14장에는 채권매입업에 대하여 각각 규정하고 있다.

Ⅲ. 양자의 관계

실질적 의의의 상행위법과 형식적 의의의 상행위법의 양자는 그 범위에 있어서 일치하지 아니한다. 실질적 의의의 상행위법은 상법전 제 2 편에 망라되어 있는 것이 아니며 '보험'에 관한 규정인 제 4 편과 '해상'에 관한 규정인 제 5 편 및 '항공운송'에 관한 규정인 제 6 편 기타 특별법령에도 존재하고 그 외 상관습법의 형태로도 존재하고 있다. 또 상행위편에 있는 상호계산과 익명조합 및 합자조합은 기업거래에 관한 규정이 아니며 다만 그것들이 보조적 상행위이기 때문에 상행위편에서 규정하고 있을 따름이다.

아래에서는 상법전 제 2 편을 크게 나누어 모든 기업거래에 공통적인 내용인 제 1 장 내지 제 4 장의2의 각 규정을 상행위법 총칙으로, 그리고 개개의 상행위에 관련한 제 5 장 내지 제14장의 각 규정을 상행위법 각칙으로 분류하여 설명하기로 한다.

제2절 상행위법의 특성

상행위법은 첫째, 민법에 대한 특별법으로서 유상성(55조 1항, 61조 등), 신속성(64조, 68조 등), 정형성 등의 특성을 가진다. 둘째, 기업조직에 관한 규정(상법총칙편과 회사편의 규정)이 대부분 강행규정임에 반하여 기업활동에 관한 규정인 상행위법은 임의법규성을 가진다. 셋째, 기업활동이 오늘날 국제적으로 이루어지는 까닭에 기업조직법에 비하여 강한 국제성을 가진다.

> Cf. 상행위법 규정이 임의법규적인 것은 당사자 쌍방이 합리적인 의사결정능력을 가지고 있다는 점을 전제로 하는 것이나 자본주의의 고도화와 심화에 따라 보험, 해상 및 항공운송과 같이 거래당사자의 지위 불평등으로 인하여 합리적인 의사결정이 이루어질 수 없는 영역이 나타나게 되었는바 이에 해당 기업과 거래하는 일반대중의 이익 보호를 위하여 보험, 해상 및 항공운송편에 강행규정(663조, 799조, 903조 등)을 두게 되었다.

제3절 상행위의 의의와 종류

I. 서   설

1. '상행위' 개념의 상법상의 위치

'상행위'는 '상인'의 개념과 더불어 상법의 적용범위를 정하는 중심적인 개념이다.

2. 상행위에 관한 입법주의

어떠한 행위를 상행위로 하는가에 대하여 세 가지 입법주의가 있다.

(1) 주관주의

상인의 개념을 먼저 정하고 그 상인의 영업상 행위를 상행위로 하는 입장으로서, 독일과 스위스 채무법이 이에 속한다.

(2) 객관주의

행위의 주체가 누구인가에 무관하게 오로지 행위의 객관적인 성질에 따라 상행위인지 여부를 정한다는 입장이다.

(3) 절충주의

위 두 가지 요소를 절충한 것으로 주관주의적 요소가 주도적 지위를 차지하고, 객관적 요소는 2차적인 의의를 가진다. 프랑스와 일본상법이 이에 따르고 있다.

(4) 우리 상법의 입장

우리 상법은 절대적 상행위를 인정하지 않으므로 주관주의 입법으로 보아야 할 것이다(정찬형 191, 손주찬 215, 최기원 213, 정동윤 266).

Cf. 舊 商法(의용상법)에서는 상인이 아닌 자의 1회만의 행위에 대하여도 상행위성을 인정하는 절대적 상행위라는 개념이 있었으나 이는 상법이 기업에 관한 법이라는 점에서 볼 때 허용할 수 없다고 하여 新 商法의 제정과정에서 이를 삭제하였다. 다만 특별법(담보부사채신탁법 23조 2항)에는 절대적 상행위를 규정하고 있다.

Ⅱ. 상행위의 의의

상행위는 실질적으로는 영리에 관한 행위이고, 형식적으로는 상법과 특별법(담보부사채신탁법 23조 2항)에서 상행위로 규정되어 있는 것을 말한다. 상행위의 성질은 채권법적인 행위이고, 물권행위는 그 이행행위에 지나지 않는다.

Ⅲ. 상행위의 종류

1. 서 설

상법은 상행위로서 영업적 상행위(46조)·보조적 상행위(47조) 및 준상행위(66조) 이상 세 가지를 규정하고 있다. 이 가운데 영업적 상행위는 절대적 상행위와 함께 상인개념을 정하는 기초가 되므로 기본적 상행위라고 하고, 보조적 상행위는 상인의 개념이 먼저 정하여진 후에 이로부터 도출되는 것이므로 부속적 상행위라고도 한다.

2. 기본적 상행위

이는 당연상인(4조) 개념의 기초가 되는 상행위로서, 영업적 상행위(상법 46조에 열거된 22개의 상행위)와 절대적 상행위(담보부사채신탁법 23조 2항의 제3자의 사채총액의 인수행위)가 이에 속한다. 이러한 상행위를 자기명의로 하는 자가 당연상인이 되는 것이다.

> ※ 대법원 1998. 7. 10. 선고 98다10793 판결
> 어느 행위가 상법 제46조 소정의 기본적 상행위에 해당하기 위하여는 영업으로 동조 각 호 소정의 행위를 하는 경우이어야 하고, 여기서 영업으로 한다고 함은 영리를 목적으로 동종의 행위를 계속 반복적으로 하는 것을 의미한다.

3. 보조적(부속적) 상행위

(1) 의 의

보조적 상행위는 상인이 영업을 위하여 하는 행위이다(47조 1항). 식당을 경영하는 상인이 점포확장을 위하여 인근 건물매입용도로 은행으로부터 자금을 차입하는 행위를 예로 들 수 있다. 이러한 자금차입행위는 상인의 영업목적인 행위(음식판매)와는 달리 그 자체로서 반드시 영리성을 가지는 것은 아니지만 영업을 위한

수단적 행위이므로 상법은 이를 상행위로 보고 상행위의 통칙규정을 적용하도록 한 것이다. 이때의 '상인'에는 제한이 없으므로 의제상인, 소상인, 공법인이든 구별 없이 상인인 이상 그가 영업을 위하여 하는 행위는 상행위가 된다. 상업사용인과의 근로계약체결(대법원 1976. 6. 22. 선고 76다28 판결)과 같은 개업준비행위(대법원 1999. 1. 29. 선고 98다1584 판결)는 보조적 상행위에 속한다(이 부분에 관하여는 자연인의 상인자격의 취득시기에 관한 위의 66-70면 참조).

※ 대법원 2020. 3. 12. 선고 2019다283794 판결 [약정금]
이는 갑주식회사(택시운송사업을 영위)의 주주들(이하 '원고 등'으로 약칭)이 그들 소유의 갑회사 주식을 택시운송사업을 영위하기 위하여 갑회사를 양수하려는 피고들에게 양도하였고, 피고들은 주식인수 후 갑회사의 대표이사 또는 사내이사로 각 취임하였는데 원고 등이 위 주식양수도과정에서 발생한 약정금을 피고들에게 청구한 사안에 대하여 원심은 피고들이 택시운송사업을 운영하기 위해 갑회사를 양수한 행위가 영업을 위한 보조적 상행위에 해당한다는 이유 등으로 위 약정금채권에 5년의 소멸시효가 적용된다고 판시하였다. 이에 대하여 대법원은 "영업을 준비하는 행위가 보조적 상행위로서 상법의 적용을 받기 위해서는 행위를 하는 자 스스로 상인자격을 취득하는 것을 당연한 전제로 하므로, 어떠한 자가 자기 명의로 상행위를 함으로써 상인자격을 취득하고자 준비행위를 하는 것이 아니라 다른 상인의 영업을 위한 준비행위를 하는 것에 불과하다면, 그 행위는 행위를 한 자의 보조적 상행위가 될 수 없다(대법원 2012. 3. 29. 선고 2011다83226 판결 참조). 회사가 상법에 의해 상인으로 의제된다 하더라도 회사의 기관인 대표이사 개인이 상인이 되는 것은 아니다. 따라서 대표이사 개인의 행위가 상행위로서 상법의 적용을 받기 위해서는 그 행위가 영업으로 상행위를 하는 경우에 해당되어 상인자격을 취득할 것을 전제로 한다. 여기서 '영업으로 한다'고 함은 영리를 목적으로 동종의 행위를 계속 반복적으로 하는 것을 의미한다(대법원 2012. 7. 26. 선고 2011다43594 판결 등 참조)."라고 전제하고 이어서 "원고 등은 갑회사의 대표이사로서 회사의 영업을 위하여 이 사건 계약을 체결한 것이 아니라, 자신들 소유의 갑회사 발행 주식을 피고들에게 양도하는 계약의 권리·의무의 주체로서 체결한 것이다. 이 사건 계약 내용과 진행 경과 등에 비추어 보면, 원고 등이 동종의 행위를 계속 반복적으로 하려는 의도에서 영업으로 이 사건 계약을 체결하였다고 볼 수 없다. … 그런데도 원심은, 피고들이 택시운송사업을 운영하기 위해 갑회사를 양수한 행위는 영업을 위한 보조적 상행위에 해당한다는 이유 등으로 이 사건 약정금채권은 5년의 소멸시효가 적용된다고 판단하였"으나 이는 대법원판례의 해석에 반대되는 해석을 전제로 한 것으로 판결에 영향을 미친 위법이 있다고 하여 파기환송하였다.

※ 대법원 2021. 12. 10. 선고 2020다295359 판결 [대여금]

상인이 기본적 영업활동을 종료하거나 폐업신고를 하였더라도 청산사무나 잔무처리가 남아 있는 동안에는 그러한 청산사무나 잔무처리 행위 역시 영업을 위한 행위로서 보조적 상행위로 볼 수 있다. … 피고들은 2003. 2.경부터 ○○마트를, 2008. 4.경부터 △△마트를 각 운영하여 오던 중 2008. 9. 24. △△마트에 대한 유체동산 가압류집행을 당하자 그 무렵 폐업신고를 하고 해방공탁을 통해 가압류에 대한 집행취소결정을 받은 직후 원고에게 이 사건 공정증서를 작성하여 주었고 그 변제기도 작성일로부터 불과 6일 후로 정한 점, 원고는 이 사건 공정증서에서 정한 변제기로부터 2일 후 위 증서에 기하여 피고들의 해방공탁금 회수청구권에 대한 강제집행에 착수하였던 점에 비추어, 피고들의 이 사건 공정증서 작성 행위는 유체동산 가압류에 대한 대응 및 폐업에 따른 청산사무 또는 잔무를 처리하는 보조적 상행위에 해당한다고 볼 수 있다. 그럼에도 … 민법상 10년의 소멸시효기간이 적용된다고 본 원심의 판단에는 상인자격 상실시점, 보조적 상행위 및 소멸시효기간에 관한 법리를 오해하여 필요한 심리를 다하지 않음으로써 판결에 영향을 미친 잘못이 있다.

(2) 범   위

보조적 상행위는 신분적 행위를 제외한 재산법적 행위, 특히 채권법적인 행위만을 일컫는 것이나 채권법적 행위인 이상 법률행위에 한하지 않고 사무관리와 부당이득도 포함된다고 본다(손주찬 218). 불법행위에 대하여는 견해가 대립(포함설: 손주찬 218, 정찬형 194; 불포함설: 정동윤 275)하는 한편 판례는 불포함설의 입장을 취하고 있다(대법원 2004. 3. 26. 선고 2003다34045 판결). 영업을 위하여 하는 행위인 이상 유상·무상을 불문한다.

(3) 보조적 상행위의 추정

사적인 생활이 존재할 수 없는 회사와는 달리 개인상인의 경우에는 그 생활의 전부가 영업행위가 될 수는 없고 일부나마 영업활동과 무관한 행위가 있을 수 있다. 개인상인의 행위 중에서 어떤 행위가 영업을 위한 행위인지 여부가 항상 명백하지는 않음으로써 생기는 혼란을 막고 거래의 안전을 도모하기 위하여 상법은 상인의 행위는 영업을 위하여 하는 것으로 추정하고 있다(47조 2항). 위와 같은 추정을 번복하기 위하여는 주장자가 반대사실을 입증하여야 한다. 다만 영업과 무관한 것이 분명한 경우에는 적용이 없다.

※ 대법원 2008. 12. 11. 선고 2006다54378 판결

상법 제47조 제1항은 "상인이 영업을 위하여 하는 행위는 상행위로 본다"고 규정하고 있고, 같은 조 제2항은 "상인의 행위는 영업을 위하여 하는 것으로 추정한다"고 규정하고 있으므로, 영업을 위하여 하는 것인지 아닌지가 분명치 아니한 상인의 행위는 영업을 위하여 하는 것으로 추정되고 그와 같은 추정을 번복하기 위해서는 그와 다른 반대사실을 주장하는 자가 이를 증명할 책임이 있다. 그런데 금전의 대여를 영업으로 하지 아니하는 상인이라 하더라도 그 영업상의 이익 또는 편익(便益)을 위하여 금전을 대여하거나 영업자금의 여유가 있어 이자 취득을 목적으로 이를 대여하는 경우가 있을 수 있으므로, 이러한 상인의 금전대여행위는 반증이 없는 한 영업을 위하여 하는 것으로 추정된다.

4. 고유의 상행위·준상행위(準商行爲)

고유의 상행위는 상행위법이 원칙적으로 적용되는 행위로서 당연상인이 영업으로 하는 기본적 상행위(46조), 당연상인이 영업을 위하여 하는 보조적 상행위(47조) 및 의제상인이 영업을 위하여 하는 보조적 상행위(47조)를 통칭하는 강학상의 개념이다. 준상행위는 의제상인이 영업으로 하는 행위를 말한다(66조). 예컨대 수산회사가 영업으로 물고기를 포획·가공·판매하는 행위, 상법 제5조 제1항의 요건을 갖춘 농장주가 자신이 생산한 농산물을 판매하는 행위 등이 이에 해당한다. 이러한 행위도 상행위법에 의하여 규율할 필요가 있으므로, 상법은 상행위에 관한 규정을 준용하고 있다.

고유의 상행위	당연상인이 영업으로 하는 기본적 상행위(46조)
	당연상인이 영업을 위하여 하는 보조적 상행위(47조)
	의제상인이 영업을 위하여 하는 보조적 상행위(47조)
준 상 행 위	의제상인이 영업으로 하는 행위(66조)

5. 일방적 상행위·쌍방적 상행위

이는 행위의 당사자를 중심으로 한 구별이다. 일방적 상행위는 그 행위가 당사자 일방에게만 상행위가 되는 행위를 말하며, 쌍방적 상행위는 당사자의 쌍방에게 상행위가 되는 행위를 말한다. 예를 들면 소매상과 일반 소비자 간의 거래는 전자에 속하고, 도매상과 소매상의 거래는 후자에 속한다. 상법은 쌍방적 상행위에는 물론 일방적 상행위에 대하여도 적용된다(3조, 그러나 58조 및 67조 내지 71조는

쌍방적 상행위에만 적용된다).

※ 대법원 2010. 3. 11. 선고 2009다100098 판결

당사자 쌍방에 대하여 모두 상행위가 되는 행위로 인한 채권뿐만 아니라 당사자 일방에 대하여만 상행위에 해당하는 행위로 인한 채권도 상법 제64조 소정의 5년의 소멸시효기간이 적용되는 상사채권에 해당하는 것이고, 그 상행위에는 상법 제46조 각 호에 해당하는 기본적 상행위뿐만 아니라 상인이 영업을 위하여 하는 보조적 상행위도 포함하는 것이며 상인의 행위는 영업을 위하여 하는 것으로 추정된다.

제2장 상행위법 총칙

상법은 상거래의 영리성·신속성·정형성 등의 특성과 거래안전의 이념에 터잡아 일반법인 민법을 보충 또는 변경하고 있는데 그 중에서 업종에 관계없이 적용되는 규범을 제2편 제1장 통칙과 제2장 상사매매에서 규정하고 있다. 그리고 제3장과 제4장 및 제4장의2에는 상인의 영업활동을 위한 보조적 상행위인 상호계산과 익명조합 및 합자조합에 대하여 규정하고 있다.

제1절 민법 총칙편에 대한 특칙

I. 상행위의 대리와 위임

1. 대리의 방식과 효과(非顯名主義)

(1) 현명주의(顯名主義)의 예외(48조 본문)

민법에 의하면 대리행위는 본인을 위하여 하는 의사, 즉 대리의사가 표시되어야 하고 만약 그 표시가 없는 경우 본인의 책임은 발생하지 않고 대리인 개인만이 책임을 지게 되나(현명주의: 민법 114조, 115조) 상행위의 대리에 있어서는 대리인이 본인을 위한 것임을 표시하지 아니하여도 그 행위는 본인에 대하여 효력이 발생한다(48조 본문). 이는 민법의 현명주의에 대한 예외로서 상거래의 몰개성성과 신속·간이의 이념에서 나온 것이다.

※ 대법원 2009. 1. 30. 선고 2008다79340 판결

상법 제48조는 "상행위의 대리인이 본인을 위한 것임을 표시하지 아니하여도 그 행위는 본인에 대하여 효력이 있다. 그러나 상대방이 본인을 위한 것임을 알지 못한 때에는 대리인에 대하여도 이행의 청구를 할 수 있다"고 규정하고 있으므로, <u>조합대리에 있어서도 그 법률행위가 조합에게 상행위가 되는 경우에는 조합을 위한 것임을 표시하지 않았다고 하더라도 그 법률행위의 효력은 본인인 조합원 전원에게 미친다.</u>

(2) 상대방이 대리관계를 알지 못한 경우(48조 단서)

본조는 상대방이 본인을 위한 것임을 알지 못한 경우에도 적용되나 이 경우에는 상대방은 대리인에 대하여도 이행의 청구를 할 수 있다(48조 단서). 이는 상대방이 뜻하지 않은 피해를 입는 것을 방지하기 위한 규정이다. 이에 관하여는 다음의 몇 가지가 문제된다.

가. 과실 있는 상대방의 경우　　상대방이 과실로 인하여 대리인에게 대리의사가 존재함을 알지 못한 경우에도 그 대리인에게 이행청구를 할 수 있는가에 대하여 견해가 대립한다. 생각건대 민법이 제115조 단서에서 상대방이 대리인으로서 한 것임을 알았거나 알 수 있었을 경우에 그 적용을 배제하고 있는 점에 비추어 상법에서 그보다 더 상대방을 두텁게 보호하여 줄 필요는 없을 것이므로 과실적용배제설이 타당하다(同旨: 손주찬 221, 정동윤 300; 과실불문설은 최기원 220, 채이식 155).

나. 상대방과 본인 및 대리인 사이의 관계　　다음으로 상대방이 대리인에 대하여 청구하는 경우에 본인에 대한 관계는 어떠한가에 대하여 ① 상대방의 채무에 대하여 채권자의 지위에 서는 것은 본인뿐이고 상대방의 채권에 대하여 채무자의 지위에 서는 것은 본인과 대리인 양자로서 이 양자는 부진정연대채무관계에 있다는 견해(최기원 220)와 ② 상대방과 본인 간 외에 상대방과 대리인 간에도 법률관계가 성립하고, 상대방은 그 가운데 자기에게 유리한 것을 임의로 선택할 수 있고, 그 중 어느 하나의 법률관계가 종료하면 다른 법률관계도 소멸한다는 견해(정동윤 301)의 대립이 있다. 앞의 견해는 법문에 충실한 반면 뒤의 견해는 상대방에 의하여 선택된 본인과 대리인이 모두 채권자의 지위와 채무자의 지위를 가지게 되어 이해관계가 잘 조화되는 장점이 있는데 적어도 현행 법문상으로 보아 뒤의 견해를 취하기는 어려운 것으로 보인다(손주찬 222).

다. 부지와 과실에 대한 입증책임의 문제　　견해에 따라서는 부지와 무과실

양자를 상대방이 입증하여야 한다는 입장(정동윤 301)도 있으나 상대방이 대리인에 대하여 대리인과의 법률관계를 주장하려면 상대방측에서 대리관계를 알지 못하였다는 것을 입증하여야 하고, 이에 대하여 대리인측에서는 상대방이 과실로 대리관계를 알지 못하였다는 것을 주장 및 입증함으로써 그 책임을 면할 수 있다고 하여야 할 것이다.

라. **적용범위**　　본조가 적용되는 것은 본인에게 상행위가 되는 행위의 대리의 경우에 한정된다. 따라서 상대방에게 상행위가 되는 행위의 경우에는 적용되지 아니하며(손주찬 223), 문언성이 지배하는 어음 또는 수표행위에도 적용이 없다. 그리고 본조는 대리관계의 존재를 전제로 하는 것으로, 대리관계가 불명할 경우 대리관계의 존재를 추정하는 것은 아니다.

2. 본인의 사망과 대리권의 존속

민법의 경우 대리권은 본인의 사망에 의하여 소멸하나(민법 127조 1호), 상법은 대리권 소멸로 인한 영업활동의 중단을 피하기 위하여 상인이 그 영업에 관하여 수여한 대리권은 본인의 사망으로 인하여 소멸하지 아니한다고 규정하고 있다(50조). 따라서 대리인은 당연히 상속인 등 본인의 상인으로서의 지위를 승계한 자(들)의 대리인이 된다. 여기의 '영업에 관하여 수여한 대리권'은 위임의 목적인 행위가 상행위가 아니라, 대리권을 수여하는 행위 자체가 상행위인 경우(예컨대 상인에 의한 지배인의 선임으로 인하여 발생한 대리권)를 말하는 것이다. 따라서 위의 예에 있어서 지배인의 선임행위는 보조적 상행위가 되는 것이다. 회사의 경우 사망은 있을 수 없고, 회사의 소멸이 곧 기업의 소멸이므로 본조가 적용될 여지가 없다(정찬형 199).

3. 상행위의 수임인의 권한

민법 제681조에서 수임인에게 위임의 본지에 따른 선량한 관리자로서의 주의로써 위임사무를 처리하도록 한 것과 별도로 상법은 상행위의 수임인에게 위임의 본지에 반하지 아니한 범위 내에서 위임을 받지 아니한 행위를 할 수 있다고 규정하고 있다(49조). 상품의 매입을 위탁받은 수임인이 그에 따라 매입한 상품의 가격이 폭락하는 경우 그 손실을 최소화하기 위하여 즉시 전매하는 것이 그 예가 될 것이다.

본조의 '상행위의 위임을 받은 자'는 상행위를 위임받은 자를 말하는 것이지, 위임행위 자체가 상행위인가의 여부는 관계가 없다. 본조에 대하여는 민법의 위 규정에 의하여도 이와 같은 행위를 할 수 있다는 이유로 민법의 특칙이 아니라는 견해(주의적 규정설: 손주찬 224, 최기원 221, 정동윤 304, 정찬형 200)가 다수이나 민법의 원칙을 수정·확장한 것이라는 특칙설(채이식 157-158)도 있다.

II. 소멸시효

1. 상사시효

상법은 상행위로 인하여 발생한 채권에 대하여 일정한 예외를 제외하고는 5년의 경과로 시효로 인하여 소멸한다고 규정하고 있다(64조). 이는 상거래 관계를 신속히 확정할 필요가 있는 경우 민법상 채권의 소멸시효(원칙적으로 10년, 민법 162조 1항)에 비하여 단기의 상사시효를 규정한 것이다(아래 2004다22742 판결 참조). 변론주의 원칙상 시효주장이 필요하나 어떠한 시효(상사시효 또는 민사시효 등)가 완성하였는지에 대하여는 법원은 당사자의 주장에 구애받지 않고 직권으로 적용할 수 있다(아래 2016다258124 판결).

> ※ 대법원 2005. 11. 10. 선고 2004다22742 판결
> 상법 제64조의 상사시효제도는 대량, 정형, 신속이라는 상거래관계 특유의 성질에 기인한 제도임을 고려하면, 상인이 그의 영업을 위하여 근로자와 체결하는 근로계약은 보조적 상행위에 해당한다고 하더라도, 근로자의 근로계약상의 주의의무 위반으로 인한 손해배상청구권은 상거래 관계에 있어서와 같이 정형적으로나 신속하게 해결할 필요가 있다고 볼 것은 아니므로 특별한 사정이 없는 한 5년의 상사소멸시효기간이 아니라 10년의 민사소멸시효기간이 적용된다.

> ※ 대법원 2017. 3. 22. 선고 2016다258124 판결
> 민사소송절차에서 변론주의 원칙은 권리의 발생·변경·소멸이라는 법률효과 판단의 요건이 되는 주요사실에 관한 주장·증명에 적용된다. 따라서 권리를 소멸시키는 소멸시효 항변은 변론주의 원칙에 따라 당사자의 주장이 있어야만 법원의 판단대상이 된다. 그러나 이 경우 <u>어떤 시효기간이 적용되는지에 관한</u> 주장은 권리의 소멸이라는 법률효과를 발생시키는 요건을 구성하는 사실에 관한 주장이 아니라 단순히 법률의 해석이나 적용에 관한 의견을 표명한 것이다. 이러한 <u>주장에는 변론주의가 적용되지 않으므로 법원이 당사자의 주장에 구속되지 않고 직권으로 판단할 수 있다. 당사자가 민법에 따른 소멸시효기간을 주장한 경우에도 법원은 직권으로 상법에 따른 소멸시효기간을 적용할 수 있다.</u>

2. 상사시효가 적용되는 채권

(1) '상행위'로 인하여 발생한 채권

상사시효가 적용되기 위하여는 채권이 상행위로 인하여 발생한 것이어야 한다. 여기의 '상행위'에는 쌍방적 상행위뿐만 아니라 일방적 상행위와 보조적 상행위도 포함된다(대법원 2022. 4. 28. 선고 2019다272053 판결; 대법원 2021. 12. 10. 선고 2020다295359 판결; 대법원 2018. 6. 15. 선고 2018다10920 판결; 대법원 2017. 5. 30. 선고 2016다254658 판결; 대법원 2014. 7. 24. 선고 2013다214871 판결; 대법원 2012. 5. 10. 선고 2011다109500 판결; 대법원 2010. 3. 11. 선고 2009다100098 판결 등). 회사의 대표이사 개인자격으로 차용한 이상 회사자금용도로 차용하였더라도 상행위에 해당하지 아니하므로 그 차용금채무에 본조는 적용되지 않는다(대법원 2015. 3. 26. 선고 2014다70184 판결). 또한 상행위인 계약의 해제로 인한 원상회복청구권(대법원 1993. 9. 14. 선고 93다21569 판결)과 상행위로 인하여 생긴 채무의 불이행에 기한 손해배상청구권(대법원 1997. 8. 26. 선고 97다9260 판결)에도 적용이 있다. 그러나 불법행위로 인한 손해배상청구권은 이 시효의 대상이 되지 않는다(대법원 1985. 5. 28. 선고 84다카966 판결). 상행위가 되는 계약이 취소되거나 무효인 경우 이미 이행된 급부에 대한 부당이득반환청구권에 대하여도 상사시효가 적용된다(대법원 2007. 5. 31. 선고 2006다63150 판결, 손주찬 225). 보증채무가 상사채무인 경우 주채무와 별도로 보증채무의 시효는 5년이 된다(아래 205면의 2011다76105 판결).

※ 대법원 2020. 5. 28. 선고 2017다265389 판결 [손해배상(기)]
어느 행위가 상법 제46조의 기본적 상행위에 해당하기 위하여는 영업으로 같은 조 각 호의 행위를 하는 경우이어야 하고, 여기서 '영업으로 한다'는 것은 영리를 목적으로 동종의 행위를 계속 반복적으로 하는 것을 의미한다. 구 한국토지공사법(2009. 5. 22. 법률 제9706호 한국토지주택공사법 부칙 제2조로 폐지)에 따라 설립된 한국토지공사는 토지를 취득·관리·개발 및 공급하게 함으로써 토지자원의 효율적인 이용을 촉진하고 국토의 종합적인 이용·개발을 도모하여 건전한 국민경제의 발전에 이바지하게 하기 위하여 설립된 법인이다. 따라서 한국토지공사가 택지개발사업을 시행하기 위하여 공익사업을 위한 토지 등의 취득 및 보상에 관한 법률에 따라 토지소유자로부터 사업시행을 위한 토지를 매수하는 행위를 하더라도 한국토지공사를 상인이라 할 수 없고, 한국토지공사가 택지개발사업 지구 내에 있는 토지에 관하여 토지소유자와 매매계약을 체결한 행위를 상행위로 볼 수 없다.

Cf. 위 판시에 나오는 '한국토지공사'는 2009. 10. 1. 대한주택공사와 합병하여 현재의 '한국토지주택공사'가 되었다. 원심은 "한국토지공사가 영업으로 부동산을 개발하여 매각할 목적으로 이를 매수하였다는 점 등을 근거로 한국토지공사와 피고들 간에 체결된 매매계약은 상행위에 해당하므로 상법 제64조가 적용되어 5년의 소멸시효가 완성되었다"고 판단하였으나 위 토지매수행위는 상행위에 해당되지 않아 상법 제64조가 적용되지 않고 민법 소정의 10년의 소멸시효가 적용된다고 판시하였다.

한편 대법원은 한국토지주택공사가 관련법령에 따라 시행한 아파트분양계약은 '상행위로 체결'하였으므로 위 계약에 따라 납부한 분양대금 중 일부에 대한 부당이득반환채권 및 그에 대한 지연손해금에는 상법 제54조의 상사법정이율을 적용하는 것이 타당하다고 판시하였고(대법원 2020. 8. 27. 선고 2016다26198 판결; 대법원 2015. 9. 15. 선고 2015다210811 판결도 同旨), 한국전력공사가 전기수용가와 사이에 체결하는 전기공급계약에 대하여 「영업으로 하는 전기의 공급에 관한 행위'는 상법상 기본적 상행위에 해당하고(상법 제46조 제 4 호), 전기공급주체가 공법인인 경우에도 법령에 다른 규정이 없는 한 상법이 적용되므로(상법 제 2 조), 그러한 전기공급계약에 근거한 위약금 지급채무 역시 상행위로 인한 채권으로서 상법 제64조에 따라 5년의 소멸시효기간이 적용된다」고 판시하였다(대법원 2013. 4. 11. 선고 2011다112032 판결).

※ 대법원 2021. 8. 12. 선고 2021다210195 판결 [손해배상(기)]

건설공사에 관한 도급계약이 상행위에 해당하는 경우 그 도급계약에 근거한 수급인의 하자담보책임은 상법 제64조 본문에 의하여 원칙적으로 5년의 소멸시효에 걸리고, 그 소멸시효기간은 민법 제166조 제 1 항에 따라 그 권리를 행사할 수 있는 때인 하자가 발생한 시점부터 진행하는 것이 원칙이나, 그 하자가 건물의 인도 당시부터 이미 존재하고 있는 경우에는 이와 관련한 하자보수를 갈음하는 손해배상채권의 소멸시효기간은 건물을 인도한 날부터 진행한다고 봄이 상당하다(대법원 2012. 7. 12. 선고 2010다90234 판결 참조). 원심은 이 사건 아파트의 사용검사 전에 발생한 하자에 관하여 이 사건 조합이 피고들에 대하여 가지는 하자보수를 갈음한 손해배상청구권은 상사채권으로서 5년의 상사시효가 적용되고, 늦어도 이 사건 아파트의 준공인가일인 2010. 5. 28. 부터 시효가 진행한다고 판단하여 위 손해배상청구권이 시효완성으로 인하여 소멸되었다는 피고들의 항변을 받아들였다.

원심판결 이유를 관련 법리와 기록에 비추어 살펴보면, 원심판단에 상고이유 주장과 같이 하자보수를 갈음한 손해배상청구권의 소멸시효기간, 기산점 등에 관한 법리를 오해하는 등의 잘못이 없다.

* 대법원 2021. 12. 10. 선고 2020다295359 판결

당사자 쌍방에 대하여 모두 상행위가 되는 행위로 인한 채권뿐만 아니라 당사자 일방

에 대하여만 상행위가 되는 행위로 인한 채권도 상법 제64조에 정한 5년의 소멸시효기간이 적용되는 상사채권에 해당하고, 그 상행위에는 상법 제46조 각호에 해당하는 기본적 상행위뿐만 아니라 상인이 영업을 위하여 하는 보조적 상행위도 포함되며(대법원 2012. 5. 10. 선고 2011다109500 판결), 상인의 행위는 영업을 위하여 하는 것으로 추정된다(상법 제47조 제 2 항).

※ 대법원 2014. 6. 12. 선고 2011다76105 판결
보증채무는 주채무와는 별개의 독립한 채무이므로 보증채무와 주채무의 소멸시효기간은 그 채무의 성질에 따라 각각 별개로 정해진다. 그리고 주채무자에 대한 확정판결에 의하여 민법 제163조 각 호의 단기소멸시효에 해당하는 주채무의 소멸시효기간이 10년으로 연장된 상태에서 피고가 주채무를 연대보증한 경우 … 피고의 보증채무의 소멸시효기간은 원고(채권자)의 피고에 대한 연대보증채권이 민사채권인 경우에는 10년, 상사채권인 경우에는 5년이라고 보아야 한다. 그런데 상법 제47조 제 1 항, 제 2 항에 의하면 상인이 영업을 위하여 하는 행위는 상행위로 보고, 상인의 행위는 영업을 위하여 하는 것으로 추정되는 것이므로, 상인인 원고가 상품을 판매한 대금채권에 대하여 피고로부터 연대보증을 받은 행위는 반증이 없는 한 상행위에 해당하고, 따라서 원고의 피고에 대한 보증채권은 특별한 사정이 없는 한 상사채권으로서 그 소멸시효기간은 5년이라고 보아야 할 것이다.

(2) 상행위로부터 생긴 채권에 준하는 채권

상행위로부터 생긴 채권뿐 아니라 이에 준하는 채권에도 본조가 적용 또는 유추적용된다. 대법원은 원고와 피고 모두에게 상행위가 되는 피자점가맹계약을 기초로 하여 매월 원고와 같은 가맹점사업자들에 발송하는 대금청구서에 위 가맹계약상 근거가 없이 일방적으로 청구한 Administration Fee라는 항목의 기납부분에 대한 부당이득반환채권(대법원 2018. 6. 15. 선고 2017다248803,248810 판결), 피고 건설회사가 상행위로 체결한 아파트분양계약에 기하여 원고들이 납부한 분양대금의 일부가 강행법규 위반에 따라 무효가 됨으로써 발생한 차액에 대한 부당이득반환채권(대법원 2015. 9. 10. 선고 2015다212220 판결), 피고은행과의 대출계약에 따라 대출을 받을 때 대출금채무를 담보하기 위하여 피고가 제시한 약관인 근저당권설정계약서에 따라 원고들이 부담하였던 근저당권설정비용의 일부가 약관규제법상 무효로 됨으로써 발생한 근저당권설정비용의 일부에 대한 부당이득반환채권(위 2013다214871 판결 참조), 원고가 피고은행과의 약관인 외국환거래약정에 따라 수출환어음 매입거래에서 발생한 손해배상금이 약관규제법상 일부무효가 됨으로써 발생한 부당이득반환채권

(대법원 2002. 6. 14. 선고 2001다47825 판결)은 모두 그 채권 발생의 경우나 원인 등에 비추어 그로 인한 거래관계를 신속하게 해결할 필요가 있으므로 상사시효가 적용된다고 판시하였다. 또한 원고보험회사가 피고 보험수익자측의 과잉입원을 원인으로 하여 기수령한 보험금의 부당이득반환청구에 대하여 "원고의 피고에 대한 부당이득반환청구권은 상행위에 해당하는 이 사건 각 보험계약에 기초한 급부가 이루어짐에 따라 발생한 것일 뿐만 아니라, 상법이 보험금청구권의 소멸시효를 3년이라는 단기로 규정한 취지 등에 비추어 볼 때 지급한 보험금에 대한 부당이득반환청구권을 둘러싼 분쟁도 상거래 관계와 같은 정도로 신속하게 해결할 필요성이 있으므로 5년의 상사 소멸시효기간에 걸린다"라고 판시하였다(대법원 2021. 8. 19. 선고 2019다269354 판결; 아래 2018다258074 판결). 이와 달리 주식회사의 위법배당에 따른 부당이득반환청구권은 근본적으로 상행위에 기초하여 발생한 것이라 볼 수 없고, 그 회수를 위한 부당이득반환청구권 행사를 신속하게 확정할 필요성이 크다고 볼 수 없다는 이유로 민사시효에 걸린다고 판시하였다(아래 2020다208621 판결; 대법원 2019. 9. 10. 선고 2016다271257 판결; 대법원 2003. 4. 8. 선고 2002다64957,64964 판결도 同旨).

※ 대법원 2021. 8. 19. 선고 2018다258074 판결
상행위인 계약의 무효로 인한 부당이득반환청구권은 민법 제741조의 부당이득 규정에 따라 발생한 것으로서 특별한 사정이 없는 한 민법 제162조 제 1 항이 정하는 10년의 민사 소멸시효기간이 적용되나, 부당이득반환청구권이 상행위인 계약에 기초하여 이루어진 급부 자체의 반환을 구하는 것으로서 채권의 발생 경위나 원인, 당사자의 지위와 관계 등에 비추어 법률관계를 상거래 관계와 같은 정도로 신속하게 해결할 필요성이 있는 경우 등에는 상법 제64조가 유추적용되어 같은 조항이 정한 5년의 상사 소멸시효기간에 걸린다. 이러한 법리는 실제로 발생하지 않은 보험사고의 발생을 가장하여 청구·수령된 보험금 상당 부당이득반환청구권의 경우에도 마찬가지로 적용할 수 있다. Cf. 대법원 2021. 7. 22. 선고 2019다277812 전원합의체 판결도 同旨.

※ 대법원 2021. 6. 24. 선고 2020다208621 판결 [부당이득금]
1) 부당이득반환청구권이라도 그것이 상행위인 계약에 기초하여 이루어진 급부 자체의 반환을 구하는 것으로서, 그 채권의 발생 경위나 원인, 당사자의 지위와 관계 등에 비추어 그 법률관계를 상거래 관계와 같은 정도로 신속하게 해결할 필요성이 있는 경우 등에는 5년의 소멸시효를 정한 상법 제64조가 적용된다.
그러나 이와 달리 부당이득반환청구권의 내용이 급부 자체의 반환을 구하는 것이 아니거나, 위와 같은 신속한 해결 필요성이 인정되지 않는 경우라면 특별한 사정이 없는

한 상법 제64조는 적용되지 않고 10년의 민사소멸시효기간이 적용된다(대법원 2002. 6. 14. 선고 2001다47825 판결, 대법원 2019. 9. 10. 선고 2016다271257 판결 등 참조).

2) 회사는 대차대조표의 순자산액으로부터 자본의 액, 그 결산기까지 적립된 자본준비금과 이익준비금의 합계액, 그 결산기에 적립하여야 할 이익준비금의 액을 공제한 액을 한도로 하여 이익의 배당을 할 수 있고(상법 제462조 제1항), 일정한 요건을 갖추면 중간배당을 할 수 있지만 이때에도 배당 가능한 이익이 있어야 한다(상법 제462조의3 제1항, 제2항). 만약 회사가 배당 가능한 이익이 없음에도 이익의 배당이나 중간배당을 하였다면 위 조항에 반하는 것으로 무효라 할 것이므로 회사는 배당을 받은 주주에게 부당이득반환청구권을 행사할 수 있다.

이익의 배당이나 중간배당은 회사가 획득한 이익을 내부적으로 주주에게 분배하는 행위로서 회사가 영업으로 또는 영업을 위하여 하는 상행위가 아니므로 배당금지급청구권은 상법 제64조가 적용되는 상행위로 인한 채권이라고 볼 수 없다. 이에 따라 위법배당에 따른 부당이득반환청구권 역시 근본적으로 상행위에 기초하여 발생한 것이라고 볼 수 없다. 특히 배당가능이익이 없는데도 이익의 배당이나 중간배당이 실시된 경우 회사나 채권자가 주주로부터 배당금을 회수하는 것은 회사의 자본충실을 도모하고 회사 채권자를 보호하는 데 필수적이므로, 회수를 위한 부당이득반환청구권 행사를 신속하게 확정할 필요성이 크다고 볼 수 없다. 따라서 위법배당에 따른 부당이득반환청구권은 민법 제162조 제1항이 적용되어 10년의 민사소멸시효에 걸린다고 보아야 한다.

3. 적용의 예외

상사채권에 대한 5년의 시효기간에는 두 가지의 예외가 있다.

(1) 상법에 단기의 소멸시효 규정이 있는 경우

이때에는 그 규정이 적용된다. 예를 들면 운송주선 및 육상물건운송인의 책임의 시효(1년: 121조 1항, 147조), 운송주선인 및 육상물건운송인의 채권의 시효(1년: 122조, 147조), 공중접객업자의 책임(6월: 154조), 창고업자의 책임의 시효(1년: 166조 1항), 보험금액청구권(2년: 662조) 등이 있다. 해상물건운송인의 채권채무(814조), 공동해손채권(875조), 항공운송인의 책임(902조) 및 항공운항자의 책임(934조)에 규정된 각 기간은 소멸시효가 아니라 제척기간이다.

(2) 상법 이외의 다른 법령에 단기의 소멸시효기간을 정한 경우

이때에도 그 규정이 적용된다. 예를 들면 민법 제163조의 3년의 단기시효, 제164조의 1년의 단기시효, 어음법상의 시효(어음상의 주채무자의 어음채무 및 그 어음보증인의 채무: 3년, 배서인 등의 소구의무: 1년, 재소구: 6월; 어음법 70조, 77조 1항 8호), 수표법상의 시효(수표소지인 등의 소구의무: 6월; 수표법 51조) 등이다.

제2절 민법 물권편에 대한 특칙

Ⅰ. 상사유치권(일반상사유치권)

1. 의 의

일반상사유치권은 상인간의 상행위(쌍방적 상행위)로 인한 채권이 변제기에 있는 때에 당사자간에 다른 약정이 없으면 채권자가 그 변제를 받을 때까지 그 채무자에 대한 상행위로 인하여 자기가 점유하고 있는 채무자 소유의 물건 또는 유가증권을 유치할 수 있는 권리이다(58조). 이는 상거래에서 발생한 채권을 신속·간편하게 담보하려는 취지에서 개발된 중세 이탈리아 상업도시의 상관습으로부터 유래된 제도인 한편 민사유치권(민법 320조)은 채권자가 점유하고 있는 물품에 대한 인도거절권을 인정함으로써 채권자와 채무자 간의 형평을 기하려는 목적에 따라 로마법상의 악의의 항변에 기초한 제도로서 양자는 그 목적과 연원에서 구별된다.

> Cf. 상법은 일반상사유치권을 인정하는 외에 대리상(91조), 위탁매매인(111조, 91조), 운송주선인(120조), 육상운송인(147조, 120조), 해상운송인(807조 2항) 및 항공운송인(920조, 120조)에 대하여 특별상사유치권을 인정하고 있다.

2. 성립요건-타 유치권과의 비교
(1) 당 사 자

일반상사유치권	민사유치권(민법 320조)	특별상사유치권
당사자 쌍방이 상인이어야 한다. 상인인 이상 소상인도 무방하며 유치권이 성립한 이후에는 상인 자격을 상실하여도 유치권은 존속한다.	제한 없음	채권자는 상인이어야 하나 대리상의 경우를 제외하고는 채무자는 상인일 필요 없음(대리상의 경우 채무자도 상인)

(2) 유치목적물

구분 \ 항목	일반상사유치권	민사유치권	특별상사유치권
목적물의 범위	물건(부동산 포함; 대법원 2013. 5. 24. 선고 2012다39769,39776 판결) 또는 유가증권	좌 동	대리상과 위탁매매인의 경우는 좌동. 운송주선인과 육해상운송인의 경우는 운송물에 한정
목적물의 점유취득원인	상행위(채권자에게는 상행위이어야)	제한 없음	대리상과 위탁매매인의 경우에는 본인 또는 위탁자를 위하여 점유한 것이면 되고, 운송주선인과 운송인의 경우에는 탁송을 위하여 인도되어 점유하게 된 것이면 족함
목적물의 소유권	채무자에 속한 것이어야한다(단, 유치권 성립 당시 기준)	채무자 소유로 한정 않음	좌 동

※ 대법원 2011. 12. 22. 선고 2011다84298 판결

유치권은 목적물의 소유자와 채권자와의 사이의 계약에 의하여 설정되는 것이 아니라 법이 정하는 일정한 객관적 요건(민법 제320조 제 1 항, 상법 제58조, 제91조, 제111조, 제120조, 제147조 등 참조)을 갖춤으로써 발생하는 이른바 법정담보물권이다. 법이 유치권제도를 마련하여 위와 같은 거래상의 부담을 감수하는 것은 유치권에 의하여 우선적으로 만족을 확보하여 주려는 그 피담보채권에 특별한 보호가치가 있다는 것에 바탕을 둔 것으로서, 그러한 보호가치는 예를 들어 민법 제320조 이하의 민사유치권의 경우에는 객관적으로 점유자의 채권과 그 목적물 사이에 특수한 관계(민법 제320조 제 1 항의 문언에 의하면 "그 물건에 관하여 생긴 채권"일 것, 즉 이른바 '물건과 채권과의 견련관계'가 있는 것)가 있는 것에서 인정된다. 나아가 상법 제58조에서 정하는 상사유치권은 단지 상인 간의 상행위에 기하여 채권을 가지는 사람이 채무자와의 상행위(그 상행위가 채권 발생의 원인이 된 상행위일 것이 요구되지 아니한다)에 기하여 채무자 소유의 물건을 점유하는 것만으로 바로 성립하는 것으로서, 피담보채권의 보호가치라는 측면에서 보면 위와 같이 목적물과 피담보채권 사이의 이른바 견련관계를 요구하는 민사유치권보다 그 인정범위가 현저하게 광범위하다.

(3) 피담보채권

일반상사유치권	민사유치권	특별상사유치권
상인간의 상행위(쌍방적 상행위만)로 인한 채권으로서 변제기에 있어야	목적물에 관하여 생긴 채권이면 족하나 변제기에 있어야	대리상(91조)·위탁매매인(111조, 91조)·운송주선인(120조)과 운송인(147조, 120조, 807조 2항, 920조)에 따라 별도로 규정하나 변제기에는 있어야

(4) 목적물과 피담보채권과의 관련성

일반상사유치권	민사유치권	특별상사유치권
유치목적물과 피담보채권과의 개별적인 관련성을 요하지 않음(영업관련성으로 족함)	개별적 관련성 요구됨	대리상과 위탁매매인의 경우는 일반상사유치권과 같으나, 운송주선인·운송인의 경우에는 요구됨(120조, 147조, 807조 2항, 920조)

(5) 유치권배제의 특약

위 3종의 유치권 모두 이를 배제하는 특약이 가능하다는 점에서는 차이가 없다. 판례는 상사유치권배제특약에 관하여 당사자 사이의 명시적 약정은 물론 묵시적 약정에 의하여도 가능하다고 판시하였다(아래 2012다37176 판결 참조).

※ 대법원 2012. 9. 27. 선고 2012다37176 판결

상법은 상인 간의 거래에서 신속하고 편리한 방법으로 담보를 취득하게 하기 위한 목적에서 민법상의 유치권과 별도로 상사유치권에 관한 규정을 두고 있다. 즉, 상법 제58조 본문은 "상인 간의 상행위로 인한 채권이 변제기에 있는 때에는 채권자는 변제를 받을 때까지 그 채무자에 대한 상행위로 인하여 자기가 점유하고 있는 채무자 소유의 물건 또는 유가증권을 유치할 수 있다."고 규정하여 상사유치권을 인정하는 한편 같은 조 단서에서 "그러나 당사자 간에 다른 약정이 있으면 그러하지 아니하다."고 규정하여 상사유치권을 특약으로 배제할 수 있게 하였다. 이러한 상사유치권 배제의 특약은 묵시적 약정에 의해서도 가능하다.

3. 효   력

일반상사유치권의 효력에 대하여 상법에 규정이 없으므로 민법 기타의 규정이 적용된다. 따라서 유치권자는 기본적인 권리인 유치권(민법 320조) 외에도 경매·간이변제충당권(민법 322조), 과실수취권(민법 323조), 유치물의 보존에 필요한 사용권

(민법 324조 2항 단서), 상환청구권(민법 325조) 및 별제권(채무자파산법 411조)을 가진다. 이 점은 특별상사유치권도 동일하다.

Ⅱ. 유질계약의 허용(상사질권)

1. 유질계약금지에 대한 예외

민법 제339조는 질권설정자가 채무변제기 전의 계약으로 질권자에게 변제에 갈음하여 질물의 소유권을 취득하게 하거나 법률에 정한 방법에 의하지 아니하고 질물을 처분할 것을 약정(유질계약)하지 못하게 금지하고 있는바 그 취지는 경제적 약자를 보호하기 위한 것이다. 상법은 상행위의 전문가들인 상인에 대하여는 그러한 후견적 견지에서의 보호가 불필요하다고 보고 오히려 상사채권의 물적 담보를 강화하기 위하여 유질계약을 허용하고 있다(59조).

2. 적용범위

상법 제59조의 규정은 상행위로 인하여 생긴 채권을 담보하기 위하여 설정된 질권에 적용된다. 여기의 '상행위로 인하여 생긴 채권'에 쌍방적 상행위 외에 일방적 상행위도 포함되는지 여부에 관하여 ① 채권자 또는 채무자 어느 일방에게 상행위가 되면 족하다는 견해(아래 2017다207499 판결; 정동윤 314, 최기원 227, 손주찬 231)와 ② 유질계약을 허용하는 이유에서 볼 때 채무자에게 상행위가 되는 경우만을 가리킨다는 견해(정찬형 207)가 있다. 민사의 경우와 달리 상사에서 유질계약을 허용하는 취지에 비추어 ②의 견해가 타당하나 법문에 위배되는 해석이다. 그러므로 ①의 입장에서 질권설정계약이 누구에게 상행위가 되는지는 불문한다고 보아야 한다.

※ 대법원 2017. 7. 18. 선고 2017다207499 판결

민법 제339조는 "질권설정자는 채무변제기 전의 계약으로 질권자에게 변제에 갈음하여 질물의 소유권을 취득하게 하거나 법률에 정한 방법에 의하지 아니하고 질물을 처분할 것을 약정하지 못한다."라고 정하여 이른바 유질계약을 금지하고 있다. 그러나 상법 제59조는 "민법 제339조의 규정은 상행위로 인하여 생긴 채권을 담보하기 위하여 설정한 질권에는 적용하지 아니한다."라고 정함으로써 상행위로 인하여 생긴 채권을 담보하기 위한 질권설정계약에 대해서는 유질계약을 허용하고 있다.

질권설정계약에 포함된 유질약정이 상법 제59조에 따라 유효하기 위해서는 질권설정

계약의 피담보채권이 상행위로 인하여 생긴 채권이면 충분하고, 질권설정자가 상인이 어야 하는 것은 아니다. 또한 상법 제 3 조는 "당사자 중 그 1인의 행위가 상행위인 때에는 전원에 대하여 본법을 적용한다."라고 정하고 있으므로, 일방적 상행위로 생긴 채권을 담보하기 위한 질권에 대해서도 유질약정을 허용한 상법 제59조가 적용된다고 보아야 한다. 이러한 결론이 법규정의 문언에 충실한 해석일 뿐만 아니라, 위와 같은 질권에 대하여 유질약정을 금지할 필요가 없다는 점에서도 정당하다.

※ 대법원 2021. 11. 25. 선고 2018다304007 판결
상법 제59조는 "민법 제339조의 규정은 상행위로 인하여 생긴 채권을 담보하기 위하 여 설정한 질권에는 적용하지 아니한다."라고 정함으로써 상행위로 인하여 생긴 채권 을 담보하기 위한 질권설정계약에 대해서는 유질약정을 허용하고 있다. 다만 상법은 유질약정이 체결된 경우 질권의 실행 방법이나 절차에 관하여는 아무런 규정을 두고 있지 않으므로, 유질약정이 포함된 질권설정계약이 체결된 경우 질권의 실행 방법이나 절차는 원칙적으로 질권설정계약에서 정한 바에 따라야 한다(대법원 2017. 7. 18. 선고 2017다207499 판결 참조).

제3절 민법 채권편에 대한 특칙

I. 특칙 개관

상법이 민법 채권편에 대한 특칙으로 규정한 것을 민법의 규정순서에 따라 개관하여 보면 채권총칙에 대하여는 ① 상사법정이율(54조), ② 연대채무(57조 1항) 와 연대보증(57조 2항), ③ 지점거래의 채무이행장소(56조), ④ 거래시간과 이행 또 는 그 청구(63조)에 대하여 규정하고 있고, 채권각칙에 대하여는 ① 상사계약의 성 립시기(51조)와 청약을 받은 상인의 낙부통지의무와 물건보관의무(53조, 60조), ② 상사매매(67조~71조), ③ 소비대차의 법정이자청구권(55조 1항), ④ 상행위의 유상성 (61조)과 체당금의 이자(55조 2항), ⑤ 수치인의 선관의무(62조)에 대하여 규정하고 있는 한편 유가증권에 대한 준용규정(65조)을 두고 있다.

II. 채권총칙에 대한 특칙

1. 상사법정이율

상행위로 인한 채무의 법정이율은 연 6푼으로 한다(54조). 상법이 이처럼 민법 상의 이자 있는 채권의 이율(연 5푼, 민법 379조)보다 높은 이율을 정한 이유는 상인의 경우 금전의 수요가 클 뿐 아니라 그 이용에 의하여 발생하는 이익도 크기 때문이다. 이때의 '상행위'에는 쌍방적 상행위뿐만 아니라 일방적 상행위도 포함되며(대법원 2000. 10. 27. 선고 99다10189 판결), 상행위로 인한 '채무'에는 상행위로 인하여 직접 생긴 채무뿐만 아니라 그와 동일성이 있는 채무 또는 그 변형으로 인정되는 채무도 포함된다(대법원 2016. 6. 10. 선고 2014다200763,200770 판결; 대법원 2014. 8. 26. 선고 2014다28305 판결). 따라서 상인이 영업으로 체결한 운송계약상의 채무불이행을 원인으로 한 손해배상청구의 지연손해금은 상사법정이율에 따라 산정되어야 한다(대법원 2014. 11 .27. 선고 2012다14562 판결). 그러나 불법행위로 인한 손해배상채무에 대하여는 적용이 없다(대법원 2018. 2. 28. 선고 2013다26425 판결; 대법원 2004. 3. 26. 선고 2003다34045 판결). 상사법정이율이 적용되는 것은 당사자간에 약정이율이 없는 경우이고, 당사자간에 이율약정이 있는 경우나 다른 특별법에 의하여 법정이율이 적용되는 경우에는 그 규정(예: 어음법 48조 등)에 의한다.

※ 대법원 2007. 3. 15. 선고 2006다73072 판결
대여금에 대한 약정이자의 지급청구에는 상법 소정의 법정이자의 지급을 구하는 취지도 포함되어 있다고 보아야 하므로, 법원으로서는 이자 지급약정이 인정되지 않는다 하더라도 곧바로 위 청구를 배척할 것이 아니라 법정이자 청구에 대하여도 판단하여야 한다.

2. 다수당사자의 채무

(1) 서   설

상법은 물적 담보의 강화를 위하여 위에서 본 유치권과 질권에 관한 특칙을 둔 외에 다시 인적 담보를 강화함으로써 상거래의 신속과 안전을 기하고 있다.

(2) 다수당사자의 채무

가. 상법의 연대채무의 특칙   민법상 채무자가 수인인 경우에 특별한 의사표시가 없는 이상 각 채무자는 균등한 비율로 의무를 부담하나(분할채무, 민법 408

조) 상법은 수인이 그 1인 또는 전원에게 상행위가 되는 행위로 인하여 채무를 부담한 때에는 특약이 없는 한 연대하여 변제할 책임이 있는 것으로 하였다(57조 1항). 이 조항의 취지는 상사거래에 있어서의 인적 담보를 강화하여 채무이행을 확실히 하고 거래의 안전을 도모함으로써 상거래의 원활을 기하려는 것이다(대법원 1987. 6. 23. 선고 86다카633 판결).

　　나. **적용범위**　　　상법의 연대채무가 적용되는 것은 ① 채무가 채무자의 1인 또는 전원에게 상행위가 되는 행위로 인하여 발생한 것이어야 한다. 예컨대 조합이 공동광업권자로서 체결한 조광권설정계약의 합의해지에 따른 보증금반환채무(대법원 1992. 11. 27. 선고 92다30405 판결), 민법상 조합의 성질을 가지는 공동이행방식의 공동수급체 구성원들이 상인인 경우 공사도급계약상의 도급인에 대한 하자보수의무(대법원 2015. 3. 26. 선고 2012다25432 판결)는 각 구성원 전원의 상행위에 의하여 부담한 채무로서 전원이 연대책임을 지게 된다. 채무가 채권자에게도 상행위가 되는가의 여부는 불문하나, 채권자에게만 상행위가 되는 행위로 인한 채무는 적용대상이 되지 않는다. 채무의 발생은 그것과 동일성을 가지는 것, 예를 들면 계약의 해제로 인한 원상회복채무나 채무불이행으로 인한 손해배상채무 등을 포함한다.

　　② 채무가 수인의 채무자의 하나의 행위, 즉 공동의 행위로 인하여 생긴 것이어야 한다. 이것은 직접 공동으로 하는 경우뿐만 아니라 채무자의 한 사람이 자기를 위하는 동시에 타인을 대리하여 행위하는 경우를 포함한다(위 86다카633 판결). 이 경우 채무자들 사이에 조합관계(대법원 1998. 3. 13. 선고 97다6919 판결) 기타 특수한 공동관계가 있어야 하는 것은 아니다(대법원 1991. 3. 27. 선고 90다7173 판결).

　　※ 대법원 2009. 11. 12. 선고 2009다54034,54041 판결
　　상가건물의 일부에서 숙박업을 하는 공유자들이 건물의 관리를 담당한 단체와 체결한 위 숙박사업장의 관리에 관한 계약은 상법 제57조 제 1 항에서 규정하는 상행위에 해당하므로, 위 공유자들은 연대하여 관리비 전액의 지급의무를 부담한다.

　　(3) 보증인의 연대
　　가. **상사보증에 관한 특칙**　　　민법에 의하면 보증인은 최고·검색의 항변권을 가지며(민법 437조), 또 수인의 보증인이 각자의 행위로 보증채무를 부담한 경우에도 각 보증인은 분별의 이익을 가지나(민법 439조, 408조), 상법은 보증인이 있는 경우에 그 보증이 상행위이거나 주채무가 상행위로 인한 것인 때 주채무자와 보증인

은 연대하여 변제할 책임을 지도록 특칙을 두고 있다(57조 2항).

　　나. **적용범위**　　　본항은 '보증이 상행위'이거나 '주채무가 상행위로 인한 때'에 적용된다.

　　가) 보증이 상행위인 때: 상인이 '영업으로' 또는 '영업을 위하여' 보증하는 경우를 말한다. 보증을 영업으로 하는 상인(예컨대 보증보험회사)이 고객을 위하여 보증하거나(기본적 상행위), 은행이 영업을 위하여 고객의 지급보증을 하는 경우(보조적 상행위)가 이에 해당한다. 이와 관련하여 보증이 채무자인 보증인에게는 상행위가 되지 않고, 채권자에게만 상행위가 되는 경우(예컨대 은행이 상인 아닌 자에게 대출을 함에 있어 상인이 아닌 자에게 보증을 요구하는 경우로서 은행의 입장에서는 영업을 위한 것으로 보조적 상행위가 된다)에도 상사보증으로서 연대성을 인정할 것인가가 문제된다. 이에 대하여 ① 본항의 입법취지는 채권자인 상인을 보호하려는 것이 아니라 채무자인 상인의 책임을 무겁게 하려는 것인데, 만약 보증이 채권자에 대하여 상행위인 경우에도 연대보증을 인정한다면 위 입법취지에 반하며, 본조 제 1 항이 채무자에게 상행위가 되는 때에만 적용되는 것과 균형이 맞지 않는다는 이유로 부정하는 견해[정동윤(상) 169]가 있으나 ② 본항의 문언이 '보증이 상행위'라고 함으로써 채무자측의 상행위만을 전제로 하고 있지 않으며, 본항 후단의 '주채무가 상행위로 인한 것인 때'에 채권자에게 상행위가 되는 경우가 포함되는 것으로 해석하여야 균형이 맞는 점에 비추어 채권자에게만 상행위가 되는 때에도 연대보증을 인정하여야 할 것이다. 대법원도 긍정하는 입장으로 보인다(대법원 1959. 8. 27. 선고 4291민상407 판결).

　　나) 주채무가 상행위로 인한 때: 상인이 영업자금을 차용하는 경우와 같이 주채무의 발생원인이 상행위로 인한 경우를 말한다. 주채무의 발생원인행위가 상행위인 이상 기본적 상행위이든 보조적 상행위이든 불문한다. 이에 관하여 위 가)항에서와 마찬가지로 주채무가 채권자의 상행위로 인하여 발생한 경우 본항의 적용을 배제하는 견해[정동윤(상) 169]가 있으나 본항의 문언상 이를 배제할 이유가 없으므로 긍정하여야 할 것이다(同旨: 손주찬 244).

　　다. **효　　과**

　　가) 이상의 요건이 갖추어진 경우에는 주채무자와 보증인은 연대책임을 진다. 이는 주채무와 보증채무의 발생시기가 다른 경우에도 마찬가지이다. 따라서 보증인은 최고 및 검색의 항변권을 가지지 못한다.

나) 보증인이 수인 있는 경우에 보증인 상호간에도 연대관계가 성립하여 분별의 이익을 상실하는가에 대하여 법문상으로는 명백하지 않으나 상사채무의 이행의 확실을 기한다는 제57조 제 1 항의 취지로 보아 이를 긍정하여야 할 것이다(손주찬 244; 반대: 정동윤 333).

다) 어음보증(어음법 30조 이하)과 수표보증(수표법 25조 이하)은 그 원인관계로부터 독립한 별개의 채무부담행위이고, 보증인은 연대책임이 아니라 합동책임을 지므로 여기에는 본항의 적용이 없다.

라) 본항은 제57조 제 1 항과 더불어 임의규정이므로 반대의 약정을 할 수 있다.

3. 상사채무의 이행

(1) 이행장소

가. 민법의 원칙　　채무이행의 장소에 대하여 민법은 ① 채무의 성질 또는 당사자의 의사표시로 채무이행의 장소가 정하여진 경우에는 '그 성질에 의하여 정하여지는 장소 또는 약정장소', ② 위의 경우 이외의 경우에 특정물의 인도는 '채권의 성립 당시에 그 물건이 있던 장소'(민법 467조 1항), 특정물 인도 이외의 채무는 '채권자의 현주소'(영업에 관하여는 현영업소, 민법 467조 2항), ③ 증권채무인 경우에는 증권에 채무이행장소가 기재되지 않은 경우에는 '채무자의 현영업소'(영업소가 없는 경우에는 현주소, 민법 516조)로 각 규정하고 있다.

나. 상법의 규정　　상법은 상사채무의 이행장소에 대하여 특별히 규정하지는 않고, 다만 지점거래에 있어서의 채무이행장소에 대하여만 규정하고 있다. 즉, 채권자의 지점에서의 거래로 인한 채무이행의 장소가 그 행위의 성질 또는 당사자의 의사표시에 의하여 특정되지 아니한 경우 특정물 인도 외의 채무이행은 그 지점을 이행장소로 본다(56조). 2010년 상법 개정 전의 본조는 단순히 '지점에서의 거래'라고만 규정한 까닭에 채무자의 지점에서 거래가 이루어진 경우 채무자의 지점이 채무이행장소가 되어 지참채무의 일반원칙 및 채권자의 현영업소를 채무이행장소로 하는 민법 제467조 제 2 항 단서와 모순되는 문제가 있어, 상법 개정시 '채권자의 지점에서의 거래'로 한정하여 그 문제점을 입법적으로 해결하였다. 채권자의 지점에서의 거래를 제외한 나머지 채무의 이행장소에 대하여는 민법의 위 규정들이 그대로 적용된다(증권채권의 경우 65조 참조).

(2) 이행 또는 이행청구의 시기

법령 또는 관습에 의하여 영업시간이 정하여져 있는 때에는 채무의 이행 또는 이행의 청구는 그 시간 내에 하여야 한다(63조). 은행, 백화점, 증권거래소 등과 같이 영업시간이 정하여져 있는 상인과의 거래에 있어서 이행 또는 이행청구가 가능한 시기를 명확히 하기 위한 규정이다. 영업시간이 정하여져 있는 상인의 상대방은 상인이든 비상인이든 불문한다. 민법에는 이러한 규정이 없으나 조리상 이와 동일하게 해석하여야 할 것이므로 본조는 특칙이 아니라 주의적 규정에 불과한 것이다(손주찬 241). 영업시간 외의 채무이행에 대하여 채권자는 이를 수령할 의무가 없고, 이를 수령하지 않더라도 신의칙에 반하지 않는 한 수령지체가 되지 않으며, 영업시간 외의 이행청구에 대하여 채무자는 이를 이행할 의무가 없으므로 이행을 거절하더라도 이행지체가 되지 않는다. 이 규정은 임의규정이므로 당사자의 특약으로 적용을 배제할 수 있다.

Ⅲ. 채권각칙에 대한 특칙

1. 상사계약의 성립

상법은 상사계약의 성립과 관련하여 청약의 구속력과 청약을 받은 상인의 의무에 관한 특칙을 두고 있다.

(1) 청약의 효력

가. 대화자간의 청약의 구속력   대화자간의 계약의 청약은 상대방이 즉시 승낙하지 아니한 때에는 그 효력을 잃는다(51조). 대화자간의 청약의 효력에 대하여 민법은 아무런 규정을 두고 있지 않은데 이에 관하여는 ① 민법에서도 대화자간의 청약의 구속력은 대화가 계속되는 기간 동안에만 존속되는 것으로 풀이되고 있으므로 상법 제51조는 민법에 대한 특칙으로서의 의미가 없으며 따라서 민법으로 옮겨야 할 성질의 규정이라는 견해(정동윤 315)와 ② 위의 견해와 같이 풀이한다고 하더라도 상법이 민법에 없는 규정을 두고 있는 것 자체가 상법의 특칙성을 의미하는 것이라는 견해(손주찬 232)가 있으나 결론에는 차이가 없다. 본조는 승낙기간이 없는 청약에 관한 규정이며, 승낙기간이 있는 경우에는 그 기간 내에 승낙의 통지를 받지 못한 때에는 그 청약은 실효되며(민법 528조 1항), 그동안에는 청약의 철회를 하지 못한다(손주찬 233).

나. 격지자간의 청약의 구속력   이에 관하여는 상법에 규정이 없으므로 민법에 의한다. 승낙기간이 있는 경우에는 청약자가 그 기간 내에 승낙의 통지를 받지 못한 때에 그 효력을 잃고(민법 528조 1항), 승낙기간이 없는 경우에는 청약자가 상당한 기간 내에 승낙의 통지를 받지 못한 때에 그 효력을 잃게 된다(민법 529조). 여기의 '상당한 기간'은 구체적인 경우에 있어서 청약과 승낙의 방법, 계약내용의 중요도, 거래상의 관행 등 여러 가지 사정을 고려하여 객관적으로 결정하여야 한다(대법원 1999. 1. 29. 선고 98다48903 판결).

Cf. 승낙기간의 정함이 없는 격지자간의 계약의 청약의 효력에 대하여 2010년 개정 전 상법 제52조 제1항은 상대방이 상당한 기간 내에 승낙의 통지를 발송하지 아니한 때에는 그 효력을 잃는다고 규정하는 한편 민법 제529조는 상대방으로부터 상당한 기간 내에 승낙의 통지를 받지 못한 때에는 효력을 잃는다고 규정함으로써 상법과 민법 간에 다른 입장을 취하였다. 한편 상법에서도 격지자간의 계약의 청약에 있어서 승낙기간이 없는 경우에는 개정 전 상법 제52조에 따라 발송주의를, 승낙기간이 있는 경우에는 민법 제528조에 따라 도달주의를 각각 적용하게 되는 문제가 있었다. 이러한 법 해석상의 혼란을 없애기 위하여 2010년 상법 개정 시 상법 제52조를 삭제하여 청약의 효력발생시기를 민법과 일치시켰다.

〈청약의 효력〉

대화자간	승낙기간이 없는 경우	즉시 승낙 않으면 실효(51조): 민법상 규정 없으나 같은 취지로 해석됨
	승낙기간이 있는 경우	상법의 규정 없음. 그 기간 내에 승낙의 통지를 받지 못한 때에는 실효(민법 528조 1항), 그 기간 중에는 철회 불가(반대 견해 있음)
격지자간	승낙기간이 없는 경우	상법의 규정 없음. 상당한 기간 내에 승낙의 통지를 받지 못한 때에는 실효(민법 529조)
	승낙기간이 있는 경우	대화자간의 경우와 같음

(2) 청약을 받은 상인의 의무

상법은 상인간에 계속적인 거래관계가 있음을 고려하여 청약을 받은 상인에 대하여 다음과 같은 두 가지 의무를 부과하고 있다.

가. 낙부통지의무(諾否通知義務)

가) 상법의 규정: 상인이 상시 거래관계에 있는 자로부터 그 영업부류에 속한

계약의 청약을 받은 때에는 지체 없이 낙부의 통지를 발송하여야 하고 이를 해태한 때에는 청약을 승낙한 것으로 본다(53조). 민법상으로는 청약의 구속력은 청약자에 대한 일방적인 것으로서 상대방을 구속할 수는 없으나 상법은 상거래의 신속과 편의를 꾀하기 위하여 상시 거래관계에 있는 자들 사이에는 낙부통지의무를 부과하였다.

나) 이론적 기초: 본조의 이론적 기초에 대하여는 ① 청약을 받은 자의 침묵을 승낙의 의사표시로 평가하여 계약의 성립을 의제한다는 입장(승낙평가설)과 ② 청약을 받은 자의 의무위반의 결과라는 입장(의무위반설) 및 ③ 권리외관이론, 즉 승낙을 한 듯한 외관을 신뢰한 청약자를 보호하기 위하여 침묵자의 책임을 인정한 규정이라는 입장(외관책임설: 정동윤 317)이 있으나 ③의 견해가 무리가 없는 것으로 보인다.

다) 적용요건

① 청약을 받은 자가 상인이어야 한다. 청약자가 상인임을 요하지는 않으며, 그 계약이 청약자에게 상행위가 되는 것인가 여부는 무관하다.

② 청약자와 청약을 받은 상대방인 상인은 상시 거래관계에 있어야 한다. 따라서 과거 어느 정도 계속적인 거래관계가 있고, 앞으로도 거래의 계속이 예상되는 자이어야 한다.

③ 청약된 계약이 청약을 받은 상인의 영업부류에 속하는 것이어야 한다. 즉, 상인이 영업의 목적으로 하는 기본적 상행위 또는 준상행위가 되는 계약임을 요한다(손주찬 234). 따라서 대물변제의 청약, 계약해제의 청약 등 영업을 위하여 하는 보조적 상행위에는 적용이 없다. 청약의 내용이 종전의 거래내용과 다른 경우에는 문제이나 특별히 부당한 결과를 가져와 신의칙에 의한 해결을 요하는 경우를 제외하고는 적용을 긍정하여야 한다는 견해(정동윤 317)와 부정하는 견해(이철송 313)가 있다. 청약을 받은 상인의 예견가능성을 보장하기 위하여 이를 부정함이 타당하다.

④ 본조는 승낙기간의 정함이 없는 청약의 경우에만 적용된다.

⑤ 본조를 배제하는 특약이나 다른 관습이 있을 경우에는 적용되지 않는다(이철송 313).

라) 적용효과

① 통지의무의 발생: 이상의 요건이 구비된 경우 청약의 상대방인 상인은 지체 없이 승낙 여부를 통지할 의무를 부담한다. 이 승낙 여부의 통지는 발송하면

된다. 도달 여부에 대한 위험부담은 청약자가 부담한다.

② 통지의무위반의 효과: 청약을 받은 상인이 위의 통지의무를 위반한 경우에는 그 청약을 승낙한 것으로 본다. 즉, 승낙이 의제됨으로써 당연히 계약 성립의 효과를 가져오며, 청약의 철회도 하지 못한다. 이러한 승낙의제의 효과발생을 방지하기 위하여는 지체 없이 거절의 통지를 발송하여야 한다.

③ 간접의무·부진정의무: 위의 통지의무위반의 결과는 승낙의제일 뿐이고 그외 손해배상책임이 발생하지는 않는다. 따라서 이 통지의무는 간접의무·부진정의무이다.

④ 청약을 받은 상인이 청약의 도달사실을 알지 못한 경우: 상인이 정당한 사유로 청약의 사실을 알지 못하거나 무능력 기타 과실 없이 승낙 여부의 통지를 발송하지 못한 때에는 과실책임주의의 원칙상 본조의 적용이 없다.

⑤ 의사표시의 하자에 관한 민법 규정의 적용 유무: 침묵에 의한 승낙의제의 효과는 의사표시에 의한 승낙의 경우와 다를 바 없으므로 청약에 대한 침묵이 사기나 강박에 의하여 야기된 경우 또는 청약의 내용에 관하여 착오가 있어서 거절통지를 하지 아니한 경우에는 이를 취소할 수 있다(정동윤 318).

※ 대법원 1999. 1. 29. 선고 98다48903 판결
청약이 상시거래관계에 있는 자 사이에 그 영업부류에 속한 계약에 관하여 이루어진 것이어서 상법 제53조가 적용될 수 있는 경우가 아니라면, 청약의 상대방에게 청약을 받아들일 것인지 여부에 관하여 회답할 의무가 있는 것은 아니므로, 청약자가 미리 정한 기간 내에 이의를 하지 아니하면 승낙한 것으로 간주한다는 뜻을 청약시 표시하였다고 하더라도 이는 상대방을 구속하지 아니하고 그 기간은 경우에 따라 단지 승낙기간을 정하는 의미를 가질 수 있을 뿐이다.

나. 물건(송부품)보관의무
가) 상법의 규정: 상인이 그 영업부류에 속하는 계약의 청약을 받은 경우에 견품 기타의 물건을 받은 때에는 그 청약을 거절한 때에도 청약자의 비용으로 그 물건을 보관하여야 한다(60조 본문). 이는 민법상으로는 계약의 청약과 함께 물건을 받은 경우에 청약을 거절하더라도 그 물건을 보관할 의무가 없는 데 대한 특칙이다. 상거래에서는 계약의 목적물의 품질·성상(性狀)·내용 등을 상대방에게 알게 하는 동시에 계약을 신속하게 성립시키기 위하여 계약의 청약과 함께 물건을 송부하

는 일이 적지 않은 현실을 고려, 청약자의 이익을 보호하기 위하여 이와 같은 규정을 두었다.

나) 적용요건

① 당사자: 청약을 받은 자는 상인이어야 한다. 청약자는 상인임을 요하지 아니한다. 그리고 그 계약이 청약자에게 상행위가 되어야 하는 것도 아니다. 또 청약자는 청약을 받은 상인과 상시 거래관계가 있어야 하는 것도 아닌 점에서 위의 낙부통지의무와 차이가 있다.

② 영업부류에 속한 계약의 청약: 상인이 그 영업부류에 속하는 계약의 청약을 받은 경우이어야 한다. 이때의 '영업부류'의 의미는 위의 낙부통지의무에서와 같다. 승낙기간의 유무는 불문한다.

③ 물건의 수령: 상인이 청약과 관련하여 견품 기타 물건, 즉 동산 또는 유가증권을 받아야 한다. 청약과 관련하여 받는다고 하는 것은 청약과 동시에 물건이 도달하는 경우에 한하지 않고 다른 시기에 도달하더라도 그 청약과의 관련성만 있으면 된다(손주찬 235).

④ 청약의 거절: 청약을 받은 상인이 청약을 거절한 때에 본조가 적용된다. 여기서의 '청약의 거절'은 적극적으로 거절의 통지를 발송한 경우는 물론 즉시(51조), 승낙기간 내(민법 528조 1항) 또는 상당한 기간 내에(민법 529조) 승낙의 통지를 받지 못하여 청약이 효력을 잃은 경우도 포함한다.

다) 적용범위: 본조의 적용범위에 대하여 ① 대화자간의 청약과 같이 승낙의 여부가 즉시 분명해지는 경우에는 본조를 적용할 필요가 없으므로, 이는 격지자간의 청약에 적용된다는 견해(손주찬 235, 정찬형 220, 이철송 315), ② 격지자간의 청약 중에서도 同地去來에는 그 적용이 없고, 他地去來에만 적용된다는 견해(최기원 237) 및 ③ 대화자·격지자 또는 同地·他地를 구별함이 없이 본조의 '상인이 물건을 받았을 것'을 기준으로 하여 그 물건이 청약을 받은 상대방의 지배 하에 있으면 본조가 적용된다는 견해(정동윤 320-321)가 있다. ①의 견해가 타당하다.

라) 적용효과

① 보관의무: 청약을 받은 상인은 청약자의 비용으로 그 물건을 보관하여야 한다. 대법원판례에 의하면 본조는 청약을 받은 상인이 이를 거절하는 경우에도 그에게 그 물건을 반송할 때까지 보관의무를 지움과 아울러 그 보관에 따르는 비용의 상환을 청구할 수 있음을 규정한 것일 뿐 그 물건이 보관된 장소의 사용이익

상당의 손해의 배상에 관한 규정은 아니라고 한다(대법원 1996. 7. 12. 선고 95다41161, 41178 판결). 이 보관의무의 발생시기는 계약의 청약을 받은 때가 아니라 목적물을 받은 때이다.

상인이 기울여야 할 주의의무의 정도는 선량한 관리자의 주의의무로서(정찬형 220, 손주찬 236) 그 근거로는 상법 제62조의 유추(이철송 316) 또는 신의칙(최기원 238)이 제시된다. 보관방법에 대하여는 제한이 없으므로, 상인 스스로 또는 창고업자를 통하여 보관할 수 있다. 물건의 보관비용은 청약자의 부담이므로 청약을 받은 상인은 청약자로부터 보관비용을 구상할 수 있다. 이러한 보관비용청구권에 대하여는 상인간의 유치권(58조) 또는 민법상의 유치권(민법 320조)을 행사할 수 있다. 이 경우 상법 제61조의 보수청구권이 인정되는가 여부에 대하여 보관의무가 법률에 의하여 특별히 부과되는 의무라는 이유로 부정하는 견해(정찬형 220, 이철송 316)와 긍정하는 견해(정동윤 321)가 있다. 생각건대 법률에 의하여 부과된 의무의 이행이라고 하여 상법 제61조의 적용이 부정될 이유가 없다. 긍정하는 것이 타당하다.

② 보관의무위반의 효과: 이 의무에 위반한 상인은 손해배상책임을 지게 된다. 이 점에서도 위에서 본 낙부통지의무와 구별된다.

마) 적용의 예외: 그 물건의 가액이 보관비용을 상환하기에 부족하거나 보관으로 인하여 손해를 받을 염려가 있는 때에는 보관할 의무가 없다(60조 단서). 비용의 부족이나 손해의 염려는 청약을 받은 상인이 입증하여야 한다.

2. 상사매매(商事賣買)

(1) 서 설

가. 상법의 규정과 목적　　매매는 기업거래에서 가장 일반적이며 인류사에 최초로 나타난 기본적인 상행위 형태이다. 매매에 대한 상법규정은 5개조(67조~71조)로서 그 활용도에 비하여 적은데 이는 민법에 많은 규정이 있을 뿐 아니라 계약자유의 원칙이 적용되는 영역으로 상관습이나 보통거래약관이 발달되어 있기 때문이다. 상법은 매도인의 보호와 거래의 안전·신속을 위하여 몇 가지 특칙을 두고 있다.

나. 적용범위　　상사매매에 대한 상법의 특칙은 '상인간의 매매'에 한하여 적용되는 것이므로 쌍방이 상인이어야 한다. 따라서 비상인간의 매매나 상인과 소비자 간의 매매(소비자매매)에는 그 적용이 없다. 그러나 이 경우의 상행위는 반드

시 기본적 상행위에 한하는 것은 아니므로, 보조적 상행위도 포함된다. 매매의 목적물에 대하여는 아무런 규정이 없으므로 동산과 유가증권 외에 부동산도 포함된다는 견해(정동윤 397)가 있다.

다. 적용배제 또는 수정　　　상사매매에 관한 상법의 규정은 임의규정이므로, 특약 또는 상관습법이 존재하는 경우 적용이 배제되거나 수정될 수 있다.

(2) 매도인의 공탁권과 경매권(자조매각권)

가. 상법과 민법의 차이점　　　상인간의 매매에 있어서 매수인이 목적물의 수령을 거부하거나 이를 수령할 수 없는 때에는 매도인은 그 물건을 공탁하거나 상당한 기간을 정하여 최고한 후 경매할 수 있는데 이를 공탁권·경매권(또는 자조매각권)이라고 한다.

이러한 공탁권과 경매권(자조매각권)의 행사시 지체 없이 매수인에 대하여 그 통지를 발송하여야 한다. 경매권의 경우 매수인에 대하여 최고를 할 수 없거나 목적물이 멸실 또는 훼손될 염려가 있는 때에는 최고 없이 경매할 수 있다(67조 1항·2항). 매도인의 경매권(自助賣却權)은 예컨대 매매계약 후에 상품의 가격이 하락하여 매수인이 부당하게 목적물의 수령을 지체하는 경우에 매도인으로 하여금 신속히 인도의무를 면함과 아울러 대금채권을 회수할 수 있도록 하기 위하여 인정된 것이다.

Cf. 민법상으로도 매매계약에서 매수인이 변제를 받지 아니하거나 받을 수 없는 때에 목적물을 공탁하여 그 채무를 면할 수 있고(민법 487조), 일정한 경우 경매도 가능하도록 되어 있으나(민법 490조) 민법상 공탁에는 ① 상법상의 사유 외에 매도인이 과실 없이 매수인을 알 수 없는 경우에도 공탁이 가능한 점, ② 매도인의 매수인에 대한 공탁의 통지에 관하여 상법은 발송주의가, 민법은 도달주의(민법 111조 1항)가 적용된다는 점에서 차이가 있다. 또한 민법상 경매의 경우에는 ① 상법에 정한 사유 외에도 목적물이 공탁에 적당하지 않거나, 공탁에 과다한 비용을 요하는 경우에도 경매할 수 있고, ② 경매시 법원의 허가를 얻어야 하며, ③ 이 경우 경매 외에 시가방매도 가능하되, ④ 상법과는 달리 경매대금으로 매매대금에 충당하지 못하고 공탁만을 할 수 있다(즉, 경매는 공탁의 준비행위에 불과하다, 민법 490조).

나. 요　　　건

가) 상인간의 매매의 경우이어야 한다(旣述).

나) 매수인이 목적물의 수령을 거부하거나 이를 수령할 수 없는 경우이어야 한다. 목적물에는 제한이 없으며, 수령할 수 없는 원인이 매수인측에 있는 경우인가의 여부도 상관이 없다. 대금의 지급 여부도 문제되지 않는다. 따라서 대금을 지급한 후에도 매수인이 수령을 거부하거나 수령할 수 없는 때에는 매도인은 자신의 의무이행을 위하여 목적물을 공탁·경매할 수 있다. 매수인이 대금을 지급한 후에는 민법 제490조에 정한 사유에만 경매가 허용되어야 하고 이를 상법에 명문으로 규정할 필요가 있다는 견해가 있으나(이철송 338) 공탁과 경매를 구분할 이유가 없다. 목적물의 인도시기가 도래하기 전이라도 매수인이 수령을 거부할 뜻을 명확히 밝힌 경우 또는 수령불능의 사정이 확실한 경우에는 본조가 적용된다. 다만 매수인에 대하여 수령지체로 인한 손해배상을 청구하기 위하여는 매도인이 이행의 제공을 하여 매수인을 지체에 빠뜨려야 한다. 매수인의 수령지체에 대한 입증책임은 매도인에게 있다. 매도인이 과실 없이 매수인을 알 수 없는 때에는 민법 제487조에 의하여 공탁할 수 있다.

다. **공탁권의 행사**   전항의 요건이 구비되면 매도인은 목적물을 공탁할 수 있다.

가) **공탁의 방법·효과 및 회수**: 이에 대하여는 민법과 공탁법에 의한다(민법 487조 이하 및 공탁법 참조).

나) **공탁의 비용**: 공탁의 비용, 즉 공탁서의 작성비용과 통지비용은 매수인의 부담이나 현실적으로는 매도인이 이를 부담하였다가 매수인에 대하여 그 상환을 청구하게 될 것이다.

다) **공탁의 통지**: 매도인이 공탁을 한 경우에는 지체 없이 매수인에 대하여 공탁의 통지를 발송하여야 한다(67조 1항 후단, 민법 488조 3항). 본조의 경우 발송주의를 취하고 있으므로, 통지의 부도달에 대한 위험은 매수인이 부담한다. 공탁규칙 제29조에 따라 공탁통지서는 공탁관이 피공탁자에게 발송하므로 공탁자가 직접 통지할 필요는 없다. 공탁통지의 해태로 인한 손해배상책임의 문제에 대하여 공탁의 통지는 공탁의 유효요건이 아니므로 발생할 여지가 없다는 견해(정동윤 401)와 이를 해태함으로써 매수인에게 손해가 생긴 경우에는 배상책임이 있다는 견해(손주찬 248)가 대립되어 있으나 위에서 본 바와 같이 공탁통지는 공탁관이 하는 것이지 매도인이 하는 것이 아니므로 공탁관이 그 통지를 해태한 경우 국가에 대한 손해배상청구권의 문제는 별론으로 하더라도 매도인에 대한 책임을 물을 경우는 현실

적으로 없을 것이다.

라) **공탁권 행사의 효과**: 매도인의 채무, 즉 목적물의 인도의무는 소멸한다. 매도인이 매수인으로부터 매매대금을 지급 받지 못한 경우에 대하여는 상법에 규정이 없으므로 민법의 일반원칙에 따라 청구하여야 할 것이다.

라. 경매권(자조매각권)   매도인은 위 나)항의 요건이 갖추어진 경우 상당한 기간을 정하여 최고한 후 경매할 수 있다.

가) **경매의 의미**: 경매는 공탁에 갈음하는 방법이므로 매도인이 공탁과 경매 중 어떤 방법을 선택할 것인 지는 자유이며, 어느 한 쪽의 절차를 시작한 후에 이를 변경할 수도 있다.

나) **경매권 행사에 필요한 추가요건-최고**: 경매권을 행사하기 위하여는 상당한 기간을 정하여 매수인에게 최고하여야 하는데 이때의 '상당한 기간'의 의미에 대하여는 ① 매수인이 목적물을 수령할 것인가의 여부를 고려하는 데 필요한 기간이라는 견해(손주찬 248, 최기원 250), ② 매수인이 목적물을 수령하기 위하여 준비하는 데 소요되는 기간이라는 견해(이철송 337) 및 ③ 매수인이 입을 지도 모를 손해를 회피하기 위하여 필요한 조치를 취하기 위한 기간이라는 견해(정동윤 400)가 대립한다. 이 최고는 매수인이 수령을 거부하는 경우 경매 전에 매수인에게 재차 수령을 촉구하는 의미를 가지는 것이고(매수인이 수령할 수 없는 경우에는 최고가 큰 의미가 없을 것이다) 매수인으로서도 약정한 이행기에 맞추어 사전에 이행수령의 준비를 해두어야 할 의무가 있는 것이라는 점에 비추어 ①의 견해가 타당하다. 최고의 방식에는 구두 또는 서면이든 제한이 없으나, 매수인에게 도달하여야 하며 도달의 입증책임은 매도인이 부담한다.

다) **최고가 필요 없는 예외 사유**: 최고는 경매의 전제조건이지만 ① 매수인에 대하여 최고를 할 수 없거나, ② 목적물이 멸실 또는 훼손될 염려가 있는 때에는 최고 없이 경매할 수 있다(67조 2항). '매수인에 대하여 최고를 할 수 없다'는 것은 매수인의 영업소 또는 주소·거소를 알 수 없는 때를 말하고, '훼손될 염려'는 생선류·식품류의 부패와 같은 물건의 객관적 효용의 훼손이나 가격폭락과 같은 경제적 가치의 훼손을 말한다.

라) **경매절차**: 경매절차는 민사집행법이 정하는 바에 따른다. 매도인이 목적물을 경매한 때에는 지체 없이 매수인에 대하여 그 통지를 발송하여야 함은 위의 공탁의 경우와 같다(67조 1항 후단). 위 통지는 경매의 유효요건은 아니지만 매도인이 이를

해태함으로써 매수인이 손해를 입은 경우에는 이를 배상할 책임을 진다.

마) 자조매각권 행사의 효과

① 대금공탁의무: 경매는 공탁에 갈음하는 것이므로 매도인은 목적물을 경매한 대금에서 경매비용을 공제한 나머지 잔액을 공탁하여야 한다(67조 3항 전단).

② 대금충당권: 그러나 그 대금의 전부나 일부를 매매대금으로 충당할 수 있다(67조 3항 후문).

③ 부족액청구권: 경매대금을 매매대금에 충당하고도 부족한 경우에는 매도인은 매수인에 대하여 그 부족액을 청구할 수 있다.

(3) 확정기매매의 이행기 경과로 인한 해제의제

가. 확정기매매의 의의   매매의 성질 또는 당사자의 의사표시에 의하여 일정한 일시 또는 일정한 기간 내에 이행하지 아니하면 계약의 목적을 달성할 수 없는 매매를 확정기매매(確定期賣買) 또는 정기매매(定期賣買)라고 한다(68조). 민법 제545조는 계약의 성질 또는 당사자의 의사표시에 의하여 일정한 시일 또는 일정한 기간 내에 이행하지 아니하면 계약의 목적을 달성할 수 없는 경우를 정기행위(定期行爲)라고 하는데 상법 제68조의 확정기매매는 정기행위의 일종이다.

나. 확정기매매에 대한 상법상의 취급   상인간의 확정기매매에 대하여 상법은 당사자의 일방이 이행시기를 경과한 때에는 상대방이 즉시 그 이행을 청구하지 아니하면 계약을 해제한 것으로 본다(68조). 정기행위에 대한 민법 제545조에 의하면 당사자의 일방이 그 이행시기에 이행하지 않은 경우 상대방은 최고 없이 계약을 해제할 수 있도록 규정하고 있으나 상법은 더 나아가 계약해제의 의사표시 없이 계약을 해제한 것으로 보는 특칙을 둔 것이다.

다. 상법의 특칙 규정 이유   민법의 일반원칙을 따를 경우 매수인이 해제권을 행사할 것인지 아니면 이행을 청구할 것인지가 불확실하여 매도인이 불안정한 상태에 놓이게 되는 한편 매수인의 입장에서는 가격의 변동을 악용할 소지가 있는데 이러한 점을 고려하여 상거래의 신속과 매도인의 보호를 위하여 이러한 특칙을 규정한 것이다.

라. 적용요건

가) 상인간의 매매이어야 한다. 이는 명문으로 규정되어 있다.

나) 확정기매매이어야 한다. 이에는 매매의 성질상 이행시기가 중요한 의미를 가지는 절대적 확정기매매(예: 크리스마스용품, 수영복)와 당사자의 의사표시에 의하

여 확정기매매가 되는 상대적 확정기매매(예: 회사의 창립기념일행사용품)의 두 가지 경우가 있는데 후자의 경우에는 그러한 의사표시가 계약 당시에 상대방에게 전달되었어야 한다.

※ 대법원 2009. 7. 9. 선고 2009다15565 판결
상법 제68조에 정한 상인간의 확정기매매의 경우 당사자의 일방이 이행시기를 경과하면 상대방은 이행의 최고나 해제의 의사표시 없이 바로 해제의 효력을 주장할 수 있는바, 상인간의 확정기매매인지 여부는 매매목적물의 가격 변동성, 매매계약을 체결한 목적 및 그러한 사정을 상대방이 알고 있었는지 여부, 매매대금의 결제 방법 등과 더불어 이른바 시.아이.에프(C. I. F.) 약관과 같이 선적기간의 표기가 불가결하고 중요한 약관이 있는지 여부, 계약 당사자 사이에 종전에 계약이 체결되어 이행된 방식, 당해 매매계약에서의 구체적인 이행 상황 등을 종합하여 판단하여야 한다.

Cf. 대법원 1995. 5. 26. 선고 93다61543 판결은 CIF매매계약에 있어서 선적기간의 표기는 불가결하고 중요한 계약요건이 된다는 전제 하에 매매의 목적물이 매매 당시 가격변동이 심하였던 원자재인 알루미늄이고, 매수인이 수출입을 주된 업무로 하는 종합상사로서 전매를 목적으로 매매계약을 체결하였으며 매도인도 이러한 사정을 알고 있었던 점과 매매대금의 지급을 받기 위하여는 선적기간 내에 선적되었다는 기재가 있는 선하증권을 제시하여야 하는 신용장 방식에 의하여 결제하기로 한 사정 등에 비추어 위 알루미늄 매매계약이 그 성질 또는 당사자의 의사표시에 의하여 약정된 선적기간 내에 선적되지 아니하면 계약의 목적을 달성할 수 없는 본조 소정의 확정기매매에 해당한다고 판시하였다.

다) 당사자 일방이 이행기를 도과한 경우이어야 한다. 불이행의 귀책사유에 대하여는 ① 그 유무를 묻지 않는다는 견해(손주찬 250, 정동윤 404)와 ② 당사자 일방의 귀책사유에 의한 경우에 한정된다는 견해(정찬형 220)가 대립하나 전자가 타당하다. 불이행당사자는 통상 매매목적물을 인도하지 않은 매도인일 것이나, 매수인의 대금지급불이행이 문제되는 경우(예: 대금의 특별한 사용목적과 시기를 계약시 밝힌 경우)도 있을 것이다.

라) 상대방이 즉시 이행을 청구하지 않은 경우이어야 한다. 여기의 '즉시'는 이행기의 도래와 동시 또는 그 후 즉시라는 뜻이다. 이행의 청구를 함에 있어서는 반대급부의 제공이 필요한 것은 아니다. 이행의 청구는 상대방에게 도달하여야 하므로(민법 111조 1항), 그 위험부담은 채권자가 부담한다.

마. 효   과   위의 요건이 구비된 때에는 채권자가 계약을 해제한 것으로 본다. 해제의제로 인하여 발생하는 원상회복, 손해배상 등의 법률관계는 민법의 일반원칙에 의한다.

(4) 매수인의 목적물 검사와 하자통지의무

가. 목적물에 하자 또는 수량부족이 있는 경우의 매수인의 민·상법상의 지위

가) 민법상의 지위: 민법상 매도인의 담보책임규정에 의하면 ① 매매목적물에 하자가 있는 경우 선의·무과실의 매수인은 ㉠ 특정물매매에 있어서는 매매목적물의 하자로 인하여 계약의 목적을 달성할 수 없는 경우에 한하여 손해배상청구와 별도로 계약을 해제할 수 있고, 그 외의 경우에는 손해배상만을 청구할 수 있으며(민법 580조 1항 본문, 575조 1항), ㉡ 불특정물매매에 있어서는 특정물매매의 경우와 같은 권리를 행사할 수도 있고(계약해제 또는 손해배상청구를 하지 않고) 하자 없는 물건을 청구할 수도 있는바(민법 581조, 580조), 이상의 권리는 하자의 존재사실을 안 날로부터 6월 내에 행사하여야 한다(민법 582조). 다음으로 ② 수량을 지정한 특정물매매의 목적물이 부족되는 경우 선의의 매수인은 ㉠ 원칙적으로 부족부분의 비율로 대금의 감액을 청구할 수 있고, ㉡ 만약 잔존한 부분만이면 매수하지 않았을 경우에는 계약해제를 할 수 있는 외에 손해배상을 청구할 수 있는바 이러한 권리는 수량부족사실을 안 날로부터 1년 내에 행사하여야 한다(민법 574조, 572조, 573조).

나) 상법상의 지위-특칙(69조): 상법은 매도인이 장기간 불안정한 입장에 놓이는 것을 방지하고 상거래의 신속한 처리를 위하여 특칙을 두고 있다. 즉, 상인간의 매매에 있어서 매수인이 목적물을 수령한 때에는 지체 없이 이를 검사하여야 하며 하자 또는 수량부족을 발견한 경우에는 즉시 매도인에게 그 통지를 발송하도록 하고 있다(69조 1항). 이 특칙은 임의규정이므로 당사자 사이의 특약으로 배제할 수 있다(대법원 2008. 5. 15. 선고 2008다3671 판결).

※ 대법원 1987. 7. 21. 선고 86다카2446 판결
본조의 입법취지에 대하여 "상인간의 매매에 있어 그 계약의 효력을 민법 규정과 같이 오랫동안 불안정한 상태로 방치하는 것은 매도인에 대하여는 인도 당시의 목적물에 대한 하자의 조사를 어렵게 하고 전매의 기회를 잃게 될 뿐만 아니라, 매수인에 대하여는 그 기간 중 유리한 시기를 선택하여 매도인의 위험으로 투기를 할 수 있는 기회를 주게 되는 폐단 등이 있어 이를 막기 위하여 하자를 용이하게 발견할 수 있는

전문적인 지식을 가진 매수인에게 신속한 검사와 통지의 의무를 부과함으로써 상거래를 신속하게 결말짓도록 한 것"이라고 한다.

나. 매수인에 대한 의무발생의 요건
가) 상인간의 매매이어야 한다.

※ 대법원 1995. 7. 14. 선고 94다38342 판결
상사매매에 관한 상법 제69조는 민법의 매매에 관한 규정이 민법 제567조에 의하여 매매 이외의 유상계약에 준용되는 것과 달리 상법에 아무런 규정이 없는 이상 건물의 임대차계약에 준용된다고 할 수 없다.

나) 매수인이 목적물을 수령하였어야 한다. 여기의 '수령'은 목적물 자체를 실제로 수령하여 검사할 수 있는 상태가 되어야 함을 의미한다. 따라서 화물상환증이나 선하증권 등을 교부 받음으로써 목적물에 관한 권리가 이전되더라도(133조, 861조), 여기서 말하는 수령으로 되지 않는다. 매매의 목적물은 특정물에 한하지 않고 불특정물도 포함한다. 즉, 목적물을 종류로 지정한 경우에도 매수인이 수령하여 특정된 때에는 매수인은 본조의 의무를 부담한다(민법 581조 1항 참조). 상대방의 주문에 따라 자기 소유의 재료를 사용하여 제작한 물건을 공급하기로 하는 제작물공급계약의 경우, 그 물건이 대체물인 경우에는 매매의 성질을 가지므로 본조의 적용이 가능하나 부대체물인 경우에는 도급의 성질을 띠게 되므로 본조의 적용이 없다(대법원 2010. 11. 25. 선고 2010다56685 판결 참조).

다) 목적물에 하자 또는 수량부족이 있어야 한다. 여기의 '하자'는 민법 제580조와 제581조에서 규정하는 물건의 하자만을 의미하고, 권리의 하자는 포함되지 않는다. 왜냐하면 권리의 하자와 같이 그 조사에 장기간을 요하는 것은 신속한 통지의무를 규정한 본조의 기본정신에 맞지 않기 때문이다. 물건의 하자인 이상 숨은 하자에 한정되지 아니한다. 수량의 부족에는 수가 부족하거나 양이 부족한 경우가 모두 포함된다. 목적물의 하자가 아니고 상이한 급부를 한 경우 및 수량을 초과한 경우에는 본조에 정한 의무는 없다.

라) 매도인이 악의가 아니어야 한다. 여기의 '악의'는 매도인이 목적물을 인도할 때 물건의 하자 또는 수량부족의 사실을 알고 있었던 것을 말한다. 악의만으로 충분하고 하자 또는 수량부족을 은폐하려는 사해의 의사까지는 요구하지 않는다.

매도인이 악의인 경우에는 본조는 적용되지 아니하므로, 매수인은 검사·통지를 하지 않고도 매도인의 담보책임을 물을 수 있다.

다. 의무의 내용

가) 검사의무: 매수인은 목적물을 수령한 때에는 지체 없이 이를 검사하여야 한다. 지체의 유무 및 검사의 방법·정도는 목적물의 종류에 따른 정상적인 거래관행을 기준으로 하되, 당해 목적물의 하자·수량부족의 발견에 필요한 범위 내에서 일반적으로 요구되는 객관적인 주의의무로써 검사하여야 한다. 이 경우 매수인의 능력부족·인력부족 등 주관적인 사정은 고려되지 않는다(손주찬 253, 정동윤 409).

나) 통지의무: 매수인은 목적물을 수령한 때에는 지체 없이 이를 검사하여 하자 또는 수량부족을 발견한 경우에는 즉시 매도인 또는 통지수령의 권한을 가지는 자(90조 참조)에게 통지를 발송하여야 한다. 통지의 방식에는 구두·전화·서면·전송 등 제한이 없으며, 통지의 내용은 매도인에게 하자의 종류와 범위 또는 수량부족의 정도를 알리는 것이어야 한다. 목적물에 즉시 발견할 수 없는 하자가 있는 경우에는 목적물을 수령한 후 6개월 내에 발견하여 즉시 통지하면 된다. 수량부족의 경우에도 마찬가지로 해석한다. 매수인이 이 기간 내에 목적물의 하자 또는 수량부족을 발견하지 못하거나 이를 발견하고도 통지하지 못한 경우에는 본조의 입법목적상 매수인의 과실 유무를 불문하고 매도인에 대하여 권리를 행사할 수 없다고 본다(아래 98다1584 판결, 손주찬 253). 이러한 해석에 대하여는 매도인의 담보책임 자체를 면제하는 결과가 되므로 부당하다는 견해[이철송(12판) 393]도 있다. 통지사실에 대한 입증책임은 매수인이 부담한다[대법원 1990. 12. 21. 선고 90다카28498,28504(반소) 판결].

※ 대법원 1993. 6. 11. 선고 93다7174,7181(반소) 판결
사과의 과심이 썩은 하자는 상법 제69조 제 1 항 소정의 '즉시 발견할 수 없는 하자'에 해당한다.

※ 대법원 1999. 1. 29. 선고 98다1584 판결
상법 제69조는 상거래의 신속한 처리와 매도인의 보호를 위한 규정인 점에 비추어 볼 때, 상인간의 매매에 있어서 매수인은 목적물을 수령한 때부터 지체 없이 이를 검사하여 하자 또는 수량의 부족을 발견한 경우에는 즉시 매도인에게 그 통지를 발송하여야만 그 하자로 인한 계약해제, 대금감액 또는 손해배상을 청구할 수 있고, 설령 매매의

목적물에 상인에게 통상 요구되는 객관적인 주의의무를 다하여도 즉시 발견할 수 없는 하자가 있는 경우에도 매수인은 6월 내에 그 하자를 발견하여 지체 없이 이를 통지하지 아니하면 매수인은 <u>과실의 유무를 불문하고</u> 매도인에게 하자담보책임을 물을 수 없다고 해석함이 상당하다.

원심이 같은 취지에서 원고가 피고로부터 이 사건 건물에 대한 점유를 이전 받은 날부터 6월 내에 피고에게 이 사건 건물에 대한 하자를 발견하여 즉시 통지하지 아니한 사실을 자인하고 있어, 비록 이 사건 건물의 하자가 원고 주장과 같이 <u>그 성질상 점유 이전일부터 6월 내에 도저히 발견할 수 없었던 것이었다고 하더라도</u>, 원고는 상법 제 69조 제 1 항이 정한 6월의 기간이 경과됨으로써 이 사건 손해배상청구권을 행사할 수 없다고 판단한 조치는 정당하다.

다) **검사와 통지의 관계**: 검사는 통지를 위한 작업에 불과한 것이므로, 정작 중요한 것은 통지이다. 따라서 내용만 정당하다면 검사를 하지 않고도 다른 방법으로 하자 또는 수량부족을 알고 통지하면 매도인에게 담보책임을 물을 수 있는 것이나, 검사만을 하고 통지하지 않은 경우에는 담보책임을 물을 수 없다.

라. **효　　과**

가) **의무위반의 효과**: ① 매수인이 검사·통지의무를 이행하지 않은 때에는 목적물의 하자 또는 수량부족으로 인한 계약해제·대금감액 또는 손해배상을 청구하지 못한다(69조 1항 전문). 이 의무는 그 불이행에 대하여 손해배상책임이 생기는 것이 아니고, 일정한 권리를 행사할 수 없게 되는 데 불과한 것이므로 불완전의무 또는 간접의무인 것이다.

② 본조의 의무위반으로 인한 실권적 효력은 하자의 종류와 무관한 것인가의 문제가 있다. 견해에 따라서는 매매의 목적물에 즉시 또는 6개월 내에 발견할 수 없는 하자가 있는 경우에 즉시 또는 6개월 내에 통지하지 않더라도 민법의 일반원칙에 따라 담보책임을 물을 수 있다고 한다(채이식 191-192, 이철송 347). 이 견해는 물론 그 나름대로의 타당성과 합리성이 있기는 하지만 상법이 상인간의 매매에 한하여 이러한 특칙을 둠으로써 상거래의 신속한 종결을 꾀하고자 하는 의도를 벗어난 것으로 생각한다. 이와 관련하여 상법 제69조 제 1 항은 민법상 매도인의 담보책임에 대한 특칙으로서, 채무불이행에 해당하는 이른바 불완전이행으로 인한 손해배상책임을 묻는 청구에는 적용되지 않는다는 이유로 소유권이전등기를 경료한 때로부터 6개월이 경과한 후에 하자를 통지하였음에도 불구하고 오염된 토양을 정화

하지 않은 채 토지를 인도한 것은 불완전이행에 해당하므로 그 정화에 필요한 비용 상당의 손해배상책임을 인정한 대법원판결이 있다(아래 2013다522 판결 참조).

※ 대법원 2015. 6. 24. 선고 2013다522 판결

상인 간의 매매에서 매수인이 목적물을 수령한 때에는 지체 없이 이를 검사하여 하자 또는 수량의 부족을 발견한 경우에는 즉시, 즉시 발견할 수 없는 하자가 있는 경우에는 6개월 내에 매수인이 매도인에게 그 통지를 발송하지 아니하면 그로 인한 계약해제, 대금감액 또는 손해배상을 청구하지 못하도록 규정하고 있는 상법 제69조 제 1 항은 민법상의 매도인의 담보책임에 대한 특칙으로서(대법원 2008. 5. 15. 선고 2008다3671 판결 등 참조), 채무불이행에 해당하는 이른바 불완전이행으로 인한 손해배상책임을 묻는 청구에는 적용되지 않는다.

원심은, 원고가 피고를 상대로 피고가 지하 또는 지중의 토양이 유류, 중금속 등으로 오염된 이 사건 각 토지를 원고에게 매도하였다고 주장하면서 매도인의 하자담보책임 또는 불완전이행으로 인한 손해배상책임을 묻는 이 사건에서, 원고와 피고 사이의 이 사건 매매계약은 상인 간의 매매인데 원고가 피고로부터 이 사건 각 토지를 인도받아 그 소유권이전등기를 마친 때로부터 6개월이 훨씬 경과한 후에야 피고에게 이 사건 각 토지에 토양 오염 등의 하자가 있음을 통지하였다는 이유로 하자담보책임에 기한 손해배상청구는 배척하고, 다른 한편 피고가 위와 같이 오염된 토양을 정화하지 않은 채 이 사건 각 토지를 인도한 것은 불완전이행에 해당한다는 이유로 오염된 토양을 정화하는 데 필요한 비용 상당의 손해배상책임을 인정하였다.

앞서 본 법리에 비추어 살펴보면, 불완전이행으로 인한 손해배상책임을 인정한 원심의 위와 같은 판단은 정당하고, 거기에 상법 제69조의 적용 범위에 관한 법리를 오해한 잘못이 없다.

③ 본조는 불특정물의 매매에도 적용된다고 함은 기술하였다. 이 경우 매수인은 담보책임을 묻는 외에 완전한 물건의 이행을 청구할 수도 있는데 완전이행을 청구하는 경우에도 본조의 검사·통지의무를 이행하여야 하는가가 문제되나 긍정하여야 할 것이다. 만약 이를 부정한다면 불특정물의 매매에 관한 한 본조는 그 의미를 상실할 것이기 때문이다.

나) 의무이행의 효과: ① 본조의 의무를 이행함으로써 매수인은 민법의 일반원칙에 따라 매도인에 대하여 담보책임을 물을 수 있게 된다. 즉, ⅰ) 목적물의 하자의 경우에는 계약해제(계약의 목적을 달성할 수 없는 경우에 한함) 또는 손해배상(기타의 경우)의 청구를 할 수 있고(민법 580조, 575조 1항), ⅱ) 수량부족의 경우에는

대금감액청구 또는 계약해제(잔존한 부분만이면 매수하지 아니하였을 경우) 및 손해배상청구를 할 수 있다(민법 574조, 572조). iii) 그 외에 불특정물의 경우에는 완전한 이행청구권 또는 하자 있는 급부로 인한 손해배상청구권(민법 581조, 580조)이 인정된다.

② 제척기간: 위 i)과 iii)의 경우에는 계약해제권과 손해배상청구권은 매수인이 그 사실을 안 날로부터 6월 내에 행사하여야 하며(민법 582조), ii)의 경우의 대금감액청구권·계약해제권 및 손해배상청구권은 1년 내에 행사하여야 한다(민법 574조, 573조).

(5) 매수인의 목적물보관·공탁과 경매의무

가. 계약을 해제한 매수인의 의무

가) 민법의 원칙: 민법에 의하면 목적물의 하자 또는 수량의 부족을 이유로 매수인이 계약을 해제한 경우에 매수인은 원상회복의무로서 그 목적물을 반환할 의무를 진다(민법 548조). 만약 상사매매에도 이 원칙을 적용한다면 매도인에게 가혹한 결과를 초래할 수 있다. 왜냐하면 일단 계약이 해제되면 매수인에게 인도되었던 목적물은 운임과 기타 비용을 매도인이 부담한다는 전제 하에 반송하게 되는 것이며, 운송 도중의 위험과 전매의 기회를 잃게 되는 손실도 뒤따르게 된다. 따라서 상법은 매도인을 보호하고 거래의 원활을 기하기 위하여 특칙을 두고 있다.

나) 상법의 특칙: 상인간의 매매에 있어서 매수인이 목적물의 하자 또는 수량부족을 이유로 계약을 해제한 때에도 매도인의 비용으로 매매의 목적물을 보관 또는 공탁하여야 한다(70조 1항 본문). 그리고 그 목적물이 멸실 또는 훼손될 염려가 있는 때에는 법원의 허가를 얻어 경매하여 그 대가를 보관 또는 공탁하여야 한다(70조 1항 단서). 후자의 경우를 긴급매각이라고 한다.

나. 매수인의 의무발생요건

가) 상인간의 매매: 상인간의 상행위인 매매가 있어야 한다. 즉, 쌍방적 상행위가 되는 매매이어야 하는데 이는 제69조의 검사·통지의무의 경우와 같다.

나) 계약의 해제·목적물의 상위·수량초과: 목적물의 하자·수량부족으로 인하여 계약을 해제하거나(70조 1항), 매도인으로부터 매수인에게 인도한 물건이 매매의 목적물과 상위하거나 수량이 초과한 경우이어야 한다(71조). 다수의 학설은 계약해제의 사유가 법문에 정한 목적물의 하자 또는 수량부족 이외의 경우(예: 약정해제, 68조의 확정기매매의 해제 등)에도 본조가 유추적용된다고 해석한다(최기원 262, 손주찬

255, 정찬형 227, 이철송 350).

다) 격지매매: 본조의 의무는 목적물의 인도장소가 매도인의 영업소 또는 주소와 동일한 특별시·광역시·시·군에 있지 않은 격지매매의 경우에 발생한다. 즉, 同地賣買의 경우에는 적용되지 않는다. 인도장소가 동일한 지역 내에 있는 경우에는 즉시 적절한 조처를 취할 수 있으므로 매수인에게 본조의 의무를 지울 필요가 없기 때문이다. 그러나 매도인과 매수인의 영업소가 동일한 지역에 있는 때에도 매수인의 지정에 따라 타지역에 목적물을 송부한 때에는 본조의 의무를 진다고 본다. 그와 반대로 매도인과 매수인의 영업소가 다른 지역에 있는 경우에도 목적물을 인도한 장소가 매도인의 영업소와 같은 지역인 경우에는 역시 본조를 적용할 필요가 없을 것이다(손주찬 256).

라) 매도인의 선의: 매도인이 목적물의 인도시에 목적물에 하자의 존재, 수량부족, 목적물과의 상위, 수량초과사실에 대하여 선의이어야 한다.

마) 특약의 부존재: 당사자간에 의무배제에 관한 약정이 없어야 한다.

다. 의무의 내용

가) 보관·공탁의무: 위의 요건이 구비된 경우 매수인은 수령한 목적물 또는 매매목적물과 상이한 물건 또는 수량을 초과한 부분을 보관 또는 공탁하여야 한다(70조 1항 본문, 71조). 보관을 할 것인가 아니면 공탁을 할 것인가는 매수인의 자유이다. 그 비용은 매도인의 부담으로 한다. 보관기간에 관하여는 명문의 규정이 없으나 매도인이 적절한 조처를 취할 수 있을 때까지 상당한 기간 보관하도록 하여야 할 것이다. 따라서 상당한 기간을 경과한 경우에는 매수인은 목적물을 반환할 수 있다고 본다(최기원 263).

나) 보관에 대한 상당한 보수청구권: 매수인은 상인이므로 보관에 관하여 상당한 보수를 청구할 수 있다(61조). 이에 대하여는 법률의 규정에 의한 의무라는 이유로 반대하는 견해(정찬형 232, 이철송 351-352)도 있다.

다) 경매의무: 목적물이 멸실 또는 훼손될 염려가 있는 경우 매수인은 법원의 허가를 얻어 경매하여 그 대가를 보관 또는 공탁하여야 한다(70조 1항 단서). 그리고 지체 없이 매도인에게 그 사실에 대한 통지를 발송하여야 한다(70조 2항). 매수인의 긴급매각에 대하여는 제67조의 자조매각과는 달리 법원의 허가를 얻도록 하고 있는데 이는 매도인의 보호를 두텁게 하기 위한 것이다.

라. 의무위반의 효과   매수인이 위에서 정한 의무를 위반한 때에는 매도인

에 대하여 일반원칙에 따라 손해배상책임을 진다. 이는 의무불이행의 경우 단순히 일정한 권리를 상실하는 데 불과한 매수인의 검사 및 통지의무위반의 효과(69조)와 다른 점이다.

3. 상행위의 유상성(영리성)

상인에 있어서의 영리성은 기업 존립의 기초로서 모든 상법상의 생활관계에 통일되는 개념이다. 상법은 이러한 관점에서 다음과 같은 규정을 두고 있다.

(1) 체당금의 이자청구권

가. 민법의 원칙   민법에서는 일반적으로 타인을 위하여 금전의 체당을 하여도 위임이나 임치의 경우가 아니면(민법 688조 1항, 701조) 특약이 없는 한 이자를 청구할 수 없다.

나. 상법의 특칙   상인이 그 영업범위 내에서 타인을 위하여 금전을 체당(替當)하였을 때에는 체당한 날 이후의 법정이자를 청구할 수 있다(55조 2항). 여기의 '금전의 체당'은 소비대차 이외에 타인을 위하여 금전을 지급하는 것을 말하며 위임·도급·고용 등의 계약관계와 사무관리의 경우에 이루어진다. 그러나 위임과 임치의 경우에는 민법에 이자청구권이 인정되어 있으므로 본조는 위임과 임치 이외의 경우에 의미를 가지게 된다. 이 이자청구권은 非商人에 대하여도 청구할 수 있는 것으로 본다. 그리고 이 청구권과 보수청구권은 별개이므로 상인의 체당행위에 대하여는 법정이자 이외에 보수청구를 할 수 있다(정동윤 324, 손주찬 237, 최기원 239, 정찬형 231). 이에 대하여는 이자가 바로 보수의 의미를 가진다는 이유로 반대하는 견해(이철송 321)가 있다.

(2) 소비대차의 이자청구권

가. 민법의 원칙   민법상 소비대차는 특약이 없는 한 무이자가 원칙이다(민법 598조).

나. 상법의 특칙   그러나 상인이 그 영업에 관하여 금전을 대여한 경우에는 이자의 특약이 없어도 법정이자(54조)를 청구할 수 있다(55조 1항). 2010년 상법 개정 전에는 '상인간의 금전소비대차에 한정하였으나, 개정을 통하여 상인간에는 물론 상인이 그 영업에 관하여 비상인에게 금전을 대여하는 경우에도 법정이자를 청구할 수 있도록 하였다. 따라서 본조의 적용을 위하여는 대주(貸主)가 상인일 것과 금전대여행위가 상인에게 영업적 상행위일 필요는 없으나 적어도 영업에 관한

행위, 즉 보조적 상행위일 것을 요한다.

(3) 보수청구권

가. 민법의 원칙   민법상 위임, 임치 또는 사무관리에 있어서 특약이 없는 한 보수를 청구할 수 없다(민법 686조 1항, 701조, 739조).

나. 상법의 특칙   상인이 그 영업범위 내에서 타인을 위하여 행위를 한 때에는 유상의 특약이 없어도 이에 대하여 상당한 보수를 청구할 수 있다(61조). 이는 타인과 사이에 위임관계의 존부와는 상관이 없이 적용된다.

가) 요   건: ① 이때의 '타인'은 상인임을 요하지 아니한다. ② '그 영업범위 내의 행위'인 이상 영업적 상행위이든 부속적 상행위이든 불문한다. ③ '타인을 위하여 한다'는 것은 타인의 이익을 위하여 한다는 것이며 법률행위뿐만 아니라 사실행위도 포함한다.

나) 보수청구권이 인정되지 않는 경우

① 상법상의 제한: 중개인은 각 당사자에게 결약서를 교부한 후가 아니면 보수를 청구하지 못하고(100조 1항, 96조), 운송물이 송하인의 책임 없는 사유로 인하여 멸실한 때에는 운송인은 운임을 청구하지 못한다(134조 1항).

② 해석상의 제한: 보수가 계약상의 대가에 포함되어 있는 경우(예: 상품의 포장비용)나 무상으로 하는 것이 당해 업계의 관습 또는 사회통념상 인정되어 있는 경우(예: 견적서의 작성)에는 보수청구권이 없다.

> Cf. 상법 제60조(상인의 물건보관의무)와 제70조(계약해제시 매수인의 목적물의 보관·공탁의무)에 규정한 상인 또는 매수인의 각 의무는 법률에 의하여 부과되는 것이므로 보수청구권이 인정되지 않는다는 견해(이철송 318)에 의하면 이 또한 제한의 범주에 포함될 것이나 그러한 견해가 타당하지 않음은 각 해당부분에서 논한 바와 같다.

4. 임치를 받은 상인의 책임

(1) 민법의 원칙

민법상 임치는 유상임치와 무상임치로 나누어 ① 전자의 경우에는 수치인에게 선량한 관리자의 주의의무를(민법 374조) 부과하는 반면에 ② 후자의 경우에는 자기재산과 동일한 주의만을 규정하고 있다(민법 695조).

(2) 상법의 특칙

상법상 상인이 그 영업범위 내에서 물건의 임치를 받은 경우에는 보수를 받지 아니하는 때에도 선량한 관리자의 주의를 하여야 한다(62조). 이는 상거래의 수요에 부응하고 상인의 신용을 높이기 위한 것이다. 상인이 영업범위 내에서 물건의 임치를 받는 것은 영업으로 하는 기본적 상행위가 되는 경우(예: 창고업자가 창고임치를 인수하는 경우)와 영업에 관한 보조적 상행위가 되는 경우(예: 백화점이나 호텔에서 고객의 물건을 일시 보관하는 경우)가 있다. 상법상 상인이 그 영업범위 내에서 타인을 위하여 행위를 한 때에는 상당한 보수청구권이 있으며(61조), 이에 따라 유상임치가 되는 경우에는 민법의 원칙에 따라 선관의무가 인정될 것이므로 본조가 적용되는 것은 무상임치에 한한다(손주찬 245). 수치인이 선관주의의무를 해태하여 임치물이 멸실·훼손된 경우에는 손해배상책임을 진다. 수치인의 선관주의의무는 임치물을 임치인에게 인도할 때까지 존속하나, 임치인이 수령지체에 빠져있는 경우에는 수치인의 주의의무가 경감되어 고의 또는 중대한 과실이 없는 한 손해배상책임을 지지 않는다. 임치에 관하여는 본조 외에 공중접객업자(152조)와 창고업자(160조)에도 규정하고 있다. 본조는 임의규정이므로 특약으로 감경 또는 면제할 수 있다.

※ 대법원 1983. 11. 8. 선고 83다카1476 판결
수치인이 적법하게 임치계약을 해지하고 임치인에게 임치물의 회수를 최고하였음에도 불구하고 임치인의 수령지체로 반환하지 못하고 있는 사이에 임치물이 멸실 또는 훼손된 경우에는 수치인에게 고의 또는 중대한 과실이 없는 한 채무불이행으로 인한 손해배상책임이 없다.

제4절 유가증권에 관한 규정

I. 유가증권의 개념

1. 유가증권의 기능
자본주의 경제의 발전으로 상거래의 목적물이 다양화됨에 따라 권리도 상거래의 대상이 되었다. 권리를 거래의 목적물로 원활하게 유통되게 하고 권리의 행사를 용이하게 하기 위한 법률기술적인 제도가 바로 유가증권제도이다.

2. 유가증권의 개념

유가증권(Wertpapier, securities)의 개념에 대하여 재산적 가치가 있는 사권(私權)을 표창하는 증권이라는 점에 관하여는 이론(異論)이 없으나 권리와 증권의 관계에 대하여는 견해가 나누어지고 있다.

(1) 권리의 발생·이전·행사의 전부 또는 일부를 위하여 증권이 필요한 것이라는 설
 (손주찬 258)

이 견해는 많은 종류의 유가증권을 포섭하기 쉬운 장점이 있는 반면 ① 권리의 발생만을 위하여 증권의 발행을 필요로 하는 증권은 없으며, ② 권리의 이전에 있어서 증권이 필요 없는 증권은 없다는 점에서 비판 받고 있다.

(2) 권리의 이전과 행사를 위하여 증권이 필요한 것이라는 설(임홍근 264, 강위두 583)

기명주권에 있어서 문제가 있다. 기명주권은 권리의 행사에 있어서 주권의 제시를 필요로 하지 않기 때문이다.

(3) 권리의 행사를 위하여 증권이 필요한 것이라는 설(정동윤 339)

역시 기명주권이 제외된다는 난점이 있다.

(4) 권리의 이전을 위하여 증권이 필요한 것이라는 설(최기원 294)

기명증권에 있어서 문제가 있다. 기명증권의 경우 증권을 이전하여야만 권리가 이전하는 것이 아니기 때문이다.

(1)설에 따라 유가증권을 정의하면 "재산적 가치가 있는 사권을 표창하는 증권으로서 그 권리의 발생·행사 또는 이전의 모든 경우 또는 일부의 경우에 증권의 점유를 요하는 것"이라 할 수 있다. 어음·수표·화물상환증·창고증권·주권·신주인수권증서·채권·신주인수권증권·선하증권 등이 이에 속한다.

3. 유가증권과 구별되는 개념

(1) 증거증권(證據證券)

이는 영수증·차용증서 등과 같이 어떠한 사실을 증명하는 증서일 뿐 재산권을 표창하는 것이 아니다. 증거증권의 경우 증권 없이도 다른 방법으로 권리를 증명하면 그 권리를 행사할 수 있다. 유가증권은 일종의 증거증권이기는 하나 증권 없이는 증권상의 권리를 행사할 수 없는 것이 원칙이다.

(2) 면책증권(免責證券)

자격증권이라고도 한다. 이는 채무자가 증권소지인에게 채무를 이행함으로써

책임을 면하게 되는 증권이다. 그러나 채무자가 그 증권소지인에 대하여 반드시 채무를 이행하여야 할 의무가 있는 것은 아니라는 점에서 유가증권과 차이가 있다. 따라서 면책증권의 경우 채권자는 증권 없이도 다른 방법으로 권리를 증명하면 그 권리를 행사할 수 있다. 휴대품보관증·신발표·철도수하물상환증·개찰 후의 승차권 등이 이에 속한다. 유가증권의 대부분은 면책증권이다.

(3) 금액권(金額券, 또는 금권)

이는 특정한 재산권을 표창한 것이 아니라 증권 그 자체가 법률상 가치를 가지고 있는 것이다. 지폐·우표·수입인지 등이 있다.

II. 유가증권의 종류

상법전상의 유가증권으로 ① 화물상환증, ② 창고증권, ③ 주권, ④ 신주인수권증서, ⑤ 채권(債券), ⑥ 신주인수권증권, ⑦ 보험증권, ⑧ 선하증권 등이 있고, 어음법상 ⑨ 환어음과 ⑩ 약속어음 및 수표법상 ⑪ 수표가 있다. 유가증권은 여러 가지 기준에 따라 다음과 같이 분류할 수 있다.

1. 완전유가증권과 불완전유가증권

증권과 그 표창하는 권리의 결합정도에 따른 분류이다. 완전유가증권(完全有價證券)은 증권상 권리의 발생·행사·이전·처분의 모든 경우에 증권의 점유가 필요한 증권으로서 어음·수표가 이에 속한다. 나머지 유가증권은 증권상 권리의 행사·이전·처분 중의 일부에만 증권의 점유를 필요로 하는 불완전유가증권(不完全有價證券)이다.

2. 기명증권·지시증권·무기명증권·선택무기명증권

권리자를 지정하는 방법에 따른 분류이다. 기명증권(記名證券)은 증권면에 특정한 권리자가 기재되어 있는 것으로 그 권리자만이 권리를 행사할 수 있는 증권이다. 지명증권(指名證券)이라고도 하는데, 기명사채권(記名社債券)과 배서금지어음 등이 이에 속한다. 지시증권(指示證券)은 증권면에 기재된 특정한 권리자 및 그가 지시한 자가 권리를 행사할 수 있는 증권이다. 지시는 배서에 의하므로 배서증권이라고도 하는데, 통상의 어음·선하증권·창고증권·화물상환증이 이에 속한다. 무기명증권(無記名證券)은 증권면에 권리자를 기재하지 않고 증권의 정당한 소지인을 권리자로 취급하는 증권이다. 소지인출급증권이라고도 하는데, 통상의 수표·채권(債券)·상품권이 이에 속한다. 선택무기명증권(選擇無記名證券)은 증권면에 기재된 권리자와 증권의 정당한 소지인이 권리자가 되는 증권이다. 지명소지인출급증권 또는 선택소지인출급증권이라고도 한다. 이는 무기명증권과 동일한 효력을 가진다.

3. 채권적 유가증권·물권적 유가증권·사원권적 유가증권

증권에 화체된 권리의 종류를 기준으로 한 구별이다. 채권적 유가증권은 약속어음·인수한 환어음·사채권(社債券)·상품권·화물상환증·선하증권·창고증권 등과 같이 특정한 채권(債權)이 표창된 증권이다. 물권적 유가증권은 독일의 저당증권과 같은 것으로 물건에 대한 지배권이 표창된 증권인데 우리나라에는 그 예가 없다. 사원권적 유가증권은 회사의 사원인 지위를 표창하는 증권으로 주권(株券)이 이에 속한다.

4. 유인증권(有因證券)·무인증권(無因證券)

증권상의 권리와 증권을 만든 원인관계 사이의 관련에 따른 분류이다. 유인증권은 증권상의 권리가 그 원인관계인 법률관계와 관련되어 있어서 원인관계가 무효 또는 취소되면 증권상의 권리도 소멸하는 증권으로서, 화물상환증·선하증권·창고증권·주권·신주인수권증서·사채권·신주인수권증권 등이 이에 속한다. 요인증권(要因證券)이라고도 한다. 무인증권은 증권상의 권리가 그 원인관계와 단절되어 있어서 원인관계가 무효 또는 취소되더라도 증권상의 권리에 영향을 미치지 않는 증권으로서, 어음·수표가 이에 속한다. 추상증권(抽象證券)이라고도 한다.

5. 문언증권(文言證券)·비문언증권(非文言證券)

권리의 내용이 증권에 기재된 문언에 따라 정하여지는지 여부에 따른 분류이다. 문언증권은 증권에 화체된 권리의 내용이 증권의 기재에 따라 결정되므로 증권의 기재를 믿은 제 3 자는 증권에 기재된 그대로 권리를 취득하여 보호받게 되는 증권으로서, 어음·수표·화물상환증·창고증권·선하증권이 이에 속한다. 비문언증권은 증권상 권리의 내용이 실질적 권리관계에 의하여 정하여지므로 증권의 기재를 믿은 제 3 자가 보호받지 못하는 증권으로서, 주권(株券)이 이에 속한다.

6. 설권증권(設權證券)·비설권증권(非設權證券)

권리의 발생에 증권의 작성을 요하는가 아니면 단지 기존의 권리를 표창하는 데 불과한 것인가에 따른 분류이다. 전자를 설권증권이라고 하고 어음·수표가 이에 속하며, 후자를 비설권증권이라 하고 화물상환증·창고증권·주권·신주인수권증서·사채권(社債券)·신주인수권증권·선하증권 등이 이에 속한다.

7. 제시증권(提示證券)·비제시증권(非提示證券)

증권상의 채무이행에 있어서 증권의 제시를 요하는가에 따른 분류이다. 어음·수표와 상법상의 유가증권의 대부분은 제시증권에 속하나 기명주권(記名株券)은 비제시증권에 속한다.

8. 상환증권(相換證券)·비상환증권(非相換證券)

채무의 변제가 증권과 상환으로써만 이루어지는가에 따른 분류이다. 대부분의 유가증권은 상환증권이지만, 주권(株券)은 후자에 속한다.

Cf. 상품으로서 거래되는 유가증권을 상업증권이라 한다. 어음·수표 및 상법상의 유가증권은 모두 상업증권이다.

Ⅲ. 유가증권에 관한 통칙

우리나라의 경우 유가증권 전반에 관한 포괄적인 입법은 존재하지 않는다. 가장 중요한 유가증권인 어음과 수표에 관하여는 어음법과 수표법이 있고, 민법에는 지시채권과 무기명채권에 관한 통칙규정이 있을 뿐이다(민법 508조~526조). 상법은 민법과의 중복을 피하기 위하여 "금전의 지급청구권, 물건 또는 유가증권의 인도청구권이나 사원의 지위를 표시하는 유가증권에 대하여는 다른 법률에 특별한 규정이 없으면 「민법」 제508조부터 제525조까지의 규정을 적용하는 외에 「어음법」 제12조 제 1 항 및 제 2 항을 준용한다"라고 규정하고 있다(65조 1항). 그리고 그 외 화물상환증·선하증권·창고증권·주권·채권(債券)에 대하여는 각 관련부분에 별도의 규정을 두고 있다. 또한 2011년 상법 개정시 모든 유가증권에 대하여 전자등록제도를 도입하고 이에 관하여는 주식의 전자등록에 관한 상법 제356조의2 제 2 항 내지 제 4 항을 준용하게 하였다(65조 2항).

※ 이상에서 살펴본 상행위법에 관련한 상법 조문과 그에 대응하는 민법 조문을 정리하면 다음 표와 같다.

분 야	제 목	소 제 목		상법조문	민법조문
민법총칙	상행위의 대리와 위임	1. 대리의 방식과 효과		48조	114조, 115조
		2. 본인의 사망		50조	127조 1호
		3. 수임인의 권한*		49조	681조
	소멸시효			64조	162조 1항
물 권	상사유치권**			58조	320조
	유질계약			59조	339조
채권총칙	상사법정이율			54조	379조
	다수당사자 채무	1. 연대		57조 1항	408조
		2. 연대보증		57조 2항	437조
	상사채무 이행	1. 이행장소		56조	467조
		2. 이행시기		63조	없으나 같음
채권각칙	상사계약의 성립	1. 청약의 효력		51조	528조 1항
		2. 청약 받은 상인의 의무	가. 낙부통지 의무	53조	
			나. 물건보관 의무	60조 본문	(695조)
	상사매매	1. 매도인의 공탁권과 경매권		67조	487조, 490조
		2. 확정기매매의 해제의제		68조	545조
		3. 매수인의 목적물 보관과 공탁의무		70조, 71조	548조
		4. 매수인의 목적물 검사와 하자통지의무		69조	580조
	상행위의 유상성	1. 소비대차의 이자		55조 1항	598조
		2. 체당금의 이자청구권		55조 2항	688조 1항
		3. 보수청구권		61조	686조 1항, 739조
	임치 받은 상인의 책임			62조	695조, 374조
유 가 증 권				65조	

* 채권각칙에 포함될 것이나 상행위의 대리와 위임과의 관련상 이곳에 넣었음.
** 상법 제91조 기타의 특별상사유치권 참조.

제5절 상호계산

Ⅰ. 상호계산의 의의

1. 상호계산의 개념

상호계산(相互計算)은 상인간 또는 상인과 비상인 간에 상시 거래관계가 있는 경우에 일정한 기간의 거래로 인한 채권채무의 총액에 관하여 상계하고 그 잔액을 지급할 것을 약정하는 계약을 말한다(72조).

2. 개념분설

(1) 당사자 일방의 상인성

상호계산계약의 당사자 중 적어도 일방은 상인이어야 한다. 따라서 이 계약은 상인이 금전채권채무의 결제방법으로 이용하는 수단으로서 영업을 위하여 하는 보조적 상행위(47조)가 된다. 상인인 이상 소상인도 무방하다.

(2) 계속적 거래관계

당사자 사이에는 계속하여 거래관계가 있어야 하며, 일정한 기간 동안 당사자 쌍방에 채권·채무관계가 발생하는 관계이어야 한다. 따라서 당사자의 한 쪽만 채권을 취득하거나 채무를 부담하게 되는 경우는 해당되지 아니한다. 그러나 당사자 간에 채권·채무관계의 발생이 예상되는 한 계산의 결과가 당사자의 한 쪽만이 채권을 취득하게 되더라도 무방하다.

3. 기   능

기업은 그 속성상 일정한 거래상대방과 계속적인 금전지급관계를 갖게 되는 경우가 많다. 즉, 기업은 때로는 채권자도 되고 때로는 채무자도 되는 등 상호적인 관계에 서게 된다. 이러한 관계는 특히 은행간이나 은행과 고객 및 생산자와 위탁매매인, 상인과 대리상 그리고 운송업자간에서 많이 생긴다. 이 경우 기업이 거래가 있을 때마다 결제를 하게 되면 번잡하며, 특히 격지자 사이에는 송금의 비용과 위험도 뒤따르게 된다. 그러므로 일정한 기간 내에 발생한 채권·채무를 일괄하여 상계하면 대차관계가 일목요연하게 정리되고 결제가 신속·간단하게 이루어질 수 있다(결제의 편의성). 그 밖에 기업 상호간의 채권채무관계를 상호계산에 편입시켜 일정시기에 일괄결제를 하면 각자의 채무변제를 상호계산기간 종료시까지로 유예시키는 효과도 있는 동시에 각자 채권에 대한 담보를 취득하는 효과도 있다(신용제공기능 및 담보기능).

4. 유사한 제도

(1) 민사상호계산(民事相互計算)

이는 당사자가 모두 상인이 아닌 상호계산과 같은 계약을 말한다. 민사상호계산에 상호계산에 관한 상법 제72조 내지 제77조가 적용되는가에 대하여 이는 상법상의 상호계산이 아니므로 상법의 적용을 받지 아니한다는 견해(정찬형 241, 이철송 361)와 원래 상호계산제도는 모든 사람에게 개방되어야 할 것이므로 중리(重利)에 관한 규정 등 일반인에게 부적당한 것을 제외하고는 상법의 규정을 유추적용하여야 할 것이라는 견해(정동윤 363)가 대립한다. 비상인간에 상호계산계약을 체결할 경우 그들 사이에 구체적인 약정이 있으면 그에 의할 것이나 만약 그러한 약정이 없는 경우에는 결국 상법의 상호계산에 관한 규정을 참조하게 될 것이다. 후자에 동의한다.

(2) 집합차감계산(集合差減計算)

이는 적어도 3인 이상의 당사자 사이에서 각자의 채권·채무를 특수한 방법에 의하여 집합적으로 차감 결제하고 채무지급과 동일한 효과를 인정할 것을 약정하는 독자적인 집합적 결제계약으로서 은행 사이에서 이루어지는 어음교환 같은 것이 그 대표적인 예이다. 이는 채권채무의 상호대립성을 전제로 하는 상호계산과 달리 3인 이상의 채권·채무의 정립성(鼎立性)을 전제로 하는 관계인 점에서 구별된다. 또한 어음교환소를 통한 은행간의 어음교환은 어음교환소에 모여 각자 고객인 소지인으로부터 위탁받은 어음을 교환하고 해당은행이 지급할 총액과 나머지 은행으로부터 수령할 총액과의 차액을 수수(授受)함으로써 교환된 어음에 대한 지급이 이루어진 것과 같은 효력을 인정하는 것으로 이는 증권의 무색성(無色性)을 이용, 일괄정산의 편의를 꾀하는 제도일 뿐 실질적으로는 은행 서로간 채권자 또는 채무자의 지위에 있지 않다는 점에서 서로에 대한 채권자 및 채무자의 지위에 있는 상호계산과 구별된다.

(3) 상 계

상계는 채권자와 채무자가 서로 동종의 채권·채무를 가지는 경우에 그 채권과 채무를 대등액에 있어서 소멸하게 하는 일방적 의사표시로서 채권의 소멸원인의 하나이다(민법 492조~499조). 상계는 단독행위임에 반하여 상호계산은 계약인 점, 상호계산의 경우 적어도 당사자의 일방은 상인이어야 하나 상계에는 그러한 제한이 없다는 점에서 양자는 구별된다.

5. 상호계산의 요건(상호계산능력)

(1) 상호계산의 대상

상호계산에 계입될 수 있는 대상은 당사자간에 일정기간(이를 상호계산기간이라 한다) 내에 거래로 인하여 발생하는 채권·채무로서 상호계산기간 내에 변제기가 도래하는 것이어야 한다. 상호계산기간은 당사자간에 임의로 정할 수 있으나 특약이 없으면 6월로 한다(74조). 이는 상호계산계약의 존속기간과는 구별된다(예컨대 존속기간을 2년으로, 상호계산기간을 6월로 약정한 경우 1개의 상호계산계약 안에 4회의 상호계산기간이 존재하게 된다. 존속기간과 상호계산기간이 일치되게 약정할 수도 있음은 물론이다).

(2) 상호계산의 대상에서 제외되는 채권

당사자는 특약으로 상호계산에 계입되는 채권·채무의 범위를 제한할 수 있다. 또한 당사자간의 채권·채무라도 성질상 상호계산의 대상이 될 수 없는 것이 있다. 즉, ① 금전채권 이외의 채권은 일괄상계에 부적당하므로 제외되고, ② 금전채무라도 즉시 또는 현실 이행되어야 할 채무(예: 주주의 주금납입채무)나 어음 등 유가증권상의 권리와 같이 증권에 의한 별도의 권리행사(지급제시 또는 지급거절시 거절증서의 작성 등 상환절차)를 요하는 채권도 제외된다. 그러나 어음 기타의 상업증권의 수수(授受)의 대가지급의 채무는 보통의 채권채무이므로 상호계산능력이 있다(73조 참조). ③ 거래로 인한 채권·채무가 상호계산에 계입되는 것이므로 불법행위나 사무관리 등과 같이 거래로 인한 것이 아닌 채권·채무는 제외된다.

Ⅱ. 법적 성질

상호계산의 법적 성질에 대하여는 상호계약·연기계약(延期契約)·경개계약 또는 예약 등의 여러 학설의 대립이 있으나 여러 가지 사법상의 총합적 효력을 가지는 상법상의 독자적 낙성계약으로 보아야 할 것이다(손주찬 273, 최기원 269, 정찬형 239, 임홍근 279, 채이식 196, 정동윤 362).

Ⅲ. 효 력

상호계산의 효력은 소극적인 면과 적극적인 면으로 나누어 볼 수 있다. 전자는 상호계산기간 중의 효력에 관한 것이고, 후자는 상호계산기간 경과 후의 효력에 관한 것이다.

1. 상호계산기간 중의 효력(소극적 효력)

(1) 당사자 사이의 효력-상호계산불가분의 원칙

가. 원 칙 상호계산계약의 결과 상호계산기간 내의 각 채권·채무는 이 계산에 계입되어 독립성을 상실하며, 일정한 시기에 일괄하여 상계될 때까지 일종의 구속상태에 놓이게 되는데 이를 상호계산불가분의 원칙이라 한다. 이 때문에 당사자들은 각 채권을 개별적으로 행사하거나 양도할 수 없고, 상호계산 외의 타채무와 상계하지도 못한다. 따라서 이 기간 중에는 시효도 진행되지 않고, 이행지체가 되지 않는다. 그렇다고 하여 변제기가 달라지는 것은 아니므로 이자를 붙일 수는 있다(76조 2항). 상호계산에 계입된 채권이 독립성을 상실한다고 하여 그 존재 자체가 상실되는 것은 아니다. 따라서 이 기간 중에도 확인소송을 제기하거나 해제권 등의 원인계약상의 권리행사를 하는 것은 무방하다(정찬형 240).

나. 예외(항목의 제거) 위 원칙의 예외로서 어음 기타의 상업증권이 수수된 경우가 있다. 증권상의 채권은 상호계산에 계입할 수 없으나, 그 수수한 대가로서의 채권·채무는 계입할 수 있다. 이것은 증권상의 채무자가 변제하는 것을 전제로 하는 것인데 만일 증권상의 채무자가 변제하지 않았을 때에는 예외적으로 당사자는 그 대가를 상호계산으로부터 일방적으로 제거할 수 있는 것이다(73조). 이 규정은 그 대가의 채권자인 상대방, 예컨대 어음의 배서인이 파산한 경우에 실익이 있다. 즉, 이 경우 대가를 상호계산에 계입한 그대로 둘 때에는 그 대가는 채권액으로서 상계되는 데 대하여 피배서인의 어음상 권리(소구권)는 파산채권에 소속되어 파산채권자와 동열의 지위에 있게 되어 결국 상계된 채권의 지급을 받지 못하는 경우도 생길 수 있기 때문이다.

〈Note〉 상법 제73조가 상정하고 있는 경우를 예로써 설명하면 다음과 같다. 상인 A와 상인 B가 상시 거래관계가 있어 2010년 1월 1일부터 2010년 6월 30일까지 6개월간의 거래상의 채권·채무의 총액에 관하여 상계하고 그 잔액을 지급하기로 하는 상호계산계약을 체결하였고, 2010년 3월 1일에 A가 B에게 C가 발행한 지급기일이 2010년 5월 31일로 된 액면금 천만원의 약속어음을 배서양도하고 그 대가로 B는 A에게 금950만원을 지급하기로 약속하였는데 그 후 발행인 C가 무자력상태가 되어 위 어음이 부도처리되고 배서인 A가 파산한 경우 B는 그가 A에게 지급하기로 약속하였던 금950만원의 채무항목을 A와 B 사이의 상호계산에서 제거할 수 있는 것이다. 주의할 것은 상법 제73조의 증권채무자에 상호계산계약의 당사자는 포함되지 않는다는 점이다. 상호계산의 본질상 상호계산계약의 당사자 사이에 거래관계로 인한 채무가 생기면 이를 상호계산에 계입함으로써 족한 것이지 당사자 사이에 그 거래관계로 인한 채무의 변제를 위하여 따로 어음 등의 증권을 발행하여 교부할 필요는 없기 때문이다.

(2) 제3자에 대한 효력

상호계산불가분의 원칙이 제3자에게도 미치는가에 대하여 견해가 대립하고 있다.

가. 절대적 효력설   이 학설은 위 원칙의 효력이 제3자에게도 미친다는 견해로서 이에 따르면 상호계산에 계입된 채권은 성질상 양도할 수 없으며(민법 449조 1항 단서), 입질도 할 수 없다고 한다(민법 331조). 이에 위반한 양도·입질은 무효이며, 각개의 채권에 대한 압류도 제3자의 선의·악의 여부에 관계없이 무효라고 한다. 이 견해는 상호계산의 불가분성이 강행적 성격을 가진다는 것을 논거로 한다(손주찬 275, 채이식 204).

나. 상대적 효력설   이 학설은 상호계산의 불가분성에 대한 상법의 규정은 강행규정이 아니고 당사자간의 계약에 의한 양도금지에 지나지 않으므로(민법 449조 2항 본문) 당사자가 약정에 반하여 일부채권을 제3자에게 양도하거나 입질하더라도 상대방에 대한 손해배상책임을 지는 것은 별론으로 하고, 선의의 제3자에 대하여 무효를 주장할 수 없다고 한다. 그리고 제3자에 의한 압류의 경우에는 당사자간의 계약에 의하여 국가의 강제집행권이 미치지 못하는 재산을 만들어 낼 수는 없으므로 제3자의 선의·악의를 불문하고 유효하다고 한다[정동윤(상) 180-181, 정찬형 242, 임홍근 280].

다. 절 충 설   이 학설은 상호계산에 계입된 채권의 양도·입질은 유효한 반면 그에 대한 압류는 무효라고 주장한다. 이 학설에 의하면 채권양도나 입질은 채무자인 상대방에게 통지하거나 상대방의 승낙을 받아야 하는데(민법 450조 1항, 349조 1항), 상대방이 이의 없이 승낙한 경우에는 당사자간에 문제된 채권을 상호계

산에서 제거하기로 하는 묵시적인 합의가 이루어졌다고 보아도 무방하고, 그 밖의
경우에는 채무자가 양수인에게 상호계산에 계입된 채권임을 항변할 수 있으므로(민
법 451조 1항, 349조 2항) 채무자가 예측하지 못한 손해를 볼 일은 없다고 한다. 또
한 압류에 대하여는 상호계산제도가 주는 금융효과와 그 담보적 기능을 약화시키
면서까지 제 3 채권자의 압류를 허용할 이유가 없고, 상호계산은 기존의 채권·채무
를 대상으로 하는 것이 아니므로 채무자가 압류를 피하기 위해 상호계산계약을 체
결한다는 것은 생각하기 어려우며, 제 3 채권자는 상호계산기간 중에도 자기의 채무
자를 대위하여(민법 404조 1항) 상호계산을 해지하고 잔액채권을 압류할 수 있으므
로 제 3채권자에게 특히 불리한 것은 아니라고 한다(이철송 364-365).

　　라. 판　　례　　이를 정면으로 다룬 판결은 없다. 다만 "판결당사자 사이에
양도금지의 특약이 있는 채권이라도 압류 및 전부명령에 따라 이전될 수 있고, 양
도금지의 특약이 있는 사실에 관하여 압류채권자가 선의인가 악의인가는 전부명령
의 효력에 영향이 없다"라는 대법원 2002. 8. 27. 선고 2001다71699 판결이 있을 뿐
이다. 이 판결은 당사자 사이에 양도를 금지한 채권에 관련한 것일 뿐 상호계산에
관련한 판결이 아니므로 이 판결의 내용을 그대로 상호계산에 적용할 수는 없을
것이기는 하지만 참고할 가치는 있다.

　　마. 결　　론　　생각건대 상거래의 간이·신속한 결제를 위하여 거래당사자
사이에 임의로 채택한 이 제도에 의하여 선의의 제 3 자가 피해를 입거나 당사자의
약정에 의하여 국가의 강제집행권이 제한되는 결과가 초래되어서는 아니 될 것이
다. 절충설의 근거 중에서 제 3 채권자의 채권자대위권의 행사에 의하여 상호계산을
해지하고 잔액채권을 압류할 수 있으므로 제 3 채권자에게 특히 불리한 점이 없다
는 주장은 제 3 채권자로 하여금 채권자대위권을 행사하여 상호계산을 해지한 다음
다시 잔액채권을 압류하도록 하는 번잡한 방법을 사용하도록 강제할 근거가 없으
며, 또한 상호계산을 해지한다고 하여 항상 제 3 채권자의 채무자측에 충분한 잔액
채권이 남는다는 보장도 없다는 점을 간과한 것이다. 상대적 효력설이 타당하다.

2. 상호계산기간 경과 후의 효력(적극적 효력)

(1) 잔액채권의 확정

　　가. 잔액채권의 확정　　상호계산기간이 종료되면 상호계산기간 내에 발생한
채권·채무의 총액에 관하여 계산서를 작성, 승인한 후 총액에서 일괄상계함으로써

잔액채권이 확정된다.

　　나. 잔액채권의 확정방법　　통상적으로 당사자의 일방이 채권·채무의 각 항목과 상계잔액을 기재한 계산서를 제출하고 상대방이 이를 승인하는 방법으로 한다. 이 경우의 승인은 명시 또는 묵시에 의하여도 가능하다.

　　다. 잔액채권승인행위의 법적 성질　　잔액채권승인행위의 법적 성질에 대하여는 종래의 채권·채무의 소멸 여부를 포함한 승인의 효력과 관련하여 견해가 대립하고 있다. ① 경개설은 승인으로 인하여 종래의 채권·채무가 소멸하고 이에 갈음하는 새로운 채권·채무가 발생한다고 한다(손주찬 276, 최기원 273, 임홍근 283). ② 무인적 채무승인설은 계산기간의 경과로 인하여 자동적으로 성립한 유인적 잔액채권을 그대로 두고 그와 별개로 승인에 의하여 새로이 무인적 잔액채권이 발생한다고 한다(정동윤 371-372).

　　Cf. 무인적 채무승인설에 의하면 승인 전의 유인적 잔액채권과 승인 후의 무인적 잔액채권은 병존하게 되는데, 유인적 잔액채권의 구성에 관하여는 잔액채권자가 상대방에 대하여 가지는 모든 채권이 같은 비율로 상계되고 남은 금액의 합계액이 잔액채권을 구성한다는 비례적 상계설, 잔액채권자와 상대방 사이에서 채권·채무가 발생되는 순서대로 차례로 상계되고 최후에 남은 채권이 잔액채권이 된다는 단계적 상호계산설 및 채무자에게 변제의 이익이 많은 채무를 먼저 소멸시키고 채무자에게 변제의 이익이 적은 순서로 잔액채권이 구성된다는 변제충당설(정동윤 370)이 대립한다.

　　상호계산계약의 당사자는 상호신뢰의 바탕 위에 상호계산계약을 체결하는 것이 보통의 경우이고, 상호계산계약을 체결하는 주된 이유는 간이한 결제를 원하기 때문일 것이다. 이러한 당사자의 입장과 의사를 전제로 하여 무인적 채무승인설을 검토한다. 이 설은 상호계산기간의 만료로 자동적으로 유인적 잔액채권이 성립하고 승인에 의하여 무인적 잔액채권이 발생한다고 설명하나 이렇게 기교적으로 해석할 이유와 근거가 없다. 무인적 채무승인설은 당사자의 승인이 끝내 없는 경우 잔액의 처리가 불가결하므로 잔액채권의 성립을 인정하지 않을 수 없고, 잔액채권에 대하여 계산폐쇄일 이후의 법정이자를 청구할 수 있도록 규정한 상법 제76조 제1항도 계산기간이 경과하면 잔액채권이 자동적으로 성립하는 것을 전제로 하고 있다고 주장하나[정동윤(상) 181] 동의할 수 없다. 왜냐하면 당사자의 승인이 없으면 상호계산계약을 이행할 의사가 없는 것이므로 상호계산을 해지함으로써 풀어야 할 문제이지 당사자 쌍방이 승인하지도 않은 잔액을 가지고 잔액채권이 성립하였다고 보는 것이 무슨 의미가 있는지 의문이고, 상법 제76조 제 1 항은 법정이자의 청구가 가능한 시기(始期)를 확정한 것이지 이를 가지고 계산폐쇄일에 자동적으로 잔액채권이 성립하는 것을 전제한 것이라고 단정하는 것 또한 무리이기 때문이다.

다음으로 승인의 법적 성질에 관하여 본다. 경개설에서는 이를 경개계약의 성질을 가지는 것으로 봄에 반하여 무인적 채무승인설에서는 유인적 잔액채권과 별개로 새로이 무인적 잔액채권을 발생시키는 계약으로 본다. 무인적 채무승인설의 입장에서는 경개설을 취할 경우 신채권과 구채권은 유인관계에 있으므로, 구채권이 취소되면 신채권은 성립할 수 없는데 이는 상법 제75조에 반한다고 주장한다. 민법상 경개계약이 유인계약이기는 하나 상호계산제도의 효율성을 제고하기 위한 규정인 상법 제75조에 의하여 신채권이 성립하면 그에 대하여 이의를 차단하는 법률상의 효과가 발생하는 것이므로 이 또한 적절한 지적이 되지 못한다.

마지막으로 종래의 채권에 대한 담보권의 존속 여부에 관하여 살펴본다. 경개설에 의하면 종래의 채권은 소멸하므로 이를 위한 담보권도 소멸하는 것으로 봄에 반하여 무인적 채무승인설에 의하면 구채권을 위한 담보는 잔액채권과 일치하는 금액의 범위 내에서 상대방이 제공한 것은 무인적 잔액채권의 담보로 전환되고, 제 3 자가 제공한 것은 유인적 잔액채권의 담보로 존속한다고 한다. 생각건대 당사자 사이에 신뢰를 바탕으로 한 상호계산계약을 체결하면서 서로의 채무에 대하여 담보를 제공하는 일은 흔치 않은 일일 것이다. 만약 그럼에도 불구하고 담보를 제공하였다면 그 채무에 대하여는 상호계산에의 계입에서 제외시키기로 하는 합의가 있었다고 보는 것이 당사자의 의사에 부합하는 해석이 될 것이고, 그러한 합의가 없이 담보(당사자가 제공하든 제 3 자가 제공하든 불문한다)가 부착된 채무를 계입시키는 데 대하여 채권자인 상대방이 동의하였다면 후일 잔액채권확정단계에서 담보권이 소멸하더라도 이의가 없는 것으로 해석할 수 있을 것이다. 특히 무인적 채무승인설의 주장인 구채권을 위하여 상대방이 제공한 담보는 잔액채권과 일치하는 금액범위 내에서 무인적 잔액채권의 담보로 전환된다고 보는 것은 애당초 그렇게 전환되는 것에 대하여 상대방이 동의하지 않은 이상 부종성에 반하는 해석이므로 수긍할 수 없다. 경개설이 타당하다고 본다.

(2) 계산서 승인의 효과

가. 소극적 효과

가) 이의의 배제: 당사자가 채권·채무의 각 항목을 기재한 계산서를 승인한 때에는 그 각 항목에 대하여 이의를 제기할 수 없게 된다(75조). 이는 상호계산의 안정을 기하려는 취지의 규정이다.

나) 착오나 탈루가 있는 경우: 그러나 승인된 계산서에 대하여 모든 이의를 봉쇄하는 것은 가혹하므로 상법 제75조의 단서는 착오(錯誤)나 탈루(脫漏)가 있는 때에는 예외를 인정한다. 여기의 '착오나 탈루'는 항목에 포함된 채권의 원인계약이 무효이거나 취소 또는 해제된 경우 또는 계산이 잘못된 경우를 가리킨다. 상법 제75조 단서의 해석에 대하여 ① 착오나 탈루가 있는 경우에는 그 단서의 문맥상 승인행위 자체의 효력을 다투어 잔액채권·채무의 확정 자체에 이의를 제기할 수 있다는 승인행위무효설(정찬형 243)과 ② 항목에 착오나 탈루가 있더라도 승인행위 자체의 효력에는 영향이 없고, 다만 부당이득을 원인으로 한 반환청구를 할 수 있을 뿐이라는 부당이득설(손주찬 277, 최기원 274, 임홍근 284)이 대립한다. ①설은 법문에 충실한 해석이나 채권·채무 결제의 간이화라는 상호계산의 취지상 ②설이 타당하다고 본다(정동윤 373-374). 개개 항목의 착오나 탈루가 아니라 승인행위 자체에 하자나 착오가 있는 경우(예: 무능력, 사기, 강박 또는 착오에 의한 계산서 승인)에는 민법의 일반원칙에 따라 승인행위의 효력을 다툴 수 있다.

나. 적극적 효과

가) 담보권의 소멸: 계산서의 승인에 의하여 잔액채권이 확정되고 당사자의 일방이 그 잔액을 지급할 채무를 부담하게 된다. 즉, 계산서의 승인은 경개적 효력을 가지므로 각 항목채권에 붙어있던 담보권은 원칙적으로 소멸하며, 특약 또는 관습이 없는 한 잔액채권의 담보가 되지 않는다(민법 505조 참조). 다만, 무인적 채무승인설의 입장에서는 담보가 존속한다고 본다(정동윤 372-373).

나) 중리의 약정: 상계로 인한 잔액에 대하여는 채권자는 계산폐쇄일 이후의 법정이자를 청구할 수 있고 또 이와 별도로 당사자는 각 항목의 상호계산에 편입한 날로부터 이자를 붙일 것을 약정할 수 있다(76조). 즉, 중리(重利)를 인정하고 있다.

다) 잔액채권의 소멸시효: 잔액채권은 독립한 새로운 채권이므로 소멸시효는 새로이 진행하게 된다. 그 시점(始點)에 대하여는 ① 계산폐쇄일기준설(최기원 274)과 ② 잔액채권의 확정시설(승인시설, 정찬형 242)이 대립하나 승인시부터 5년의 시효가 진

행된다고 보아야 한다.

Ⅳ. 종   료

1. 일반종료원인

존속기간의 만료 기타 계약의 일반적 종료원인에 의하여 종료된다.

2. 특별종료원인

(1) 해지에 의한 종료

각 당사자는 언제든지 상호계산을 해지할 수 있다(77조).

(2) 법률상 원인에 의한 종료

상호계산은 당사자의 일방에 관하여 회생절차가 개시된 때에는 종료한다(채무자파산법 125조 1항).

3. 종료의 효과

상호계산계약이 종료되면 즉시 계산을 폐쇄하고 잔액의 지급을 청구할 수 있다(77조).

제6절   익명조합

Ⅰ. 익명조합의 개념

익명조합(匿名組合)은 당사자의 일방(익명조합원)이 상대방(영업자)의 영업을 위하여 출자하고 상대방은 그 영업으로 인한 이익을 분배할 것을 약정하는 계약을 말한다(78조). 분설한다.

1. 당 사 자

익명조합의 당사자는 상인인 영업자와 출자자인 익명조합원이다.

(1) 영 업 자

영업자는 상인이어야 하며, 상인인 이상 회사이든 소상인이든 불문한다. 익명조합계약의 체결은 상인으로서는 영업을 위한 것이므로 보조적 상행위(47조)가 된다. 상인자격은 익명조합계약 당시에 존재하고 있어야 하는 것은 아니며 계약의 체결 자체가 영업자로서 개업을 위하여 하는 준비행위일 수 있다. 출자의 대상인 상인의 영업은 영업의 전부이든 지점과 같은 일부이든 불문한다.

(2) 익명조합원

이는 상인임을 요하지 아니하며, 인원수에도 제한이 없다. 2인 이상의 익명조합원이 공동으로 계약을 체결한 경우 그 익명조합원들 상호간에는 민법상의 조합관계가 형성된다. 또 영업자는 자본의 확충을 위하여 2인 이상의 출자자와 별도로 익명조합계약을 체결할 수 있는데 이 경우에는 출자자의 수만큼의 익명조합계약이 성립하게 되며, 각 출자자간에는 아무런 법률관계가 없다.

2. 익명조합계약의 목적

(1) 출자와 이익분배

익명조합계약은 익명조합원이 출자하고 이에 대하여 영업자가 이익을 분배하는 것을 목적으로 한다. 출자는 금전 기타의 재산에 한하고, 신용 및 노무는 인정되지 않는다(86조, 272조). 출자한 금전 기타의 재산은 영업자의 재산으로 본다(79조). 따라서 익명조합원이 출자한 재산을 영업자가 임의로 사용하여도 형법상 횡령죄를 구성하지 아니한다(대법원 1971. 12. 28. 선고 71도2032 판결; 대법원 1973. 1. 30. 선고 72도2704 판결).

(2) 영업자의 출자문제

반면에 영업자는 법률상 자기의 전재산을 가지고 기업을 운영하는 것이므로 영업자 자신의 출자라는 개념은 있을 수 없다.

(3) 익명조합원의 지위

익명조합원은 영업자와 영업상의 이익을 분배하며, 영업자의 영업에 관하여 감시권을 가진다(86조, 277조).

3. 이익의 분배

익명조합계약에서는 영업자의 영업으로 인한 불확정한 이익을 익명조합원에게 분배하는 것이 요소가 된다. 따라서 당사자간에 분배이익의 최고한도를 정하는 것은 무방하나, 이익발생의 유무를 불문하고 일정한 금액의 지급을 약정하는 것은 확정이자의 지급과 같으므로 익명조합의 본질에 어긋난다.

※ 대법원 1983. 5. 10. 선고 81다650 판결

음식점시설제공자의 이익 여부에 관계없이 정기적으로 일정액을 지급할 것을 약정하되 대외적 거래관계는 경영자가 그 명의로 단독으로 하여 그 권리의무가 그에게만 귀속되는 동업관계는 상법상 익명조합도 아니고 민법상 조합도 아니어서 대외적으로는 오로지 경영자만이 권리를 취득하고 채무를 부담하는 것이고 그가 변제자력이 없거나 부족하다는 등의 특별한 사정이 있더라도 민법 제713조가 유추적용될 여지는 없다.

II. 법적 성질

익명조합계약에는 비록 '조합'이라는 용어가 사용되고는 있으나 법률상으로는 영업자의 독자적 기업이고 조합(민법 703조)이 아니다. 또한 법률상으로 단독기업인 점에서 경제상 및 법률상으로 공히 공동기업인 합자회사와도 다르다. 영업상의 불확정한 이익의 분배를 요소로 하는 점에서 소비대차도 아니다. 이는 상법상 특수한 계약으로 파악되며, 유상·쌍무·낙성·불요식계약이다.

III. 유사제도와의 비교

익명조합계약과 유사한 제도로는 합자회사·조합·소비대차가 있다.

1. 합자회사와의 비교

(1) 공 통 점

가. 유   래   양자 모두 연혁적으로 중세 이탈리아에서 해상무역을 위하여 이용된 commenda계약에 그 기원을 두고 있으며, 경제적으로는 공동기업의 성격을 띤다.

나. 출   자   익명조합원과 유한책임사원은 금전 기타 재산출자의무를 지며, 노무 및 신용출자는 허용되지 않는다.

다. 감 시 권   익명조합원과 유한책임사원 양자 모두 영업 또는 회사의 대표권이나 업무집행권이 없다. 그러나 감시권이 인정된다(86조, 278조, 277조).

(2) 차 이 점

가. 법률관계   익명조합은 단순한 계약법관계(78조)인데 반하여 합자회사는 사단법인으로서 단체법의 영역에 속한다.

나. 조   직   전자는 법률상으로는 단독기업이나 후자는 경제적으로나 법

률적으로 공히 공동기업이고, 유한책임사원은 무한책임사원과 더불어 사단법인인 회사의 구성원이다.

다. **출자자의 책임**   익명조합원은 영업자에 대하여 계약상의 출자의무를 부담할 뿐 대외적으로는 아무런 책임이 없으나(79조, 80조) 유한책임사원은 일정한 범위 내에서 회사의 채권자에 대하여 책임을 진다(279조).

라. **출자의 귀속**   익명조합원의 출자재산은 영업자에게 귀속하나 유한책임사원의 출자재산은 회사에 귀속한다. 익명조합원은 출자에 대한 지분을 가지는 것이 아니나 유한책임사원은 사원권으로서의 지분을 가진다.

마. **영업자와 무한책임사원의 출자의무 유무**   익명조합의 영업자도 출자할 수 있으나 익명조합의 요건은 아닌(78조) 반면 합자회사의 무한책임사원은 당연히 출자의무가 있다.

바. **이익분배**   익명조합의 경우 영업자의 출자액을 기준으로 하여 영업연도말에 출자액을 초과하는 증가분(이익)이 있는 경우 이를 분배하면 되고 달리 법률상 적립이 강제되는 자본의 개념이 없음에 반하여 합자회사의 경우에는 재산출자의 총액을 순자산액과 비교하여 후자가 전자를 초과하는 경우에 이익을 배당하게 된다.

사. **출자자의 공시**   익명조합원은 등기사항이 아니지만, 유한책임사원은 등기하여야 한다(271조).

아. **탈퇴와 해산의 경우**   합자회사에서는 유한책임사원이 퇴사함으로써(217조) 지분환급청구권을 가지나 익명조합에는 탈퇴라는 개념이 없다. 합자회사 해산의 경우 사원은 잔여재산분배청구권을 가지나 이는 청산에서 회사채무를 완제한 후의 잔여재산에 관한 것이므로 회사채권자보다 후순위에 선다. 한편 익명조합의 경우에는 조합계약이 종료한 경우에 익명조합원이 영업자에 대하여 출자가액의 반환청구권을 가지는데(85조) 이것은 채권이므로 다른 채권자와 동 순위에 서게 된다.

2. 민법상 조합과의 비교

익명조합과 민법상의 조합은 ① 전자는 영업자의 사업인 반면에 후자의 경우는 공동사업인 점(민법 703조), ② 전자의 경우 익명조합원의 출자는 영업자에게 귀속하나 후자의 경우 합유가 되는 점(민법 704조) 및 ③ 제 3 자에 대한 권리의무가 전자의 경우 영업자에게 귀속하고 익명조합원에게는 속하지 않으나 후자의 경우

조합원 전원에게 합수적으로 귀속하는 점에서 차이가 있다.

3. 소비대차와의 비교

익명조합은 익명조합원이 영업자에 대한 계약상의 채권자가 된다는 점에서 소비대차(민법 598조)와 유사한 점이 있으나 ① 익명조합원은 이자의 지급을 받는 것이 아니라 불확정한 이익의 분배를 받으며, 특약이 있는 경우 손실 또한 분담할 수도 있다는 점 및 ② 익명조합원은 영업에 대한 감시권(86조, 277조)을 가진다는 점에서 차이가 있다.

Ⅳ. 기   능

익명조합은 경제적으로는 출자자와 영업자의 공동기업이나 법률상으로는 영업자의 단독기업이라는 점에 특색이 있다. 즉, 외부적으로는 영업자만 나타날 뿐 출자자의 존재는 인식되지 않는다. 이 점에서 자본관계를 타인에게 알리지 않고 익명을 구하는 출자자에게 적합한 출자형태로서의 기능을 가진다.

Ⅴ. 효   력

1. 내부관계

이는 익명조합원과 영업자의 법률관계이다. 이하 익명조합원을 중심으로 살펴본다.

(1) 익명조합원의 의무

가. 출자의무   익명조합원은 영업자에 대하여 계약에서 정한 출자의무를 진다(78조).

가) 출자의 목적물: 이 출자는 금전 기타의 재산에 한정되며, 노무 또는 신용의 출자는 인정되지 않는다(86조, 272조 및 79조). 그러나 재산권인 한 반드시 소유권에 한정되지 않고 사용권이나 채권(債權)도 출자할 수 있다(정찬형 249, 손주찬 283, 최기원 279).

나) 출자의 시기와 방법: 이는 약정한 바에 따르나 특약이 없는 경우 영업자로부터의 청구가 있을 때 출자하여야 한다. 그리고 출자는 영업자에게 귀속하므로 재산권이전에 필요한 모든 행위(예컨대 등기·인도·명의개서 등)를 하여야 한다.

다) **출자물에 대한 담보책임**: 익명조합도 유상계약이므로 익명조합원은 출자의 목적물에 대한 담보책임을 지며(민법 567조, 580조), 계약의 일반규정에 따른 위험도 부담한다(민법 537조).

라) **출자의 효과**: 익명조합원의 출자는 영업자에게 귀속한다(79조). 따라서 영업자가 익명조합원이 출자한 재산을 사용(私用)한 경우 형법상 배임죄의 성립은 별론으로 하더라도 횡령을 구성하지는 아니함은 旣述한 바와 같다.

나. 손실분담의무

가) **손실분담의무의 성격**: 이는 익명조합의 요소가 아니므로(78조), 특약에 의하여 익명조합원이 이를 분담하지 않을 수 있다. 그러나 손실을 분담하지 않는다는 특약이 없는 경우 익명조합원이 손실을 분담하는 약정이 있는 것으로 추정하여야 한다(다수설: 손주찬 283, 최기원 282, 정찬형 252, 정동윤 386, 채이식 213, 임홍근 295, 이철송 164). 왜냐하면 익명조합도 경제적으로는 공동기업이므로 이익을 분배하는 이상 손실도 분담하는 것이 원칙이기 때문이다. 이때의 '손실'은 기업 그 자체나 영업재산의 손실을 말하는 것이 아니라 영업으로 인한 손실을 말한다. 즉, 각 영업연도에 영업상 감소된 재산액을 의미한다.

나) **손실분담의 비율**: 손실분담의 비율은 당사자간에 약정이 있으면 그에 의하고 약정이 없는 경우에는 이익분배의 비율과 같은 것으로 추정하며, 이익분배 비율도 없는 경우에는 영업자의 노력과 익명조합원의 출자액 기타 제반 사정을 종합적으로 고려하여 구체적 사안에 따라 판단하여야 할 것이다.

다) **손실분담의 효과**: 손실분담의 의미는 문자 그대로 분담일 뿐 손실을 전보하기 위하여 현실적으로 납입할 의무를 일컫는 것은 아니다. 이를 경우를 나누어 살펴보면 다음과 같다.

① **익명조합계약이 존속 중인 경우**: 계약 존속 중에 손실이 생기면 익명조합원의 출자가 계산상 분담액만큼 감소하게 되나, 다른 약정이 없는 한 감소분을 현실적으로 전보할 필요는 없고, 후에 이익이 생겼을 때에 그 출자의 손실을 전보한 다음에 비로소 이익의 분배를 청구할 수 있다(82조 1항·3항). 이러한 이치는 결손의 결과 출자가 영(零) 내지 마이너스로 되어도 다른 약정이 없는 이상 마찬가지이며 이미 받은 이익의 반환이나 증자를 할 의무가 있는 것이 아니다(82조 2항·3항).

② **익명조합계약이 종료된 경우**: 계산상 출자가 감소한 상태에서 익명조합계약이 종료한 때에는 그 감소된 액만이 익명조합원에게 반환되지만 비록 출자가 마

이너스로 되어도 특약이 없는 한 이를 보충할 의무는 없다. 이 경우에도 익명조합원은 이미 배당 받은 이익의 반환의무를 지지 않는다.

다. **지위불양도의무**　　익명조합은 당사자 사이의 인적 신뢰를 기초로 하는 것이므로 익명조합원의 지위는 영업자의 동의나 특약이 없이 이를 타인에게 일방적으로 양도하지 못한다(손주찬 284). 이는 출자의무를 완전히 이행한 경우에도 동일한바 익명조합원은 영업자의 의무에 대하여 감시권을 가지고 영업에 정통할 수 있는 지위에 있기 때문이다. 이러한 지위의 불양도성은 영업자에 있어서도 동일하다. 따라서 특약이 없는 한 상속·합병 등으로 인하여 이전되지 않는다고 본다(정찬형 253).

(2) 익명조합원의 권리

가. **이익분배청구권**　　익명조합원은 계약에 따라 영업자에 대하여 그 영업으로 인한 이익의 분배를 청구할 수 있다(78조). 그러나 출자가 손실에 의하여 감소된 경우에는 이를 전보한 후가 아니면 이익배당의 청구를 하지 못한다(82조 1항). 이때의 '이익'은 영업에 의하여 생긴 재산의 증가액을 말하고 재산의 평가익(評價益, 예컨대 출자한 부동산의 가격상승으로 인한 증가분)은 포함하지 않는다. 이 권리는 영업자에 대한 권리 가운데 가장 본질적이고 핵심적인 것이다. 이익분배의 비율은 계약에 정하여져 있으면 그에 따르고 특약이 없는 경우에는 민법상 조합의 규정(민법 711조 1항)을 유추적용하여 출자액의 비율에 의하게 되며, 이익 또는 손실의 어느 한 쪽에 대하여서만 비율을 정한 때에는 그 비율은 다른 쪽에도 공통한 것으로 추정한다(동조 2항). 이익의 유무는 매 영업연도를 기준으로 결정하며, 영업연도는 특약이 없으면 1년으로 보아야 할 것이다(30조 2항 참조).

나. **영업집행청구권**　　익명조합원은 영업자에 대하여 계약의 본지(本旨)에 따라 선량한 관리자의 주의로써(민법 707조, 681조) 업무를 집행할 것을 청구할 수 있다. 영업자가 자의로 영업을 개시하지 않거나 휴지·양도·변경하는 때에는 그에 대한 손해배상청구권과 계약의 해지권(83조 2항)을 가진다. 그러나 영업주가 한 행위의 무효를 주장할 수는 없다.

다. **경업피지의무**　　다수의 학설은 영업자는 선량한 관리자의 주의로써 업무를 집행하여야 하며, 될 수 있는 대로 많은 이익을 창출하여야 하므로 이에 배치되는 경업적 행위를 할 수 없다는 경업피지의무를 인정하고 있다(정찬형 250, 손주찬 285, 최기원 284). 그러나 개입권은 인정되지 않으므로 영업자가 이에 위반한 경우에도 익명조합원은 그 정지(부작위)나 손해배상을 청구할 수 있을 뿐이다.

　라. 감 시 권　　익명조합원은 익명조합의 성질상 영업자의 경영에는 참가할 수 없다(86조, 278조). 그러나 익명조합원은 출자자로서 영업자의 영업에 대하여 이해관계가 크므로 상법은 이에 익명조합원에게 합자회사의 유한책임사원과 동일한 감시권을 인정하고 있다. 즉, 익명조합원은 영업연도 말에 영업시간 내에 한하여 회계장부·대차대조표 기타의 서류를 열람할 수 있고, 업무와 재산상태를 검사할 수 있으며 중요한 사유가 있는 때에는 익명조합원은 언제든지 법원의 허가를 얻어 위의 열람과 검사를 할 수 있다(86조, 277조).

　2. 외부관계
　(1) 영업자와 제 3 자의 관계
　익명조합은 경제적으로는 공동기업의 일종이지만 법률적으로는 영업자만이 영업의 주체로서 제 3 자와 법률관계를 가지는 것이다. 따라서 영업자의 영업행위로 인하여 생긴 모든 권리의무는 영업자에게만 귀속된다.

　(2) 익명조합원과 제 3 자의 관계
　가. 영업상의 관계　　익명조합원의 출자는 영업자에게 귀속하고 익명조합원은 영업에는 전혀 관여하지 않으므로 대외적으로는 아무런 관계가 없다. 따라서 익명조합원은 영업자의 행위에 관하여 제 3 자에 대하여 어떠한 권리나 의무가 없으며(80조), 책임을 지지도 않는다. 또 익명조합원은 영업자를 대리할 권리도 없다(86조, 278조).

　나. 명의대여자의 책임　　그러나 익명조합원이 자기의 성명을 영업자의 상호 중에 사용하게 하거나 자기의 상호를 영업자의 상호로 사용할 것을 허락한 때에는 그 사용 이후의 채무에 대하여 영업자와 연대하여 변제할 책임이 있다(81조). 이는 명의대여자의 책임(24조)을 규정한 것으로서 금반언의 정신을 반영한 것이다. 명의사용의 허락은 명시이든 묵시이든 무방하나, 상법 제24조와 보조를 맞추어 익명조합원은 '선의의 제 3 자'에 대하여만 이 책임을 지는 것으로 해석하여야 할 것이다.

Ⅵ. 종　　료

　1. 종료원인
　익명조합의 종료에는 계약의 일반적 종료원인과 계약기간의 만료 외에 상법

규정에 따른 종료가 있다.

(1) 해   지

익명조합계약으로 조합의 존속기간을 정하지 아니하거나 어느 당사자의 종신까지 존속할 것을 약정한 때에는 각 당사자는 영업연도 말에 계약을 해지할 수 있다. 그러나 이 해지는 6월 전에 상대방에게 예고하여야 한다(83조 1항). 그러나 부득이한 사정이 있는 때에는 조합의 존속기간의 약정의 유무에 불구하고 각 당사자는 언제든지 계약을 해지할 수 있다(동조 2항). 여기의 '부득이한 사정'으로는 익명조합원의 출자의무 불이행, 영업자의 영업태만, 이익분배의무의 불이행 등을 들 수 있으며 이 해지권을 제한하는 특약은 그 효력이 없다(손주찬 286). 익명조합원의 채권자가 상법 제224조의 유추적용에 의하여 조합계약을 해지할 수 있는가에 대하여는 부정함이 타당하다(同旨: 손주찬 286, 최기원 288).

(2) 법정사유로 인한 당연종료

익명조합계약은 ① 영업의 폐지 또는 양도, ② 영업자의 사망 또는 성년후견의 개시, ③ 영업자 또는 익명조합원의 파산의 경우 당연히 종료한다(84조). 그러나 영업자의 사망의 경우 특약에 의하여 상속인이 영업을 계속하는 것으로 정할 수 있다. 영업자 또는 익명조합원의 파산을 해지사유로 한 이유는 영업자의 파산의 경우 영업자는 영업능력 내지 재산관리처분권이 없으므로 익명조합계약상의 영업자의 자격도 상실하게 되며, 또 익명조합원이 파산한 경우에는 그 파산채권자와의 관계에서 익명조합계약을 종료하고 영업자에 대한 출자반환청구를 하여 재산관계를 정리할 필요가 있기 때문이다.

Cf. 채무자 회생 및 파산에 관한 법률 제502조에 의하면 익명조합계약이 영업자의 파산으로 인하여 종료된 때에는 파산관재인은 익명조합원이 부담할 손실액을 한도로 하여 출자를 하게 할 수 있다.

2. 종료의 효과

(1) 출자가액의 반환

익명조합계약이 종료한 때에는 영업자는 익명조합원에게 그 출자의 가액을 반환하여야 한다(85조 본문). 상법이 출자 자체의 반환이 아니라 그 가액을 반환하도록 규정한 이유는 영업재산은 모두 영업자의 소유에 속하기 때문이다. 출자가 손실로 인하여 감소된 때에는 그 잔액을 반환하면 된다(85조 단서). 이러한 출자의 가액 반환에 있어서는 경우를 나누어 보아야 한다. 즉, ① 익명조합원이 손실을 분담하지 않기로 약정한 경우 익명조합계약이 종료한 때에는 출자가액의 전액을 반환하여야 하고, ② 익명조합원이 손실을 분담하는 때에는 출자가 손실로 인하여 감소하면 그 잔액을 반환하면 되지만(85조 단서) 그 잔액이 없거나 마이너스로 된 경우에는 반환의무가 없다.

(2) 현물출자의 경우

현물출자는 금전으로 평가하여 그 가액을 반환하면 되고 목적물 자체를 반환할 필요는 없다. 그러나 물건의 사용권을 출자한 때에는 익명조합원은 소유권에 기한 반환청구권을 가지며 다른 채권자에 우선한다. 이러한 사용출자의 경우 영업자가 파산한 때에는 익명조합원은 그 출자재산에 대하여 환취권을 가지게 된다(채무자파산법 407조).

(3) 이익의 분배

계약종료에 의한 계산의 결과 이익이 있으면 이를 분배하여야 한다. 그리고 계약의 종료시에 완결되지 못한 거래의 계산은 완결 후에 하면 된다. 이 경우 특약이 없는 한 기업의 성가(聲價)에 대한 분배청구권은 없다.

(4) 당사자의 파산

가. 영업자의 파산   이 경우 익명조합원은 영업자의 다른 채권자와 동등한 지위에서 출자반환청구권을 가질 뿐 우선변제권이나 환취권을 행사할 수 없다. 다만 사용권만을 출자한 경우에는 위에서 본 바와 같이 환취권을 가진다.

나. 익명조합원의 파산   영업자에 대한 출자반환청구권은 파산재단이 가진다.

(5) 손해배상청구권

익명조합계약이 익명조합원과 영업자 중 1인의 책임 있는 사유로 종료한 때에는 그 상대방은 손해배상청구권을 가진다.

(6) 영업자의 영업의 존속 여부

익명조합계약이 해지에 의하여 종료하더라도 영업을 계속할 것인가의 여부는 영업자의 자유에 따른다.

제7절　합자조합

I. 합자조합의 개념

합자조합(合資組合)은 조합의 업무집행자로서 조합의 채무에 대하여 무한책임을 지는 조합원과 출자가액을 한도로 하여 유한책임을 지는 조합원이 상호출자하여 공동사업을 경영할 것을 약정하는 계약을 말한다(86조의2). 분설한다.

Cf. 합자조합은 합자조합의 설립을 위한 계약(86조의2)과 합자조합계약의 결과 형성된 조직체(86조의3, 86조의6 2항)의 두 의미로 사용된다. 아래에서는 이를 구별하기 위하여 전자의 경우에는 합자조합계약으로, 후자의 경우에는 합자조합으로 표기하기로 한다.

1. 합자조합계약의 당사자

합자조합계약의 당사자는 업무집행조합원과 유한책임조합원이다. 이들 모두 상인이어야 하나 상인인 이상 회사이든 소상인이든 불문한다. 합자조합계약의 체결은 상인으로서는 영업을 위한 것이므로 보조적 상행위(47조)가 된다. 상인자격은 합자조합계약 당시에 존재하고 있어야 하는 것은 아니며, 계약의 체결 자체가 상인으로서 개업을 위하여 하는 준비행위일 수 있다. 합자조합의 성립을 위하여 업무집행조합원과 유한책임조합원 각각 1인 이상이 필요하나 인원수의 상한(上限)은 없다.

(1) 업무집행조합원

업무집행조합원은 조합업무의 집행자로서 조합의 채무에 대하여 무한변제책임을 부담한다. 원칙적으로 업무집행조합원은 모두 업무집행권과 대리권을 가지는 것이나 합자조합계약으로 업무집행조합원 중 일부에 대하여만 합자조합의 업무집행권과 대리권을 가지도록 정할 수 있으므로(86조의3 10호) 이 경우 나머지 업무집행조합원은 무한책임조합원의 지위만을 가지게 된다.

(2) 유한책임조합원

유한책임조합원은 합자조합계약에서 정한 출자가액을 한도로 조합의 채무에 대하여 변제책임을 부담한다. 유한책임조합원은 원칙적으로 업무집행권을 가지지 않으나(86조의8 3항, 278조) 후술하는 바와 같이 상법 제86조의4 제 1 항 제 1 호 및 제86조의8 제 3 항에 따라 합자조합계약으로 유한책임조합원에게 업무집행권을 부여한 경우 이 경우에는 유한책임조합원도 업무집행권을 가질 수 있다.

Cf. 합자조합의 구성원은 업무집행권의 유무를 기준으로 할 때 ① 업무집행권을 가지
는 업무집행조합원, ② 업무집행권이 없는 업무집행조합원(86조의3 10호), ③ 업무집행
권을 가지는 유한책임조합원 및 ④ 업무집행권을 가지지 않는 유한책임조합원의 4종
으로 분류할 수 있는데 아래에서는 업무집행과 관련하여 특히 구별할 필요가 있는 경
우에는 ① 업무집행조합원, ② 무한책임조합원, ③ 업무집행유한책임조합원 및 ④ 유
한책임조합원의 4분류를 사용하고, 업무집행 외의 사항에 관하여는 단순히 업무집행조
합원(위의 ①과 ②)과 유한책임조합원(위의 ③과 ④)의 2분류를 사용하기로 한다.

2. 합자조합계약의 목적

(1) 출자와 이익분배

합자조합계약은 업무집행조합원과 유한책임조합원이 공동사업을 경영하기 위
하여 상호 출자하고, 그 사업을 통하여 얻은 이익을 분배하는 것을 목적으로 한다.
다만, 그 출자의 목적에 있어서는 업무집행조합원과 유한책임조합원 간에 차이가
있다.

(2) 업무집행조합원의 출자의 목적

합자조합의 경우 업무집행조합원도 출자하나(이 점에서 익명조합의 영업자와 구
별된다), 합자조합채무에 대하여 무한책임을 지는 까닭에 그 출자는 신용 또는 노
무로도 가능하다(86조의8 4항, 민법 703조 2항; 단, 합자조합계약으로 이를 금할 수 있다,
86조의3 6호).

(3) 유한책임조합원의 출자의 목적

유한책임조합원은 합자조합계약에서 허용하지 않는 한 신용 또는 노무의 출자
가 불가능하나(86조의8 3항, 272조), 기술(技術)의 현물출자는 가능하다. 또한 유한책
임조합원은 업무집행조합원과 영업결과에 따른 이익을 분배하며, 업무집행조합원의
업무집행에 대하여 감시권을 가진다(86조의8 3항, 277조; 이 점에서 익명조합원과 유사
하다).

3. 손익의 분배

합자조합의 영업결과에 따라 업무집행조합원과 유한책임조합원을 불문하고 미
리 정한 손익분배의 약정(86조의3 7호)에 따라 손익을 분배하게 될 것이다. 상법 제
86조의8 제 4 항은 합자조합에 관하여 상법 또는 조합계약에 다른 규정이 없으면

민법 중 조합에 관한 규정을 준용하도록 하고 있으므로 민법 제711조 제 1 항에 따라 사전에 조합원들 사이에 출자가액과 무관한 이익분배비율을 정하거나 조합원에 따라 이익과 손실의 분배비율을 달리 정할 수 있다. 만약 손익분배의 비율을 약정하지 아니한 때에는 각 조합원의 출자가액에 비례하여 정하고, 이익 또는 손실 중의 하나에 대하여만 분배의 비율을 정한 때에는 그 비율은 이익과 손실에 공통된 것으로 추정한다(86조의8 4항 본문, 민법 711조 1항·2항).

Ⅱ. 법적 성질

상법은 합자조합의 설립과 운영을 위하여 민법상의 조합(민법 703조 이하)과는 다른 여러 가지 특칙을 규정하고 있으므로 합자조합계약은 상법상 특수한 계약으로 파악하여야 할 것이다(同旨: 정찬형 265). 다만, 합자조합은 민법상 조합을 기초로 하고 있으므로 상법이나 합자조합계약에서 달리 규정함이 없는 경우에는 민법 중 조합에 관한 규정을 준용한다(86조의8 4항).

Ⅲ. 유사제도와의 비교

합자조합과 유사한 제도로는 익명조합과 합자회사가 있다.

1. 익명조합과의 비교

익명조합은 '조합'이라는 표현에 불구하고 영업자의 단독기업일 뿐 조합이 아닌 반면에 합자조합은 업무집행조합원과 유한책임조합원을 구성원으로 하는 조합체인 점에서 차이가 있으나 법인격을 가지지 않는다는 점에서 양자는 같다. 합자조합에는 합유 형태의 공동재산이 존재하는 반면에 익명조합의 경우에는 영업자의 단독재산만이 존재한다(79조). 유한책임조합원은 금전 기타 재산출자의무를 부담하되 합자조합계약에서 달리 정하지 않는 한 노무 및 신용출자는 허용되지 않는 점 (86조의8 3항, 272조), 업무집행조합원에 대한 감시권을 가지는 점(86조의8 3항, 277조)은 익명조합의 익명조합원과 같다.

2. 합자회사와의 비교

합자회사의 경우 무한책임사원과 유한책임사원으로 구성되는 점에서 무한책임을 지는 업무집행조합원과 유한책임을 지는 유한책임조합원으로 구성되는 합자조합과 유사하다. 그러나 합자회사는 법인격을 가지는 회사이나 합자조합은 법인격을 가지지 못하는 점에서 구별된다. 합자조합은 합자회사와 익명조합의 중간형태로서, 법인격이 없는 합자회사의 모습을 띤다.

3. 민법상 조합과의 비교

민법상 조합과 합자조합은 조합이라는 점에서 공통하나 민법상 조합의 경우에는 조합원 모두가 조합채무에 대하여 무한책임을 부담함에 반하여 합자조합의 경우에는 업무집행조합원은 합자조합채무에 대하여 무한책임을 지지만 유한책임조합원은 출자가액을 한도로만 책임을 부담하는 점에서 차이가 있다. 민법상 조합의 경우 조합채권자가 그 채권발생 당시에 조합원의 손실부담의 비율을 알지 못한 때에는 각 조합원에게 균분하여 그 권리를 행사할 수 있고(민법 712조), 조합원 중에 변제할 자력 없는 자가 있는 때에는 그 변제할 수 없는 부분은 다른 조합원이 균분하여 변제할 책임이 있으며(민법 713조), 이는 합자조합의 업무집행조합원들에게도 적용이 되나 유한책임조합원에게는 그 적용이 없는바(86조의8 4항 단서) 이는 유한책임조합원이 출자가액에 한하여 책임을 지는 데 기인한다.

Ⅳ. 합자조합의 도입배경

최근 지식기반사회의 도래와 함께 인적 자산의 중요성이 증대됨에 따라 인적 자산의 적절한 수용이 가능한 새로운 기업형태에 대한 수요에 맞추어 2011년 4월 14일에 이루어진 상법 개정시에 회사편의 유한책임회사와 아울러 도입한 제도가 합자조합이다. 유한책임회사(287조의2~287조의45)는 사원 전원이 유한책임을 지는 법인체이나 주식회사와는 달리 기관의 구성이나 의사결정 등에 있어서 유연성을 가지는 기업형태이고, 합자조합은 무한책임을 지는 업무집행조합원과 유한책임을 지는 유한책임조합원으로 구성되나 합자회사와는 달리 법인격을 가지지 않는 기업형태이다.

Cf. 특별법에서는 2011년 4월 상법 개정 이전부터 합자조합이 인정되어 왔는데 중소기업창업 지원법[법률 제10354호, 2010. 6. 8. 일부개정] 제20조 제 2 항의 '중소기업창업투자조합'과 자본시장과 금융투자업에 관한 법률[법률 제10366호, 2010. 6. 10. 타법개정] 제219조 제 1 항의 '투자조합'이 그것이다(2013. 5. 28. 개정시 '투자합자조합'으로 명칭 변경됨).

V. 합자조합계약의 성립과 등기

1. 성   립

합자조합의 설립을 위한 합자조합계약은 아래 각 호의 사항을 서면에 기재하여 조합원 전원이 기명날인하거나 서명함으로써 성립한다(86조의3; 합자조합계약서에 기재할 사항이 법정되어 있는 점에서 민법상의 조합과 차이가 있다). 즉, 합자조합계약은 요식계약이다. 이는 합자조합의 구성원 간의 책임관계와 업무집행권의 귀속관계를 대내외적으로 명확히 하기 위한 것이다.

1) 목적: 합자조합이 영위할 공동사업, 즉 영업을 말한다. 합자조합이 영리목적의 공동사업을 행하지 않는 경우에는 민법상의 조합이 될 것이다.

2) 명칭: 합자조합의 조합원들이 영업상 사용하는 명칭을 말한다. 합자조합은 회사가 아니므로 그 명칭 중에 '합자조합'이라는 문자를 사용할 것이 요구되지는 않으나(19조), 합자조합은 법인은 아니지만 단체적 독립성이 인정되고 또한 조합원의 일부가 유한책임을 진다는 것은 거래상대방에게 중대한 이해가 걸린 문제이므로 공시되어야 한다는 점에서 그 명칭에는 반드시 '합자조합'이라는 문자가 표기되어야 한다는 입법론적 지적이 있다(이철송(10판) 395, 정찬형(15판) 265).

3) 업무집행조합원의 성명 또는 상호, 주소 및 주민등록번호: 업무집행조합원이 자연인인 경우에는 성명(상호를 선정한 개인상인인 경우에는 상호를 기재하여도 무방하다)과 주소 및 주민등록번호를 기재하여야 한다. 업무집행조합원이 회사인 경우에는 상호와 본점의 소재지 및 법인등록번호를 기재하여야 할 것이다.

4) 유한책임조합원의 성명 또는 상호, 주소 및 주민등록번호: 위 3)의 업무집행조합원의 경우와 같다.

5) 주된 영업소의 소재지: 회사의 경우 본점소재지에 해당하는 것으로 합자조합의 영업활동의 장소적 중심이 되는 곳을 기재하여야 한다.

6) 조합원의 출자(出資)에 관한 사항: 상법 제86조의8 제 3 항은 합자조합계약에 다른 규정이 없으면 유한책임조합원에 대하여는 합자회사의 유한책임사원에게 신용 또는 노무의 출자를 금하는 상법 제272조를 준용하고 있을

뿐 업무집행조합원의 출자의 목적에 대하여는 아무런 제한을 두고 있지
않다. 한편 상법 제86조의8 제 4 항은 합자조합에 관하여 상법 또는 합자
조합계약에 다른 규정이 없으면 민법 중 조합에 관한 규정을 준용하므로
업무집행조합원의 출자에 관하여는 민법 제703조 제 2 항에 따라야 할 것
이다. 민법 제703조 제 2 항은 조합의 출자는 금전 기타 재산 또는 노무로
할 수 있다고 규정하고 있어 '신용'의 출자 여부가 명시되어 있지는 않으
나 위 조항은 조합의 출자를 제한한 조항이 아니라 출자의 목적을 열거한
것으로 이해하여야 하므로(업무집행조합원은 종국적으로는 무한책임을 지므로
출자의 목적을 제한할 이유가 없다) 결국 업무집행조합원은 신용의 출자를
할 수 있다고 보아야 할 것이다(同旨: 정찬형(15판) 266). 물론 합자조합계
약을 통하여 업무집행조합원의 신용(노무 포함)의 출자를 금할 수 있다(86
조의8 4항 본문).

7) 조합원에 대한 손익분배에 관한 사항
8) 유한책임조합원의 지분(持分)의 양도에 관한 사항
9) 둘 이상의 업무집행조합원이 공동으로 합자조합의 업무를 집행하거나 대
리할 것을 정한 경우에는 그 규정
10) 업무집행조합원 중 일부 업무집행조합원만 합자조합의 업무를 집행하거나
대리할 것을 정한 경우에는 그 규정
11) 조합의 해산 시 잔여재산 분배에 관한 사항
12) 조합의 존속기간이나 그 밖의 해산사유에 관한 사항
13) 조합계약의 효력발생일

이상의 13가지 사항은 합자조합계약서에 필수적으로 기재하여야 하는 것이나
그 일부가 누락되더라도 그 부분이 민법의 조합규정에 의하여 보충될 수 있는 사
항(예컨대 7호의 손익분배에 관한 사항은 민법 711조, 11호의 잔여재산분배에 관한 사항은
민법 724조에 의하여 각각 보충될 수 있을 것이다)인 경우 조합계약은 유효한 것으로
보아야 할 것이다.

2. 등   기
업무집행조합원은 합자조합 설립 후 2주 내에 조합의 주된 영업소의 소재지에
서 아래의 사항을 등기하여야 하고, 등기 후 사항의 변경이 있는 경우에는 2주 내

에 변경등기를 하여야 한다(86조의4 1항, 2항; 등기해태시의 과태료 제재는 86조의9 참조). 이 합자조합의 등기는 제 3 자의 이해관계에 미치는 영향을 고려하여 규정한 것일 뿐 합자조합계약은 등기와 무관하게 계약서의 작성으로써 성립한다. 합자조합 등기의 효력은 상법 제34조 이하의 상업등기규정에 따른다.

1) 합자조합의 목적, 명칭, 업무집행조합원의 성명 또는 상호, 주소 및 주민등록번호(86조의3 1호~3호)

2) 유한책임조합원의 성명 또는 상호, 주소 및 주민등록번호(86조의3 4호): 단, 이는 유한책임조합원이 업무를 집행하는 경우에 한정한다(86조의4 1항 1호). 이 단서로 인하여 유한책임조합원도 업무집행권을 가지는지 여부에 대하여 논의가 있을 수 있는바 이에 대하여는 후술한다.

3) 주된 영업소의 소재지, 둘 이상의 업무집행조합원이 공동으로 합자조합의 업무를 집행하거나 대리할 것을 정한 경우에는 그 규정, 업무집행조합원 중 일부 업무집행조합원만 합자조합의 업무를 집행하거나 대리할 것을 정한 경우에는 그 규정, 조합의 존속기간이나 그 밖의 해산사유에 관한 사항, 조합계약의 효력발생일(86조의3 5호, 9호, 10호, 12호, 13호)

4) 조합원의 출자의 목적, 재산출자의 경우에는 그 가액과 이행한 부분(86조의4 1항 2호)

Ⅵ. 효   력

1. 내부관계

(1) 업무집행

가. 업무집행권의 귀속   합자조합의 업무집행권은 원칙적으로 업무집행조합원에 귀속한다. 이것이 합자조합이 '업무집행자'로서 조합의 채무에 대하여 무한책임을 지는 조합원, 즉 업무집행조합원과 출자가액을 한도로 하여 유한책임을 지는 조합원, 즉 유한책임조합원으로 구성됨을 명규(明規)한 상법 제86조의2의 합자조합의 의의와도 부합한다. 한편 상법 제86조의4 제 1 항 제 1 호의 법문 중에는 '유한책임조합원이 업무를 집행하는 경우에 한정'하여 유한책임사원의 인적 사항에 대한 등기를 의무화하고 있을 뿐 아니라 상법 제86조의8 제 3 항은 유한책임사원은 업무

집행을 하지 못한다는 상법 제278조를 합자조합계약에 다른 규정이 있는 경우에는 합자조합에 준용하지 않도록 규정하고 있다. 이렇게 상충하는 법문으로 인하여 유한책임조합원이 업무집행권을 가질 수 있는지 여부에 대하여 논의가 있을 수 있다. 이는 향후 입법을 통하여 좀 더 명백히 하여야 할 사항이나 현행 법문으로는 합자조합계약에서 유한책임조합원에게도 업무집행권을 부여할 수 있는 것으로 해석하여야 할 것으로 본다.

나. 업무집행의 방법   업무집행조합원이 1인인 경우에는 그가 단독으로 합자조합의 업무를 집행할 권리와 의무를 가지나(86조의5 1항), 업무집행조합원이 2인 이상인 경우에는 합자조합계약에 다른 규정(예컨대 공동집행, 86조의3 9호; 업무집행조합원 중 일부에 대하여만 업무집행권을 부여한 경우, 86조의3 10호)이 없으면 각자가 합자조합의 업무를 집행할 권리와 의무가 있다(86조의5 1항).

다. 업무집행조합원의 선관주의의무   업무집행조합원은 선량한 관리자의 주의로써 합자조합의 업무를 집행하여야 한다(86조의5 2항·1항). 상법 제86조의8 제 4 항 본문에 따라 합자조합에는 민법 중 조합에 관한 규정이 준용되는 한편 조합에 관한 민법 제707조에 의하면 선량한 관리자의 주의의무를 규정한 민법 제681조가 준용되므로 상법 제86조의5 제 2 항이 없더라도 합자조합의 업무집행조합원에게는 선량한 관리자의 주의의무가 부과된다. 따라서 상법 제86조의5 제 2 항은 주의적 규정이다. 업무집행조합원이 이 의무를 위반한 때에는 채무불이행으로 인한 손해배상책임을 부담하게 된다.

라. 업무집행의 범위   업무집행조합원이 집행할 업무의 범위는 합자조합의 상무(常務), 즉 일상적인 업무이다(86조의8 4항, 민법 706조 3항 본문). 합자조합계약에 다른 규정이 있는 경우에는 일상적인 업무를 벗어나는 업무의 집행도 가능하나(86조의8 4항), 합자조합계약에 다른 규정이 없는 경우 일상적 업무를 벗어나는 업무는 업무집행조합원의 과반수로써 결정하여야 한다(86조의8 4항, 민법 706조 2항 2문).

마. 업무집행에 대한 보수청구권   합자조합계약에서 업무집행조합원의 보수 규정을 두고 있지 않은 경우에는 업무집행조합원에게는 보수청구권이 인정되지 아니한다(86조의8 4항, 민법 707조, 686조 1항). 업무집행조합원의 업무집행은 권리인 동시에 의무이기 때문이다(86조의5 1항).

바. 업무집행에 대한 이의   2인 이상의 업무집행조합원이 있는 경우 각 업무집행조합원은 다른 업무집행에 관한 행위에 대하여 이의를 제기할 수 있고, 이

의가 제기된 경우 합자조합계약에 다른 정함이 있으면 그에 따를 것이나 그렇지 않은 경우에는 해당 업무집행조합원은 그 행위를 중지하고 업무집행조합원 과반수의 결의에 따라야 한다(86조의5 3항). 특정 합자조합에서 2인의 업무집행조합원만을 둘 경우에는 그 중 1인의 업무집행행위에 대하여 나머지 1인의 이의가 제기된 경우를 대비하여 이를 해결하는 규정을 합자조합계약에 두어야 할 것이다.

　　사. 유한책임조합원의 업무감시권　　유한책임조합원에게는 원칙적으로 업무집행권이 인정되지 않으나 유한책임조합원도 합자조합의 영업에 이해관계를 가지고 있으므로 상법은 합자회사의 유한책임사원에게 인정되는 감시권을 합자조합의 유한책임조합원에게 인정하고 있다(86조의8 3항, 277조). 따라서 유한책임조합원은 영업연도말에 있어서 영업시간 내에 한하여 합자조합의 회계장부·대차대조표 기타의 서류를 열람할 수 있고 합자조합의 업무와 재산상태를 검사할 수 있으며(277조 1항), 중요한 사유가 있는 때에는 언제든지 법원의 허가를 얻어 위의 서류의 열람과 검사를 할 수 있다(277조 2항). 여기의 '유한책임조합원'에는 조합계약을 통하여 업무집행권을 가지는 유한책임조합원은 제외됨은 물론이다. 한편 상법 제86조의8 제3항은 "조합계약에 다른 규정이 없으면 유한책임조합원에 대하여는…제277조…를 준용한다"라고 규정함으로써 법문상으로는 조합계약으로써 유한책임조합원에 대한 감시권을 박탈 또는 제한하는 것이 가능한 것처럼 보이나 다른 준용규정과는 달리 감시권은 유한책임조합원의 이익을 지키는 중요한 수단이므로 조합계약을 통한 박탈은 허용되어서는 아니 될 것이다.

　　아. 업무집행정지　　업무집행조합원의 업무집행을 정지하거나 직무대행자를 선임하는 가처분을 하거나 그 가처분을 변경·취소하는 경우에는 주된 영업소 소재지의 등기소에서 이를 등기하여야 한다(86조의8 2항, 183조의2). 직무대행자는 가처분 명령에 다른 정함이 있는 경우 또는 법원의 허가를 얻은 경우 외에는 합자조합의 통상업무에 속하지 아니한 행위를 하지 못한다(86조의8 2항, 200조의2 1항). 직무대행자가 이에 위반한 행위를 한 경우에도 합자조합원들은 선의의 제 3 자에 대하여 책임을 진다(86조의8 2항, 200조의2 2항).

　　(2) 출　　자
　　합자조합의 조합원은 합자조합계약에서 정한 출자의무를 부담한다(86조의3 6호). 이 출자의무에 관하여는 업무집행조합원(여기에는 86조의3 10호에 따라 업무집행을 하지 않는 업무집행조합원도 포함되나 합자조합계약에서 업무집행을 맡기로 한 유한책임조합원은 제외된다)과 유한책임조합원 간에는 법문상 출자의 목적에 있어서 차이가 있다. 즉, 업무집행조합원은 신용 또는 노무를 출자의 목적으로 할 수 있으나 유한책임조합원은 신용 또는 노무를 출자의 목적으로 하지 못한다(86조의8 3항, 272조). 그러나 합자조합계약에서 업무집행조합원의 신용 또는 노무출자를 금할 수 있고(86조의8 4항 본문), 유한책임조합원의 신용 또는 노무출자를 허용할 수도 있다(86조의8 3항의 반대해석). 합자조합의 조합원의 출자의 목적, 재산출자의 경우에는 그 가액과 이행한 부분은 등기사항이다(86조의4 1항 2호). 합자조합의 조합원이 출자의무를 불이행한 경우 채무불이행의 일반적인 효과(민법 387조 이하 참조)만이 발생하고, 합자회사의 경우와 같은 제명선고의 사유(269조, 220조 1항 1호)가 되지는 아니한다.

(3) 손익분배

상법은 합자조합의 손익분배에 관하여 규정하지 않고, 합자조합계약에서 정하도록 하고 있다(86조의3 7호). 따라서 합자조합계약에서 손해와 이익의 분배비율을 각각 정할 수 있는데 만약 손해와 이익 중 어느 하나에 대하여만 분배비율을 정한 때에는 그 비율은 손해와 이익에 공통한 것으로 추정한다(86조의8 4항 본문, 민법 711조 2항). 합자조합의 손익분배비율에 대하여 합자조합계약에 아무런 정함이 없는 경우에는 합자조합원의 출자가액에 비례하여 이를 정한다(86조의8 4항, 민법 711조 1항).

(4) 경업피지의무와 자기거래제한

가. 경업피지의무　　　업무집행조합원은 다른 조합원의 동의가 없으면 자기 또는 제3자의 계산으로 합자조합의 영업부류에 속하는 거래를 하지 못하며 동종 영업을 목적으로 하는 다른 회사의 무한책임사원 또는 이사가 되지 못한다(86조의8 2항, 198조 1항). 이 경업피지의무는 업무를 집행하는 조합원에게 지우는 것이므로 업무를 집행하지 않는 무한책임조합원은 이에 해당되지 않으며, 유한책임조합원이더라도 업무를 집행하는 경우에는 이에 포함된다고 본다. 업무집행조합원이 이 의무를 위반하여 거래를 한 경우에 합자조합의 나머지 조합원들에게 개입권과 손해배상청구권이 인정된다(86조의8 2항, 198조 2항·3항). 개입권은 다른 조합원 과반수의 결의에 의하여 행사하여야 하며 다른 조합원의 1인이 그 거래를 안 날로부터 2주간을 경과하거나 그 거래가 있은 날로부터 1년을 경과하면 소멸한다(86조의8 2항, 198조 4항). 업무집행조합원의 경업피지의무에 관하여는 합자조합계약으로 달리 정할 수 있다(86조의8 2항 단서). 한편 업무를 집행하지 않는 유한책임조합원에게는 경업

피지의무가 없는데(86조의8 3항, 275조), 이는 업무집행을 하지 않는 경우에는 합자조합의 사정이나 정보를 개인적으로 유용할 가능성이 적다는 것을 근거로 한다. 업무집행을 하지 않는 유한책임조합원에게도 합자조합계약으로써 합리적인 범위 내에서 경업피지의무를 부담시킬 수 있으나 이때 근거는 상법 제86조의8 제 3 항[임중호 398, 정찬형(15판) 270-271]이 아니라, 계약자유 내지 사적자치의 원칙이 된다. 상법 제86조의8 제 3 항은 조합계약에 이와 배치되는 조항이 없는 한 준용되는 조문을 열거하고 있는데 여기에 상법 제198조는 (업무집행조합원에 관한 상법 제86조의8 제 2 항과는 달리) 열거되어 있지 않는바 따라서 상법 제86조의8 제 3 항을 조합계약으로 유한책임조합원에게도 경업피지의무를 부담시킬 수 있다는 근거로 삼을 수는 없다.

　　나. 자기거래의 제한　　　합자조합의 조합원은 다른 조합원 과반수의 결의가 있는 때에 한하여 자기 또는 제 3 자의 계산으로 합자조합과 거래를 할 수 있다. 이에 관하여는 합자조합계약으로 달리 정할 수 있다(업무집행조합원은 86조의8 2항 단서, 유한책임조합원은 86조의8 3항을 각각 근거로 한다).

　　(5) 지분의 양도

　　상법은 합자조합의 조합원 지분의 양도에 관하여 업무집행조합원과 유한책임조합원을 구별하여 규정하고 있다.

　　가. 업무집행조합원의 지분양도　　　업무집행조합원이 그 지분의 전부 또는 일부를 양도함에는 다른 조합원 전원의 동의를 받아야 한다(86조의7 1항). 업무집행조합원의 지분을 양수한 자는 그 양수지분에 따른 업무집행조합원의 권리의무를 승계한다. 업무집행조합원은 유한책임조합원과 달리 합자조합의 채무에 대하여 다른 업무집행조합원과 연대책임을 부담하므로, 업무집행조합원의 지분 전부를 양도한 이후 양도인인 업무집행조합원이 양도 당시의 합자조합채무에 대한 책임을 면하기 위하여는 다른 조합원 전원의 동의와 별도로 합자조합에 대한 채권자(들)의 승낙을 받아야 할 것이다(즉, 민법 제453조 이하의 면책적 채무인수절차를 밟아야 한다).

　　나. 유한책임조합원의 지분양도　　　유한책임조합원의 지분은 조합계약에서 정하는 바에 따라 양도할 수 있다(86조의7 2항). 유한책임조합원의 지분을 양수한 자는 양도인의 조합에 대한 권리의무를 승계한다(86조의7 3항).

　　(6) 지분의 입질과 압류

　　조합원(업무집행조합원과 유한책임조합원을 불문한다)의 지분에 대한 입질과 압류

도 가능하다. 조합원의 지분에 대한 압류는 그 조합원의 장래의 이익배당 및 지분
의 반환을 받을 권리에 대하여 효력이 있다(86조의8 4항, 민법 714조).

(7) 가   입

지분의 양도에 의하여 조합원이 되는 것이 아니라 합자조합의 새로운 조합원
으로 가입함에 대하여는 상법이나 민법에 아무런 규정을 두고 있지 않다. 만약 합
자조합계약에 이에 관하여 특별한 약정이 있는 경우에는 그에 의할 것이나 합자조
합계약에 아무런 규정이 없는 경우에도 기존 합자조합원 전원의 동의에 의할 경우
가능한 것으로 본다. 이 경우 새로운 조합원은 합자조합계약에서 정한 출자의무를
부담하게 될 것이고, 그에 따라 합자조합계약의 조합원의 성명 또는 상호의 변경과
함께 조합원의 출자에 관한 사항이나 손익분배에 관한 사항에 대한 변경(86조의3
3호 또는 4호, 6호, 7호) 등이 이루어져야 하며, 상법 제86조의4 제 1 항 제 2 호의 조
합원의 출자에 관한 변경등기를 하여야 한다(86조의4 2항). 새로 가입한 조합원이
업무집행조합원인 경우에는 가입시 합자조합계약에서 정한 출자의무 외에 가입 이
전에 조합원 전원이 부담하고 있었던 채무에 대한 책임도 부담하는 것으로 해석하
여야 한다(213조의 유추적용).

(8) 탈   퇴

합자조합원의 탈퇴에 관하여 상법에 아무런 규정을 두고 있지 않으므로 합자
조합계약에 이에 관한 정함이 없는 경우에는 민법의 조합규정에 의하여야 할 것이
다(86조의8 4항). 조합원의 임의탈퇴와 비임의탈퇴의 경우를 나누어 본다.

가. 임의탈퇴   합자조합계약으로 조합의 존속기간을 정하지 아니하거나 조
합원의 종신까지 존속할 것을 정한 때에는 각 조합원은 언제든지 탈퇴할 수 있으나
부득이한 사유가 없으면 조합에 불리한 시기에 탈퇴하지는 못한다(민법 716조 1항).
그리고 조합의 존속기간을 정한 때에도 부득이한 사유가 있으면 조합원은 탈퇴할
수 있다(민법 716조 2항). 합자조합계약으로 이상의 민법규정보다 더 무거운 임의탈
퇴요건을 정하는 것은 허용되나 탈퇴를 금하는 규정은 무효라고 보아야 할 것이다
(同旨: 정찬형(15판) 274).

나. 비임의탈퇴   민법상 조합의 비임의탈퇴사유로는 사망, 파산, 성년후견
의 개시, 제명이 있는데(민법 717조 1호~4호), 이는 업무집행조합원에 대하여는 그대
로 적용된다. 그러나 유한책임조합원의 사망과 금치산의 경우에는 특칙이 있다. 즉,
유한책임조합원이 사망한 때에는 합자조합계약에 다른 규정이 없는 한 그 상속인

이 그 지분을 승계하여 조합원이 되고(86조의8 3항, 283조 1항), 유한책임조합원에게 성년후견이 개시되더라도 합자조합계약에 다른 규정이 없는 한 탈퇴되지 않는다(86조의8 3항, 284조). 조합원의 제명은 정당한 사유 있는 때에 한하여 다른 조합원의 일치로써 이를 결정하며, 제명결정으로써 제명된 조합원에 대항하기 위하여는 그 조합원에게 통지하여야 한다(민법 718조 1항·2항).

다. 탈퇴의 효과   합자조합의 조합원의 탈퇴의 경우 합자조합계약에서 다른 규정을 두고 있지 않으면 민법 제719조에 의한다. 탈퇴한 조합원과 다른 조합원 간의 계산은 탈퇴 당시의 조합재산의 상태를 의하여 하되, 탈퇴 당시에 완결되지 아니한 사항에 대하여는 완결 후에 계산할 수 있다(민법 719조 1항·3항). 탈퇴한 조합원의 출자의 목적이 현물인 경우에도 금전으로 반환할 수 있다(민법 719조 2항). 탈퇴한 조합원도 탈퇴 당시의 합자조합채무에 대하여 합자조합의 채권자(들)의 면책동의가 없는 한 업무집행조합원 또는 유한책임조합원의 지위에 따른 책임을 각 부담한다.

2. 외부관계

(1) 능   력

합자조합은 법인격이 없으므로 합자조합원이 출자한 재산은 합자조합의 재산이 아니라 조합원 전원의 합유(合有)가 되고(86조의8 4항, 민법 704조), 조합의 행위는 원칙적으로 조합원 전원(全員)의 명의로 하여야 한다.

(2) 대리(代理)

가. 업무집행조합원   업무집행조합원은 조합계약에 다른 규정이 없으면 각자가 합자조합의 업무를 대리할 권리와 의무가 있다(86조의5 1항). 업무집행조합원의 대리권에 대하여는 합명회사의 대표사원의 권한에 관한 상법 제209조를 준용하므로(86조의8 2항), 업무집행조합원은 합자조합의 영업에 관하여 재판상 또는 재판외의 모든 행위를 할 권한이 있고, 이에 대한 제한은 선의의 제 3 자에 대항하지 못한다.

나. 유한책임조합원   유한책임조합원은 원칙적으로는 합자조합의 업무를 대리하지 못하지만 합자조합계약에서 대리권을 부여하는 경우에는 합자조합의 영업에 관한 대리행위를 할 수 있다(86조의8 3항, 278조: 여기서 278조 법문의 '대표행위'는 '대리행위'로 고쳐 읽어야 할 것이다. 왜냐하면 조합에는 대표행위라는 개념이 없고, 대

리행위라는 개념만 존재할 수 있기 때문이다).

　다. **대리권의 제한**　　　업무집행조합원이 수인인 경우에도 각자 단독으로 합자조합을 대리하는 것이 원칙(86조의5 1항)이나 합자조합계약으로 ① 일부 업무집행조합원만 합자조합의 업무를 대리할 것을 정하거나(86조의3 10호) ② 둘 이상의 업무집행조합원이 공동으로 합자조합의 업무를 대리할 것을 정할 수 있고(공동대리, 86조의3 9호), 위 각 경우에는 등기하여야 하며(86조의4 1항 1호, 86조의3 9호 및 10호), 이 경우 ① 그 일부 업무집행조합원(들)만이 대리권을 가지고, ② 공동으로써만 대리권을 행사할 수 있다. 공동대리의 경우에는 제 3 자가 합자조합에 대한 의사표시는 그 중 1인에게 함으로써 효력이 생긴다(수동대리: 86조의8 2항, 208조 2항).

　(3) **책　　임**

　가. **업무집행조합원**　　　합자조합의 각 업무집행조합원은 조합의 재산으로 회사의 채무를 완제할 수 없는 때에는 연대하여 변제할 책임이 있다(86조의8 2항, 212조 1항). 즉, 업무집행조합원들은 합자조합의 채권자에 대하여 직접·연대·무한의 책임을 부담한다. 또한 합자조합재산에 대한 강제집행이 주효하지 못한 때에도 마찬가지의 책임을 지나 합자조합에 변제의 자력이 있으며 집행이 용이한 것을 증명한 때에는 책임을 면한다(86조의8 2항, 212조 2항·3항).

　나. **유한책임조합원**　　　유한책임조합원은 조합계약에서 정한 출자가액에서 이미 이행한 부분을 뺀 가액을 한도로 하여 조합채무를 변제할 책임이 지는데(86조의6 1항), 이 경우 합자조합에 이익이 없음에도 불구하고 배당을 받은 금액은 변제책임을 정할 때에 변제책임의 한도액에 더한다(86조의6 2항). 즉, 유한책임조합원은 합자조합의 채권자에 대하여 자신의 출자가액을 한도로 하여 직접·연대책임을 부담한다. 따라서 합자조합의 채권자는 유한책임조합원에 대하여 그 책임범위 이상의 책임을 물을 수 없고(86조의8 4항 단서, 민법 712조), 합자조합의 조합원 중에 변제할 자력 없는 자가 있는 때에도 유한책임조합원은 그 부분에 대한 책임을 부담하지 아니한다(86조의8 4항 단서, 민법 713조). 유한책임조합원에게 업무집행권이 부여된 경우 이는 무한책임조합원의 신분에서 한 것으로 보아야 하므로 합자조합의 채권자 등 제 3 자에게 유한책임을 주장하지 못한다는 견해(이철송(11판) 434)가 있으나 합자조합계약으로 유한책임조합원이 업무집행권을 가지게 되었다고 하여 그 책임범위가 변경되는 것으로 보는 것은 해당 유한책임조합원에게 가혹할 뿐 아니라 업무집행권을 가지는 유한책임조합원의 성명 등 인적 사항은 필요적 등기사항으로

외부에 공시되는 점 등에 비추어 부당하다고 본다. 다만, 유한책임조합원 자신이 무한책임을 지는 조합원인 듯한 외관을 작출한 경우에는 예외적으로 표현책임을 지는 경우가 있을 수 있을 것이다.

Ⅶ. 해산과 청산

1. 해 산

(1) 합자조합의 해산규정

합자조합을 둘러싼 집단적 이해관계를 공평하게 처리하기 위하여 상법은 민법의 조합보다 좀 더 상세한 규정을 두고 있다.

(2) 해산사유

합자조합의 해산사유로는 ① 합자조합계약에서 정한 존속기간의 만료를 포함한 기타의 해산사유(86조의3 12호), ② 조합원 전원의 합의에 의한 해산, ③ 합자조합계약의 목적달성 또는 목적달성불능, ④ 업무집행조합원 또는 유한책임조합원의 어느 한 종류만 남게 된 때(86조의8 1항, 285조 1항), ⑤ 부득이한 사유로 인한 해산청구(86조의8 4항 본문, 민법 720조)가 있다.

(3) 합자조합의 계속

합자조합의 어느 한 종류의 조합원만 남게 된 때 기업유지의 이념에서 합자조합의 계속을 인정한다. 합자조합은 업무집행조합원 또는 유한책임조합원의 전원이 퇴사한 경우에 잔존한 유한책임조합원 또는 업무집행조합원은 전원의 동의로 새로 업무집행조합원 또는 유한책임조합원을 가입시켜서 합자조합을 계속할 수 있다(86조의8 1항, 285조 1항·2항). 이 경우 새로 가입한 업무집행조합원은 그 가입 전에 생긴 합자조합채무에 대하여 다른 업무집행조합원과 동일한 책임을 진다(86조의8 1항, 285조 3항, 213조). 합자조합의 계속시 이미 합자조합의 해산등기를 하였을 때에는 주된 영업소소재지에서는 2주간 내, 지점소재지에서는 3주간 내에 합자조합의 계속등기를 하여야 한다(86조의8 1항, 285조 3항, 229조 3항).

(4) 해산등기

합자조합이 해산된 때에는 파산의 경우 외에는 그 해산사유가 있은 날로부터 주된 영업소소재지에서는 2주간 내, 지점소재지에서는 3주간 내에 해산등기를 하여야 한다(86조의8 1항, 228조).

2. 청 산

(1) 청산절차의 개시

합자조합에 해산사유가 발생하면 파산의 경우 외에는 청산절차가 개시된다. 청산절차는 청산인에 의하여 이루어진다.

(2) 청 산 인

합자조합의 청산인은 업무집행조합원(무한책임조합원만 해당) 과반수의 결의로 선임하고, 이를 선임하지 않을 때에는 업무집행조합원이 청산인이 된다(86조의8 2항, 287조).

(3) 청산절차의 진행

합자조합의 구체적인 청산절차 중 청산인의 등기와 청산종결의 등기에 관하여는 합명회사의 청산에 관한 규정을 준용하고(86조의8 1항, 253조, 264조), 청산인의 업무집행방법, 청산인의 사임·해임 및 청산인의 직무, 권한과 잔여재산의 분배에 관하여는 민법상 조합의 규정을 준용한다(86조의8 4항, 민법 722조~724조).

(4) 청산종결의 등기

합자조합의 청산이 종결된 때에는 청산인은 조합원 전원의 승인이 있은 날로부터 본점소재지에서는 2주간 내, 지점소재지에서는 3주간 내에 청산종결의 등기를 하여야 한다(86조의8 1항, 264조).

제3장 상행위법 각칙

상법은 제87조 내지 제168조의12에서 상인의 전형적인 상행위형태인 대리상, 중개업, 위탁매매업, 운송주선업, 운송업, 공중접객업, 창고업, 금융리스업, 가맹업 및 채권매입업에 대하여 규정하고 있다.

제1절 대 리 상

I. 의   의

대리상(代理商)은 일정한 상인을 위하여 상업사용인이 아니면서 상시(常時) 그 영업부류에 속하는 거래의 대리 또는 중개를 영업으로 하는 자를 말한다(87조). 분설한다.

1. 독립상인성

대리상은 상업사용인이 아니라 독립상인이다. 상업사용인은 영업주에 대하여 지배종속의 관계에 있으나 대리상은 그 자체가 독립한 영업의 주체이다. 따라서 대리상은 상업사용인과는 달리 법인도 될 수 있다. 실제에 있어서 대리상과 상업사용인의 구별이 항상 용이하지는 않은바 명칭에 상관없이 그 실질에 비추어 자기의 영업소를 가지고 있는가의 여부, 영업비용의 부담자가 누구인가 여부 및 수수료를 받는 것인가 아니면 일정한 급여를 받는 것인가 등으로 구별한다(손주찬 289).

2. 계 속 성

대리상은 일정한 상인을 계속적으로 보조하는 자이므로 이 점에서 단순히 1회 또는 일시적인 대리행위를 하는 상행위의 대리인(48조~50조)과는 구별된다. 그러나 계속성이 요구된다고 하여 항상 그 기간의 정함이 없어야 하는 것은 아니며 일정한 기간 내의 거래를 상시 보조하는 경우도 포함한다(예: 일정한 계절 또는 전시기간 중의 보조).

3. 상인의 보조자

대리상의 보조를 받는 자는 상인이어야 한다. 본인이 상인이 아닌 경우에는 그를 위하여 대리 또는 중개를 하여도 상법상의 대리상은 아니며 이를 민사대리상이라고 부른다. 본인인 상인은 1인임을 요하지 않으나 특정되어야 한다. 본인이 수인인 경우에 수인의 상인간에 영업의 동질성으로 인하여 경업관계가 생기는 때에는 각각 그 본인인 상인의 허락을 얻어야 한다(89조 참조, 최기원 303).

4. 영업부류에 속한 거래의 대리 또는 중개

대리상은 일정한 상인의 영업부류에 속하는 거래의 대리 또는 중개를 하는 자이다. 따라서 매매업을 하는 상인을 위하여 금융의 대리 또는 중개를 하는 경우에는 대리상이 아니다.

5. 명   칭

대리상인가의 여부는 그 사용하고 있는 명칭에 상관없이 본인과 대리상 사이의 계약관계를 실질적으로 살펴 이를 결정하여야 한다(대법원 2013. 2. 14. 선고 2011다28342 판결; 아래 97다26593 판결). 즉, 반드시 대리상 또는 이와 유사한 명칭을 사용하여야 하는 것은 아니다.

※ 대법원 1999. 2. 5. 선고 97다26593 판결
〈판결요지〉 어떤 자가 제조회사와 대리점 총판 계약이라고 하는 명칭의 계약을 체결하였다고 하여 곧바로 상법 제87조의 대리상으로 되는 것은 아니고, 그 계약 내용을 실질적으로 살펴 대리상인지의 여부를 판단하여야 하는바, 제조회사와 대리점 총판 계약을 체결한 대리점이 위 제조회사로부터 스토어(노래방기기 중 본체)를 매입하여 위 대리점 스스로 10여 종의 주변기기를 부착하여 노래방기기 세트의 판매가격을 결정하여 위 노래방기기 세트를 소비자에게 판매한 경우에는 위 대리점을 제조회사의 상법상의 대리상으로 볼 수 없고, 또한 제조회사가 신문에 자사 제품의 전문취급점 및

A/S센터 전국총판으로 위 대리점을 기재한 광고를 한 번 실었다고 하더라도, 전문취급점이나 전국총판의 실질적인 법률관계는 대리상인 경우도 있고 특약점인 경우도 있으며 위탁매매업인 경우도 있기 때문에, 위 광고를 곧 제조회사가 제3자에 대하여 위 대리점에게 자사 제품의 판매에 관한 대리권을 수여함을 표시한 것이라고 보기 어렵다.

〈해 설〉위 판결에서 '특약점'이라는 것은 생산자 기타 공급자로부터 상품을 매입하여 자기의 계산으로 판매하는 자로서 상법상의 대리상은 아니며 이에 대하여는 매매의 규정이 적용된다.

6. 대리상과 상업사용인의 비교

(1) 공 통 점

대리상은 일정한 상인의 영업을 계속적으로 보조하는 점에서 상업사용인과 같고, 경업피지의무를 부담하는 점에서 상업사용인과 유사하다.

(2) 차 이 점

가. 이행장소   전자는 자기의 독립된 영업소를 가지고 자기의 비용으로 이를 운영하는데 반하여 후자는 영업주의 영업소에서 보조한다.

나. 보   수   전자는 수수료, 후자는 급여를 받는다.

다. 위험부담   전자는 자기의 위험부담 하에 보조함에 반하여 후자는 위험부담을 지지 않는다.

라. 본인의 수   전자는 특정되는 이상 수인도 가능하나 후자는 1인의 영업주만을 보조한다.

마. 자   격   전자는 독립한 상인으로서 자연인뿐만 아니라 법인도 될 수 있는 데 반하여 후자는 자연인만이 될 수 있다.

바. 계약관계   전자는 위임계약임에 반하여 후자는 고용 또는 위임계약관계이다.

사. 겸직금지   양자 모두 겸직금지의무를 부담하나 그 범위에 있어서 전자보다 후자가 더 넓다. 즉, 전자는 동종영업을 목적으로 하는 회사의 무한책임사원 또는 이사가 되지 못하나(89조 1항 후단) 후자는 (同種·異種을 불문한 모든) 회사의 무한책임사원 또는 이사가 되지 못할 뿐 아니라 다른 (모든) 상인의 사용인도 되지 못한다(17조 1항 후단).

아. 통지의무   전자는 거래의 대리 또는 중개를 한 때에는 지체 없이 본인

에게 그 통지를 발송하여야 하나(88조), 후자에게는 그러한 의무가 없다.

II. 대리상의 기능

기업의 활동영역을 확대하기 위하여 보조자를 둘 경우 지점 등의 설치를 하는 경우보다는 특정지역 또는 국가의 사정에 밝은 대리상과 계약을 체결하고 거래가 성립된 경우에만 수수료를 지급하는 것이 더 효율적이다. 이러한 효용은 국제거래의 경우에 더더욱 크다.

III. 대리상의 종류

1. 상법상의 분류

상법은 대리상을 일정한 상인을 위하여 그 영업부류에 속하는 거래를 대리 또는 중개하는 자라고 하여 체약대리상과 중개대리상으로 구분하고 있으나 1인이 양자를 겸하는 것도 무방하다. 체약대리상은 대리권이 있으나, 중개대리상은 대리권이 없다. 중개대리상은 상행위의 중개라는 점에 있어서는 중개인(93조)과 같으나 중개대리상은 '일정한 상인'을 위하여 '상시' '그 영업부류에 속하는 거래'를 중개함에 반하여 중개인은 '불특정다수인'을 위하여 '일시적으로' '불특정한 상행위'를 중개하는 점에 차이가 있다.

2. 기타의 분류

그 외 비상법전상의 분류로서 총대리상과 하수대리상, 수입대리상과 수출대리상 등으로 분류하기도 한다.

IV. 대리상의 법률관계

1. 대리상과 본인의 관계
(1) 대리상의 의무
가. 선관주의의무   대리상과 영업주 사이의 관계는 양자간의 대리상계약의 내용에 따라 정하여질 것이나 체약대리상은 영업주를 위하여 그 거래의 대리, 즉 법률행위를 할 것을 위탁받고, 중개대리상은 그 거래의 중개, 즉 법률행위가 아닌 사무의 위탁을 받는 것이므로 보통은 위임관계가 될 것이다. 따라서 대리상은 위

임의 본지에 따른 선량한 관리자의 주의의무를 부담하게 된다(민법 681조).

나. **통지의무**   대리상이 거래의 대리 또는 중개를 한 때에는 지체 없이 본인에게 그 통지를 발송하여야 한다(88조). 민법상 위임에서도 수임인은 위임인의 청구가 있는 때 위임사무의 처리상황을 보고하고 위임이 종료한 때 지체 없이 그 전말을 보고할 의무를 지나(민법 683조), 상법은 영업주의 이익을 위하여 본인의 청구나 위임의 종료와 무관하게 통지의무를 대리상에게 부과하고 있는 것이다. 다만, 민법상 위임과는 달리 이 의무는 발송으로써 족하다. 따라서 통지의 부도달이나 연착에 대한 위험은 본인이 부담한다. 대리상이 이 의무를 해태한 때에는 손해배상책임을 진다(손주찬 292).

다. **경업피지의무**

가) 규   정: 대리상은 본인의 허락 없이 자기나 제 3 자의 계산으로 본인의 영업부류에 속하는 거래를 하거나, 동종영업을 목적으로 하는 회사의 무한책임사원 또는 이사가 되지 못한다(89조 1항).

나) **입법취지**: 이러한 부작위의무의 취지는 본인과의 이익충돌방지를 위한 것이다.

다) 범   위: 이 의무의 범위는 상업사용인의 그것보다는 좁은 한편 합명회사의 무한책임사원(198조), 유한책임회사의 업무집행자(287조의10) 및 주식회사의 이사(397조)의 그것과 같다. 이와 관련하여 상업사용인의 경우에는 다른 상인의 사용인이 되지 못한다고 규정하고 있으나(17조 1항), 대리상에 관한 상법 제89조 제 1 항에는 이러한 규정이 없는 점에 대하여 ① 입법의 착오이므로 대리상도 다른 상인의 사용인이 될 수 없다는 견해(이기수 215, 이철송 389), ② 상법 제89조의 입법취지에 비추어 동종영업을 하는 다른 상인의 사용인은 될 수 없다는 견해(최기원 303, 정찬형 266) 및 ③ 상법 제89조가 상업사용인에 비하여 그 의무의 범위를 좁게 정한 것은 사용인의 경우와는 달리 대리상이 본인의 영업에 관하여 알게 된 지식을 이용하여 자기 또는 제 3 자의 이익을 도모하는 것을 방지하기 위한 것으로 그 입법취지가 다르다는 점에서 법문대로 해석하여야 한다는 견해(손주찬 293)가 대립하고 있다. 대리상의 영리활동의 자유와 본인의 이익보호의 조화 차원에서 ②의 견해가 제시하는 기준이 바람직하다고 본다.

라) **의무위반행위의 효력**: 이 의무에 위반한 대리상의 행위도 무효는 아니며 대리상에 대한 손해배상청구권과 해지권이 영업주에게 인정될 뿐이다(89조 2항, 17조

3항). 그리고 대리상이 자기의 계산으로 거래한 경우에는 본인은 이를 자기의 계산으로 한 것으로 볼 수 있고, 제 3 자의 계산으로 한 것인 때에는 본인은 대리상에 대하여 그로 인한 이득의 양도를 청구할 수 있다(89조 2항, 17조 2항). 이러한 개입권은 본인이 그 거래를 안 날로부터 2주간을 경과하거나 그 거래가 있은 날로부터 1년을 경과하면 소멸한다(89조 2항, 17조 4항). 위 기간은 제척기간이며 이러한 의무위반의 효과는 상업사용인의 그것과 같다.

(2) 대리상의 권리

가. 보수청구권 　　대리상은 상인이므로 민법상 위임과는 달리 본인을 위하여 한 행위에 관하여 상당한 보수를 청구할 권리를 가진다(61조; 민법 686조와 비교).

나. 특별상사유치권

가) 규　　　정: 대리상은 본인과 사이에 다른 약정이 없으면 거래의 대리 또는 중개로 인한 채권이 변제기에 있는 때에는 그 변제를 받을 때까지 본인을 위하여 점유하는 물건 또는 유가증권을 유치할 수 있다(91조).

나) 성립요건

① 당사자: 유치권자는 채권자인 대리상이고, 채무자는 대리상계약의 본인으로 양자 모두 상인이다.

② 유치목적물 및 피담보채권과의 관련성 요부: 본인을 위하여 점유하는 물건 또는 유가증권이다. 목적물의 소유권이 채무자인 본인에게 있음을 요하지 않으며, 채무자와의 상행위로 인하여 점유하는 것이 아니어도 상관없는 점에 특색이 있다.

③ 피담보채권: 대리상으로서의 거래의 대리 또는 중개로 인한 채권이다.

④ 소멸원인과 효력: 달리 규정이 없으므로 민법의 일반원칙(민법 321조 이하)이 적용된다.

다) 취　　　지: 대리상에게 상법 제58조에 의한 상사유치권과 민법 제320조의 민사유치권이 인정됨에도 불구하고 이러한 특칙을 다시 둔 것은 대리상을 두텁게 보호하기 위한 것이다.

2. 대리상과 제 3 자의 관계

(1) 대 리 권

가. 체약대리상 　　체약대리상의 경우 대리권의 범위는 대리상계약에 의하여 정하여질 것이다. 이 경우 민법상의 표현대리가 적용되는 경우도 생길 수 있다.

나. **중개대리상**　　중개대리상의 경우 거래의 중개를 할 뿐이므로 대리권이 없다. 그러나 이러한 원칙을 고수한다면 중개대리상과 거래하는 상대방에게 불편이 생기는 경우가 있는데 이를 위하여 대리상의 권한에 대하여 특별규정을 두고 있다.

(2) 수동대리의 권한

물건의 판매나 그 중개의 위탁을 받은 대리상은 매매의 목적물의 하자 또는 수량부족 기타 매매의 이행에 관한 통지를 받을 권한이 있다(90조). 이는 상인간의 매매에 있어서의 매수인의 검사통지의무(69조)에 맞추어 매수인의 편의를 위하여 인정한 것이다. 이는 매매의 이행에 관한 통지수령권에 한하는 것이므로 대금의 수령, 매매계약의 무효·취소 통지의 수령 등에 관하여는 권한이 없다. 따라서 이러한 사항에 대하여는 표현대리에 의하여 상대방의 보호를 기하는 수밖에 없다(손주찬 295).

V. 대리상관계의 종료

1. 종료원인

(1) 일반적인 원인

가. **위임의 종료**　　대리상과 본인인 영업주는 위임관계에 있으므로 민법상의 위임종료원인이 있는 때에 대리상관계는 종료한다(민법 690조). 즉, 당사자 일방의 사망 또는 파산으로 인하여 종료한다. 또 수임인인 대리상이 금치산선고를 받은 때에도 같다. 그러나 본인인 영업주의 사망으로는 상행위의 위임에 의한 대리권이 소멸하지 않으므로(50조), 본인의 사망은 대리상계약의 종료사유가 되지 않는다고 해석하여야 한다(손주찬 296).

나. **본인의 영업의 종료와 영업양도의 경우**　　대리상계약은 본인의 영업을 전제로 하는 것이므로 본인의 영업이 폐업 기타의 원인으로 종료하면 대리상관계도 당연히 종료한다. 영업양도의 경우에는 견해가 대립한다. 즉, ① 대리상관계가 종료한다는 입장(정동윤 453-454, 채이식 246), ② 상업사용인의 경우와 같이 원칙적으로 종료하지 않는다는 입장(정찬형 271) 및 ③ 대리상관계가 종료하지는 않으나 부득이한 사정에 해당하므로 해지사유가 된다고 하는 절충적인 입장(손주찬 296)이 있다. 당사자의 의사를 존중할 필요가 있다는 점에서 절충설이 타당하다고 본다.

(2) 상법상의 해지사유

가. 당사자가 계약의 존속기간을 약정하지 아니한 때에는 각 당사자는 2월 전

에 예고하고 계약을 해지할 수 있다(92조 1항).

나. 존속기간의 약정 유무(有無)에 불문하고 부득이한 사정이 있는 때에는 각
당사자는 언제든지 계약을 해지할 수 있다(92조 2항에서 익명조합에 관한 83조 2항을
준용). 이때의 '부득이한 사정'에는 대리상의 경업피지의무위반이나 본인의 보수지
급채무의 불이행 등이 해당될 것이다. 그리고 부득이한 사정이 없음에도 불구하고
상대방의 불리한 시기에 계약을 해지한 때에는 그 손해를 배상하여야 할 것이다
(민법 689조 2항의 유추적용).

2. 대리상관계 종료의 효과
(1) 대리상의 영업비밀준수의무
가. 상법의 규정   대리상은 계약의 종료 후에도 계약과 관련하여 알게 된
본인의 영업상의 비밀을 준수하여야 한다(92조의3).

나. 의무의 발생시기   영업비밀준수의무는 대리상계약이 종료한 후에 발생
한다. 대리상관계가 계속되고 있는 동안에는 대리상은 선관주의의무를 지는데 영업
비밀준수의무는 이에 포함된다.

다. 영업비밀의 의미   상법은 이에 대하여 아무런 규정을 두지 않고 있다.
이와 관련하여 부정경쟁방지 및 영업비밀보호에 관한 법률 제 2 조 제 2 호는 '영업
비밀'을 공공연히 알려져 있지 아니하고 독립된 경제적 가치를 가지는 것으로서,
비밀로 관리된 생산방법, 판매방법, 그 밖에 영업활동에 유용한 기술상 또는 경영
상의 정보라고 정의하고 있다.

라. 비밀준수의 의미   상법의 '비밀을 준수하여야 한다'라는 규정은 그러한
정보를 '자신이 사용하거나 타인에게 전파 또는 누설하지 않을 것'을 의미한다.

마. 준수의무 위반의 효과   이에 대하여 명문의 규정은 없으나 본인에게 손
해가 생긴 경우 이를 배상할 책임이 있다고 본다. 다만, 부정경쟁방지 및 영업비밀
보호에 관한 법률 제11조와의 관련상 고의 또는 과실을 책임요건으로 하여야 할
것이다.

바. 부정경쟁방지 및 영업비밀보호에 관한 법률과의 관계   대리상의 비밀준수
의무위반행위가 동시에 부정경쟁방지 및 영업비밀보호에 관한 법률상의 비밀침해
행위를 구성하는 경우 피해자는 위 법률에 의하여도 손해배상책임을 물을 수 있
다. 즉, 양 책임은 경합한다. 따라서 본인은 법원에 당해행위의 금지를 청구할 수

있고(부정경쟁법 10조), 신용회복조치명령을 청구할 수 있는(위 법 12조) 외에 그 행위는 특허청장에 의한 시정권고(위 법 8조)의 대상이 된다. 대리상이 영업비밀을 제3자에게 누설한 경우 위 법률에 의한 형사제재의 대상이 된다(위 법 18조).

(2) 대리상의 보상청구권

가. 상법의 규정　　　상법 제92조의2 제1항에 의하면 대리상의 활동으로 본인이 새로운 고객을 획득하거나 영업상의 거래가 현저하게 증가하고 이로 인하여 계약의 종료 후에도 본인이 이익을 얻고 있는 경우에는 대리상은 본인에 대하여 상당한 보상을 청구할 수 있다. 이 청구권을 인정하게 된 이유는 대리상이 노력한 결과 계약이 종료한 후에까지 이익이 발생함에도 본인이 대가 없이 이를 취득하는 것은 형평의 원칙에 어긋나기 때문이다(대법원 2013. 2. 14. 선고 2011다28342 판결).

나. 보상청구권의 발생시기 및 보수청구권과의 관계　　　이러한 보상청구권(報償請求權)은 대리상관계의 종료 후에 발생하는 것이다. 대리상관계가 존속하는 동안에는 대리상은 본인에게 보수청구권만을 가진다.

다. 보상청구권의 발생요건　　　적극적 요건과 소극적 요건이 있다.

가) 적극적 요건: 대리상의 활동으로 본인이 새로운 고객을 획득하거나 영업상의 거래가 현저하게 증가하고 이로 인하여 대리상계약의 종료 후에도 본인이 이익을 얻고 있는 경우이어야 한다. 그리고 보상을 하는 것이 공평에 합치하여야 한다.

나) 소극적 요건: 대리상계약의 종료가 대리상에게 책임 있는 사유로 인한 것이 아니어야 한다. 또한 대리상과 본인의 합의에 따라 제3자가 그 대리상관계에 새로이 참입한 경우에는 보상청구권이 부정된다.

라. 보상금액　　　상법은 '상당한 보상'이라고만 규정하고 있다. 그리고 그 최고한도액을 제한하고 있다. 즉, 그 보상금액은 대리상계약의 종료 전 5년간의 평균연보수액을 초과할 수 없으며, 그 존속기간이 5년 미만인 경우에는 그 기간의 평균연보수액을 기준으로 한다(92조의2 2항).

마. 청구권의 소멸　　　보상청구권은 계약이 종료한 날로부터 6월을 경과하면 소멸한다(92조의2 3항). 이는 제척기간이다. 보상청구권의 대리상관계 종료 전 사전 포기가 가능한가에 대하여는 독일 상법의 금지규정에 따라 부정하는 견해(정찬형 264)와 그러한 명문규정이 없음에 비추어 허용할 수밖에 없다는 입장(손주찬 301)이 있다. 자신의 의사에 따라 이를 허용하되 심히 불공정한 상태 하에서의 사전 포기는 민법 제104조에 따라 무효라고 해석함이 타당하다.

바. 본조의 유추적용   대법원은 형평의 원칙상 대리상의 보호를 위하여 인정되는 보상청구권의 입법취지 및 목적 등을 고려하여 제조자나 공급자로부터 제품을 구매하여 그 제품을 자기의 이름과 계산으로 판매하는 영업을 하는 자에게도, ① 예를 들어 특정한 판매구역에서 제품에 관한 독점판매권을 가지면서 제품판매를 촉진할 의무와 더불어 제조자나 공급자의 판매활동에 관한 지침이나 지시에 따를 의무 등을 부담하는 경우처럼 계약을 통하여 사실상 제조자나 공급자의 판매조직에 편입됨으로써 대리상과 동일하거나 유사한 업무를 수행하였고, ② 자신이 획득하거나 거래를 현저히 증가시킨 고객에 관한 정보를 제조자나 공급자가 알 수 있도록 하는 등 고객관계를 이전하여 제조자나 공급자가 계약 종료 후에도 곧바로 그러한 고객관계를 이용할 수 있게 할 계약상 의무를 부담하였으며, ③ 아울러 계약체결 경위, 영업을 위하여 투입한 자본과 그 회수 규모 및 영업 현황 등 제반 사정에 비추어 대리상과 마찬가지의 보호필요성이 인정된다는 요건을 모두 충족하는 때에는, 상법상 대리상이 아니더라도 대리상의 보상청구권에 관한 본조를 유추적용할 수 있다고 한다(대법원 2013. 2. 14. 선고 2011다28342 판결).

제2절 중 개 업

Ⅰ. 중개인의 의의와 기능

1. 중개인의 의의

중개인(仲介人)은 타인간의 상행위의 중개를 영업으로 하는 자를 말한다(93조). 분설하면 다음과 같다.

(1) 중개영업

가. 중개영업의 의미   중개(仲介)는 양 당사자 사이의 법률행위의 성립을 위하여 노력하는 사실행위를 말한다. '중개를 영업으로 한다'는 의미는 그러한 중개행위(사실행위)를 영업으로 한다는 것이 아니라 중개의 인수(법률행위, 중개행위를 할 것을 인수하여 노력을 기울인 결과 당사자간에 법률행위가 성립한 때 보수를 지급받는 것)를 영업으로 하는 것을 말한다. 중개인은 중개를 인수함으로써 당연상인이 된다(46조 11호, 4조).

나. **대리권의 불인정**   중개인은 사실행위인 중개를 하는 것뿐이므로 대리권이 없다. 이 점에서 자기명의로 제 3 자를 위하여 계약하는 위탁매매업(101조)과 다르며, 일정한 상인의 대리인으로서 활동하는 체약대리상(87조)과도 다르다.

(2) 상행위의 중개

중개인은 타인간의 상행위를 중개하는 것이다.

가. **상행위의 범위**   여기의 '상행위'에 대하여 ① 상행위편의 중개인에 관한 규정(93조~100조)은 영업으로 반복하는 상행위의 중개를 예상한 것이라는 이유로 영업적 상행위 및 준상행위만을 의미하고 보조적 상행위는 포함되지 아니한다는 견해(손주찬 302, 정찬형 268, 정동윤 455, 임홍근 353, 최기원 319)와 ② 당사자가 상인인 바에는 상법규정을 적용하는 것이 타당하고, 그 행위가 기본적 상행위냐 보조적 상행위냐에 따라 구별할 필요가 없으므로 보조적 상행위도 포함된다는 견해(이철송 406, 채이식 28, 강위두 외 233)가 대립한다. 생각건대 법문상 '상행위'라고만 규정하고 있는데 여기서 굳이 보조적 상행위를 제외시켜야 할 이유가 없고, 영업으로 반복하는 상행위인지 여부를 중개인이 확인하는 것도 쉬운 일이 아니라는 점에서 ②의 견해가 타당하다고 본다.

나. **일방적 상행위도 포함**   타인간의 상행위의 중개를 하는 것이므로 그 타인 중의 어느 일방은 적어도 상인이어야 한다. 따라서 쌍방적 상행위는 물론 일방적 상행위도 포함된다.

다. **구별개념**

가) 민사중개인: 상사중개인은 상행위의 중개를 하는 점에서 상행위 아닌 행위의 중개를 하는 민사중개인과 구별된다. 후자의 경우 상행위 이외의 법률행위(예컨대 혼인중매·직업알선·비상인간의 토지나 건물의 매매 또는 임대차 등의 민사행위의 중개)의 중개를 영업으로 하는 자로서 기본적 상행위(46조 11호)를 영업으로 하므로 당연상인이 된다. 따라서 민사중개인에게는 상법총칙 및 상행위편의 관계규정이 적용되나 다만 상사중개인은 아닌 까닭에 상법 제93조 내지 제100조의 중개업 규정이 당연히 적용되는 것은 아니다. 그러나 경우에 따라서 위 규정들을 유추적용할 수는 있을 것이다(손주찬 302).

나) 중개대리상: 상사중개인이나 중개대리상(87조)은 중개를 하는 점에서는 공통되나 상사중개인은 불특정 타인간의 법률행위의 성립을 중개하는 반면 중개대리상은 일정한 상인을 위하여 계속적으로 중개하는 점에서 구별된다.

2. 중개인의 기능

중개인은 위탁자를 위하여 상대방을 물색하고 그 자력이나 신용을 확인하거나 시장 사정을 탐지하여 위탁자에게 제공함으로써 계약 체결을 신속·용이하게 하는 상인의 보조기관으로서의 역할을 담당한다. 상품·유가증권의 매매·보험·어음할인· 금전대차·선박임대차 또는 용선계약 등에서 이용되고 있다.

II. 중개계약의 종류와 법적 성질

위탁자와 중개인 간의 계약을 중개계약이라 한다. 이에는 편무적 중개계약과 쌍무적 중개계약의 두 가지가 있다.

전자의 경우 수탁자인 중개인은 적극적으로 중개할 의무가 없고, 단지 계약 성립시에 보수를 청구할 수 있으며, 그 성질은 도급에 유사한 특수한 계약이다. 후자는 수탁자인 중개인이 적극적으로 주선할 의무를 부담하는 것이며, 비법률행위적인 사무의 위탁으로서 일종의 위임(민법 680조)의 성질을 가지는 것으로 본다(손주찬 303, 정찬형 270). 이러한 견해에 대하여는 양자를 구별하지 않고 모두 위임 및 도급에 유사한 특수한 계약이라고 보는 견해(임홍근 357, 채이식 249, 강위두 외 234)도 있다.

※ 대법원 2012. 4. 12. 선고 2011다107900 판결 [중개수수료]
부동산중개업자와 중개의뢰인과의 법률관계는 민법상의 위임관계와 같은바(대법원 1993. 5. 11. 선고 92다55350 판결 등 참조), 위임계약에서 보수액에 관하여 약정한 경우에 수임인은 원칙적으로 약정보수액을 전부 청구할 수 있는 것이 원칙이지만, 그 위임의 경위, 위임업무처리의 경과와 난이도, 투입한 노력의 정도, 위임인이 업무처리로 인하여 얻게 되는 구체적 이익, 기타 변론에 나타난 제반 사정을 고려할 때 약정보수액이 부당하게 과다하여 신의성실의 원칙이나 형평의 원칙에 반한다고 볼 만한 특별한 사정이 있는 때에는 예외적으로 상당하다고 인정되는 범위 내의 보수액만을 청구할 수 있다(대법원 2002. 4. 12. 선고 2000다50190 판결 참조).
위 법리와 기록에 비추어 살펴보면, 원고가 피고 회사로부터 이 사건 매매계약의 중개를 수임하게 된 경위, 위임업무처리의 경과와 난이도, 원고가 투입한 노력의 정도, 피고 회사가 얻게 되는 구체적 이익 등을 고려할 때 원고와 피고 회사 사이에 정한 '매매대금의 0.9%에 해당하는 금액'의 약정보수액이 부당하게 과다하다고 하여 이를 50% 감액한 원심의 조치는 정당한 것으로 수긍이 가고, 거기에 중개계약의 성질 및 중개수수료의 감액에 관한 법리를 오해한 잘못이 없다.

어느 중개계약이 편무적 중개계약인지 쌍무적 중개계약인지는 각 계약의 구체적 내용을 살펴 판단하여야 할 것이나 특약이 없을 경우에 쌍무적 중개계약으로 보는 것이 일반적일 것이다[同旨: 손주찬 303, 정동윤(상) 212]. 상법의 중개인에 관한 규정(93조~100조)은 쌍무적 중개계약뿐만 아니라 편무적 중개계약에도 적용된다.

Ⅲ. 중개계약의 법률관계

1. 개   관

중개계약은 쌍무적 중개계약의 모습이 대부분이므로 위임의 성질상 중개인은 당연히 수임인으로서의 선량한 관리자의 주의의무를 진다. 한편 상법의 중개업에 관한 제93조 내지 제100조까지의 8개 조문의 대부분(제93조와 제100조 제외)이 중개인의 중립성 원칙에 기초한 의무에 관한 규정들이다. 즉, 중개인은 위탁자에 대하여서만 아니라 그 상대방에 대하여서도 의무를 부담하며 동시에 양 당사자에 대하여 권리를 가진다.

2. 중개인의 의무

(1) 견품보관의무(見品保管義務)

중개인이 그 중개한 행위에 관하여 견품(見品)을 받은 때에는 그 행위가 완료될 때까지 이를 보관하여야 한다(95조). 이때의 '견품'은 견품매매, 즉 목적물이 견품과 동일한 품질을 가지는 것을 담보하는 경우의 견품을 말한다. 견품은 위탁자로부터 수령한 것만을 의미하지는 아니한다. 이러한 의무는 당사자간의 분쟁을 방지하고, 또 분쟁이 발생하였을 경우 신속한 해결을 기하기 위한 증거보전의 고려에서 나온 것이다. '행위가 완료될 때'는 중개행위의 성립시나 목적물의 급부시가 아니라 이의기간의 경과나 시효기간의 만료 등으로 인하여 그 물건의 품질에 관한 분쟁이 발생하지 않는 것이 확실하게 되었을 시기를 의미한다(손주찬 304, 정동윤 460, 정찬형 271, 최기원 321, 임홍근 361). 이 의무는 법률상 당연히 지는 의무이고 중개인으로서는 후일 당사자간에 계약이 성립될 경우 받을 보수를 기대하고 행동하는 것이므로 특약 또는 관습이 없는 한 그 보관에 대하여 보수를 청구할 수 없다. 보관은 선량한 관리자의 주의로써 하여야 하나 중개인 자신이 보관하든 제 3 자에게 보관

을 시키든 상관이 없다. 이 의무를 위반한 때에는 손해배상책임을 부담한다. 보관
의무가 종료된 때에는 특약(예: 중개인에게 귀속 또는 임의처분허락 등)이 없는 한 견
품을 그 소유자에게 반환하여야 한다.

(2) 결약서교부의무(結約書交付義務)

가. 결약서의 의의와 법적 성질　　중개인의 중개행위의 결과 당사자간에 계약
이 성립된 때에는 중개인은 지체 없이 각 당사자의 성명 또는 상호, 계약년월일과
그 요령을 기재한 서면을 작성하여 기명날인 또는 서명한 후 각 당사자에게 교부하
여야 하는데(96조 1항), 이 때 작성되는 문서를 결약서(結約書)라고 한다. 결약서의
성질은 계약의 성립을 명확히 하는 증거서면에 불과하다(정동윤 461, 손주찬 305, 정찬
형 271). 즉, 결약서는 계약서가 아니며, 그 작성에 따라 비로소 계약이 성립되는 것
도 아니다. 다만 중개인은 결약서의 기재사항의 정확성에 대하여 책임을 지며,
그 기재의 잘못으로 인하여 당사자가 손해를 입은 때에는 이를 배상하여야 한다.

나. 결약서의 교부의무　　이에 대하여는 경우를 나누어 규정하고 있다. 즉,
중개인의 중개로 인하여 성립한 계약을 당사자가 즉시 이행하여야 하는 경우에는
지체 없이 결약서를 작성하여 각 당사자에게 교부하여야 하고(96조 1항), 기한부 또
는 정지조건부 계약과 같이 당사자가 즉시 이행함을 요하지 않는 경우에는 중개인
은 각 당사자로 하여금 결약서에 기명날인 또는 서명하게 한 후 그 상대방에게 교
부하여야 한다(96조 2항).

다. 이의 통지의무　　상법 제96조 제 1 항과 제 2 항의 규정에 따라 중개인이
결약서를 교부하였으나 당사자의 일방이 수령을 거부하거나 또는 기명날인 또는
서명하지 아니하는 때에는 중개인은 지체 없이 상대방에게 그 통지를 발송하여야
한다(96조 3항). 이러한 경우에는 이미 성립한 계약에 관하여 당사자의 일방에 이의
(異議)가 있는 것을 뜻하므로 신속히 그 상대방에게 이것을 알려 적절한 조처를 취
하도록 할 필요가 있기 때문이다. 중개인이 이 통지를 해태한 경우 그로 인하여
손해를 입은 당사자에 대하여 손해배상의 책임을 진다. 그러나 이미 성립한 계약
의 효력에는 영향을 미치지 않는다.

(3) 장부작성과 등본교부의무

가. 중개인일기장 작성의무　　중개인은 장부를 비치하고 결약서에 기재한 사
항, 즉 각 당사자의 성명 또는 상호, 계약년월일과 그 요령을 기재하여야 한다(97조
1항). 이 장부를 통상 중개인일기장(仲介人日記帳)이라 한다. 이는 중개인 자신의 거

래사항을 기재하는 것이 아니고 타인간의 거래에 관한 내용에 대한 증거보전의 목적으로 기재하는 것이므로 상업장부는 아니다. 따라서 중개인이 소상인인 경우에도 중개인일기장의 작성의무를 면하지 못한다. 그러나 그 보전에 있어서 등본교부청구권(97조 2항)이 인정되어 있는 점과 증거보전차원에서 볼 때 상업장부에 관한 규정(33조 1항)을 유추적용하여(손주찬 306, 최기원 323, 정찬형 272, 정동윤 464) 원칙적으로 10년간 보존하여야 할 것이다.

　나. 등본교부의무　　　중개인은 각 당사자의 청구가 있는 때에는 장부의 관계부분의 등본을 교부하여야 한다(97조 2항). 그러나 당사자가 그 성명 또는 상호를 상대방에게 묵비할 것을 요구한 때에는 그의 성명 또는 상호를 등본에 기재하지 못한다(98조).

　(4) 성명·상호묵비의무

　가. 상법의 규정　　　당사자가 그 성명 또는 상호를 상대방에게 표시하지 아니할 것을 중개인에게 요구한 때에는 중개인은 그 상대방에게 교부할 결약서와 일기장의 등본에 이를 기재하지 못한다(98조).

　나. 본조의 취지　　　본조는 당사자가 자기의 성명 또는 상호를 상대방에게 알리지 않고 중개인으로 하여금 교섭에 임하게 함으로써 거래를 유리하게 이끌어 갈 수 있다고 판단하거나 또는 몰개성적인 상거래인 경우에 상대방도 당사자가 누구인가를 알 필요가 없는 경우를 상정하여 마련한 것이다.

　다. 묵비의무의 범위　　　묵비를 요구할 수 있는 자에는 중개를 위탁한 자는 물론 그 상대방도 포함된다(손주찬 306, 정동윤 465, 정찬형 273). 이는 제98조의 법문 자체로 명백하다.

　(5) 개입의무(이행담보책임)

　가. 개입의무의 의의　　　중개인이 임의로 또는 제98조의 규정에 의하여 당사자 일방의 성명 또는 상호를 상대방에게 표시하지 아니한 때에는 상대방은 중개인에 대하여 이행을 청구할 수 있다(99조). 이 경우 중개인이 부담하는 의무를 개입의무라고 한다.

　나. 본조의 규정취지　　　이는 상대방을 보호하기 위한 것이다. 당사자 일방을 익명으로 중개한 경우 상대방은 중개인을 신뢰하여 거래한 것이 보통이므로 그 신뢰를 보호하기 위하여 중개인에게 이행담보책임을 부과한 것이다. 그리고 이에 따라 중개인의 신용 또한 유지·제고되는 효과도 있다.

다. 의무발생요건   중개인의 개입의무가 발생하기 위하여는 ① 중개인이 당사자 일방의 성명 또는 상호를 상대방에게 표시하지 아니할 것과 ② 당사자 간에 계약이 성립하였을 것을 요한다. 왜냐하면 이행의무라는 것은 계약성립을 전제로 하기 때문이다. 그리고 묵비는 중개인의 임의에 의한 것이든, 제98조에 의하여 당사자 일방의 요구에 따른 것이든 불문한다. 중개인이 당사자 미정의 결약서를 교부한 때도 이에 해당한다.

라. 의무의 내용과 성질   위와 같은 요건을 갖춘 경우 중개인은 계약의 당사자가 아니지만 익명의 당사자의 계약상 의무를 대신하여 이행할 책임을 진다. 물론 상대방은 익명의 당사자에 대하여도 계약이행의 청구권을 가지며, 계약성립 후 익명의 당사자가 밝혀진 경우에 그에 대하여도 청구할 수 있다(정찬형 274, 정동윤 466). 이러한 책임은 중개인의 개입의사와는 무관한 법정의 담보책임으로서의 성질을 가진다. 중개인이 이행을 하였을 경우 익명의 당사자에게 구상할 수 있다. 그러나 중개인이 익명의 당사자의 의무를 대신 이행하더라도 자신이 계약당사자가 되는 것은 아니므로, 상대방에 대하여 반대급부를 청구할 수는 없다(손주찬 307, 정동윤 466). 이 점에서 위탁매매인의 개입(107조)과 차이가 있다.

※ 대법원 1972. 8. 22. 선고 72다1071,1072 판결
상법 제96조와 제99조에 의하면 타인간의 상행위의 중개를 영업으로 하는 중개인은 그의 중개에 의하여 성립된 당사자간의 계약이 즉시 이행될 성질의 것이 아닌 이상 각 당사자의 성명 또는 상호, 계약년월일과 그 계약의 요령을 기재한 서면을 작성하여 각 당사자로 하여금 이에 기명날인케 한 후 그 서면을 각 상대방에게 교부하여야 하며 중개인이 임의 또는 당사자 일방의 요구에 따라 상대방에게 그의 성명 또는 상호를 표시하지 않았을 경우에는 그 중개인 자신이 상대방에 대하여 그 계약에 대한 이행책임을 져야 한다.

3. 중개인의 권리

(1) 보수청구권

중개인은 상인이므로 특약이 없는 경우에도 상당한 보수를 청구할 수 있다(61조). 이 보수를 중개료 또는 구전이라고 한다. 중개인의 보수청구권이 성립하기 위하여는 당사자간에 계약이 유효하게 성립되고, 계약의 성립과 중개 사이에 인과관계가 있어야 하며, 결약서 교부의 절차(96조)가 종료되어야 한다(100조 1항). 계약의

이행 여부는 불문한다. 중개인의 보수는 당사자 쌍방이 균분하여 부담한다(100조 2
항). 중개인의 보수에 관한 상법 제100조 제 2 항은 ① 양 당사자가 중개인에게 중개
를 위탁한 쌍방위탁을 전제로 한 규정이라는 입장[정동윤(상) 217]과 ② 일방 당사
자만이 중개를 위탁한 일방위탁의 경우에도 적용된다는 입장(손주찬 308)이 대립한
다. ①의 입장에서는 쌍방위탁의 경우 당사자 일방이 중개료를 지급하지 않더라도
중개인은 타방 당사자에게 그 지급받지 못한 보수의 지급을 구할 수 없도록 한 점
에 본항의 규정취지가 있다고 하나, 일방위탁에 의한 중개에도 비위탁자에게 중립
의무를 부담하도록 하고 있는 상법 제94조 내지 제99조의 취지에 비추어 본항은
일방위탁의 경우 비위탁자에 대한 중개료청구권 발생의 근거로 파악하여야 할 것
이므로 ②의 입장이 타당하다. 본항은 임의규정이므로 당사자 사이에 이와 다른
약정을 할 수 있다. 중개비용은 보통 보수에 포함되므로 특약 또는 관습이 없는 한
따로 비용의 상환을 청구할 수 없다.

(2) 급부수령권한의 부존재

중개인은 당사자 사이의 계약의 성립을 중개할 뿐 계약의 당사자가 아니고 또
계약당사자의 대리인도 아니므로 중개인은 다른 약정이나 관습이 없는 한 중개행
위에 관하여 당사자를 위하여 지급 기타의 이행을 받지 못한다(94조).

제3절　위탁매매업

Ⅰ. 위탁매매인의 의의

위탁매매인(委託賣買人)은 자기의 명의로 타인의 계산으로 물건 또는 유가증권
의 매매를 영업으로 하는 자를 말한다(101조). 분설한다.

1. 자기명의(매매계약의 당사자)(법률적 형식)

'자기의 명의로'는 위탁매매인 자신이 매매계약의 당사자, 즉 권리의무의 주체
가 된다는 뜻이다.

2. 타인의 계산(경제적 효과)

'타인의 계산으로'는 매매의 경제적 효과, 즉 매매의 손익이 타인에게 귀속된

다는 뜻이다.

※ 대법원 2008. 5. 29. 선고 2005다6297 판결

위탁매매라 함은 자기의 명의로 타인의 계산에 의하여 물품을 구입 또는 판매하고 보수를 받는 것으로서 명의와 계산이 분리되는 것을 본질로 하는 것이므로, 어떠한 계약이 일반 매매계약인지 위탁매매계약인지는 계약의 명칭 내지 형식적인 문언을 떠나 그 실질을 중시하여 판단하여야 한다.

3. 주　　선

물건 또는 유가증권의 매매를 영업으로 한다는 것은 그러한 판매 또는 매입을 인수하는 것, 즉 주선(周旋)을 영업으로 한다는 뜻이고, 이로써 위탁매매인은 상인이 된다(46조 12호). 위탁자는 상인임을 요하지 않는다. 위탁매매인이 위탁의 실행으로서 하는 매매계약 자체는 그의 영업을 위하여 하는 행위이며 따라서 보조적 상행위(47조)가 된다. 이때의 '물건'에 부동산이 포함되는지 여부에 대하여는 ① 이를 제외할 법률상의 이유가 없다는 견해(손주찬 310, 정동윤 473, 정찬형 282, 임홍근 368)와 ② 제외된다는 견해(최기원 328, 이철송 418)가 있다.

Cf. 부동산이 포함되지 않는다는 제외설(이철송 418-419)의 이유를 검토한다. 첫째, 제외설은 부동산의 매도위탁을 위하여 위탁매매인의 명의로 이전등기를 경료한 시점부터 상대방에게 다시 이전등기를 경료하는 시점 사이에 상법 제103조에 의하여 등기내용과 다른 소유관계가 형성된다고 주장한다. 그러나 상법 제103조는 위탁매매계약의 본질상 실질적으로는 위탁자에 귀속하면서 법률적으로는 위탁매매인에게 귀속하는 위탁물의 소유권에 대하여 위탁자의 보호를 위하여 위탁매매인의 채권자와의 관계에서 위탁자의 소유로 본다는 정책적 규정으로서 이로 인하여 등기내용과 다른 소유관계가 형성되는 것은 불가피한 일일 뿐 아니라 이러한 결론은 부동산에만 특유한 것이 아니며 동산의 경우에도 마찬가지인 것이다. 둘째, 제외설은 위탁매매인 앞으로 등기를 이전하지 않고 중간생략등기를 이용할 경우 상법 제102조에 의하여 위탁자와 위탁매매인의 상대방 간에는 직접적인 법률관계가 발생하지 않기 때문에 매도위탁의 경우 위탁자가 이전등기절차에 불응할 경우 매수인은 강제집행할 수 없으며, 매수위탁의 경우 매도인이 이전등기절차에 불응할 경우 위탁자가 강제집행할 수 없어 위탁자와 상대방의 보호에 문제가 생긴다고 주장한다. 그러나 상법 제102조는 위탁매매의 본질에 비추어 당연한 결론이고, 이로 인하여 위탁자 또는 상대방에게 그러한 위험이 발생하는 것은 부동산에만 특유한 결론이 아니라 동산의 경우에도 같다. 위탁매매인을 통하여 거

래하는 위탁자와 상대방은 위탁매매인에 대한 신뢰를 바탕으로 위탁매매관계를 형성할
것이고 만약 제외설이 지적하는 바와 같은 위험을 감수할 의사가 없다면 위탁매매를
피하게 될 것이다. 이상에서 살펴본 바와 같이 위탁매매의 본질상 불가피할 뿐 아니라
동산과 부동산 간에 차이가 없는 위험을 이유로 굳이 부동산의 경우에만 위탁매매의
대상에서 제외시키는 것은 설득력이 없으며, 그 대상으로 '물건'이라고만 규정한 상법
제101조의 법문에도 반한다. ①의 포함설이 타당하다.

4. 운송주선인 및 준위탁매매인과의 비교

3자 모두 주선업자라는 점에서는 같으나 주선의 내용이 다르다.

(1) 위탁매매인

물건 또는 유가증권의 매매를 내용으로 한다.

(2) 운송주선인

물건운송계약을 내용으로 하고 운송주선업에 관한 상법전 제2편 제8장의 규
정 외에 위탁매매인에 관한 규정을 준용한다(123조).

(3) 준위탁매매인

(1)과 (2)를 제외한 주선행위를 내용으로 하고 위탁매매업에 관한 규정을 일반
적으로 준용한다(113조).

5. 대리와의 차이

대리는 '본인의 명의'로, 위탁매매인은 '자기의 명의'로 법률행위를 하는 점에
차이가 있다.

Ⅱ. 위탁매매계약의 법적 성질

위탁자와 위탁매매인 사이의 위탁매매계약은 물건 또는 유가증권의 매매라는
법률행위를 하는 것을 위탁하는 계약이므로 유상의 위임계약이다(112조).

Ⅲ. 경제적 기능

지점이나 대리점을 이용하는 것보다 비용과 위험부담을 줄일 수 있고, 위탁자
의 인적 사항을 알리고 싶지 않을 경우에 유용한 점이 있다.

Ⅳ. 위탁매매계약의 법률관계

1. 서   설

위탁매매인은 위탁매매계약에 따라 자기명의로 위탁자의 계산으로 제 3 자와 사이에 물건 또는 유가증권의 매매계약을 체결한다. 위탁매매계약의 법률관계는 위탁매매인과 위탁자와의 관계(내부관계)와 위탁매매인과 제 3 자의 관계 및 위탁자와 제 3 자의 관계(외부관계)로 나누어 볼 수 있다.

2. 위탁매매인과 위탁자의 관계(내부관계)

(1) 위탁매매인의 의무

가. 의무 개관   위탁매매인과 위탁자 사이의 관계는 위임관계이므로 위탁매매인은 수임인으로서 위탁매매계약의 본지에 따라 선량한 관리자의 주의로써 위탁사무, 즉 매매를 실행하여야 한다(민법 681조). 즉, 위탁매매인은 매매의 시기·가격 기타의 조건에 관하여 위탁자의 지시에 따라야 하고, 그 지시가 없는 경우에는 위탁자에게 가장 유리하게 결정하여야 하며, 상대방으로부터 수령한 물건이나 대금은 지체 없이 위탁자에게 교부하여야 한다.

나. 위탁실행의 통지의무와 계산서 제출의무   위탁매매인이 위탁받은 매매를 한 때에는 지체 없이 위탁자에 대하여 그 계약의 요령과 상대방의 주소, 성명의 통지를 발송하여야 하며 계산서를 제출하여야 한다(104조). 이 경우 통지의무는 위탁자의 청구를 요하지 않는 점에서 민법상의 수임인의 보고의무(민법 683조)와 다르다.

다. 지정가액준수의무

가) 가액의 지정: 위탁매매인은 위탁자가 가액을 지정한 때에는 그에 따라야 한다. 통상 판매위탁의 경우에는 최저가액을, 매수위탁의 경우에는 최고가액을 지정한다.

나) 지정가액보다 염가로 판매하거나 고가로 매수한 경우: 이 경우에는 위탁의 취지에 반하는 것이므로 위탁자는 그 매매를 자기를 위한 것으로 인정할 의무가 없다. 그러나 위탁매매인 자신이 그 차액을 부담하는 때에는 위탁자에게 손해가 없을 것이므로 위탁자에게 효력이 있는 것으로 하였다. 즉, 위탁자가 지정한 가액보다 염가로 매도하거나 고가로 매수한 경우에도 위탁매매인이 그 차액을 부담한 때에는 그 매매는 위탁자에 대하여 효력이 있다(106조 1항). 그러나 위탁자가 그 차액을 부

담할 것을 요구할 수는 없다. 위탁매매인의 차액부담은 차액 전액이어야 하며 조건이 없는 것이어야 한다(손주찬 312). 차액부담의 의사표시는 매도 또는 매수의 통지와 동시에 위탁자에게 도달하여야 한다. 차액부담의 의사표시는 위탁자의 거절권을 상실시키는 일방적 행위이므로 그러한 매매의 위탁자에의 효력발생시기를 위탁매매인의 자유에 맡기는 것은 부당하기 때문이다(정찬형 285-286).

다) 지정가액보다 고가로 판매하거나 저가로 매수한 경우: 위탁매매인은 위탁자의 계산으로 매매하기 때문에 그 차액은 다른 약정이 없으면 위탁자의 이익으로 한다 (106조 2항).

라. 이행담보책임(개입의무)

가) 의 의: 위탁매매인은 위탁자를 위한 매매에 관하여 상대방이 채무를 이행하지 아니하는 경우에는 위탁자에 대하여 이를 이행할 책임이 있다(105조 본문). 위탁매매인의 위탁자에 대한 이 이행담보책임을 개입의무라고 한다. 원칙적으로 매매계약의 이행책임은 상대방에게 있으나 위탁자와 상대방 사이에는 직접적인 법률관계가 없으므로(102조), 상대방이 불이행하는 경우 위탁자는 상대방에 대하여 그 이행을 청구할 수 없다. 이에 위탁자를 보호하고 위탁매매제도의 신뢰 제고를 위하여 위탁매매인에게 무거운 책임을 인정한 것이다.

나) 책임의 성격: 이행담보책임은 특수한 법정책임으로서 무과실책임이다(同旨: 정찬형 287, 손주찬 314, 최기원 325).

다) 책임의 요건: 상대방이 채무를 이행하지 않고, 채무의 성질상 대체급부가 가능한 것이어야 한다. 매도위탁의 경우에는 대금채무, 매수위탁의 경우에는 목적물인도채무(또는 하자가 있는 경우 하자담보책임)가 될 것이다. 대체불가능한 목적물의 인도채무의 경우에는 결국 손해배상책임으로 풀어야 할 것이다. 그리고 다른 약정이나 관습이 없어야 한다(105조 단서).

라) 책임의 내용: 상대방이 위탁매매인에 대하여 부담하는 의무와 동일하다. 따라서 위탁매매인은 상대방이 위탁매매인에게 대항할 수 있는 항변(예: 동시이행의 항변)으로 위탁자에 대하여 항변할 수 있고 상대방의 채무가 소멸되면 위탁매매인의 이행담보책임도 소멸된다.

마) 책임이행의 효과: 위탁매매인이 상대방의 채무를 이행한 경우에는 상대방이 스스로 채무를 이행한 경우와 같이 위탁자에 대하여 보수나 비용을 청구할 수 있다.

바) 책임의 소멸: 이행담보책임은 상행위로 인한 채무로서 상대방의 채무와 별

도로 5년의 시효로 소멸한다(64조).

> ※ 대법원 1996. 1. 23. 선고 95다39854 판결 [물품대금]
> 3년의 단기소멸시효가 적용되는 민법 제163조 제6호 소정의 '상인이 판매한 상품의 대가'란 상품의 매매로 인한 대금 그 자체의 채권만을 말하는 것으로서 상품의 공급 자체와 등가성 있는 청구권에 한한다고 해석하여야 할 것이다.
> 위탁매매에 있어서 위탁자가 매도위탁을 위하여 위탁매매인에게 하는 상품의 공급은 매도인이 민법 제568조 소정의 매매계약 의무를 이행하기 위하여 매수인에게 하는 상품의 공급과는 의미가 다른 것이어서, 위탁매매인은 상품 그 자체를 계약상 자신의 청구 이행의 목적으로 취득하는 것이 아니라 위임업무 처리과정에서 보수를 지급받을 뿐이므로 위탁매매인의 계약상 의무는 위탁인의 보수지급 의무와 대응할 뿐이고 위탁인의 상품공급 자체에는 대응하지 아니한다고 할 것이다. 따라서, <u>위탁자의 위탁상품 공급으로 인한 위탁매매인에 대한 이득상환청구권이나 이행담보책임 이행청구권은 위탁자의 위탁매매인에 대한 상품공급과 서로 대가관계에 있지 아니하여 등가성이 없으므로 민법 제163조 제 6 호 소정의 '상인이 판매한 상품의 대가'에 해당하지 아니하여 3년의 단기소멸시효의 대상이 아니라고 할 것이고, 한편 위탁매매는 상법상 전형적 상행위이며 위탁매매인은 당연한 상인이고 위탁자도 통상 상인일 것이므로, 위탁자의 위탁매매인에 대한 매매 위탁으로 인한 위의 채권은 다른 특별한 사정이 없는 한 통상 상행위로 인하여 발생한 채권이어서 상법 제64조 소정의 5년의 상사소멸시효의 대상이 된다고 할 것이다.</u>

　　마. 위탁물의 훼손·하자 등의 통지의무 및 처분권　　위탁매매인이 위탁매매의 목적물을 인도받은 후에 그 물건의 훼손 또는 하자를 발견하거나 그 물건이 부패할 염려가 있는 때 또는 가격저락의 상황(商況)을 안 때에는 지체 없이 위탁자에게 그 통지를 발송하여야 한다(108조 1항). 본조의 인도의 주체는 위탁자(매도위탁의 경우)나 상대방(매수위탁의 경우)을 불문하고, 인도의 시기도 매매계약의 체결 전후를 묻지 아니한다. 위탁자의 지시를 받을 수 없거나 그 지시가 지연되는 때에는 위탁매매인은 위탁자의 이익을 위하여 적당한 처분을 할 수 있다(108조 2항). 이에 대하여는 선량한 관리자로서의 주의의무를 부담하는 점에서 볼 때 당연한 주의적 규정이라는 견해(손주찬 315)가 있으나, 경우를 나누어 '물건의 훼손 또는 하자 발견 및 부패의 염려가 있는 때'에는 선관주의의무의 구체적 표현으로, '가격저락의 상황을 안 때'에는 위탁자보호를 위한 특칙으로 보는 견해(정찬형 288, 이철송 426)가 타당하다. '적당한 처분'에는 목적물의 공탁·전매·경매 등이 포함된다[정동윤(상) 221]. 이

의무를 위반하여 위탁자가 손해를 입은 경우 위탁매매인은 배상할 책임을 진다.

　(2) 위탁매매인의 권리

　　가. 권리 개관　　　위탁매매인은 위임에 관한 민법의 규정에 따라 위탁자에 대하여 수탁자로서의 권리, 비용선급청구권(112조, 민법 687조), 비용상환청구권(112조, 민법 688조)을 가지며 위탁매매인이 위탁사무처리에 필요한 비용을 체당한 때에는 그 체당금과 체당한 날 이후의 법정이자를 청구할 수 있다(55조 2항). 위탁매매인은 상인이므로 특약이 없더라도 위탁자를 위하여 한 매매에 대하여 상당한 보수를 청구할 수 있다(61조). 이 보수청구권은 위임사무를 완료한 후에 행사할 수 있으므로(112조, 민법 686조 2항), 매매계약의 체결만으로는 부족하고 매매계약의 이행이 완료된 때 행사할 수 있다.

　　나. 특별상사유치권　　　위탁매매인에게는 대리상과 같은 유치권이 인정된다(111조, 91조). 위탁매매인은 당사자 사이에 다른 약정이 있는 경우를 제외하고는 매매를 함으로써 생긴 채권이 변제기에 있는 때에는 그 변제를 받을 때까지 위탁자를 위하여 점유하는 물건 또는 유가증권을 유치할 수 있다.

　　다. 공탁권 및 자조매각권　　　매수를 위탁받은 위탁매매인은 위탁자에 대한 관계에 있어서는 매도인과 유사한 지위에 있으므로 상법은 위탁매매인에게 상인간의 매매에 있어서의 매도인의 공탁권과 자조매각권을 부여하고 있다. 즉, 매수의 위탁을 받은 경우에 위탁자가 매수한 물건의 수령을 거부하거나 이를 수령할 수 없는 때에는 위탁매매인은 그 물건을 공탁하거나 또는 상당한 기간을 정하여 최고한 후에 이를 경매할 수 있다(109조, 67조 1항 전문). 이 경우에는 지체 없이 위탁자에 대하여 그 통지를 발송하여야 한다(109조, 67조 1항 후문). 또 위탁자에 대하여 최고할 수 없거나 목적물이 멸실 또는 훼손될 염려가 있는 때에는 최고 없이 경매할 수 있다(109조, 67조 2항).

　　라. 개 입 권

　　가) 개입의 의의: 위탁매매인이 거래소의 시세가 있는 물건 또는 유가증권의 매매를 위탁받은 경우에는 직접 그 매도인이나 매수인이 될 수 있다(107조 1항 전문). 이를 위탁매매인의 개입권이라고 한다. 일반적으로는 위탁자와 위탁매매인의 이해관계는 대립하게 되나 이러한 위험이 없는 경우 개입을 인정하여도 무방할 것이며 때로는 위탁자에게 유리한 경우도 있을 수 있다.

　　나) 개입의 요건: 거래소의 시세가 있어야 하고, 위탁자가 금지하지 않았으며,

주선의 실행을 아직 하지 않은 경우이고, 법에 의하여 개입이 금지(예: 자본시장법 67조)되지 않은 경우이어야 한다. 위탁자가 개입을 금지한 사실에 대한 입증책임은 위탁자가 부담한다(손주찬 316, 정동윤 483).

다) 개입의 방법: 개입의 의사를 위탁자에게 표시함으로써 하며 그 통지가 위탁자에게 도달한 때 효력이 생긴다(민법 111조 1항). 매매의 대가는 통지를 발송할 때의 거래소의 시세에 따라서 정해진다(107조 1항 후문).

라) 개입의 시기: 특별한 규정이 없으므로 선량한 관리자의 주의로써 시기를 택하여 실행하여야 할 것이다.

마) 개입의 효과: 개입에 의하여 위탁매매인과 위탁자 사이에 매매가 성립한다. 이 경우 위탁매매인은 개입이라는 방법에 의하여 위탁사무를 처리한 것이므로 보수를 청구할 수 있다(107조 2항).

바) 개입권의 법적 성질: 형성권이다.

(3) 매수위탁자가 상인인 경우의 내부관계

상인인 위탁자가 그 영업에 관하여 물건의 매수를 위탁한 경우에는 위탁자와 위탁매매인 간의 관계에는 상사매매에 관한 제68조 내지 제71조의 규정을 준용한다(110조).

3. 위탁매매인 또는 위탁자와 제3자의 관계(외부관계)

(1) 위탁매매인과 제3자의 관계

위탁매매인은 위탁자의 계산으로 자기의 명의로 매매를 하므로, 위탁자를 위한 매매로 인하여 제3자에 대하여 직접 권리를 취득하고 의무를 부담하게 된다(102조). 따라서 통상의 매매에 있어서 매도인과 매수인 간의 관계와 같다.

(2) 위탁자와 제3자의 관계

위탁자와 제3자 간에는 직접적인 법률관계가 없으므로, 위탁자는 제3자에 대하여 아무런 권리를 가지지 않고 또 제3자가 위탁매매인에게 채무를 이행하지 않아도 위탁자는 제3자에 대하여 손해배상을 청구할 수 없다.

(3) 위탁자와 위탁매매인의 채권자의 관계(위탁물의 귀속)

위탁매매인이 위탁자로부터 받은 물건 또는 유가증권이나 위탁매매로 인하여 취득한 물건, 유가증권 또는 채권은 위탁자와 위탁매매인 또는 위탁매매인의 채권자간의 관계에서는 이를 위탁자의 소유 또는 채권으로 본다(103조).

※ 대법원 2008. 5. 29. 선고 2005다6297 판결

위탁매매인이 위탁자로부터 받은 물건 또는 유가증권이나 위탁매매로 인하여 취득한 물건, 유가증권 또는 채권은 위탁자와 위탁매매인 또는 위탁매매인의 채권자 간의 관계에서는 이를 위탁자의 소유 또는 채권으로 보므로(상법 제103조), 위탁매매인이 위탁자로부터 물건 또는 유가증권을 받은 후 파산한 경우에는 위탁자는 구 파산법(2005. 3. 31. 법률 제7428호 채무자 회생 및 파산에 관한 법률 부칙 제2조로 폐지) 제79조에 의하여 위 물건 또는 유가증권을 환취할 권리가 있고, 위탁매매의 반대급부로 위탁매매인이 취득한 물건, 유가증권 또는 채권에 대하여는 구 파산법 제83조 제1항에 의하여 대상적 환취권(대체적 환취권)으로 그 이전을 구할 수 있다.

Cf. 구 파산법 제79조는 채무자파산법 제70조, 구 파산법 제83조 제1항은 채무자파산법 제410조 제1항에 각각 해당한다.

※ 대법원 2013. 3. 28. 선고 2012도16191 판결 [사기·횡령]

위탁매매에 있어서 위탁품의 소유권은 위임자에게 있고 그 판매대금은 이를 수령함과 동시에 위탁자에게 귀속한다 할 것이므로, 특별한 사정이 없는 한 위탁매매인이 위탁품이나 그 판매대금을 임의로 사용·소비한 때에는 횡령죄가 성립한다고 할 것이다(대법원 1990. 3. 27. 선고 89도813 판결 등).

Cf. 대법원 1982. 2. 23. 선고 81도2619 판결도 同旨.

V. 준위탁매매업

1. 의　의

준위탁매매인은 자기명의로써 타인의 계산으로 매매 아닌 행위를 영업으로 하는 자를 말한다(113조). 주선의 목적이 물건운송계약인 경우는 운송주선인으로서 여기서 제외된다(114조). 예로는 광고, 보험, 출판의 주선업자나 여객운송의 주선업자 등이 있다.

※ 대법원 2011. 7. 14. 선고 2011다31645 판결은 을주식회사가 영화의 국내독점판권을 가진 갑주식회사와 사이에 체결한 국내배급대행계약에 따라 갑주식회사의 계산으로 을주식회사의 명의로 국내의 각 극장들과 사이에 체결한 영화상영계약을 준위탁매매계약이라 판단하였다.

2. 위탁매매인에 관한 규정의 준용

가. 일반적 준용　　이에 대하여는 위탁매매인에 관한 규정이 일반적으로 준용된다(113조).

나. 준용 제외규정　　다만, 주선의 목적물에 거래소의 시세라는 것이 없으므로 개입권에 관한 규정(107조)은 준용되지 않는다. 위탁물의 훼손·하자 등의 경우의 통지·처분에 관한 제108조, 매수위탁에 관한 제109조와 매수위탁자가 상인인 경우의 상사매매에 관한 제110조도 준용되지 않는다(손주찬 320, 정찬형 289). 이들 규정은 매매에 관한 것이고, 준위탁매매인은 매매 아닌 행위를 영업으로 하는 자이기 때문이다.

제4절　운송주선업

Ⅰ. 운송주선인의 의의

운송주선인(運送周旋人, forwarding agent)은 자기명의로 물건운송의 주선을 영업으로 하는 자를 말한다(114조). 분설한다.

> ※ 대법원 2007. 4. 26. 선고 2005다5058 판결
> 상법 제114조에서 정한 '주선'은 자기의 이름으로 타인의 계산 아래 법률행위를 하는 것을 말하므로, 운송주선인은 자기의 이름으로 주선행위를 하는 것이 원칙이지만, 실제로 주선행위를 하였다면 하주나 운송인의 대리인, 위탁자의 이름으로 운송계약을 체결하는 경우에도 운송주선인으로서의 지위를 상실하지 않는다.

1. 주선의 대상행위

운송주선인에 있어서 주선의 대상행위는 물건운송계약이라는 점에서 물건 또는 유가증권의 매매를 주선하는 위탁매매인과 구별된다.

2. 물건운송

물건운송인 이상 육상·해상·항공운송 또는 이들의 복합운송이든 불문한다. 그러나 여객운송은 제외된다(준위탁매매인).

3. 상 인 성

운송주선인은 물건운송주선의 인수를 영업으로 함으로써 상인이 된다(46조 12호 및 4조). 주선계약은 운송주선인의 영업목적인 행위이며, 물건운송계약은 그 영업을 위하여 하는 행위로서 보조적 상행위가 된다.

Ⅱ. 운송주선계약의 법적 성질

위탁자(송하인)와 운송주선인 사이의 운송주선계약은 물건운송계약이라는 법률행위를 하는 것의 위탁이므로 위임계약에 속한다(123조, 112조; 민법 680조). 운송주선인은 주선의 목적이 물건운송계약이라는 점을 제외하면 위탁매매인과 성질이 비슷하므로 위탁매매인에 관한 규정을 일반적으로 준용하고 있다(123조). 다만, 개입권(107조)과 유치권(111조, 91조)은 운송주선인에게 따로 특칙(116조, 120조)을 두고 있으므로 준용할 필요가 없고, 이행담보책임(105조)과 매수위탁자가 상인인 경우의 특칙(110조)은 성질상 준용되지 않는다.

> ※ 대법원 1987. 10. 13. 선고 85다카1080 판결
> 상법 제46조 제12호, 제114조에 의하여 자기의 명의로 물건운송의 주선을 영업으로 하는 상인을 운송주선인이라고 하고 여기서 주선이라 함은 자기의 이름으로 타인의 계산 아래 법률행위를 하는 것을 의미하는 것이므로 <u>운송주선계약은 운송주선인이 그 상대방인 위탁자를 위하여 물건운송계약을 체결할 것 등의 위탁을 인수하는 계약으로</u> 민법상의 위임의 일종이기 때문에 <u>운송주선업에 관한 상법의 규정이 적용되는 외에 민법의 위임에 관한 규정이 보충적용된다.</u>

Ⅲ. 운송주선업의 기능

운송업과 더불어 물건의 매매에 관한 공간적 장벽을 극복하는 기능을 한다. 운송수단이 다양화되고 운송거리가 멀어짐에 따라 주선인의 필요성은 점차 증대되는 실정이다.

> ※ 대법원 1987. 10. 13. 선고 85다카1080 판결
> 운송주선업은 운송의 거리가 육해공 삼면에 걸쳐 길어지고 운송수단도 다양할 뿐만 아니라 공간적 이동이 필요불가피한 화물도 복잡다양화, 대형다량화되어짐에 따라 송

하인과 운송인이 적당한 상대방을 적기에 선택하여 필요한 운송계약을 체결하기 어렵게 되었으므로 송하인과 운송인의 중간에서 가장 확실하고 안전신속한 운송로와 시기를 선택하여 운송을 주선하기 위한 긴요한 수단으로서 발달하게 된 것이다.

Ⅳ. 운송주선인의 의무

1. 운송주선인의 의무 일반

(1) 일반적 의무

운송주선인은 운송주선계약에서 정한 바에 따라 선량한 관리자의 주의로써 운송의 주선을 실행하여야 한다(123조, 112조, 민법 681조). 여기의 '운송주선의 실행'은 운송계약의 체결에 한하지 아니하고 운송물의 수령·인도·보관, 운송인이나 다른 운송주선인의 선택 기타 계약 또는 상관습 및 위탁자의 지시에 의하여 운송주선인의 의무에 속한다고 인정되는 일체의 행위를 의미한다[정동윤 593-594, 정찬형(15판) 315].

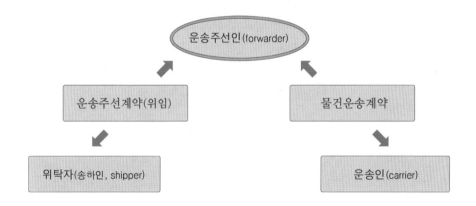

※ 대법원 2018. 12. 13. 선고 2015다246186 판결

운송주선인은 위탁자를 위하여 물건운송계약을 체결할 것 등의 위탁을 인수하는 것을 본래적인 영업 목적으로 하나, 이러한 운송주선인이 다른 사람의 운송목적의 실현에 도움을 주는 부수적 업무를 담당할 수도 있는 것이어서 상품의 통관절차, 운송물의 검수, 보관, 부보, 운송물의 수령인도 등의 업무를 담당하고 있는 것이 상례이다(대법원 1987. 10. 13. 선고 85다카1080 판결 참조).

(2) 구체적 의무

가. 지정운임준수의무   위탁자가 운송주선인에 대하여 운임을 지정한 때에는 이를 준수하여야 한다. 위탁자가 지정한 운임보다 고가로 운송계약을 체결한 경우에도 운송주선인이 차액을 부담한 때에는 그 운송계약은 위탁자에 대하여 효력이 있다(123조, 106조 1항).

나. 통지의무·계산서제출의무   운송주선인이 운송인과 사이에 물건운송계약을 체결하였을 때에는 위탁자에게 그 계약의 요령과 운송인의 주소, 성명의 통지를 발송하여야 하며, 계산서를 제출하여야 한다(123조, 104조).

다. 운송물의 훼손·하자 등의 통지의무 및 처분권   운송주선인이 운송물을 인도받은 후에 그 운송물의 훼손 또는 하자를 발견하거나 그 운송물이 부패할 염려가 있는 때 또는 가격저락의 상황을 안 때에는 지체없이 위탁자에게 그 통지를 발송하여야 하고, 이 경우 위탁자의 지시를 받을 수 없거나 그 지시가 지연되는 때에는 운송주선인은 위탁자의 이익을 위하여 적당한 처분을 할 수 있다(123조, 108조). 이에 대하여는 운송물의 훼손과 하자 또는 가격저락은 매매와 관련된 문제이므로 운송주선인에게는 물건부패의 염려가 있는 때에만 위의 통지의무와 처분권이 인정된다는 견해가 있다(정동윤 594).

2. 손해배상책임

(1) 규정의 취지

운송주선인은 위탁받은 운송의 주선에 대하여 선량한 관리자의 주의의무를 다하여야 하는바 이를 해태하여 위탁자에게 손해를 입힌 때에는 배상책임을 지도록 하고 있다.

(2) 책임발생의 원인

운송주선인은 자기나 그 사용인이 운송물의 수령, 인도, 보관, 운송인이나 다른 운송주선인의 선택 기타 운송에 관하여 주의를 해태하지 아니하였음을 증명하지 아니하면 운송물의 멸실, 훼손 또는 연착으로 인한 손해를 배상할 책임을 면하지 못한다(115조). 상법은 운송주선인의 손해배상책임에 관하여 과실책임주의를 취하는 동시에 무과실의 입증책임을 운송주선인에게 부담시키고 있다. 이 점은 운송인(135조·148조·795조·826조·913조·914조)이나 공중접객업자(152조) 및 창고업자(160조)와 동일하다. 여기의 운송물의 '멸실'은 물리적 멸실 외에 도난·분실·무권리자에의 인도도 포함하며, '훼손'은 가치를 감소케 하는 물질적 손상을, '연착'은 약정된 일시 또는 보통 도착하는 일시보다 늦게 도착하는 경우를 말한다.

(3) 책임의 성질

운송주선인의 손해배상책임에 관한 상법 제115조에 대하여 운송주선인이 그 사용인의 고의·과실에 대하여도 책임을 지는 한편 사용인 등의 무과실에 대한 입증책임을 부담한다는 점에서 민법의 예외라는 견해(특별규정설: 채이식 276)가 있으나, 민법상으로도 이행보조자의 고의·과실은 채무자의 고의·과실로 보며(민법 391조), 채무자가 무과실의 입증책임을 부담한다는 점에서 민법의 일반원칙을 구체화한 주의적 규정이라 할 것이다(주의적 규정설: 정동윤 519, 손주찬 324, 정찬형 294, 최기원 348, 임홍근 399).

※ 대법원 2018. 12. 13. 선고 2015다246186 판결

상법 제115조에 의하면, 운송주선인은 자기나 그 사용인이 운송물의 수령, 인도, 보관, 운송인이나 다른 운송주선인의 선택, 기타 운송에 관하여 주의를 해태하지 아니하였음을 증명하지 아니하면 운송물의 멸실, 훼손 또는 연착으로 인한 손해를 배상할 책임을 면하지 못한다. 한편 민법 제391조에 정하고 있는 '이행보조자'로서 피용자는 채무자의 의사 관여 아래 그 채무의 이행행위에 속하는 활동을 하는 사람이면 충분하고 반드시 채무자의 지시 또는 감독을 받는 관계에 있어야 하는 것은 아니다. 따라서 그가 채무자에 대하여 종속적인 지위에 있는지, 독립적인 지위에 있는지는 상관없다(대법원 2002. 7. 12. 선고 2001다44338 판결, 대법원 2018. 2. 13. 선고 2017다275447 판결 등 참조).

(4) 손해의 유형과 배상의 범위

상법 제115조가 적용되는 손해의 유형에 대하여 ① 운송물의 멸실·훼손 및 연착의 경우를 포함하여 선량한 관리자의 주의의무를 다하지 못한 모든 경우에 책임을 진다는 입장(손주찬 324, 정찬형 298, 최기원 348)과 ② 운송물의 멸실·훼손 및 연착의 경우에 한정된다는 입장(정동윤 596)이 대립한다. 생각건대 상법 제115조를 주의적 규정이라고 보는 한 양 견해에 실질적인 차이가 없다. 왜냐하면 ②의 견해를 취하더라도 운송물의 멸실·훼손 및 연착 외의 유형으로 인한 손해(화물상환증 교부지체로 인한 손해 등)에 대하여도 민법의 일반원칙에 따라 운송주선인측이 무과실을 증명하지 못하는 이상 책임을 면할 수 없기 때문이다. 손해배상의 범위에 대하여는 육상물건운송인에 대한 상법 제137조와 같은 특별규정이 없으므로 민법의

일반원칙(민법 393조)에 의한다.

(5) 과실추정

운송주선인이 본조의 책임을 면하기 위하여는 운송물의 멸실·훼손 또는 연착 등이 운송주선인측의 과실에 기인한 것이 아님을 증명하여야 하며, 단지 사용인의 선임과 감독에 관한 주의를 게을리하지 않았음을 증명하는 것만으로는 부족하다. 그러나 운송인 또는 운송주선인의 선택에 과실이 없는 이상 그들의 과실에 대하여는 책임을 부담하지 아니한다.

(6) 불법행위책임과의 관계

가. 문제의 소재　　　본조의 책임은 채무불이행으로 인한 책임이지만 운송주선인이 자기나 그 사용인의 고의·과실로 인하여 운송물을 멸실·훼손한 경우에는 동시에 불법행위가 성립하게 되는데 이 경우 양 책임의 관계는 어떠한지 문제된다.

> Cf. 채무불이행으로 인한 손해배상책임과 불법행위로 인한 손해배상책임과의 경합관계에 대한 논의는 운송주선인(115조)과 육상물건·여객운송인(135조, 148조) 및 해상여객운송인(826조 1항, 148조)에 한정된다. 해상물건운송의 경우에는 상법 제798조, 항공운송의 경우에는 상법 제899조에 의하여 각각 채무불이행으로 인한 손해배상청구권만 인정되므로 아래의 논의는 무의미하다.

나. 법조경합설　　　계약법은 특별법으로서 일반법인 불법행위법에 앞서 적용된다는 입장이다.

다. 청구권경합설　　　계약상의 책임과 불법행위상의 책임은 그 요건과 효과를 달리하는 것이므로 양자는 별개의 권리로서 채권자는 어느 권리를 행사해도 무방하다는 입장이다. 피해자의 두터운 보호를 이유로 한다(정찬형 295, 정동윤 598, 손주찬 325, 최기원 383).

라. 결　　론　　　피해자의 두터운 보호를 위한 청구권경합설이 타당하다.

> ※ 대법원 1977. 12. 13. 선고 75다107 판결
> 운송약관상의 채무불이행책임과 불법행위로 인한 책임이 병존하는 경우에 상법상 소정의 단기소멸시효나 고가물 불고지에 따른 면책 등의 규정 또는 운송약관규정은 운송계약상의 채무불이행으로 인한 청구에만 적용되고 불법행위로 인한 손해배상청구에는 그 적용이 없다.

Cf. 대법원 1999. 7. 13. 선고 99다8711 판결 및 대법원 2004. 7. 22. 선고 2001다 58269 판결도 同旨.

(7) 고가물에 대한 책임

화폐·유가증권 기타의 고가물(高價物)에 대하여는 운송주선의 위탁시에 그 종류와 가액을 명시한 경우에 한하여 운송주선인이 손해배상책임을 진다(124조, 136조). 이에 관하여는 운송업에서 상세히 논하기로 한다.

(8) 책임의 소멸

가. 시   효   운송주선인의 책임은 운송주선인이나 그 사용인이 악의가 아닌 한 수하인이 운송물을 수령하거나 전부멸실의 경우에는 그 운송물을 인도할 날로부터 1년을 경과하면 소멸시효가 완성한다(121조). 악의인 경우에는 5년의 시효가 적용된다(64조 본문).

나. 수 하 인   이때의 '수하인'은 위탁자가 운송물수령인으로 정한 자이며 반드시 운송계약상의 수하인을 의미하는 것은 아니다.

다. 악   의

가) 학   설: 단기소멸시효의 완성을 저지하는 채무자의 '악의'는 보다 강한 귀책사유가 요구된다는 이유로 고의로 운송물의 멸실·훼손을 야기한 경우 또는 운송물의 멸실·훼손을 은폐한 경우를 뜻하는 것으로 보는 견해(손주찬 325)와 이러한 적극적인 경우 외에 소극적으로 멸실·훼손을 알면서 인도한 경우까지 포함한다는 견해(정찬형 300)가 대립한다. 생각건대 운송주선인의 책임에 있어서만 악의의 범위를 좁혀 해석할 이유가 없다. 후자가 타당하다.

나) 판   례: 운송인의 경우 운송물의 훼손 또는 일부멸실이 있다는 것을 알면서 수하인에게 알리지 않고 인도한 경우를 의미한다고 한다.

※ 대법원 1987. 6. 23. 선고 86다카2107 판결
상법 제812조에 의하여 준용되는 같은 법 제121조 제3항에 규정된 운송인이나 그 사용인이 '악의인 경우'라 함은 운송인이나 그 사용인이 운송물에 훼손 또는 일부멸실이 있다는 것을 알면서 이를 수하인에게 알리지 않고 인도된 경우를 가리킨다.

다) 입증책임: 수하인에게 인도할 당시 운송주선인 또는 그 사용인이 악의였다는 사실에 대한 입증책임은 위탁자가 부담한다.

(9) 면책약관(免責約款)

상법 제115조는 임의규정이므로 당사자 간에 운송주선인이 고의인 경우를 제외하고 운송주선인의 손해배상책임을 감경 또는 면제하는 특약은 유효하다[정동윤(상) 271, 정찬형 298].

Ⅴ. 운송주선인의 권리

운송주선인의 권리로서 민법의 위임규정에 의하는 것을 제외하고 다음과 같은 것이 있다.

1. 보수청구권

운송주선인은 상인이므로 위탁자에 대하여 상당한 보수를 청구할 수 있다(61조). 그러나 보수를 청구하기 위하여는 운송계약을 체결하는 것만으로는 부족하고 운송물을 운송인에게 인도하여야 한다(119조 1항). 확정운임운송주선계약, 즉 운송주선계약에서 운임의 액을 정한 경우에는 통상 그 운임 속에 보수도 포함되어 있으므로, 운송주선인은 다른 약정이 없는 한 보수를 청구하지 못한다(119조 2항). 확정운임운송주선계약시 운송주선인에게 보수청구권이 제한되는 이유는 그 계약시에 상법 제119조 제 2 항에 의하여 운송주선인이 운송인으로 변경되어 당사자 사이에 운송계약이 성립한다고 보기 때문이다(최기원 352). 이와 같이 운송계약이 성립한 것으로 보는 경우 운송주선인이 선정한 운송인은 운송주선인의 이행보조자가 되므로 그의 고의·과실에 대하여 운송주선인이 책임을 져야 하고(135조), 운송인에게 운송물을 인도한 때(119조 1항)가 아니라 운송을 완료한 때에 비로소 확정운임을 청구할 수 있다(민법 665조).

2. 비용상환청구권

운송주선인은 운송계약에 의하여 운송인에게 지급한 운임 기타의 지출비용을 위탁자에 대하여 청구할 수 있다(123조, 112조; 민법 687조, 688조).

3. 특별상사유치권

운송주선인은 운송물에 관하여 받을 보수, 운임 기타 위탁자를 위한 체당금이나 선대금에 관하여서만 그 운송물을 유치할 수 있다(120조).

4. 개입권과 개입의제

운송주선인은 다른 약정(개입권행사금지특약)이 없으면 자신이 직접 운송할 수 있는데 이를 개입권이라고 한다. 그 성질은 형성권이며 이 개입에 의하여 운송주선인은 운송인과 동일한 권리의무를 취득 또는 부담하게 된다(116조 1항). 위탁매매인의 개입권(107조)과 같은 맥락에 있는 권리이다. 운송주선인이 위탁자의 청구에 의하여 화물상환증을 작성한 때에는 직접운송하는 것으로 본다(116조 2항). 화물상환증은 송하인의 청구에 의하여 운송인만이 교부할 수 있는 것이므로(128조) 이 경우 개입의사가 있는 것으로 의제하는 것이다.

5. 운송주선인의 채권의 소멸시효

운송주선인의 위탁자 또는 수하인에 대한 채권(보수청구권·비용상환청구권)의 소멸시효기간은 1년이다(122조). 기산점은 위탁자 또는 수하인에 대하여 채권을 행사할 수 있는 때이다.

Ⅵ. 수하인의 지위

운송주선계약의 당사자는 운송주선인과 위탁자일 뿐 수하인, 즉 운송주선계약상 운송물의 수령인으로 기재된 자는 계약의 당사자가 아니다. 그러나 운송물의 이동과 계약이행의 정도에 따라 운송의 경우 수하인과 운송인 사이의 관계와 마찬가지로 수하인과 운송주선인 사이에도 직접적인 법률관계가 생기게 된다. 즉, 운송물이 목적지에 도착한 때에는 수하인은 운송주선계약의 위탁자와 동일한 권리를 취득하고, 운송물이 도착지에 도착한 후 수하인이 그 인도를 청구한 때에는 수하인의 권리가 위탁자의 권리에 우선하며, 수하인이 운송물을 수령한 때에는 운송주선인에 대하여 보수 기타의 비용과 체당금을 지급할 의무를 부담하게 된다(124조, 140조, 141조).

Ⅶ. 순차운송주선

1. 순차운송주선의 의의와 태양

(1) 순차운송주선의 의의

순차운송주선은 수인의 운송주선인이 동일한 운송물의 운송에 관하여 순차적으로 주선을 하는 경우를 말한다.

(2) 순차운송주선의 태양

가. **부분운송주선**   예컨대 부산에서 서울까지 운송함에 있어서 부산-대구 구간은 A, 대구-대전 구간은 B, 대전-서울 구간은 C운송주선인이 각각 독립하여 위탁자로부터 운송주선을 위탁받는 경우를 말한다. 이 경우에는 각 운송주선인과 위탁자 사이에 운송주선계약이 성립하는 데 불과하고, 운송주선인 A, B, C 사이에는 아무런 관계도 생기지 아니한다.

나. **하수운송주선**   위의 예에서 X라는 운송주선인이 부산-서울 전구간의 운송주선을 인수하고 그 운송주선업무의 전부(A, B, C) 또는 일부(A, B)를 다른 운송주선인에게 다시 위탁하여 운송주선을 하게 하는 것이다. 이 경우에는 전구간의 운송주선인 X만이 위탁자와의 운송주선계약의 당사자가 되고, 하수운송주선인 A, B, C는 X의 이행보조자일 뿐 위탁자와 사이에 직접적인 법률관계는 형성되지 않는다. 따라서 위의 부분운송주선의 경우와 마찬가지로 상법상 특별한 규정을 둘 필요가 없다.

다. **중간(중계)운송주선(협의의 순차운송주선)**   이는 중계운송을 요하는 운송물에 관하여 운송주선인이 자기명의로 위탁자의 계산으로 중간운송주선인과 주선계약을 할 것을 인수하는 경우를 말한다. 위의 예에서 위탁자는 A와 운송주선계약을 체결하고, 대구-대전 구간에 대하여는 위탁자가 아닌 A가 그의 명의로 위탁자의 계산으로 B와 운송주선계약을 체결하며, 대전-서울 구간에 대하여는 B가 C와 운송주선계약을 체결하는 경우를 말한다. 이 경우 제 2 이하의 운송주선인(B, C)을 중간운송주선인이라고 한다. 상법 제117조 제 1 항에서 '수인이 순차로 운송주선을 하는 경우'는 이 경우를 말한다.

2. 순차운송주선인의 지위

(1) 전자의 권리를 행사할 의무

수인이 순차로 운송주선을 하는 경우에는 후자는 전자에 갈음하여 그 권리를 행사할 의무를 부담한다(117조 1항). 위의 예에서 B는 A의 권리(예컨대 유치권)를 행사할 의무를 부담한다. B가 이 의무에 위반하여 A에게 손해를 입힌 경우 B는 이를 배상하여야 한다. 이는 운송의 지리적 이동성을 고려하여 후자(B)에게 전자(A)를 위한 법정대리인적 지위를 인정한 것이다. 여기의 '전자'는 직접적인 전자(위의 예에서 A)만을 의미한다(손주찬 330, 정찬형 308).

(2) 전자의 권리 취득

수인이 순차로 운송주선을 하는 경우에 후자가 전자에게 변제한 때에는 전자의 권리를 취득한다(117조 2항). 위의 예에서 A가 위탁자에 대하여 청구할 수 있는 보수 등을 B가 A에게 변제한 경우에는 B는 A의 위탁자에 대한 권리를 승계취득하게 되는 것이다. 승계취득인만큼 위탁자는 A에 대하여 주장할 수 있는 항변으로 B에게 대항할 수 있다. '변제'는 대물변제나 상계 기타 채권소멸을 위한 모든 방법을 포함한다. 그리고 본항의 경우에는 전항의 경우와 달리 반드시 자기의 직접적인 전자임을 요하지 아니한다(손주찬 331, 정찬형 308, 최기원 358, 임홍근 416). 간접적인 전자의 경우에도 청구액이 명확한 이상 이를 변제하는 것이 그 자에 대하여 이익이 될 뿐 불이익을 주는 것이 아니기 때문이다.

(3) 운송인의 권리 취득

수인이 순차로 운송주선을 하는 경우에 운송주선인이 운송인에게 변제한 때에는 운송인의 권리를 취득한다(118조). 이 경우의 '운송주선인'은 중간운송주선인을 의미한다. 위의 예에서 B 또는 C가 A가 체결한 운송계약에 기초하여 운송인에게 운임 기타의 비용을 변제한 때에는 B 또는 C는 운송인의 권리를 승계취득하는 것이다.

제5절 운 송 업

제 1 관 운송업 총설

Ⅰ. 운송인의 의의

운송인(運送人, carrier)은 육상 또는 호천·항만에서 물건 또는 여객의 운송을 영업으로 하는 자를 말한다(125조). 분설한다.

1. 육상운송

여기의 '운송인'은 육상운송을 하는 자만을 가리킨다. 해상운송은 해상편, 항공운송은 항공운송편에서 각 규정하고 있다. 호천, 즉 호수와 하천 및 항만에서 하는 운송을 육상운송에 포함시킨 것은 여러 가지 점에서 육상운송에 가깝기 때문이다.

Cf. 상법 제125조에 규정된 호천, 항만의 범위에 대하여는 선박안전법 시행령 제 2 조 제 1 항 제 3 호 가목에 따른 평수구역으로 한다(상법시행령 제 4 조).

2. 운송의 목적(물건 또는 여객)

운송인은 물건 또는 여객의 운송을 한다. '물건'은 보관에 적합하고 운송할 수 있는 모든 물건을 가리키며 경제적 가치 유무를 불문한다. 여객에는 모든 자연인이 포함된다. '운송'은 물건 또는 여객을 공간적으로 이동시키는 행위이다.

3. 상 인 성

운송인은 운송을 영업으로 한다. '운송을 영업으로 한다'라는 것은 운송의 인수를 영업으로 함을 의미한다(46조 13호). 운송 자체는 사실행위이므로 그로부터 운송인의 상인성이 발현될 수는 없고, 법률행위인 운송의 인수를 영업으로 함으로써 당연상인이 된다(46조 13호, 4조).

Ⅱ. 운송계약의 법적 성질

운송계약은 운송이라는 일의 완성을 목적으로 하는 것이므로 도급의 일종이다(민법 664조). 그러나 이에 관한 상법의 규정은 거의 자족적(自足的)이므로 민법의 도급 규정이 적용될 여지는 별로 없다.

※ 대법원 1983. 4. 26. 선고 82누92 판결
물품운송계약이란 당사자의 일방이 물품을 한 장소로부터 다른 장소로 이동할 것을 약속하고 상대방이 이에 대하여 일정한 보수를 지급할 것을 약속함으로써 성립하는 계약을 말하며, 일의 완성을 목적하는 것이므로 도급계약에 속한다.

Ⅲ. 운송의 종류

1. 물건운송 · 여객운송 · 통신운송

운송의 객체(목적물)에 따른 분류이다.

2. 육상운송·해상운송·항공운송

운송수단에 따른 분류이다.

Ⅳ. 법원(法源)

상법은 육상운송은 제 2 편(상행위)에, 해상운송은 제 5 편(해상)에, 항공운송은
제 6 편(항공운송)에서 각각 규정하고 있다.

Ⅴ. 운송업의 기능

운송주선업과 더불어 상품의 공간적 이동을 담당하는 영업으로 창고업과 함께
상인에게 불가결한 요소가 되고 있다.

<h2 align="center">제 2 관　물건운송</h2>

Ⅰ. 운송계약의 체결

1. 운송계약의 당사자

물건운송계약의 당사자는 운송을 인수하는 운송인과 운송을 위탁하는 송하인
이다. 송하인은 운송물의 소유자임을 요하지 아니한다. 운송주선인이 개재하는 경
우에는 운송주선인이 운송계약상의 송하인이 된다. 송하인과 수하인은 동일인이어
도 무방하다.

※ 대법원 2017. 6. 8. 선고 2016다13109 판결
물품운송계약은 당사자의 일방이 물품을 한 장소로부터 다른 장소로 이동하기로 하고
상대방이 이에 대하여 일정한 보수를 지급할 것을 약속함으로써 성립하는 계약으로서,
운송계약에 따른 권리·의무를 부담하는 운송인이 누구인지는 운송의뢰인에 대한 관계
에서 운송을 인수한 자가 누구인지에 따라 확정된다. 운송주선업자가 운송의뢰인으로
부터 운송 관련 업무를 의뢰받았다 하더라도 운송을 의뢰받은 것인지, 운송주선만 의
뢰받은 것인지 명확하지 않은 경우에는 당사자의 의사를 탐구하여 운송인의 지위를
취득하였는지 여부를 확정하여야 할 것이지만, 그 의사가 명확하지 않은 때에는 하우
스 선하증권의 발행자 명의, 운임의 지급 형태 등 제반 사정을 종합적으로 고려하여

논리와 경험칙에 따라 운송주선업자가 운송의뢰인으로부터 운송을 인수하였다고 볼 수 있는지를 확정하여야 한다(대법원 2007. 4. 27. 선고 2007다4943 판결 등 참조).

2. 운송계약의 체결

물건운송계약은 운송인과 송하인 사이에 체결된다. 물건운송계약은 낙성·불요식의 계약이다. 물건운송계약이 체결되면 송하인은 화물명세서를 교부하고, 운송인은 송하인의 청구에 따라 화물상환증을 교부하게 된다(126조, 128조). 이때 교부되는 화물명세서는 증거서면이고, 화물상환증은 운송물의 인도청구권을 표창하는 유가증권으로서 둘 다 계약 체결 후에 작성되는 것이므로 계약 성립의 요건은 아니다.

II. 물건운송인의 의무

1. 총 설

물건운송계약이 체결되면 운송인은 운송계약의 본지(本旨)에 따라서 계약상의 운송의무를 이행하여야 한다. 이러한 운송의무는 구체적으로 운송물의 수령·운송·운송 중의 보관 및 인도를 가리킨다. 물건운송계약의 가장 본질적인 운송의무 외에 운송인은 다음과 같은 의무를 부담한다.

2. 화물상환증교부의무

운송인은 송하인의 청구에 의하여 화물상환증을 교부하여야 한다(128조).

3. 운송물의 보관과 처분의무

(1) 보관의무

운송인은 선량한 관리자의 주의로써 물건의 운송을 하여야 하므로 수령 후 인도시까지 이를 적절하게 보관하여야 한다(135조 참조).

(2) 처분의무

운송인은 송하인 또는 화물상환증의 소지인이 운송을 중지 또는 운송물의 반환 기타의 청구를 한 때에는 그에 따라야 한다(139조 1항 전문). 이 경우의 운송인의 의무를 처분의무라고 하고 그에 대응한 송하인 등의 권리를 처분권이라고 한다. 이는 송하인이 시장상황이나 매수인의 신용상태의 변화에 대처할 수 있도록 하기 위하여 인정된 것이다. 이 처분권은 형성권으로서 법률에 의하여 특별히 인정된 권리이다(손주찬 335, 정찬형 315). 운송인이 위와 같은 처분을 한 때에는 이미 운송한 비율에 따른 운임, 체당금과 처분으로 인한 비용의 지급을 청구할 수 있는데(139조 1항 후문), 체당금과 기타 비용에 대하여는 문제가 없으나 송하인 임의로 운송을 중지하였음에도 불구하고 이미 운송한 비율에 따라서만 운임을 청구할 수 있도록 한 것은 도급의 성격(민법 673조 참조)에 비추어 수긍하기 어렵다(同旨: 손주찬 336, 정찬형 316).

4. 운송물인도의무

운송인은 도착지에서 운송물을 인도할 의무를 지는데 이 의무의 내용은 화물상환증의 발행 여부에 따라 다르다.

(1) 화물상환증이 발행된 경우

이 경우에는 운송물의 인도청구권은 화물상환증에 표창되어 이와 상환하지 않으면 운송물의 인도를 청구할 수 없고(129조), 화물상환증을 선의로 취득한 소지인에 대하여 운송인은 화물상환증에 적힌 대로 운송물을 수령한 것으로 보고 화물상환증에 적힌 바에 따라 운송인으로서 책임을 지며(131조 2항), 운송물에 대한 처분은 화물상환증으로써만 하여야 한다(132조). 다만, 실무상 화물상환증과 상환하지 않고 운송물을 인도하는 경우가 있다(保證渡 또는 空渡: 아래 91다30026 판결 및 91다4249 판결 참조).

※ 대법원 1992. 2. 25. 선고 91다30026 판결
'보증도'의 상관습은 운송인 또는 운송취급인의 정당한 선하증권 소지인에 대한 책임을 면제함을 목적으로 하는 것이 아니고 오히려 '보증도'로 인하여 정당한 선하증권 소지인이 손해를 입게 되는 경우 운송인 또는 운송취급인이 그 손해를 배상하는 것을 전제로 하고 있는 것이므로, 운송인 또는 운송취급인이 '보증도'를 한다고 하여 선하증권과 상환함이 없이 운송물을 인도함으로써 선하증권 소지인의 운송물에 대한 권리를 침해하는 행위가 정당한 행위로 된다거나 운송취급인의 주의의무가 경감 또는 면제된다고 할 수 없고, '보증도'로 인하여 선하증권의 정당한 소지인의 운송물에 대한 권리를 침해하였을 때에는 고의 또는 중대한 과실에 의한 불법행위의 책임을 진다.

※ 대법원 1992. 2. 14. 선고 91다4249 판결
'보증도' 등으로 운송물이 멸실된 경우 채무불이행으로 인한 손해배상청구권은 물론 불법행위로 인한 손해배상청구권도 선하증권에 화체되어 선하증권이 양도됨에 따라 선

하증권 소지인에게 이전되는 것이므로 운송물이 멸실된 후에 선하증권을 취득(양수)하
였다 하더라도 그 선하증권의 소지인이 손해배상채권을 행사할 수 있고, 별도의 양도
통지가 필요치 않다.

(2) 화물상환증이 발행되지 않은 경우

운송물이 도착지에 도착한 때에는 수하인은 송하인과 동일한 권리를 취득하는
(140조 1항) 한편 수하인이 인도청구를 한 때에는 수하인의 권리가 우선하므로 운
송인은 수하인에게 운송물을 인도하여야 한다(140조 2항).

(3) 수하인의 지위

가. 수하인의 지위의 법적 성질   물건운송계약의 당사자는 송하인과 운송인
일 뿐 수하인은 아니지만 운송의 공간적 진행에 따라 수하인도 운송인에 대하여
권리나 의무를 취득 또는 부담하게 된다. 이러한 법률관계를 설명함에 있어서 제 3
자를 위한 계약설도 있으나 수하인의 수익의 의사표시를 요하지 않는 점(민법 539
조 2항 참조)과 수하인이 운임 기타의 비용을 부담하게 되는 점에 비추어 운송의
특수성에 따른 특별규정으로 보아야 할 것이다(정찬형 319, 손주찬 339). 화물상환증
이 발행된 경우에는 운송인에 대한 권리는 증권에 흡수되게 된다.

나. 수하인의 지위의 발전

가) 운송물 도착 전: 수하인은 운송인에 대하여 아무런 권리가 없다. 송하인만이
운송계약상의 권리의무를 가지고, 운송물에 대한 처분권(139조 1항)을 가진다.

나) 운송물의 목적지 도착시: 수하인은 운송인에 대하여 송하인과 동일한 권리를
가진다(140조 1항). 즉, 송하인과 수하인의 권리가 병존하므로 수하인은 운송물에
대한 인도청구권과 손해배상청구권 등의 권리를 행사할 수 있다. 그러나 수하인이
취득하는 권리는 송하인의 그것과 동일하므로 운송인은 운송물 도착 전에 송하인
에 대하여 취득한 운송계약상의 모든 항변으로 수하인에게 대항할 수 있다. 만약
송하인과 수하인이 양립할 수 없는 권리를 운송인에게 행사하는 경우(예컨대 운송물
이 도착한 후 송하인이 운송계약에 기한 운송물반환청구를 하고 그 운송물 반환 전에 수하
인이 인도청구를 한 때)에는 운송인은 부득이 송하인과 수하인 사이의 권리관계가
확정되기를 기다려야 할 것이다.

다) 운송물의 목적지 도착 후 수하인이 인도청구를 한 때: 수하인의 권리가 송하인
에 우선한다(140조 2항). 그러나 수하인이 권리를 포기한 때에는 송하인은 그 권리

를 행사할 수 있고, 수하인이 운송물의 수령을 거부하거나 수령할 수 없을 때에는 송하인의 처분지시를 받게 된다.

다. 수하인의 의무　　수하인이 운송물을 수령한 때에는 운송인에 대하여 운임 기타 운송에 관한 비용과 체당금을 지급할 의무를 부담한다(141조). 그러나 송하인의 운임 등의 지급의무가 소멸하는 것은 아니므로 양 채무는 부진정연대채무 관계로 병존하게 된다.

　　　　　　운송계약　　선적　　　운송　　　도착　　　인도청구　　운송물수령
―――――↓――――↓――――↓――――↓―――↓――――↓―――
　　　　　송하인만이 권리를 보유함　　　　　동일　　송하인＜수하인 지급의무부담

Cf. '선적(shipment)'은 원래는 배에 화물을 싣는다는 의미로 해상운송에서 사용된 개념이나 이제는 육상 및 항공운송에서도 화물을 싣는다는 의미로 사용되고 있다.

〈Note〉위에서 살펴본 수하인의 법적 지위의 변동은 화물상환증이 발행되지 않은 경우에만 발생하는 것이다. 화물상환증이 발행된 경우에는 송하인과 수하인의 지위는 화물상환증소지인의 지위에 흡수되므로 화물상환증소지인만이 운송물에 대한 유일한 권리자가 되는 것으로 수하인의 지위의 변동문제는 발생하지 않는다.

5. 손해배상책임
(1) 책임원인

운송인이 운송계약상의 의무에 위반한 경우에 민법과 별도로 상법은 다음과 같은 규정을 두고 있다. 즉, 운송인은 자기 또는 운송주선인이나 사용인, 그 밖에 운송을 위하여 사용한 자가 운송물의 수령, 인도, 보관 및 운송에 관하여 주의를 게을리하지 아니하였음을 증명하지 아니하면 운송물의 멸실, 훼손 또는 연착으로 인한 손해를 배상할 책임이 있다(135조). 이 규정은 운송인의 손해배상책임에 관하여 과실책임주의를 취하는 동시에 운송인측의 과실을 추정하는 한편 운송인에게 그의 이행보조자(운송주선인이나 사용인 기타 운송을 위하여 사용한 자)의 과실에 대한 무과실책임을 인정하며, 운송인의 면책을 위하여는 운송인측의 무과실에 대한 입증을 요구하고 있다.

(2) 책임의 법적 성질

상법이 운송인측의 과실을 추정하고, 사용인의 과실에 대하여 책임을 지도록

하였다고 하여 이것이 민법과 다른 예외규정을 둔 것으로 해석할 수는 없으며 민법의 규정이 운송인의 경우에도 적용됨을 명확히 한 것에 불과하다(손주찬 341, 정찬형 321, 정동윤 519). 왜냐하면 민법상으로도 채무자측이 무과실의 입증책임을 부담하며, 피용자의 과실에 대하여 책임을 지기 때문이다(민법 391조). 이 점 운송주선인의 경우(115조)와 같다.

(3) 손해배상청구권자

원칙적으로 송하인이나 운송물이 목적지에 도착하면 수하인도 이 권리를 취득하며, 화물상환증이 발행된 경우에는 증권소지인만이 청구권을 가진다.

(4) 배상액(정액배상주의)

가. 서　　설　　상법은 운송인의 손해배상책임에 관하여 손해의 유형과 귀책사유의 정도를 기준으로 손해배상액을 달리 규정하고 있다. 이를 구체적으로 보면 손해의 유형이 운송물의 멸실·훼손 또는 연착이고, 이것이 운송인측의 고의나 중대한 과실로 인한 것이 아닌 경우에는 정액배상주의(137조)를 채택하고, 그 나머지의 경우, 즉 손해의 유형이 운송물의 멸실·훼손 또는 연착이더라도 운송인측의 고의나 중대한 과실로 인한 것이거나 손해의 유형이 운송물의 멸실·훼손 또는 연착 외의 것인 경우(예: 화물상환증 교부지체로 인한 손해)에는 민법의 일반원칙에 따라 상당인과관계 있는 모든 손해를 배상하도록 하고 있다(민법 393조). 이 점에서 운송주선인의 책임(115조)과 차이가 있다. 상법이 운송인측의 고의나 중대한 과실에 의하지 않는 운송물의 멸실·훼손 또는 연착의 경우에 특별손해를 제외하고 통상의 손해만을 배상하도록 하는 정액배상주의를 채택함으로써 운송인의 책임을 경감시켜주는 이유는 운송업의 특수성에 비추어 운송인을 보호하고 법률관계를 획일적으로 처리하고자 하는 정책적 고려 때문이다(정동윤 519-520).

나. 운송물의 멸실·훼손 또는 연착이 운송인측의 고의나 중대한 과실에 기인한 것이 아닌 경우

가) 운송물이 전부멸실 또는 연착된 경우: 인도할 날의 도착지의 가격에 의한다(137조 1항).

나) 운송물이 일부멸실 또는 훼손된 경우: 인도한 날의 도착지의 가격에 의한다(137조 2항).

다. 운송물의 멸실·훼손 또는 연착이 운송인측의 고의나 중대한 과실에 기인한 경우

이 경우에는 정액배상주의가 적용되지 않으며 운송인은 상당인과관계 있는 모

든 손해를 배상하여야 한다(137조 3항). 운송인의 이행보조자의 고의 또는 중과실의 경우에도 동일하다. 운송인측의 고의 또는 중대한 과실의 입증책임은 청구권자(원고)가 부담한다.

　　라. 비용의 공제　　　운송물의 멸실 또는 훼손으로 인하여 지급을 요하지 아니하는 운임 기타 비용은 위의 배상액에서 공제하여야 한다(137조 4항). 연착의 경우에는 통상 운임 기타 비용이 지급되기 때문에 제외된다.

[육상물건운송인의 손해배상책임의 범위]

손해의 유형	귀책사유의 정도	배상범위 근거법조	유형	내용	비고
멸실, 훼손, 연착	경과실	정액배상 상법 137조	전부멸실, 연착	인도할 날의 도착지 가격(1항)	이중이득방지 (4항, 단, 연착 제외)
			일부멸실, 훼손	인도한 날의 도착지 가격(2항)	
	고의 또는 중대한 과실	상당인과관계 있는 모든 손해의 배상 (특별손해 포함) 민법 393조			
멸실, 훼손, 연착 이외의 손해	고의 또는 과실	상당인과관계 있는 모든 손해의 배상 (특별손해 포함) 민법 393조			손익상계

　　Cf. 서울지방법원 2002. 8. 28. 선고 2002가단121261 판결(확정)은 해상운송에 관한 판결이기는 하나 상법 제137조의 연착의 개념과 연착시의 손해배상의 범위에 대한 구체적 기준을 제시하고 있으므로 아래에 그 해당부분 판시를 인용한다(상법 815조는 해상운송에 관하여 육상운송에 적용되는 137조를 준용하고 있다). 위 판결은 연착의 개념에 대하여 "상법 제788조 제 1 항(현행 상법 795조에 해당함: 필자 註)은 '연착'에 대하여 특별히 그 판단기준을 명시하고 있지 않으나, 일반적으로 운송품의 연착, 즉 인도지연이란, 약정일시 또는 통상 목적항에 도달하여 인도되어져야 할 일시에 운송품이 인도되지 않은 것으로 해석하고 있다"라고 판시하고, 연착시의 손해배상범위에 관하여 "물리적 손상을 수반하지 않은 연착으로 인한 경우 예상할 수 있는 손해로는, (1) 물품의 시장가격의 하락에 의한 손해, (2) 물품 자체를 이용할 수 없는 것에 의한 손해(또는 물품의 가격에 기하여, 지연의 기간과 공정한 이율로 산정한 이자의 총액), (3) 물품의 판매(전매) 또는 물품의 이용계약이, 연착 때문에 이행할 수 없게 된 것에 의한 이익의

상실과 배상책임, (4) 해당 물품이 연착하고, 그것이 없기 때문에 다른 물건의 이용이 가능하지 않게 된 것에 의한 손해, (5) 해당 물품을 가공하기 위하여 위임계약 등을 체결하였다가 해당 물품의 연착으로 인하여 가공이 실시되지 못함에도 불구하고 지급하여야 하는 임료 등을 들 수 있다. 위 손해 항목 중 (3) 내지 (5)의 손해는 어느 것이나 결과손해나 특별손해이므로, (2)의 손해는 통상손해라 할 수 있으나 인도할 날에 인도되지 않음에 따라 인도할 날이 경과하여 발생된 것이므로, 모두 위 제137조 제1항에 의하여 산정되는 손해에 포함된다고 보기 어렵고, 결국 위 제137조 제1항에 의하여 인정될 수 있는 손해는 위 (1)의 시장가격의 하락에 의한 손해, 즉 운송품이 인도되어야 할 곳 및 때에서의 시장가격과 그 이후 특정 장소에서 실제로 인도된 때의 시장가격과의 차액만이라 할 것이고, 이 양자 사이에 가격차가 없다면, 운송인에게는 연착으로 인한 손해배상의무를 부담하지 않는다 할 것이다."라고 판시하였다.

(5) 고가물에 대한 책임

가. 특   칙   화폐, 유가증권 기타의 고가물에 대하여는 송하인이 운송을 위탁할 때에 그 종류와 가액을 명시한 경우에 한하여 운송인이 손해를 배상할 책임이 있다(136조). '고가물'은 그 용적이나 중량에 비하여 그 성질 또는 가공정도 때문에 가격이 현저히 비싼 물건(예: 보석, 귀금속, 고급모피, 고급시계)을 말한다. 고가물의 명시시기에 대하여는 운임의 산정과 관련하여 적어도 계약의 체결시까지 고지하여야 한다는 견해(손주찬 343)와 운송인에게 운송물을 인도할 때까지 명시하면 그에 상당한 주의를 기울일 수 있고 또 운임의 인상도 요구할 수 있기 때문에 족하다는 견해[정동윤(상) 240]가 대립한다. 후자에 따를 경우 거의 모든 경우에 운송계약을 수정하게 될 것이다. 전자가 간명하여 타당하다. 명시의 방법에는 제한이 없다. 화물명세서에 기재하거나 구두로 고지하여도 무방하다.

나. 고가물에 대한 명시가 없었던 경우   고가물에 대한 명시가 없었던 이상 운송인은 고가물로서는 물론 보통물로서의 책임도 지지 아니한다(손주찬 343, 정찬형 320, 최기원 380, 정동윤 525). 보통물로서의 책임을 인정하려고 해도 용적·중량만으로는 배상액 결정에 어려움이 있기 때문이다. 그러나 고의에 의하여 운송물을 멸실·훼손시킨 경우에는 고가물에 대한 명시가 없고 운송인이 고가물임을 알지 못한 경우에도 고가물로서의 손해배상책임을 진다고 본다[정찬형 324, 정동윤(상) 241].

다. 고가물임을 지득(知得)한 경우   송하인이 고가물의 명시를 하지 않았는데 운송인이 이를 우연히 안 경우 ① 대량의 물건을 취급하는 운송업에서 우연히 알게 된 주관적 사정을 고려하는 것은 부적당하고 또 고가물의 명시를 촉구하는 의미에서 운송인은 면책된다는 견해(채이식 299), ② 고가물임을 안 이상 고가물로서의 주의를 게을리함으로써 생긴 손해에 대하여 고가물로서의 손해배상책임을 면하지 못한다는 견해(손주찬 344) 및 ③ 보통물로서의 주의를 게을리한 때에만 고가물로서의 손해배상책임을 진다는 견해[정찬형 321, 정동윤(상) 241]가 대립한다. 생각건대 고가물임을 안 운송인을 면책시키는 ①설의 결과는 부당하고, ②설에 의하면 고가물로서의 운임도 받지 않았음에도 불구하고 고가물로서의 주의를 요구하는 것인데 이는 운송인에게 가혹하며 또 고가물을 명시한 경우와 같이 송하인을 보호하게 되므로 부당하다. 따라서 보통물로 운송을 위탁받았으므로 적어도 보통물로서의 주의는 기울여야 하고, 고가물임을 안 이상 손해액은 예상할 수 있으므로 고가물로서의 손해배상책임을 면할 수 없다는 ③설이 타당하다[정동윤(상) 241].

　(6) **불법행위책임과의 관계**

　　운송인이나 그의 사용인의 행위로 인한 운송물의 멸실·훼손 또는 연착이 운송인의 운송계약상의 채무불이행이 되는 동시에 불법행위가 성립하는 경우 법조경합설과 청구권경합설의 대립이 있음은 운송주선인의 손해배상책임부분에서 설명하였다.

　(7) **손해배상책임의 소멸**

　가. **특별소멸사유**

　　가) 운송인의 책임은 수하인 또는 화물상환증소지인이 유보 없이 운송물을 수령하고 운임 기타의 비용을 지급한 때에는 소멸한다(146조 1항 본문).

　　나) 그러나 운송물에 즉시 발견할 수 없는 훼손 또는 일부멸실이 있는 경우 운송물을 수령한 날로부터 2주간 내에 운송인에게 그 통지를 발송하지 않으면 운송인의 책임은 소멸한다(146조 1항 단서).

　　다) 위의 어느 경우이든 운송인 또는 그 사용인이 악의인 경우에는 책임이 소멸하지 아니한다(146조 2항).

　　라) 전부멸실의 경우에는 운송물의 인도가 없으므로 본조의 적용이 없고, 연착의 대하여는 아무런 규정을 두고 있지 않다.

　나. **단기소멸시효**　　　운송주선인의 경우와 같은 단기소멸시효기간(운송물 수령일로부터 1년, 전부멸실의 경우에는 그 운송물을 인도할 날로부터 1년)을 두고 있다(147조, 121조 1항·2항). 다만, 운송인 또는 그 사용인이 악의인 경우에는 적용되지 않으

므로(147조, 121조 3항), 5년의 일반상사시효가 적용된다(64조 본문).

※ 대법원 1976. 9. 14. 선고 74다1215 판결

철도편에 탁송한 전주 1개가 운송 도중 사용불능상태로 완전히 파손된 것이라면 전부멸실에 해당되는 것이어서 상법 제147조, 제121조 제 2 항에 의하여 운송인의 책임은 그 멸실된 전주를 인도할 날로부터 소멸시효가 진행되는 법리라 할 것이다.

(8) 면책약관(exception clause)

육상운송인의 책임에 관한 상법의 규정은 강행법규가 아니므로 당사자 사이의 특약으로 책임을 감면할 수 있다. 실제로 화물상환증에는 많은 면책약관들이 기재되어 있는데 이는 민법의 신의성실 또는 반사회질서 및 약관의 규제에 관한 법률에 저촉되지 아니하는 한 효력이 있다(손주찬 346-347). 이러한 면책약관에 의하여 계약불이행책임 외에 불법행위책임도 감면되는가에 대하여 청구권경합설의 입장에서는 이를 부정한다. 한편 해상 및 항공운송에 있어서 해당 규정에 반하여 운송인의 책임을 감면하는 당사자 사이의 특약은 효력이 없다(799조 1항, 903조).

Ⅲ. 물건운송인의 권리

1. 운송물인도청구권

운송계약의 이행을 위하여 운송인은 송하인에게 그 인도를 청구할 수 있다(그렇다고 하여 운송계약이 요물계약이 되는 것은 아니며 여전히 낙성계약이다).

2. 화물명세서교부청구권

(1) 화물명세서교부청구권

운송인은 송하인에 대하여 법정사항을 기재한 화물명세서를 교부하여 줄 것을 청구할 수 있다.

(2) 화물명세서

가. 화물명세서의 의의   화물명세서는 송하인이 ① 운송물의 종류, 중량 또는 용적, 포장의 종별, 개수와 기호, ② 도착지, ③ 수하인과 운송인의 성명 또는 상호, 영업소 또는 주소, ④ 운임과 그 선급 또는 착급의 구별, ⑤ 화물명세서의 작성지와 작성년월일을 기재하고 기명날인 또는 서명함으로써 작성하는 문서이다(126조 2항).

나. 화물명세서의 법적 성질   화물명세서는 재산권을 표창하는 것이 아니므로 유가증권이 아니고 단순한 증거증권에 불과하다. 화물명세서에는 상법 제126조 제2항의 법정사항이 기재되어야 하나 이를 완비하지 못하더라도 무효가 되는 것이 아니며 법정사항 외의 사항도 기재할 수 있다.

다. 화물명세서의 기능   운송인은 화물명세서에 의하여 운송물의 내용·도착지·송하인 등에 대하여 알고 운송의 준비를 할 수 있는 한편 수하인은 이것에 의하여 송하인과 도착물에 대한 확인을 할 수 있으며 이 효용은 순차운송의 경우 제2 이하의 운송인에게도 또한 크다.

라. 화물명세서 부실기재에 대한 책임   송하인이 화물명세서에 허위 또는 부정확한 기재를 함으로써 손해를 끼친 때에는 운송인이 악의인 경우를 제외하고 운송인에 대하여 이로 인한 손해를 배상할 책임이 있다(127조). 이 책임의 성질에 대하여는 과실책임이라는 견해(강위두 외 277)도 있으나 기재에 대한 정확성을 담보하는 책임이므로 무과실책임으로 보아야 한다(同旨: 손주찬 348, 정찬형 330, 최기원 390, 정동윤 540, 채이식 306).

3. 운임 및 비용상환청구권

(1) 운임청구권

운송인은 도착지에서 운송물을 인도한 때 특약이 없어도 당연히 운임을 청구할 수 있다(61조). 운임은 운송이라는 일의 완성에 대한 보수이므로 성질상 별도의 약정이 없는 한 착급이 원칙이다. 따라서 도착지에서 운송물을 인도하지 못한 때에는 운임을 청구하지 못한다(민법 665조).

> ※ 대법원 1993. 3. 12. 선고 92다32906 판결
> 운임은 특약 또는 관습이 없는 한 상법이 인정하는 예외적인 경우를 제외하고는 운송을 완료함으로써 청구할 수 있는 것이고, 운송의 완료라 함은 운송물을 현실적으로 인도할 필요는 없으나 운송물을 인도할 수 있는 상태를 갖추면 충분하다.

상법은 운송이 중도에서 종료한 경우의 운임에 대하여 특별한 규정을 두고 있다. 즉, 운송물의 전부 또는 일부가 송하인의 책임 없는 사유로 인하여 멸실한 때에는 운송인은 그 운임을 청구하지 못한다. 운송인이 이미 그 운임의 전부 또는 일부를 받은 때에는 이를 반환하여야 한다(134조 1항). 그러나 운송물의 전부 또는

일부가 그 성질이나 하자 또는 송하인의 과실로 인하여 멸실한 때에는 운송인은 운임의 전액을 청구할 수 있다(134조 2항). 송하인이 운송인에 대하여 운송의 중지, 운송물의 반환 기타의 처분을 청구한 경우에 운송인은 이미 운송한 비율에 따른 운임을 청구할 수 있다(139조 1항, 이 중 운송비율에 따른 운임만을 청구할 수 있도록 한 부분의 부당성에 대하여는 기술하였다).

(2) 비용상환청구권

운송인이 운송에 관련한 필요비용으로서 운임에 포함되지 않은 것(예컨대 통관절차비용)을 지출한 경우 그 상환을 청구할 수 있다(141조 참조).

4. 유 치 권

운송인은 운임과 비용 등의 청구권을 확보하기 위하여 운송주선인의 경우와 같은 유치권을 행사할 수 있다(147조, 120조).

※ 대법원 1993. 3. 12. 선고 92다32906 판결

상법 제147조, 제120조 소정의 운송인의 유치권에 관한 규정의 취지는, 운송실행에 의하여 생긴 운송인의 채권을 유치권행사를 통해 확보하도록 하는 동시에 송하인과 수하인이 반드시 동일인은 아니므로 수하인이 수령할 운송물과 관계가 없는 운송물에 관하여 생긴 채권 기타 송하인에 대한 그 운송물과는 관계가 없는 채권을 담보하기 위하여 그 운송물이 유치됨으로써 수하인이 뜻밖의 손해를 입지 않도록 하기 위하여 피담보채권의 범위를 제한한 것이다.

동일한 기회에 동일한 수하인에게 운송하여 줄 것을 의뢰받은 운송인이 운송물의 일부를 유치한 경우 운송물 전체에 대한 운임채권은 동일한 법률관계에서 발생한 채권으로서 유치의 목적물과 견련관계를 인정하여 피담보채권의 범위에 속한다고 할 수 있다.

5. 운송물의 공탁·경매권

(1) 공 탁 권

운송인은 수하인을 알 수 없는 때 또는 수하인이 운송물의 수령을 거부하거나 수령할 수 없는 경우 운송물을 공탁하여 운송계약상의 의무를 면할 수 있다(142조 1항, 143조 1항). 운송인이 운송물의 공탁을 한 때에는 지체 없이 송하인에게 그 통지를 발송하여야 한다(142조 3항, 143조 1항). 여기의 '수하인'에는 화물상환증이 발행된 경우 화물상환증의 정당한 소지인도 포함된다(아래의 경매권에서도 같다).

(2) 경 매 권

운송인은 수하인을 알 수 없는 때 또는 수하인이 운송물의 수령을 거부하거나 수령할 수 없는 경우 경매할 수 있다.

가. 수하인을 알 수 없는 때　　이 경우에 운송인은 송하인에 대하여 상당한 기간을 정하여 운송물의 처분에 대한 지시를 최고하여야 하며, 최고하여도 그 기간 내에 지시를 하지 아니한 때에 운송물을 경매할 수 있다(142조 2항).

나. 수하인이 운송물의 수령을 거부하거나 수령할 수 없는 경우　　운송인이 경매를 함에는 송하인에 대한 최고를 하기 전에 수하인에 대하여 상당한 기간을 정하여 운송물의 수령을 최고하여야 한다(143조 2항).

다. 최고를 요하지 않는 경우　　송하인·수하인에 대하여 최고를 할 수 없거나 운송물이 멸실 또는 훼손될 염려가 있는 때에는 위의 최고 없이 경매할 수 있다(145조, 67조 2항).

라. 경매의 통지　　운송인이 운송물을 경매한 때에는 지체 없이 송하인에게 그 통지를 발송하여야 한다(142조 3항).

마. 송하인·화물상환증소지인 및 수하인을 알 수 없는 경우(144조)　　운송인은 권리자에 대하여 6월 이상의 기간을 정하여 그 기간 내에 권리를 주장할 것을 공고하여야 한다. 위의 공고는 관보나 일간신문에 2회 이상 하여야 한다. 운송인이 공고를 하여도 그 기간 내에 권리를 주장하는 자가 없는 때에는 운송물을 경매할 수 있다.

바. 대금공탁·비용충당　　운송물을 경매한 때에는 그 대금에서 경매비용을 공제한 잔액을 공탁하여야 한다. 그러나 그 전부나 일부를 운임·체당금 등의 비용에 충당할 수 있다(145조, 67조 3항).

6. 운송인의 채권의 시효

운송인의 송하인 또는 수하인에 대한 채권은 1년간 행사하지 아니하면 소멸시효가 완성한다(147조, 122조).

※ 대법원 2009. 8. 20. 선고 2008다58978 판결
해상운송의 경우에는 구 상법 제811조(현행 상법 제814조에 해당함: 필자 註)에서 운송인의 송하인 또는 수하인에 대한 채무는 운송인이 수하인에게 운송물을 인도한 날 등으로부터 1년 내에 재판상 청구가 없으면 소멸하도록 하고 이를 당사자의 합의에

의하여 연장할 수 있으나 단축할 수는 없도록 규정하고 있는 반면에, <u>육상운송의 경우</u>
<u>에는 상법 제147조, 제121조에 따라 운송인의 책임은 수하인이 운송물을 수령한 날로</u>
<u>부터 1년을 경과하면 소멸시효가 완성하고 이는 당사자의 합의에 의하여 연장하거나</u>
<u>단축할 수 있다고 볼 것인 점</u>, 복합운송의 손해발생구간이 육상운송구간임이 명백한
경우에도 해상운송에 관한 규정을 적용하면 복합운송인이 그 구간에 대하여 하수급운
송인으로 하여금 운송하게 한 경우에 하수급운송인과 복합운송인 사이에는 육상운송에
관한 법률이 적용되는 것과 균형이 맞지 않게 되는 점 등을 고려하면, <u>복합운송에서</u>
<u>손해발생구간이 육상운송구간임이 명백한 경우에는 복합운송증권에서 정하고 있는 9개</u>
<u>월의 제소기간은 강행법규에 저촉되지 아니하는 것으로서 유효</u>하다.

Ⅳ. 순차운송

1. 순차운송의 의의와 유형

(1) 순차운송의 의의

순차운송(順次運送)은 수인의 운송인이 동일한 운송물을 동일한 조건 하에 순
차적으로 운송하는 것을 말한다.

(2) 순차운송의 유형

순차운송은 부분운송, 하수운송, 동일운송 및 공동운송(연대운송, 협의의 순차운
송)으로 분류된다. 부분운송은 수인의 운송인이 각자 독립하여 각 특정구간의 운송
을 인수하는 경우로서 각 운송인이 각 구간에 대하여 독립적으로 책임을 부담한
다. 하수운송은 최초의 운송인이 전구간의 운송을 인수하고 그 운송의 실행을 위
하여 다른 운송인(하수운송인)과 운송계약을 체결하는 경우로서 하수운송인은 최초
의 운송인의 이행보조자에 불과하므로 최초의 운송인이 모든 책임을 부담한다. 동
일운송은 수인의 운송인이 공동으로 전구간의 운송을 인수하되 내부적으로 각자의
담당구간을 정하는 경우로서 모든 운송인이 전구간에 대하여 연대책임을 부담한다
(57조 1항). 공동운송(연대운송, 협의의 순차운송)은 송하인과 최초의 운송인 사이에
체결한 운송계약에 따라 수인의 운송인이 통화물명세서에 의하여 순차적으로 각
구간에 관하여 운송을 인수하는 경우로서 상법 제138조에서 말하는 '수인이 순차로
운송할 경우'는 이를 의미한다. 육상운송에 관한 상법 제138조는 제815조에 의하여
해상개품운송에 준용된다.

2. 순차운송인의 책임

(1) 연대책임

수인이 순차로 운송할 경우에는 각 운송인은 운송물의 멸실, 훼손 또는 연착으로 인한 손해를 연대하여 배상할 책임이 있다(138조 1항). 이 경우 어느 운송인의 과실에 의하여 손해가 발생하였는지를 파악하기 어렵기 때문이다.

(2) 구 상 권

운송인 중 1인이 손해를 배상한 때에는 그 손해의 원인이 된 행위를 한 운송인에 대하여 구상권이 있다(138조 2항).

(3) 손해원인불명의 경우

그 손해의 원인이 된 행위를 한 운송인을 알 수 없는 때에는 각 운송인은 그 운임액의 비율로 손해를 분담한다. 그러나 그 손해가 자기의 운송구간 내에서 발생하지 아니하였음을 증명한 때에는 손해분담의 책임이 없다(138조 3항).

3. 순차운송인의 대위

(1) 수인이 순차로 운송을 하는 경우에는 후자는 전자에 갈음하여 그 권리를 행사할 의무를 부담한다(147조, 117조 1항).

(2) 후자가 전자에게 변제한 때에는 전자의 권리를 취득한다(147조, 117조 2항).

(3) 이상의 규정은 순차운송주선과 같은 내용인데 ① 위 제117조의 규정이 부분운송과 하수운송에도 적용된다는 입장(손주찬 355, 최기원 398)과 ② 공동운송의 경우에만 적용된다는 입장(정찬형 349, 채이식 315, 임홍근 453)이 대립하나 후자가 타당하다고 본다.

V. 화물상환증

1. 의의와 경제적 기능

(1) 의   의

화물상환증(貨物相換證)은 육상물건운송인이 운송물을 수령하였다는 사실을 증명하고 목적지에서 증권소지인에게 이를 인도할 의무를 표창하는 유가증권이다. 이는 송하인의 청구에 의하여 운송인이 발행·교부하는 증서로서(128조 1항) 선하증권제도를 육상운송에 응용한 것이다.

(2) 경제적 기능

화물상환증을 이용함으로써 송하인의 입장에서는 운송 중의 화물을 양도 또는 입질하여 금융의 편의를 얻을 수 있는 한편 수하인의 입장에서는 화물이 도착하기 전에 운송물을 전매할 수 있는 편의를 얻을 수 있다.

2. 법적 성질

화물상환증은 그 발행이 운송계약의 성립요건은 아니나 일단 발행되면 그 증권상의 권리의 행사·이전에 증권의 점유 또는 이전을 요하는 불완전유가증권이다. 이는 기재사항이 법정되어 있는 점에서 요식증권(128조)이고, 작성된 경우 이와 상환 없이는 운송물의 인도를 청구할 수 없으므로 상환증권(129조)이며, 기명식인 때에도 배서금지문언이 없는 한 배서에 의하여 양도할 수 있는 점에서 법률상 당연한 지시증권(130조)이고, 화물상환증의 선의의 소지인에 대하여 운송인은 증권에 적힌 바에 따라 책임을 지므로 문언증권(131조)이며, 작성된 경우 운송물에 관한 처분은 이 증권으로써 하여야 하므로 처분증권(132조)이다.

3. 효   력

화물상환증의 효력은 채권과 물권의 두 영역으로 나누어 고찰하여야 한다.

(1) 채권적 효력

가. 의   의   화물상환증의 채권적 효력은 증권소지인과 운송인 간의 채권관계, 즉 증권소지인이 운송인에 대하여 운송계약상의 채무이행을 청구하고 그 불이행의 경우에는 손해배상청구를 할 수 있는 법적 지위를 말한다.

나. 요인증권성과 문언증권성의 관계   화물상환증은 요인증권, 즉 운송계약에 의한 운송물의 수령을 원인으로 하여 발행된 증권이므로 그 원인관계에 의하여 화물상환증이 표창하는 운송물반환청구권은 영향을 받는다. 한편 화물상환증은 문언증권성을 가지므로 증권소지인과 운송인 간의 운송에 관한 사항은 화물상환증에 적힌 바에 의한다(131조). 이렇듯 화물상환증이 서로 모순되는 두 가지 성격을 대유(帶有)하는 까닭에 운송인이 운송물을 수령하지 않고 화물상환증을 발행하거나 ['공권(空券)'이라 한다], 또는 실제로 수령한 운송물과 증권에 기재된 문언이 불일치하는 경우['상위(相違)'라고 한다]에 있어서 어느 쪽에 의할 것인가가 문제된다. 이는 소지인이 송하인인 경우와 송하인 외의 제 3 자인 경우로 나누어 보아야 한다.

가) 소지인이 송하인인 경우: 소지인이 운송계약의 당사자, 즉 송하인인 경우(예

컨대 본점과 지점 간과 같이 화물상환증소지인이 실질적으로 송하인과 동일인인 경우 포함)에는 원칙적으로 요인성이 지배하게 된다. 따라서 공권의 경우에는 인도할 것이 없고, 상위의 경우에는 실제 위탁받은 운송물을 인도하면 된다. 만약 송하인이 화물상환증의 기재에 따른 운송물의 인도를 요구할 경우에는 문언성을 규정한 상법 제131조 제1항에 의하여 운송인과 송하인 사이에 화물상환증에 적힌 대로 운송계약이 체결되고 운송물을 수령한 것으로 추정되므로, 운송인은 본증으로 이 추정을 복멸하면 위탁받은 운송물을 인도할 수 있게 되나, 만약 반대사실을 입증하지 못할 경우에는 화물상환증에 적힌 바에 따라 운송인으로서 채무불이행책임을 져야 할 것이다. 반대로 운송인이 화물상환증에 적힌 운송물을 수령하였다고 주장하고 송하인은 실제 인도한 운송물을 청구하려는 경우에는 송하인이 본증으로써 위 추정을 복멸하여야 한다.

나) 소지인이 제3자인 경우: 송하인 이외의 자가 화물상환증이 소지인인 경우에도 원칙적으로 요인성에 의하여 해결한다. 그러나 화물상환증을 선의로 취득한 소지인의 경우에는 문언성을 우선시켜 그를 보호하여야 할 것이다. 이에 상법 제131조 제2항은 화물상환증을 선의로 취득한 소지인에 대하여 운송인은 화물상환증에 적힌 대로 운송물을 수령한 것으로 보고 화물상환증에 적힌 바에 따라 운송인으로서 책임을 진다고 규정하고 있다. 그러므로 공권이나 상위의 경우에 운송인은 채무불이행책임을 지게 될 것이다.

Cf. 화물상환증의 채권적 효력에 관한 이상의 내용은 2010년 개정된 상법 제131조에 의한 결론이다. 개정 전의 동조는 "화물상환증을 작성한 경우에는 운송에 관한 사항은 운송인과 소지인 간에 있어서는 화물상환증에 기재된 바에 의한다."라고 규정함으로써 공권과 상위의 경우에 대한 해결기준을 놓고 문언성설과 요인성설 및 절충설의 학설 대립이 있었다. 상법은 2007년에 선하증권 기재의 효력에 관한 제854조를 개정하였고, 2010년 개정시에 화물상환증 기재의 효력에 관한 제131조도 제854조와 같은 내용으로 개정하였다.

다. 채권적 효력의 범위
가) 문언성의 인정범위: 화물상환증의 채권적 효력, 즉 문언성은 증권의 기재를 신뢰한 선의의 제3자를 보호함으로써 화물상환증의 유통을 촉진하기 위하여 인정되는 것이므로 악의취득자에게는 인정되지 아니한다. 이때의 '악의'는 증권상의 기

재가 사실과 다르다는 것을 알고 있는 것을 말한다. 악의의 입증책임은 운송인에게 있다.

나) **항 변 권**: 운송인이 소지인에 대하여 주장할 수 있는 항변권의 범위 내에서는 문언성이 제한된다. 운송인은 증권작성행위에 관한 하자(사기·강박·착오 등), 운송계약에 관련된 증권이라는 화물상환증의 성질에서 발생하는 사유(불가항력에 의한 운송물의 멸실·훼손, 단기소멸시효의 항변 등) 및 운송인이 소지인에게 직접 대항할 수 있는 사유로써 소지인에게 대항할 수 있다.

다) **원용권자**: 이 효력은 선의의 소지인을 보호하는 데 있으므로, 운송인이 자신의 이익을 위하여 증권상의 기재를 원용할 수는 없다. 예컨대 거위털을 받고 오리털로 기재하거나 100톤을 받고 80톤으로 기재한 경우 오리털 또는 80톤을 받았다는 기재를 원용할 수 없다.

(2) **물권적 효력**

가. 의 의 화물상환증의 물권적 효력은 운송물상의 물권의 설정·이전에 관하여 화물상환증이 가지는 효력을 말한다. 상법 제133조는 '화물상환증의 물권적 효력'이라는 제목 하에 "화물상환증에 의하여 운송물을 받을 수 있는 자에게 화물상환증을 교부한 때에는 운송물 위에 행사하는 권리의 취득에 관하여 운송물을 인도한 것과 동일한 효력이 있다."라고 규정하고 있다.

나. **발생요건** 화물상환증의 교부로써 물권적 효력이 발생하기 위하여는 아래의 요건을 갖추어야 한다.

가) **운송인의 운송물 수령**: 화물상환증의 물권적 효력은 운송인이 운송물을 수령하고 그 반환의무를 부담하는 경우에 그 반환청구권의 양도에 관하여 법이 인정한 효력이다. 따라서 이 효력이 발생하기 위하여는 운송인이 운송물을 수령하여야 한다. 그러므로 운송인이 송하인으로부터 운송물을 수령하지 않고 발행한 공권(空券)의 경우에는 이 효력이 생기지 않는다. 그러나 운송인이 언제든지 운송물의 직접점유를 취득하여 소지인에게 인도할 수 있는 지위에 있는(예: 민법 204조에 의한 점유회수의 소가 인정되는 경우) 이상 반드시 운송물을 현실적으로 점유하고 있어야 하는 것은 아니다. 또 화물상환증에 기재된 운송물이 실제의 운송물과 다른 상위(相違)의 경우에는 증권을 교부하여도 이 교부로써 운송물을 인도한 것과 동일한 효력이 발생하지 않는다(손주찬 362).

나) **운송물의 존재**: 화물상환증의 물권적 효력이 발생하기 위하여는 화물상환증

의 교부 당시에 운송물이 존재하여야 한다. 운송물이 멸실된 경우에는 점유의 대상인 물건 자체가 없어 인도 또한 불가능하므로 물권적 효력이 발생할 여지가 없다(이 경우에는 운송물의 멸실에 관하여 채권적 효력으로서 채무불이행책임을 물을 수 있을 뿐이다). 운송물이 제 3 자에 의하여 선의취득된 경우에는 ① 운송물 멸실의 경우와 같이 물권적 효력이 발생할 여지가 없다는 견해(손주찬 363)와 ② 물권적 효력의 대상인 운송물은 존재하므로 물권적 효력은 인정하나 운송물의 선의취득자가 화물상환증소지인에 우선하므로 결국 물권적 효력을 인정할 실익이 없다는 견해(정찬형 342)가 있다.

다) 정당한 수령권자에 대한 증권의 교부: 화물상환증의 물권적 효력은 화물상환증에 의하여 운송물을 받을 수 있는 자에게 증권을 교부한 때에 생긴다. 정당한 수령권자에게 교부된 때에 운송물을 인도한 것과 같은 효력이 생기는 것이다(133조). '화물상환증에 의하여 운송물을 받을 수 있는 자'는 증권의 적법한 소지인을 말하는데 원칙적으로는 형식적 자격자(지시식인 경우에는 최후의 피배서인, 무기명식인 경우 그 소지인)이나 예외적으로 실질적 자격자(상속·합병 등의 경우)도 포함된다[손주찬 363, 정동윤(상) 256].

다. 이론구성　　　운송계약에 따라 화물상환증이 발행된 경우 운송물은 운송인이 직접점유하고 화물상환증소지인은 운송인을 통하여 운송물을 간접점유하게 된다. 이때 운송물을 양도하고자 하는 경우 민법상으로는 양도인이 직접점유자에 대하여 가지는 운송물반환청구권을 양수인에게 양도함으로써 운송물을 인도한 것으로 보는(민법 190조) 한편 위 운송물반환청구권은 채권적 청구권이므로 이를 양도하기 위하여는 채무자인 운송인에게 통지하거나 그의 승낙을 받는 등의 채권양도절차(민법 450조)를 취하여야 한다. 그런데 상법 제133조는 "화물상환증을 교부한 때에는 … 운송물을 인도한 것과 동일한 효력이 있다."라고 규정함으로써 법문상으로는 운송물을 양도함에 있어서 민법 제190조와 제450조의 규정에 따르지 않아도 운송물 인도의 효력이 발생하는 것처럼 보이는바 이를 어떻게 해석하여야 할 것인가, 즉 물권적 효력의 이론구성을 어떻게 하여야 할 것인가에 대하여 아래와 같이 5가지 입장이 대립하고 있다.

가) 절 대 설: 이 설에 의하면 상법 제133조는 민법 제190조에 대한 특칙으로서 민법이 정한 인도방법과는 다른, 상법상의 특별한 인도방법을 규정한 것이라고 한다(박원선 189). 민법 제190조에 의할 경우에는 운송물을 운송인이 점유하고 있을

것이 전제되나, 상법 제133조의 법문에는 그러한 전제가 없으므로 운송인의 점유와 무관하게(현실적 점유 여부나 자주점유·타주점유 여부에 상관없이) 화물상환증을 교부함으로써 운송물을 인도한 것이 되므로 증권의 새로운 소지인인 양수인은 절대적으로 운송물의 점유를 취득하게 된다고 한다. 증권의 교부가 운송물의 점유이전과 무관하게 독립적으로 물권변동을 일으킨다고 보기 때문에 이 경우 민법 제450조의 채권양도절차도 취할 필요가 없다. 다만 이 설에 있어서도 운송물이 존재하는 것을 전제로 하므로 공권, 운송물 멸실 또는 운송물이 제 3 자에 의하여 선의취득된 경우에는 화물상환증이 교부되더라도 물권적 효력이 생기지 않는다고 한다. 이 설은 증권소지인의 지위를 강화하고, 증권의 유통성을 보호하는 데 중점을 두고 있다.

　나) 상 대 설: 이 설은 상법 제133조를 민법 제190조와 관련시켜 설명한다. 이는 운송인은 증권소지인을 위하여 운송물을 점유(직접·타주점유)하고 화물상환증의 소지인은 운송물반환청구권을 통하여 운송물을 간접점유하는 것을 전제로 하여 화물상환증의 교부에 의하여 운송물에 대한 간접점유를 이전한다고 해석한다. 이는 다시 엄정상대설과 대표설로 나뉜다.

　㈎ 엄정상대설　이 설에서는 화물상환증의 교부를 특수한 인도방법으로 보지 않고 민법상 목적물반환청구권의 양도에 의한 인도방법으로 파악한다. 즉, 상법 제133조는 민법 제190조의 특칙이 아니라 그 예시에 불과하다는 것이다. 따라서 이 설에 의하면 상법 제133조에 의한 화물상환증의 교부로써 운송물의 간접점유를 이전하기 위하여는 민법 제190조의 인도방법을 취함과 아울러 민법 제450조의 채권양도절차를 취하여야 한다.

　㈏ 대 표 설　이 설은 상법 제133조를 민법 제190조를 강화한 특칙으로 파악한다. 이 설에서는 화물상환증의 교부를 민법 제190조에 의한 운송물반환청구권의 양도로 보고, 화물상환증이 운송인이 직접점유하고 있는 운송물을 대표하므로 민법 제450조의 채권양도절차를 취할 필요 없이 화물상환증의 교부만으로 운송물의 간접점유를 이전하는 것이 된다고 한다. 이 설에서는 운송인의 직접점유를 넓게 파악하여 운송인이 창고업자에게 운송물을 보관시키거나 또는 운송인이 일시 점유를 잃게 되는 경우에도 점유회수의 訴權(민법 204조 1항)을 가지는 한 직접점유하는 것으로 본다. 절대설과 엄정상대설의 절충적 입장으로서 다수설이다(정찬형 345, 손주찬 367, 임홍근 467, 서헌제 379, 최준선 368, 김성태 675).

다) **물권적효력부인설:** 이 설에서는 제 3 자가 점유하고 있는 동산에 관한 물권을 변동하는 경우 채권인 목적물반환청구권을 양도하면 동산을 인도하는 것으로 보는(민법 190조) 한편 화물상환증과 같은 지시 또는 무기명채권의 경우 증권을 교부하면 민법 제450조의 채권양도절차를 취하지 않아도 채권이 완전히 이전되므로 화물상환증의 교부에 의하여 운송물반환청구권을 양도하면 민법 제450조의 채권양도절차의 구비 없이 당연히 인도의 효력이 생기는바 이는 민법의 일반이론에 의하더라도 충분히 설명할 수 있으므로 굳이 물권적 효력을 인정할 필요가 없다고 한다(채이식 331-332).

라) **절충설(유가증권적 효력설):** 이 설에서는 상법 제133조는 민법 제190조에서 규정하는 목적물반환청구권의 양도가 아니라 화물상환증에 체화한 운송물반환청구권을 유가증권법과 물권법의 원리에 따라 양도하는 특별한 방식을 규정한 것으로, 증권의 교부를 운송물의 인도로 보는 인도의 대용물을 규정한 것이라고 한다. 따라서 이 설에 의하면 운송인이 운송물을 직접점유하고 있어서 증권소지인이 그 인도청구권을 가지는 것이 필요하지만 운송인이 운송물을 직접점유하고 있는 이상 증권소지인을 위하여 점유하는 것, 즉 타주점유일 것을 요하지는 않는다고 한다. 그리고 민법 제190조와 별개의 양도방법이라고 보므로 민법 제450조의 채권양도절차는 필요하지 않다고 한다. 또한 이 설은 종래의 상대설을 유가증권법적으로 발전·수정한 견해로서, 운송인이 운송물을 점유하고 있지만 점유매개의사가 없이 자주점유하고 있는 경우 증권의 소지인을 보호하지 못하게 되는 대표설과는 달리 운송인이 자주점유하고 있는 경우에도 증권소지인을 보호할 수 있다고 한다[정동윤(상) 258-259, 이기수 477-478]. 이 설은 절대설과 대표설의 중간적 입장으로 평가된다.

마) **학설의 검토:** 화물상환증의 물권적 효력에 관한 이상의 견해의 대립은 운송물과 증권은 물리적으로 별개임에도 불구하고 상법 제133조가 증권인 '화물상환증의 교부＝운송물의 인도'라고 법률적으로 동일시하고 있는 점에서 발단되는 것이다(同旨: 정동윤 569). 생각건대 화물상환증의 교부와 운송물의 인도에 관한 상법 제133조를 해석함에 있어서는 관련되는 민법규정(민법 190조, 450조), 물권변동에 대한 원칙과 체계, 화물상환증의 유통성 확보이념 및 물건운송에 관련한 현실까지 아울러 검토되어야 할 것이다. 이러한 관점에서 각 학설을 검토한다. 절대설은 증권소지인의 지위를 강화하고 증권의 유통성을 보호할 수 있다고 하나 운송인의 운송물

점유를 요구하지 않을 뿐 운송물의 존재를 전제로 하므로 화물상환증이 공권이거나 운송물이 멸실되거나 또는 제 3 자에 의하여 선의취득된 경우에는 물권적 효력이 생기지 않는다는 입장을 취하므로 사실상 대표설과 차이가 없다. 왜냐하면 절대설의 장점은 운송인이 일시 운송물의 점유를 잃은 경우와 악의의 제 3 자가 운송물을 점유하게 된 경우에 물권적 효력이 인정된다는 점인데 대표설에서도 이 경우 점유회수의 訴權(민법 204조 1항)을 가지는 한 증권의 소지가 운송물의 간접점유를 대표한다고 하여 증권의 교부에 물권적 효력을 인정하므로 같은 결론에 도달하기 때문이다. 또 절대설에 대하여는 화물상환증은 요인증권임에도 운송물이 운송인의 직접점유 하에 있음을 전제로 하지 않는 모순을 가지고 있으며 동산의 물권변동에는 인도, 즉 점유의 이전이 있어야 한다는 물권변동원칙에 혼란을 준다는 비판이 있다. 엄정상대설은 화물상환증의 교부 외에 민법상의 인도절차, 즉 민법 제190조의 목적물반환청구권의 양도절차를 취하여야 한다고 함으로써 상법 제133조의 존재의의를 부정, 유통성을 저해한다는 비판이 있다(서헌제 379). 대표설에 대하여는 운송인이 운송물을 점유하고는 있으나 횡령과 같이 점유매개의사가 없이 자주점유하고 있는 경우에 증권소지인을 보호할 수 없어 부당하다는 비판이 있다. 물권적 효력부인설에 대하여는 상법 제133조의 존재의의를 부정한다는 비판이 있는 외에도 우리나라의 물권변동원칙에 어긋난다는 비판이 있다. 즉, 물권변동에 관한 의사주의를 취하는 국가에서는 의사표시만으로 소유권이 이전되고 따로 운송물의 점유이전이 필요하지 않으므로 증권의 교부와 점유이전을 결부시키지 않아도 무관하나 형식주의를 취하고 있는 우리나라에서는 화물상환증의 교부와 운송물의 점유이전을 결합하여야 하기 때문에 물권적 효력을 인정하여야 한다는 것이다. 마지막으로 절충설을 검토하기로 한다. 화물상환증의 교부를 운송물의 인도로 보는 인도의 대용물로 규정한 것이라는 절충설은 증권이 운송물을 대표한다고 하는 대표설과 다를 것이 없다. 이에 대하여 절충설의 입장에서는 운송인이 자주점유하는 경우에 절충설에 의하면 물권적 효력이 인정되지만 대표설에서는 (운송인의 운송물의 점유가 타주점유일 것을 요하므로) 부인된다는 점에 차이가 있다고 한다. 그러나 대표설의 중점은 운송인의 점유 여부에 있는 것으로서, 화물상환증의 교부에 의하여 운송물의 점유가 이전되는 것이 화물상환증이 운송물을 대표하기 때문이라고 본다면 운송인이 횡령한다 하여 그에 대한 반환청구권이 소멸하는 것이 아니므로 여전히 화물상환증의 교부에 의하여 운송물의 점유는 이전된다고 하여야 할 것인바 이 점에

서 사실상 차이가 없다(이철송 459). 이렇듯 대표설과 차이가 없음에도 불구하고 유
가증권양도의 일반론으로써 인도증권인 화물상환증을 설명할 필요는 없는 것이다
(서헌제 379).

　바) **결　　론**: 동산물권변동에 있어서의 형식주의원칙을 존중하고 화물상환증
의 요인증권성과 인도증권성을 고려하며 화물상환증의 유통성 보호이념에 충실하
여야 한다는 전제 하에서 판단할 때 상법 제133조가 화물상환증에 의하여 표창되
는 운송중의 물건에 대한 소유권이전에 있어서 민법 제190조에 따라 운송물이 운
송인의 점유 하에 있는 것을 전제로 민법 제450조의 채권양도절차를 취할 필요 없
이 증권의 교부만으로 당연히 운송물의 간접점유가 이전된다고 해석하는 대표설이
타당하다고 본다.

〈화물상환증의 물권적 효력에 관한 학설의 비교〉

학　설	절 대 설	절 충 설 (유가증권적 효력설)	상 대 설		물권적 효력부인설
			대표설	엄정상대설	
점　유	점유 무관(운송인의 직접점유 무관, 단 공권·운송물 멸실·제3자 선의취득의 경우 예외)	운송인의 직접점유 (자주점유 포함)를 요함	운송인의 직접·타주점유를 요함	운송인의 직접·타주점유를 요함	운송인의 직접점유를 요함
상법 제133조의 의의	화물상환증 교부는 운송물 인도 그 자체	화물상환증상의 운송물반환청구권을 유가증권법과 물권법 원리에 따라 양도하는 특별한 방식	민법 제190조의 특칙	민법 제190조의 예시	화물상환증의 교부는 운송물인 도청구권의 양도를 의미함(물권적 효력 부정)
민법 제190조 절차(간접점 유이전)	상법 제133조는 민법 제190조의 특칙이므로 불필요함	민법 제190조와 별개의 양도방법이므로 불필요함	화물상환증의 교부는 민법 제190조의 운송물반환청구권의 양도이므로 불필요함	필요함	불필요함
민법 제450조 절차(채권양 도대항요건)	화물상환증의 교부는 절대적 점유취득원인이므로 불필요함	불필요함	불필요함	필요함	화물상환증의 교부로써 인도의 효력이 생기므로 불필요함

　Cf. 화물상환증의 물권적 효력에 관한 대법원판결은 아직 없다. 그러나 상법 제861조

에 의하여 제133조가 준용되는 선하증권에 관하여는 "수출자가 선하증권을 대신하여 신용장 발행은행을 화물수취인으로 한 운송주선업자의 화물수취증을 첨부하여 환어음을 발행한 경우에는 신용장 발행은행이 운송목적지에서의 수출품의 반환청구권을 가지게 되고 수입자가 신용장 발행은행에 수출대금을 결제하고 <u>그로부터 이러한 반환청구권을 양수받지 않는 한</u> 수출품을 인도받을 수 없게 되고"라고 판시하여 민법 제190조의 인도절차를 이행하여야 한다는 엄정상대설의 입장에 선 듯한 판결(대법원 1984. 9. 11. 선고 83다카1661 판결)이 있는 한편 "<u>해상운송인의 피용자나 대리인이 운송물 전부를 인수하고 수령선하증권에 선적의 뜻을 기재하여 송하인에게 교부한 이상,</u> 운송물 중 일부를 선적하지 않았더라도 그 선하증권의 운송물 전부에 대한 수령선하증권으로서의 유효성은 부인할 수 없는 것이며 <u>수하인은 인도증권인 위 수령선하증권을 적법하게 취득함으로써 운송인측이 보관하고 있는 운송물 전부에 대하여 그 소유권을 취득하였다고 할 것</u>"이라고 판시하여 대표설 또는 절충설의 입장에 선 듯한 판결(대법원 1989. 12. 22. 선고 88다카8668 판결)도 있다.

라. 내   용

가) 화물상환증의 물권적 효력은 '운송물 위에 행사하는 권리의 취득'에 관하여만 인정된다.

㈎ 여기의 '운송물 위에 행사하는 권리'에는 운송물에 관한 소유권·질권·유치권 외에 위탁매매인의 처분권도 포함한다. 화물상환증의 교부를 받은 자가 운송물 위에 행사하는 권리의 구체적 내용은 화물상환증을 수수하는 당사자간의 계약의 내용에 따라 정하여진다.

㈏ 물권적 효력은 위와 같은 권리의 '취득'에 관하여만 인정된다. 즉, 권리취득의 효력발생요건 내지 대항요건에 관하여 인정되며 그 외의 경우에는 물권적 효력이 발생하지 않는다. 예컨대 상인간의 매매에 있어서 매도인이 매수인에게 화물상환증을 교부하는 경우 권리의 취득에 관하여는 화물상환증의 교부로 인하여 물권변동의 효력발생요건으로서 운송물을 인도한 것과 동일한 효력이 발생하는 것이나, 그렇다고 하여 실제로 운송물을 수령한 것은 아니므로 매수인인 소지인이 화물상환증의 교부 받은 후 지체 없이 상법 제69조에 따른 목적물의 검사 및 하자통지의무를 이행하여야 하는 것은 아니다.

나) 화물상환증이 작성된 경우에 운송물에 관한 처분은 화물상환증으로써 하여야 한다(처분증권성, 132조). 그러나 이 규정이 있다고 하여 이로써 운송물 자체의 선의취득이 전면적으로 부정되는 것은 아니다. 화물상환증의 처분증권성은 증권에

의하지 않는 운송물의 처분을 간접적으로 제한하고, 운송물 자체의 양수인이 화물상환증이 발행된 사실을 알고 있는 경우 운송물에 대한 선의취득을 할 수 없도록 하는 의미를 가질 뿐이다(정찬형 346).

제 3 관 여객운송

I. 여객운송계약의 의의와 성립

1. 여객운송계약의 의의

여객운송계약은 여객, 즉 자연인의 운송을 목적으로 하는 계약이다. 여객운송에서는 물건운송과 달리 여객을 보관한다는 개념이나 수령·인도와 같은 문제가 발생할 여지가 없으므로 상법의 규정도 물건운송에 비하여 간단하다.

2. 여객운송계약의 성립

(1) 당 사 자

운송인과 운송의 위탁자이다. 보통은 여객 자신이 위탁자가 되나 그렇지 않은 경우도 있다.

(2) 낙성·불요식의 계약

승차권을 발행하는 경우에도 이는 계약의 성립요건은 아니며 낙성·불요식의 계약이다. 실제에는 보통 승차권을 구입한 후 승차하게 되는데 이 경우 승차권의 발행시에 계약이 성립하지만 승차 후에 승차권을 구입하는 경우에는 승차할 때 계약이 성립한 것이 된다.

(3) 승차권의 법적 성질

승차권은 운송채권을 표창하는 유가증권이며 무기명식인 경우 인도에 의하여 양도할 수 있다. 운송이 개시된 후 또는 개찰 후에는 운송인은 특정인에게만 의무를 부담하고 이를 양도하지 못하며 단순한 증거증권이 된다(손주찬 368, 최기원 412; 반대설: 정찬형 347).

Cf. 위에서 본 무기명식 승차권 외에 양도성이 없이 운송계약상의 권리를 증명하는 증거증권인 기명식 정기승차권과 운임의 선급을 증명하는 단순한 표권인 무기명식 회수승차권 모두 유가증권성이 부정된다(유가증권성을 인정하는 견해도 있다, 정찬형 351).

II. 여객운송계약의 효력

여객운송인은 선량한 관리자의 주의로써 여객을 안전하게 지체 없이 목적지까지 운송할 의무를 부담한다. 운송인은 운송에 대한 보수로서 운임청구권을 가지며 탁송수하물이 있는 경우에는 운임채권을 확보하기 위한 유치권을 가지게 된다. 상법은 여객운송인의 손해배상책임에 대하여 특별한 규정을 두고 있다.

1. 여객운송인의 손해배상책임

(1) 여객의 손해에 대한 책임

운송인은 자기 또는 사용인이 운송에 관한 주의를 해태하지 아니하였음을 증명하지 아니하면 여객이 운송으로 인하여 받은 손해를 배상할 책임을 면하지 못한다(148조 1항). 상법은 이를 물건운송인과 같이 과실책임으로 규정하면서 운송에 관한 무과실의 입증책임을 운송인에게 부담시키고 있다. 손해배상청구권자는 '여객'이다(따라서 입장권소지자는 해당이 없다: 대법원 1991. 11. 8. 선고 91다20623 판결). 이때의 '손해'는 운송채무불이행으로 인한 모든 손해로서 여객의 생명·신체상의 손해와 의복 등에 발생한 손해 및 연착으로 인한 손해 등이 포함된다. 본항은 채무불이행책임이므로 여객의 정신적 손해에 대한 배상(위자료)은 인정되나 피해자 가족에 대한 위자료는 인정되지 않는다(대법원 1982. 7. 13. 선고 82다카278 판결). 상법은 여객운송으로 인한 손해배상의 액을 정함에는 법원은 피해자와 그 가족의 정상을 참작하여야 한다고 규정하고 있다(148조 2항). 이는 가족의 생계문제를 감안하여야 한다는 의미로서 통상손해의 배상을 원칙으로 하는 민법 제393조에 대한 예외를 인정할 수 있다는 것이다. 따라서 당사자의 예견가능성과 무관하게 여객이 입은 특별손해를 인정할 수 있게 된다. 그리고 피해자의 정신적 손해에 대한 배상(위자료)도 포함하여 손해배상액의 개별화를 꾀하는 점에서 배상액이 도착지의 가격으로 정형화된 물건운송인의 정액배상책임(137조)과도 구별된다. 한편 상법 제148조 제 2 항의 '손해'는 여객의 사상(死傷)으로 인한 경우만을 의미하고, 의복의 손해나 연착으로 인한 손해는 물론 피해자 가족의 정신적 손해에 대한 배상은 민법의 일반원칙에 의하여야 한다. 즉, 운송인의 행위가 채무불이행뿐 아니라 불법행위를 구성할 경우에 물적 손해와 더불어 가족의 위자료(민법 752조)도 청구할 수 있다.

(2) 여객의 수하물에 대한 책임

가. 탁송수하물의 경우   운송인은 여객으로부터 인도를 받은 수하물에 관

하여는 운임을 받지 아니한 경우에도 물건운송인과 동일한 책임이 있다(149조 1항).
즉, 운송인측이 운송에 관한 주의를 해태하지 아니하였음을 증명하지 아니하는 이
상 정액배상책임을 부담하되, 운송인의 고의나 중대한 과실로 인한 때에는 상당인
과관계 있는 모든 손해를 배상하여야 한다(135조, 137조). 수하물이 도착지에 도착한
날로부터 10일 내에 여객이 그 인도를 청구하지 아니한 때에는 상사매매의 규정
(67조)에 따라 그 수하물을 공탁 또는 경매할 수 있으며, 만약 여객의 주소 또는
거소를 알지 못하는 경우에는 최고와 통지를 요하지 아니한다(149조 2항). 고가물에
대하여는 특칙(136조)이 있다.

나. 휴대수하물의 경우   운송인은 여객으로부터 인도를 받지 아니한 수하
물의 멸실 또는 훼손에 대하여는 자기 또는 사용인의 과실이 없으면 손해를 배상
할 책임이 없다(150조). 운송인측의 과실은 여객이 입증하여야 한다. 운송인측에 과
실이 있는 경우 손해배상액은 탁송수하물의 경우와 같으며 민법의 원칙에 따를 것
이 아니다(손주찬 373, 최기원 417, 정찬형 356). 정액책임에 의하지 않고 민법에 의할
경우 탁송수하물의 경우보다 더 무거운 책임을 지는 불합리한 결과가 생길 수 있
기 때문이다. 이는 운송인측에게 경과실이 있는 경우이고, 만약 운송인의 고의나
중대한 과실로 인한 때에는 상당인과관계 있는 모든 손해를 배상하여야 하는 것도
탁송수하물의 경우와 같다(137조 3항).

(3) 손해배상책임의 소멸

여객운송에 관하여는 단기시효 등 특별한 규정이 없다. 그러므로 여객의 손해
배상책임에 관하여는 여객보호차원에서 일반상사시효인 5년이 적용된다(64조). 다만
여객운송인의 수하물에 관한 손해배상책임은 물건운송인의 책임(146조, 147조, 121조)
과 동일하게 보아야 할 것이다(同旨: 정찬형 356).

2. 여객운송인의 권리
(1) 운임청구권

여객운송인은 운송에 대한 보수로서 여객에 대하여 운임을 청구할 수 있다
(61조).

(2) 유치권

탁송수하물이 있는 경우에 여객 또는 그 수하물의 운임이 지급될 때까지 운송
인이 그 수하물에 대하여 유치권을 가진다는 점에 대하여는 이론(異論)이 없으나

이에 대하여 물건운송인의 유치권에 관한 규정(147조, 120조)을 유추적용할 것인지여부에 대하여는 유추적용설(손주찬 373, 정동윤 579, 정찬형 353, 최기원 418)과 유추적용부정설(민법상의 유치권인정설: 임홍근 474)이 대립한다. 전자가 타당하다.

제6절   공중접객업

Ⅰ. 공중접객업자의 의의

공중접객업자(公衆接客業者)는 극장, 여관, 음식점, 그 밖의 공중이 이용하는 시설에 의한 거래를 영업으로 하는 자를 말한다(151조). 상법의 명시적인 예시 외에도 호텔, 목욕탕, 이발관, 기원, 당구장, 다방, 골프장, 미장원, 오락실, 찻집, 술집 등도 공중접객업소에 속한다. 그 시설의 소유 여부는 불문한다.

Ⅱ. 공중접객업자의 책임

1. 임치를 받은 물건에 대한 책임

(1) 책임규정

공중접객업자는 자기 또는 그 사용인이 고객으로부터 임치받은 물건의 보관에 관하여 주의를 게을리하지 아니하였음을 증명하지 아니하면 그 물건의 멸실 또는 훼손으로 인한 손해를 배상할 책임이 있다(152조 1항). 2010년 개정 전에는 불가항력(force majeure)으로 인함을 증명하지 못하는 이상 손해배상책임을 면하지 못하는 무거운 책임을 인정하였으나 운송주선인(115조)·육상운송인(135조)·창고업자(160조)의 책임에 비하여 너무나 가혹하다는 비판이 있어 과실책임으로 변경하였다.

(2) 책임의 성질

공중접객업자의 책임은 과실책임으로서 무과실의 입증책임은 공중접객업자가 진다(152조 1항).

(3) 임   치

고객으로부터 임치받은 물건의 보관에 관한 공중접객업자의 책임이 발생하기 위해서는 먼저 고객과 공중접객업자 사이에 물건의 보관, 즉 '임치'에 관한 명시적 또는 묵시적 합의가 있어야 한다(대법원 1992. 2. 11. 선고 91다21800 판결). 이러한 임치가 전제되지 않으면 이 책임은 논의될 수 없다.

※ 대법원 1998. 12. 8. 선고 98다37507 판결
소외 서해석은 1996. 9. 5. 21:00경 피고가 경영하는 여관에 투숙하면서 여관 건물 바로 옆에 위치한 위 여관 부설주차장에 그가 운전하던 이 사건 차량을 주차시켜 놓은 사실, 위 주차장은 승용차 20대 이상이 주차할 수 있는 비교적 넓은 공간을 차지하고 있고, 그 입구에는 '동원장주차장'이라고 쓰여진 입간판이 설치되어 있으며 그 외부는 담장으로 둘러싸여 있었으나, 주차장의 일부를 감시할 수 있는 감시카메라가 설치되어 있는 외에는 출입문 등 차량 출입을 통제할만한 시설이나 인원을 따로 두지는 않은 사실, 위 서해석은 투숙시 위 여관 관리인에게 위 주차사실을 알리거나 차량열쇠를 맡기지 않았고, 위 차량 주차장소는 위 감시카메라의 감시영역 밖에 위치하였기 때문에 여관관리인 등 피고측으로서는 위 주차사실에 대하여 전혀 알 수가 없었는데, 위 차량은 위 주차장에서 주차되어 있는 동안 도난당한 사실 등을 인정한 다음, 공중접객업자와 객 사이에 임치관계가 성립하려면 그들 사이에 공중접객업자가 자기의 지배영역 내에 목적물 보관의 채무를 부담하기로 하는 명시적 또는 묵시적 합의가 있음을 필요로 한다고 할 것이고, 여관 부설주차장에 시정장치가 된 출입문이 설치되어 있거나 출입을 통제하는 관리인이 배치되어 있는 등 여관측에서 그 주차장에의 출입과 주차시설을 통제하거나 확인할 수 있는 조치가 되어 있다면, 그러한 주차장에 여관투숙객이 주차한 차량에 관하여는 명시적인 위탁의 의사표시가 없어도 여관업자와 투숙객 사이에 임치의 합의가 있는 것으로 볼 수 있으나, 이 사건에 관하여는 피고측이 위 주차장의 출입차량을 통제하거나 감시할 수 있는 시설이 설치되어 있지도 않고 그러한 일을 하는 관리인도 따로 두지 않아 위 주차장은 단지 투숙객의 편의를 위하여 주차장소로 제공된 것에 불과한 것으로 보여지므로, 그러한 주차장에 주차한 것만으로 여관업자인 피고와 위 서해석 사이에 이 사건 차량에 관하여 묵시적인 임치의 합의가 있었다고 볼 수 없다고 판단하고 있다.
기록에 비추어 살펴볼 때, 원심의 위와 같은 사실인정과 판단은 정당하고, 거기에 상고이유에서 주장하는 바와 같이 경험칙, 채증법칙을 위반한 사실오인 및 심리미진의 위법이 있다거나 공중접객업자와 이용객 사이의 임치관계 성립 등에 관한 법리오해의 위법이 있다고 할 수 없다.
공중접객업자가 이용객들의 차량을 주차할 수 있는 주차장을 설치하면서 그 주차장에 차량출입을 통제할 시설이나 인원을 따로 두지 않았다면, 그 주차장은 단지 이용객의 편의를 위한 주차장소로 제공된 것에 불과하고, 공중접객업자와 이용객 사이에 통상 그 주차차량에 대한 관리를 공중접객업자에게 맡긴다는 의사까지는 없다고 봄이 상당하므로, 공중접객업자에게 차량시동열쇠를 보관시키는 등의 명시적이거나 묵시적인 방

법으로 주차차량의 관리를 맡겼다는 등의 특수한 사정이 없는 한, 공중접객업자에게 선량한 관리자의 주의로써 주차차량을 관리할 책임이 있다고 할 수 없다.

(4) 손해배상청구권자

고객이다. 고객(顧客)은 공중접객업자의 설비를 이용하는 자이며, 법령 또는 관습상 그 시설에 들어갈 수 있고 사실상 고객으로 대우받는 자이기만 하면 되고, 반드시 이용계약이 있어야 할 것을 요하지 아니한다(정찬형 361, 손주찬 386, 최기원 422).

(5) 면책 특약

공중접객업자의 책임규정은 강행규정이 아니므로 당사자 사이의 특약에 의하여 감면할 수 있다. 그러나 고객의 휴대물에 대하여 책임이 없음을 알린 것만으로는 위 책임을 면하지 못한다(152조 3항). 이러한 게시는 특약이 아니므로 면책의 효력은 전혀 가지지 못하나, 과실상계의 참작사유는 될 수 있을 것이다.

2. 임치를 받지 아니한 물건에 대한 책임

공중접객업자는 고객으로부터 임치받지 아니한 경우에도 그 시설 내에 휴대한 물건이 자기 또는 그 사용인의 과실로 인하여 멸실 또는 훼손되었을 때에는 그 손해를 배상할 책임이 있다(152조 2항). 이는 임치계약상의 책임 또는 불법행위책임이 아니라 공중접객시설의 이용관계를 근거로 하여 법이 특별히 인정한 책임이다(손주찬 387, 정동윤 648, 채이식 359, 정찬형 362, 최기원 423). 사용인은 공중접객업자가 고객과 시설이용의 거래를 하기 위하여 사용한 모든 자를 가리키며, 반드시 고용관계를 요하지 아니한다. 공중접객업자 또는 사용인의 과실은 고객이 입증하여야 한다.

3. 고가물에 대한 책임

화폐, 유가증권, 그 밖의 고가물에 대하여는 고객이 그 종류와 가액을 명시하여 임치하지 아니하면 공중접객업자는 그 물건의 멸실 또는 훼손으로 인한 손해를 배상할 책임이 없다(153조). 이는 고가물에 대한 운송인의 책임에 관한 제136조와 같은 취지에서 규정된 것이다.

※ 대법원 1977. 2. 8. 선고 75다1732 판결
결혼식장에서 선물로 교환된 물건이라고 하여서 반드시 가격을 밝힐 수 없다고도 할

수 없고 부로바시계 1개 시가 64,000원 상당, 옥토시계 1개 시가 25,000원 상당, 백금부착 3푼짜리 다이아반지 1개 시가 150,000원 상당과 백금부착 1푼짜리 다이아 목걸이 1개 시가 70,000원 상당은 상법 제153조 소정의 고가물에 해당한다.

그러나 공중접객업자가 채무불이행으로 인한 손해배상책임을 지지 않는다고 하여 모든 책임으로부터 면제되는 것은 아니며 그 멸실·훼손에 대하여 고의·과실이 있는 경우 민법상의 불법행위에 기한 손해배상책임을 지는 경우가 있다(손주찬 387).

※ 대구고등법원 1977. 4. 22. 선고 76나665 판결
대중목욕탕에서 옷장의 시정장치를 완벽하게 갖추지 못하였고 종업원들이 옷장 감시업무를 철저히 하지 아니하여 욕객의 소지품분실사고가 발생하였다면 영업주는 종업원들의 사용자로서 욕객이 입은 제반 손해를 배상할 책임이 있다.

4. 책임의 시효

공중접객업자의 위 책임은 공중접객업자가 임치물을 반환하거나 고객이 휴대물을 가져간 후 6개월이 지나면 소멸시효가 완성된다(154조 1항). 물건이 전부멸실된 경우에는 고객이 그 시설에서 퇴거한 날부터 기산한다(154조 2항). 위의 책임시효규정은 공중접객업자나 그 사용인이 악의인 경우에는 적용하지 아니한다(154조 3항). 여기의 '악의'는 공중접객업자 또는 그 사용인이 고의로 고객의 물건을 멸실 또는 훼손한 경우 또는 멸실 또는 훼손을 은폐한 경우를 의미하며, 단지 멸실 또는 훼손을 알고 있었다는 것만으로는 부족하다는 견해(손주찬 388, 채이식 361, 정찬형 364, 최기원 425, 임홍근 482)와 멸실 또는 훼손을 알고 있었던 것으로 충분하다는 견해(정동윤 650)가 대립한다. 후자가 타당하다.

제7절 창 고 업

I. 창고업자의 의의

창고업자(倉庫業者)는 타인을 위하여 물건을 창고에 보관함을 영업으로 하는

자를 말한다(155조). 분설한다.

1. 타인을 위한 창고 보관

(1) 보 관

'보관'은 물건을 창고에 넣어 관리하는 것을 말한다. 따라서 창고의 일부를 임대하는 것은 보관이 아니다. 보관하는 것이므로 소비임치는 제외된다.

(2) 특정물임치

상법은 특정물의 임치를 위주로 하여 규정하고 있지만 혼장임치라고 하여 제외되는 것은 아니다(다만 임치인들간에 공유관계가 생길 뿐이다: 민법 258조, 257조).

(3) 임치기간

보관기간의 장단은 불문한다.

(4) 창고시설의 귀속관계

창고의 시설은 반드시 창고업자의 소유에 속하여야 하는 것은 아니며, 타인 소유의 시설을 이용해도 무방하다. 창고는 물건의 보관이 가능한 공작물이면 되고 반드시 지붕을 가진 건물이어야 하는 것은 아니다(예컨대 노적장).

2. 보관의 목적물

보관의 목적물은 물건이므로 동산에 한정된다. 화폐·유가증권 기타의 고가물 또는 동물 같은 것도 보관의 대상이 될 수 있다. 타인을 위하여 보관하는 것이므로 자기의 물건은 제외된다. 타인을 위하여 보관행위를 하면 되는 것이지 그 소유권이 반드시 임치인에게 있어야 하는 것은 아니다.

> ※ 대법원 1954. 3. 10. 선고 4287민상128 판결
> 기탁계약상 기탁자는 반드시 그 기탁물의 소유권자임을 요하는 것이 아님으로 기탁자의 청구에 의하여 창하증권이 발행되었다하여도 기탁물의 소유권이 기탁자에 있다고 할 수 없다.
> Cf. 기탁(寄託)=임치, 창하증권(倉荷證券)=창고증권

3. 보관의 영업

창고업자는 물건의 보관을 영업으로 하는 자이다. 즉, 임치의 인수를 영업으로 하며(46조 14호), 이것에 의하여 창고업자는 상인이 된다(4조). 운송업이나 운송주선업의 경우에도 일시 물건의 보관을 하게 되는 수가 있으나 보관의 인수를 위한 특

약이 있는 것이 아니므로 창고업자로 볼 수는 없다.

Ⅱ. 창고업의 기능

운송업이나 운송주선업과 더불어 상품거래의 보조적 역할을 수행한다. 상인은 창고를 이용함으로써 직접 보관의 비용과 위험을 줄일 수 있고, 창고증권을 이용함으로써 보관중인 물건을 적기에 처분할 수 있다.

Ⅲ. 창고임치계약의 법적 성질

창고임치계약은 물건의 보관의 인수를 목적으로 하는 낙성·불요식의 유상계약이다. 창고업자가 발행하는 창고증권은 계약의 성립요건이 아니다.

Ⅳ. 창고업자의 의무

1. 임치물보관의무

창고업자는 선량한 관리자의 주의로써 임치물을 보관하여야 한다(62조). 임치물의 보관기간에 대하여는 특약이 있으면 이것에 의하고, 특약이 없는 때에는 부득이한 사유가 있는 경우를 제외하고는 임치물을 받은 날로부터 6월간은 보관하여야 한다(163조, 164조). 6월 후 반환하는 경우에 임치물을 반환함에는 2주간 전에 예고하여야 한다(163조 2항).

2. 창고증권교부의무

창고업자는 임치인의 청구에 의하여 창고증권을 교부하여야 한다(156조).

3. 임치물의 검사·견품적취·보존처분행위에 응할 의무

창고업자는 임치인 또는 창고증권소지인의 요구가 있는 경우에는 영업시간 내에 언제든지 임치물의 검사 또는 견품의 적취에 응하여야 하며, 그 보존에 필요한 처분행위에도 응하여야 한다(161조).

4. 임치물의 훼손·하자 등의 통지의무

창고업자가 임치물을 받은 후에 그 물건의 훼손 또는 하자를 발견하였거나 그 물건이 부패할 염려가 있는 때에는 지체 없이 임치인에게 그 통지를 발송하여야 한다. 이 경우 임치인의 지시를 받을 수 없거나 그 지시가 지연되는 때에는 창고업자는 임치인의 이익을 위하여 적당한 처분을 할 수 있다(168조, 108조). 가격저락의 상황을 안 때 임치인에게 통지할 의무가 있는지 여부에 대하여 견해가 대립하나 창고업자와 위탁매매인의 입장은 다르므로 부정함이 옳다(同旨: 손주찬 391, 정동윤 622, 정찬형 369, 최기원 434, 채이식 342, 임홍근 488, 강위두 외 331).

5. 임치물반환의무

창고업자는 임치인의 청구가 있는 때에는 보관기간의 약정 유무에 불구하고 임치물을 반환하여야 한다(민법 698조). 창고증권이 발행된 경우에는 그 소지인의 청구에 의하여, 그리고 그 소지인에게만 임치물을 반환할 의무를 부담하며, 그 증권과 상환으로써가 아니면 임치물을 반환할 필요가 없다(157조, 129조).

6. 손해배상의무

창고업자는 자기 또는 사용인이 임치물의 보관에 관하여 주의를 해태하지 아니하였음을 증명하지 아니하면 임치물의 멸실 또는 훼손에 대하여 손해를 배상할 책임을 면하지 못한다(160조). 이 규정은 과실책임주의와 창고업자측의 과실을 추정하는 점에서 운송주선인(115조), 운송인(135조) 및 공중접객업자(152조)의 손해배상책임과 같다. 임치물의 멸실에는 물리적 멸실뿐만 아니라 도난당한 경우 또는 창고증권과 상환하지 아니하고 인도한 경우도 포함된다.

※ 대법원 1981. 12. 22. 선고 80다1609 판결
상법 제166조 제 1 항에서 말하는 '멸실'은 물리적 멸실뿐만 아니라 수치인이 임치물을 권한 없는 자에게 무단출고함으로써 임치인에게 이를 반환할 수 없게 된 경우를 포함한다.

※ 대법원 1972. 1. 31. 선고 71다2651,2652 판결
파손고입(破損故入)의 수선입고(入庫) 작업을 한 인부들의 과실로 인하여 창고가 소실된 경우에 있어서 고입(故入)을 입고하는 작업이 누구의 소유물에 관한 누구의 입고작업이었는지에 따라 특단의 사정이 없는 한 창고나 그 안에 있는 고입의 멸실에 대한 책임의 소재를 달리한다.
Cf. 고입(故入)=가마니

※ 대법원 1975. 4. 8. 선고 74다1213 판결

천일염 등 수많은 물품들을 임치 보관하고 있는 적치장이 집중호우로 침수되어 천일염이 유실된 경우에 법원이 보관업자에 대하여 보관상 주의의무의 해태를 인정하기 위하여는 보관물을 이적하는 등 구조하기 위하여 필요한 장비나 인부의 소요량을 확정하고 보관업자의 영업규모로 보아 이러한 양의 장비와 인부를 동원할 수 있었는가, 만약 위 소요량을 모두 동원할 수 없었다면 보관업자가 당시의 상황에서 동원할 수 있었던 최대의 장비와 인부의 수를 확정하여 그것을 가지고 임치 보관하고 있는 천일염을 포함하는 모든 물품을 구출할 수 있는 비율을 산정한 다음 이에 기하여 천일염을 구출할 수 있는 수량을 산출하여 이에 관한 보관상 주의의무의 해태 여부를 논단하여야 한다.

임치물의 멸실 또는 훼손으로 인하여 생긴 창고업자의 책임은 그 물건을 출고한 날로부터 1년이 경과하면 소멸시효가 완성한다(166조 1항). 위 기간은 임치물이 전부멸실한 경우에는 임치인과 알고 있는 창고증권소지인에게 그 멸실의 통지를 발송한 날로부터 기산한다(166조 2항). 위 창고업자의 책임의 소멸시효에 관한 규정은 창고업자 또는 그 사용인이 악의인 경우에는 적용하지 아니한다(166조 3항).

V. 창고업자의 권리

1. 임치물인도청구권

창고임치계약은 낙성계약이므로 계약이 성립하면 창고업자는 임치인에 대하여 임치물의 인도를 청구할 권리를 가진다.

2. 보관료청구권

(1) 보관료청구권

창고업자는 특히 무상으로 임치를 인수한 경우 외에는 상당한 보수, 즉 보관료를 청구할 수 있다(61조). 이 보관료는 임치물을 출고할 때에 청구할 수 있으나, 보관기간 경과 후에는 출고 전이라도 청구할 수 있다(162조 1항). 임치물의 일부출고의 경우에는 창고업자는 그 비율에 따른 보관료를 청구할 수 있다(162조 2항).

(2) 보관료지급의무자

보관료는 임치인이 부담하는 것이 원칙이나 창고증권이 발행된 경우에는 그 소지인이 부담한다. 창고증권소지인이 임치보관료를 지급하여야 하는 근거에 대하여

운송의 경우(141조)와 같은 명문의 규정이 없어 논란의 여지가 있으나, 보관료는 통상 임치물의 반환을 받을 때 지급하고 임치물의 반환은 창고증권이 발행된 경우에는 증권소지인에게 하는 것이므로(157조, 129조) 그렇게 해석할 수 있을 것이다.

> ※ 대법원 1963. 5. 30. 선고 63다188 판결
> 입고된 물건에 관하여 창고증권이 발행되면 그 발행일자 이후에는 그 창고증권의 명의인이 그 물건에 대하여 소유권을 취득하고 따라서 그 뒤에 생기는 창고료, 화재보험료는 물론, 감량 등에 대한 책임도 그 명의인이 져야 될 것이다.

3. 비용상환청구권

창고업자가 임치물에 관한 보험료·수입세 등의 비용이나 체당금을 지출한 때에는 그 상환을 청구할 수 있다. 그 시기는 보관료의 경우와 같다(162조).

4. 유 치 권

창고업자는 보관료와 비용상환청구권에 관하여 임치물 위에 민법상의 유치권(민법 320조)을 가지며, 임치인이 상인인 경우 상인간의 유치권(58조)을 가진다.

> ※ 대법원 2009. 12. 10. 선고 2009다61803,61810 판결
> 금융기관인 양도담보권자가 양도담보의 목적물을 보관하는 창고업자로부터 "창고주는 양도담보권자가 담보물 임의처분 또는 법적 조치 등 어떠한 방법의 담보물 환가와 채무변제 충당시에도 유치권 등과 관련된 우선변제권을 행사할 수 없다"라는 문구가 부동문자로 인쇄된 확약서를 제출받은 사안에 대하여, 이는 창고업자가 보관료 징수 등을 위하여 공평의 관점에서 보유하는 권리인 유치권의 행사를 상당한 이유 없이 배제하고 일방적으로 금융기관인 양도담보권자의 담보권 실행에 유리한 내용의 약관조항으로서, 고객에게 부당하게 불리하고 신의성실의 원칙에 반하여 공정을 잃은 것이므로 무효라고 판시하였다.

5. 공탁권과 경매권

임치인 또는 창고증권소지인이 임치물의 수령을 거부하거나 수령할 수 없는 경우에는 상사매매에서의 매도인과 같이 임치물을 공탁 또는 경매할 수 있다(165조, 67조 1항·2항).

6. 손해배상청구권

창고업자는 임치물의 성질 또는 하자로 인하여 손해를 입은 경우에 그 성질 또는 하자를 안 때를 제외하고 임치인에 대하여 손해배상을 청구할 수 있다(민법 697조).

7. 채권의 단기소멸시효

창고업자의 임치인 또는 창고증권소지인에 대한 채권은 그 물건을 출고한 날로부터 1년간 행사하지 아니하면 소멸시효가 완성한다(167조).

Ⅵ. 창고증권

1. 의   의

창고증권(warehouse receipt)은 창고업자에 대한 임치물반환청구권을 표창하는 유가증권으로서 임치인의 청구에 의하여 창고업자가 교부한다(156조 1항).

Cf. 실무에서는 하도지시서(delivery order)가 이용되고 있으며 이것은 임치인이 창고업자에 대하여 임치물의 전부 또는 일부를 소지인에게 인도할 것을 위탁하는 서면이다. 이 하도지시서의 법적 성질은 창고업자의 관여도에 따라 ① 임치인이 일방적으로 발행한 것은 단순한 위탁서면에 불과하여 유가증권이라고 볼 수 없고, ② 임치인이 발행하고 창고업자가 그 내용을 확인하고 서명 또는 기명날인한 경우에는 유가증권이라고 볼 것이며, ③ 창고업자가 발행하는 경우에는 그 이행보조자에게 임치물의 인도를 지시하는 것으로서 유가증권으로 볼 여지가 있다.

2. 입법주의

창고증권에 대하여 세 가지 입법주의가 있다.

(1) 단권주의(單券主義)

임치물에 관하여 단일의 증권을 발행하고 임치물의 양도·입질을 오로지 이 증권에 의하게 하는 것이다. 이 주의에 의할 경우 입질을 위하여 교부되면 그 이후의 양도가 곤란하게 되는 불편은 있지만 법률관계는 간명한 이점이 있다. 우리나라는 이 주의를 취하고 있다.

(2) 복권주의(複券主義)

소유권의 양도와 입질을 위하여 각각 예증권(預證券)과 입질증권(入質證券)의

두 종류의 증권의 발행을 인정하는 것이다. 임치물의 매각과 분리하여 입질을 할 수 있는 편리가 있는 대신 법률관계가 복잡해질 우려가 있다.

(3) 병용주의(倂用主義)

단권과 복권의 양자를 인정하는 주의로서 그 이용에 대하여 당사자의 판단에 맡기는 것이다. 일본 상법과 우리나라 구 상법(舊商法)의 입법주의이다.

3. 법적 성질

창고증권은 불완전유가증권의 하나로서 이와 상환하지 아니하면 임치물의 인도를 청구할 수 없으므로 상환증권이고(157조, 129조), 기명식인 경우에도 원칙적으로 배서에 의하여 양도할 수 있으므로 법률상 당연한 지시증권이며(157조, 130조), 창고증권의 선의의 소지인에 대하여 창고업자는 증권에 적힌 바에 따라 책임을 지므로 문언증권이고(157조, 131조), 임치물에 관한 처분은 창고증권으로써 하여야 하므로 처분증권이며(157조, 132조), 임치계약이 성립하고 임치물의 수령 후 임치인의 청구에 의하여 교부되므로 요인증권이고, 물권적 효력이 인정되고 있다(157조, 133조). 즉, 운송과 임치의 상이(相異)에서 생기는 차이를 제외하고는 화물상환증과 그 효력이 같다. 또 창고증권은 기명식으로 발행되는 것이 보통이나 지시식·선택무기명식·무기명식으로 발행될 수 있다. 선택무기명식 또는 무기명식으로 발행된 경우에는 증권의 교부에 의하여 양도할 수 있다(상법 65조 1항, 민법 523조, 525조).

4. 발   행

(1) 발   행

창고업자는 임치인의 청구에 의하여 창고증권을 교부하여야 한다(156조 1항). 창고증권소지인은 창고업자에 대하여 그 증권을 반환하고 임치물을 분할하여 각 부분에 대한 창고증권의 교부를 청구할 수 있으며, 이 경우 임치물의 분할과 증권교부의 비용은 증권소지인이 부담한다(158조 1항, 2항).

(2) 기재사항

창고증권은 요식증권으로서 기재사항이 법정되어 있다. 즉, 창고증권에는 ① 임치물의 종류, 품질, 수량, 포장의 종별, 개수와 기호, ② 임치인의 성명 또는 상호, 영업소 또는 주소, ③ 보관장소, ④ 보관료, ⑤ 보관기간을 정한 때에는 그 기간, ⑥ 임치물을 보험에 붙인 때에는 보험금액, 보험기간과 보험자의 성명 또는 상호, 영업소 또는 주소 및 ⑦ 창고증권의 작성지와 작성년월일을 기재하고 창고업자가 기명날인 또는 서명하여야 한다(156조). 다만 창고증권의 요식성은 절대적인 것이 아니므로 위의 법정사항의 일부가 누락되더라도 그 효력이 인정된다. 그리고 법정사항 이외의 것이 기재되어도 창고증권의 본질에 반하는 것이 아닌 한 무방하다.

5. 효   력

(1) 임치물반환청구권의 행사

창고증권이 발행된 경우에는 임치물반환청구권은 이 증권에 표창되며, 이 증권과 상환으로써만 임치물의 인도를 청구할 수 있다(157조, 129조).

(2) 채권적·물권적 효력

창고증권은 문언증권이므로 화물상환증의 선의의 소지인에 대하여 운송인은 증권에 적힌 바에 따라 책임을 지며(157조, 131조: 채권적 효력), 창고증권에 의하여 임치물을 받을 수 있는 자에게 증권을 교부한 때에는 임치물 위에 행사하는 권리의 취득에 관하여 임치물을 인도한 것과 같은 효력이 있다(157조, 133조: 물권적 효력). 창고증권은 처분증권이므로 임치물에 관한 처분은 이 증권으로써 하여야 한다(157조, 132조). 이러한 창고증권의 효력은 화물상환증의 그것과 같다.

6. 창고증권에 의한 입질과 일부출고

창고증권에 의하여 임치물을 입질하여 임치인의 수중에 창고증권이 없게 된 경우(민법 330조; 상법 157조, 133조)에 대비하여 상법은 편의규정을 두고 있다. 즉, 창고증권으로 임치물을 입질한 경우에도 질권자의 승낙이 있으면 임치인은 채권의 변제기 전이라도 임치물의 일부반환을 청구할 수 있다. 이 경우에는 창고업자는 반환한 임치물의 종류, 품질과 수량을 창고증권에 기재하여야 한다(159조).

제8절 금융리스업

Ⅰ. 금융리스업자의 의의

금융리스업자(lessor)는 금융리스이용자(lessee)가 선정한 기계, 시설, 그 밖의 재산(금융리스물건)을 공급자(supplier)로부터 취득하거나 대여받아 금융리스이용자에게 이용하게 하는 것을 영업으로 하는 자를 말한다(168조의2).

1. 리스의 종류와 개념

리스는 그 기준에 따라 다양하게 나누어지나 가장 중요한 것은 금융리스 (finance lease)와 운용리스(operating lease)의 구별이다. 이는 리스이용자의 이용목적에 따른 것으로서 전자는 금융, 후자는 물건 자체의 사용을 주목적으로 하는 점에서 구별된다. 구체적으로 금융리스는 리스업자가 리스이용자가 사용·수익하기를 원하는 기계·설비 등의 특정물건을 구입 또는 임차하여 리스이용자에게 일정기간 대여하고 그 기간에 걸쳐 일정대가를 정기적으로 분할지급 받음으로써 그 투자금을 회수하는 것을 내용으로 하는 계약을 말하는 것으로서 '시설대여'라고도 표현한다(대법원 1997. 11. 28. 선고 97다26098 판결 참조). 한편 운용리스는 금융리스 이외의 리스를 총칭하는데 리스업자가 불특정한 다수의 리스이용자를 대상으로 기계 등을 임대하여 투하자본을 회수하는 것을 말하며 이 점에서 특정한 이용자를 대상으로 하는 금융리스와 차이가 있다.

⟨Note⟩ 금융리스와 운용리스의 구체적 차이

금융리스와 운용리스는 위에서 설명한 바와 같이 물적 금융과 물건에 대한 사용이라는 목적의 근본적 차이로 인하여 다음과 같은 여러 가지 점에서 구별된다. 첫째, 리스기간에 있어서 금융리스의 경우에는 운용리스의 경우보다 장기(長期)로서 대체로 내용연수(耐用年數)와 일치함에 반하여 운용리스의 경우 리스기간은 내용연수의 일부로 정하여지는 것이 보통이다. 둘째, 금융리스의 경우에는 리스기간 중의 리스이용자나 리스업자에 의한 해지(중도해지)가 불가능한 것이 원칙이나 운용리스의 경우에는 중도해지가 가능함이 원칙이다. 셋째, 금융리스의 경우에는 리스물건의 멸실 등의 위험을 리스이용자가 부담하나 운용리스의 경우에는 그 위험을 리스업자가 부담하게 된다. 넷째, 리스료의 산정에 있어서 금융리스의 경우에는 리스기간 내에 리스물건의 매입 또는 임차비용과 금리 및 리스업자의 이윤 등의 회수를 전제로 산정될 것이나 운용리스의 경우에는 리스물건의 매입가격 등을 최초의 리스기간 내에 회수할 수는 없다. 왜냐하면 운용리스의 경우에는 리스물건을 다시 리스하거나 또는 매도할 수 있으므로 이를 감안하여 리스료가 산정되어야 할 것이기 때문이다. 다만, 운용리스의 경우에는 리스기간이 금융리스에 비하여 단기인 점과 리스물건의 유지관리 및 보수, 보험과 세금 등 제반비용을 리스업자가 부담하는 점에서 통상 리스료는 운용리스의 경우가 금융리스보다 상회하게 될 것이다(기타 상세한 차이에 대하여는 정동윤 659-662 참조).

Cf. 여신전문금융업법 제 2 조 제10호는 '시설대여'를 대통령령으로 정하는 물건을 새로 취
득하거나 대여받아 거래상대방에게 대통령령으로 정하는 일정 기간 이상 사용하게 하고,
그 사용 기간 동안 일정한 대가를 정기적으로 나누어 지급받으며, 그 사용 기간이 끝난 후
의 물건의 처분에 관하여는 당사자 간의 약정으로 정하는 방식의 금융으로 정의하고 있다.

2. 리스의 경제적 기능

리스이용자는 일정한 리스료의 지급으로 필요한 설비를 즉시 이용할 수 있으
므로 그 물건의 구입자금을 융자받는 효과를 가질 수 있고(금융리스의 경우), 리스
물건에 대한 관리사무의 번잡을 피할 수 있으며(운용리스의 경우), 기계의 노후화
또는 기술의 진부화에 따른 위험부담을 회피할 수 있는 장점을 가진다. 그러나 리
스료가 은행의 이자보다 고액이고 리스물건의 잔존가치가 클 경우 리스이용자가
손해를 보는 단점도 있다.

II. 금융리스의 구조와 법적 성질

1. 금융리스의 당사자

금융리스에는 기본적으로 ① 금융리스물건의 실사용자인 금융리스이용자
(lessee), ② 금융리스료를 받고 금융리스물건을 제공하는 금융리스업자(lessor) 및 ③
금융리스물건을 공급하는 공급자(supplier)의 세 당사자가 존재하게 된다.

2. 금융리스의 구조

통상 금융리스거래는 ① 금융리스이용자가 자신이 원하는 기계·설비 등을 선
정한 후 그 물건에 대하여 금융리스업자와 사이에 금융리스계약을 체결하고, ②
금융리스업자는 금융리스계약에 따른 이행으로서 공급자와 금융리스물건에 대한
매매계약을 체결하며, ③ 공급자는 금융리스물건을 금융리스이용자에게 인도하고,
④ 금융리스업자는 공급자에게 금융리스물건의 대금을 지급하며, ⑤ 금융리스이용
자는 금융리스업자에게 금융리스료를 지급하는 과정을 거치게 된다.

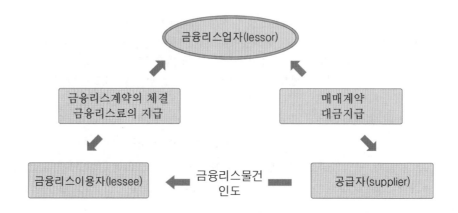

3. 금융리스의 법적 성질

운용리스의 법적 성질에 대하여는 임대차계약이라는 점에 이론(異論)이 없으나, 금융리스의 법적 성질에 대하여는 견해가 대립한다.

(1) 학   설

가. 특수한 내용을 가진 무명계약설   이 설은 금융리스물건의 소유권이 금융리스이용자에게 있지 않고 금융리스업자에게 있는 점에서 매매도 아니고, 금융리스이용자가 금융리스계약 종료 후 금융리스물건 자체를 반환하여야 하는 점에서 소비대차도 아니며, 금융리스이용자가 보수유지의 책임을 지고, 금융리스업자에게는 하자담보책임이나 위험부담이 배제되어 있는 점에서 임대차라고 볼 수도 없으므로 특수한 내용을 가지는 무명계약이라고 보아야 한다는 입장이다[정동윤(상) 298, 정찬형 382, 손주찬 403].

나. 특수한 임대차계약설   오늘날 금융리스를 순수한 임대차로 보는 입장은 없고, 금융리스계약을 임대인이 특정한 임차인에 대하여 특정한 물건을 일정기간 유상으로 사용시킬 목적으로 임차인에게 그 물건을 점유시키는 특별한 임대차계약으로 보는 견해가 있다. 이 설은 금융리스계약의 법형식면을 중시하여 그 법적 성질을 임대차로 구성하면서 임대차의 성질에 맞지 아니하는 부분은 그 특성의 유효성 문제로 보고 각론적으로 대처한다는 입장이다. 즉, 우리 민법 중 임대차에 관한 규정은 민법 제652조에서 강행규정으로 정한 것을 제외하고는 원칙적으로 임의규정이므로 임대차계약 당사자들은 자유로이 그 조건을 약정할 수 있는바 금융리스계약은 임대차의 조건을 특수하게 변형시킨 특수임대차에 불과하다는 것이다. 이

입장에 따르면 금융리스계약 중에 임차인의 보호를 위한 강행규정에 위반되는 약정이 있는 경우 그 효력을 인정할 수 없게 된다(최기원 448).

다. **특수한 소비대차계약설**   이 설은 금융리스계약의 본질이 소비대차계약임을 전제로 금융리스이용자가 물건공급자로부터 물건을 공급받고 이에 대하여 금융리스회사가 융자를 해 주면서 그 물건에 대한 소유권을 담보의 목적으로 유보하는 형태의 계약이라고 한다(이범찬 419-420).

(2) 판례의 입장

대법원은 "시설대여(금융리스; finance lease)는 시설대여회사(리스회사)가 대여시설이용자(리스이용자)가 선정한 특정 물건을 새로이 취득하거나 대여받아 그 리스물건에 대한 직접적인 유지, 관리 책임을 지지 아니하면서 리스이용자에게 일정기간 사용하게 하고 그 대여기간 중 지급받는 리스료에 의하여 리스물건에 대한 취득자금과 그 이자, 기타 비용을 회수하는 거래관계로서, 그 본질적 기능은 리스이용자에게 리스물건의 취득 자금에 대한 금융 편의를 제공하는 데에 있다(대법원 2013. 7. 12. 선고 2013다20571 판결)", "형식에서는 임대차계약과 유사하나, 그 실질은 대여시설을 취득하는 데 소요되는 자금에 관한 금융의 편의를 제공하는 것을 본질적인 내용으로 하는 물적 금융이고 임대차계약과는 여러 가지 다른 특질이 있기 때문에 이에 대하여는 민법의 임대차에 관한 규정이 바로 적용되지 아니하므로…시설대여계약은 법적 성격이 비전형계약으로서 민법의 임대차에 관한 규정이 적용되지 아니하는 점 및 시설대여 제도의 본질적 요청(금융적 성격) 등에 비추어, 시설대여회사의 하자담보책임을 제한하는 약정조항은 약관의 규제에 관한 법률 제 7 조 제 2 호, 제 3 호에 해당하지 아니한다(대법원 1996. 8. 23. 선고 95다51915 판결)"라고 판시함으로써 무명계약설의 입장을 취하고 있다.

※ 부산지방법원 2000. 11. 14. 선고 99가합12928 판결
금융리스계약은 리스회사, 리스이용자 및 공급업체의 3당사자 사이에서 이루어지는 독자적 유형의 무명계약이므로 리스회사와 리스이용자 사이의 리스계약과 리스회사와 리스공급업체 사이의 매매계약으로 분리하여 파악하는 것은 옳지 않고 리스회사와 리스이용자 사이의 법률관계, 리스회사와 공급업체 사이의 법률관계 및 리스이용자와 공급업체 사이의 법률관계에 대하여는 임대차, 소비대차, 매매 등의 규정을 구체적 약정에 따라 혼합적으로 적용하는 것이 타당하다.

(3) 결   론

생각건대 금융리스는 매매, 소비대차 또는 임대차 기타 우리 민법상의 전형계약의 어느 것에도 일치하는 바가 없는 특수한 내용을 가지는 계약이므로 금융리스를 둘러싼 법률관계는 관련되는 여러 전형계약의 내용을 참고하여 사안에 따라 구체적·개별적으로 그 법률관계를 정립하여야 할 것이다. 금융리스계약은 낙성계약이므로 물건의 인도는 계약성립의 요건이 아니다.

Ⅲ. 금융리스의 법률관계

금융리스의 법률관계는 당사자, 즉 금융리스이용자와 금융리스업자 사이의 구체적인 약정에 의하여 정하여질 것이나 아래에서는 일반적으로 생각할 수 있는 권리의무에 대하여 살펴보기로 한다. 공급자는 금융리스계약의 직접당사자는 아니지만 불가분의 관계에 있으므로 같이 살펴본다.

1. 금융리스이용자의 권리의무
(1) 금융리스이용자의 권리

가. 금융리스물건의 사용수익권   금융리스이용자는 금융리스물건을 금융리스기간 동안 약정한 방법에 따라 사용·수익할 권리가 있다. 이는 금융리스계약의 본질적인 내용이다. 사용장소는 약정된 곳이어야 하고, 금융리스업자의 동의 없이 이전하여서는 아니된다.

나. 금융리스계약의 해지   금융리스계약의 금융적 성격상 당사자 사이의 특약이 없는 한 금융리스이용자는 금융리스기간 중 금융리스계약을 해지할 수 없는 것이 원칙이다. 왜냐하면 금융리스업자는 금융리스이용자의 요구에 따라서 그가 지정한 물건을 조달한 것인데 금융리스이용자의 일방적 해지를 허용하면 금융리스업자에게 예측하지 못한 손해를 줄 것이기 때문이다(同旨: 손주찬 406). 그렇다고 하여 금융리스계약의 해지를 봉쇄하는 것은 부당하므로 손해배상책임을 전제로 그 해지를 인정하고 있다. 즉, 금융리스이용자는 중대한 사정변경으로 인하여 금융리스물건을 계속 사용할 수 없는 경우에는 3개월 전에 예고하고 금융리스계약을 해지할 수 있다(168조의5 3항 전문). 이 경우 금융리스이용자는 계약의 해지로 인하여 금융리스업자에게 발생한 손해를 배상하여야 한다(168조의5 3항 후문).

다. 재금융리스와 매수청약권   금융리스이용자는 금융리스기간이 만료한 때에 사전 약정에 따라 재금융리스계약체결의 청약을 할 수 있고, 금융리스물건의 매수를 청약할 수 있다.

(2) 금융리스이용자의 의무

가. 금융리스물건의 수령·수령증교부의무(受領·受領證交付義務)   금융리스이용자는 금융리스물건을 수령하여 약정한 장소에 설치하고 검사를 마친 후 금융리스업자에게 금융리스물건수령증을 발급하여야 한다. 이는 금융리스업자가 공급자에게 대금을 지급하는 근거가 된다. 이 수령증을 발급한 경우에는 금융리스계약당사자 사이에 적합한 금융리스물건이 수령된 것으로 추정한다(168조의3 3항).

나. 금융리스료지급의무   금융리스이용자는 금융리스물건의 사용수익의 대가로 금융리스료를 지급할 의무가 있다. 금융리스료의 지급시기나 방법 및 수액에 대하여는 당사자 사이의 약정에 의하는데 금융리스료의 부지급(不支給)을 기한의 이익의 상실 또는 계약해지사유로 약정하는 것이 일반적이다. 상법 제168조의3 제2항은 금융리스이용자는 금융리스물건을 수령함과 동시에 금융리스료를 지급하여야 한다고 규정하고 있다. 즉, 금융리스물건의 수령과 금융리스료의 지급은 동시이행관계에 있다. 금융리스료는 분할지급되는 것이 일반적이므로 이때의 금융리스료는 최초의 분할분을 의미하는 것으로 해석되고, 특약이 없는 한 금융리스물건의 수령이 없으면 금융리스료를 지급하지 않아도 지체책임을 지지 않는다.

※ 대법원 1995. 7. 14. 선고 94다10511 판결
리스계약은 물건의 인도를 계약 성립의 요건으로 하지 않는 낙성계약으로서 리스이용자가 리스물건수령증서를 리스회사에 발급한 이상 현실적으로 리스물건이 인도되기 전이라고 하여도 이때부터 리스기간이 개시되고 리스이용자의 리스료지급의무도 발생한다.
Cf. 같은 취지의 판결로서 대법원 1997. 10. 24. 선고 97다27107 판결 등이 있다.
Cf. 금융리스료채권의 시효에 대하여 대법원은 ① 그 채권관계가 일시에 발생하여 확정되고 다만 그 변제방법만이 일정기간마다의 분할변제로 정하여진 것에 불과한 것이지 기본적 정기금채권에 기하여 발생하는 지분적 채권이 아니므로 3년의 단기소멸시효가 적용되는 채권이라고 할 수 없고, ② 또 매회분의 금융리스료가 각 시점별 취득원가분할액과 그 잔존액의 이자조로 계산된 금액과를 합한 금액으로 구성되어 있다 하더라도, 이는 금융리스료액의 산출을 위한 계산방법에 지나지 않는 것이므로 그 중 이자부분만이 따로 3년의 단기소멸시효에 걸린다고 할 것도 아니라고 한다(대법원 2001. 6. 12. 선고 99다1949 판결).

다. 금융리스물건유지관리·수선의무   금융리스이용자는 금융리스물건을 수령한 이후에는 선량한 관리자의 주의로 금융리스물건을 유지 및 관리하여야 한다(168조의3 4항). 따라서 필요한 경우 자신의 부담으로 금융리스물건에 대한 수선을 행하여야 한다.

라. 표지부착의무 및 통지의무   금융리스이용자가 금융리스물건을 인도받은 때에는 지체 없이 금융리스물건에 대하여 금융리스업자의 소유임을 나타내는 표지를 부착하도록 하는 것이 일반적이다. 이는 금융리스물건에 대한 금융리스업자의 소유관계를 명시함으로써 금융리스이용자의 재산에 대한 강제집행의 경우에 금융리스업자가 제 3 자이의의 소(민사집행법 48조)를 제기하는 데 유용하도록 함에 목적이 있다. 아울러 제 3 자가 금융리스물건에 대한 권리주장 또는 강제집행을 할 경우 그러한 사실을 통지할 의무도 부담한다.

※ 대법원 2000. 10. 27. 선고 2000다40025 판결
차량의 시설대여의 경우에도 대여 차량의 소유권은 … 대내적으로는 물론 대외적으로도 시설대여회사에게 있는 것으로 보아야 한다.

마. 금융리스물건불양도의무   금융리스이용자는 금융리스물건을 타인에게 양도하지 못한다. 금융리스물건에 대한 소유권이 금융리스업자에게 있기 때문이다. 또한 제 3 자로 하여금 금융리스물건을 사용수익하게 하지 못한다.

바. 금융리스물건반환의무   금융리스기간이 종료한 경우 금융리스이용자는 금융리스물건을 금융리스업자에게 반환하여야 한다. 다만 금융리스물건을 금융리스이용자가 구매하기로 하였거나 재금융리스계약이 체결된 경우에는 예외이다. 이와 같은 예외적인 경우가 아닌 한 금융리스계약은 금융리스기간 종료 후 반환시까지 존속하며, 따라서 반환시까지의 금융리스료도 지급하여야 한다. 금융리스물건의 반환장소나 반환비용에 대하여는 약정에 따를 것이나 비용은 보통 금융리스이용자가 부담하는 것으로 약정하는 경우가 많다.

사. 부보의무   금융리스이용자는 금융리스업자와의 약정에 따라 금융리스물건에 대한 보험계약을 체결할 의무를 부담하기도 한다.

2. 금융리스업자의 권리의무

(1) 금융리스업자의 권리

금융리스업자는 금융리스이용자에 대하여 금융리스료지급청구권, 금융리스기간 종료시의 금융리스물건반환청구권, 금융리스이용자의 채무불이행에 따른 금융리스계약해지권 등 금융리스이용자의 의무에 대응하는 각종의 권리를 가진다.

Cf. 금융리스이용자의 채무불이행으로 인하여 금융리스회사가 금융리스기간 도중에 금융리스물건을 반환받은 경우, 청산의 대상 및 청산금액의 산정방법에 대하여 "이른바 금융리스에 있어서 리스회사가 리스기간의 도중에 리스이용자로부터 리스물건을 반환받는 경우에는 그 원인이 리스이용자의 채무불이행에 있다고 하여도, 특별한 사정이 없는 한, 그 반환에 의하여 취득한 이익을 반환하거나 또는 리스채권의 지급에 충당하는 등으로 이를 청산할 필요가 있다고 할 것인바, 이 때 청산의 대상이 되는 것은 리스물건의 반환시에 그 물건이 가지고 있던 가치와 본래의 리스기간의 만료시에 있어서 가지는 리스물건의 잔존가치의 차액이라 할 것이고, 나아가 청산금액을 구체적으로 산정함에 있어서는 리스물건은 범용성이나 시장성이 없는 경우가 많고 교환가치의 확정이 곤란한 경우가 많으므로 범용성이나 시장성이 없어 거래가격에 의한 교환가치의 평가가 불가능한 경우에는 교환가치를 0으로 볼 수밖에 없고 리스회사가 실제로 그 물건을 타에 처분한 때에는 그 처분가액으로 청산할 수밖에 없다"라는 대법원 1999. 9. 3. 선고 98다22260 판결 참조.

(2) 금융리스업자의 의무

가. **금융리스물건수령조치의무**　　금융리스업자는 금융리스이용자가 금융리스계약에서 정한 시기에 금융리스계약에 적합한 금융리스물건을 수령할 수 있도록 하여야 한다(168조의3 1항).

나. **금융리스물건의 인도지연 또는 하자담보에 대한 면책**　　금융리스의 경우 민법상의 임대차계약과는 달리 당사자 사이의 특약에 따라 금융리스물건의 인도지연이나 금융리스물건에 하자가 있는 경우에도 금융리스업자는 그 책임을 부담하지 아니함이 보통이다. 금융리스의 법적 성질에 대한 임대차계약설을 취할 경우 위와 같은 약정은 임차인인 금융리스이용자에게 불리한 것으로 효력이 없게 될 것이나(민법 652조) 금융리스를 임대차로만 파악하지 않는 무명계약설에 따르면 위와 같은 문제를 피할 수 있는 장점이 있다.

* 대법원 2021. 1. 14. 선고 2019다301128 판결 [위약금]

금융리스계약의 법적 성격에 비추어 보면, 금융리스계약 당사자 사이에 금융리스업자가 직접 물건의 공급을 담보하기로 약정하는 등의 특별한 사정이 없는 한, <u>금융리스업자는 금융리스이용자가 공급자로부터 상법 제168조의3 제1항에 따라 적합한 금융리스물건을 수령할 수 있도록 협력할 의무를 부담할 뿐이고, 이와 별도로 독자적인 금융리스물건 인도의무 또는 검사·확인의무를 부담한다고 볼 수는 없다</u>(대법원 2019. 2. 14. 선고 2016다245418, 245425, 245432 판결 참조).

Cf. 대법원 2021. 1. 14 선고 2019다301135 판례도 同旨.

3. 금융리스업자·금융리스이용자와 공급자 사이의 권리의무관계

(1) 금융리스업자와 공급자

금융리스업자와 공급자 사이에는 금융리스이용자가 지정한 물건에 대한 매매계약 또는 임대차계약 등이 성립하므로 공급자가 금융리스이용자에게 금융리스물건을 인도하면 금융리스업자는 공급자에게 대금 또는 차임지급의무 등을 부담하게 되는데 이러한 금융리스이용자의 금융리스업자에 대한 금융리스물건수령증 발급의무와 금융리스업자의 공급자에 대한 물품대금 지급의무의 관계는 동시이행의 관계에 있다(아래 판결 참조). 한편 판례에 의하면 금융리스이용자의 물건수령증이 교부되지 않았어도 금융리스물건이 공급되었고 금융리스이용자가 정당한 이유 없이 수령증을 교부하지 않고 있다는 사실을 알고 있었다면 금융리스업자는 대금지급을 거절할 수 없다고 하고(대법원 1998. 4. 14. 선고 98다6565 판결, 대법원 1999. 9. 21. 선고 99다24706 판결), 금융리스이용자가 공급자에 대하여 정당한 이유 없이 금융리스목적물의 인수를 거절하고 물건수령증을 발급하지 않고 있는 경우에는 신의성실의 원칙상 물건수령증이 발급된 것과 같이 보아 금융리스물건의 공급자로서는 금융리스물건에 대한 자신의 의무를 모두 이행한 것으로 봄이 상당하므로 금융리스업자는 공급자에 대하여 금융리스물건의 발주계약을 해제할 수 없다고 한다(대법원 2001. 11. 27. 선고 99다61736 판결).

※ 대법원 1997. 11. 14. 선고 97다6193 판결

시설대여(리스)라 함은 대여시설 이용자가 선정한 특정 물건을 시설대여회사가 새로이 취득하거나 대여 받아 그 물건에 대한 직접적인 유지·관리책임을 지지 아니하면서 이용자에게 일정기간 사용하게 하고 그 기간 종료 후 물건의 처분에 관하여는 당사자간

의 약정으로 정하는 계약으로, 이와 같은 리스에 있어서는 이용자가 물건의 공급자와 직접 교섭하여 물건의 기종·규격·수량·가격·납기 등의 계약 조건을 결정하고 리스회사는 위와 같이 결정된 계약 조건에 따라 공급자와 사이에 매매계약 등 물건공급계약을 체결하되, 물건은 공급자가 직접 이용자에게 인도하기로 하고, 리스회사는 이용자로부터 물건수령증서를 발급받고 공급자에게 물건대금을 지급하기로 하는 것이 일반적이라 할 것인바, 이처럼 리스회사가 이용자로부터 물건수령증을 발급받는 이유는 이용자와의 관계에서는 리스기간의 개시 시점을 명확히 하고자 하는 것이고, 공급자와의 관계에서는 그 물건을 인도받기로 되어 있는 이용자로부터 물건공급계약에 따른 물건의 공급이 제대로 이행되었음을 증명받고자 함에 있다 할 것이므로, 공급자가 이용자에게 물건공급계약에 따른 물건을 공급한 이상 리스회사에 대하여 물건대금을 청구할 수 있는 것이고, 다만 리스회사로서는 이용자로부터 물품수령증을 발급받지 못하였음을 들어 공급자에 대하여 그 물건대금의 지급을 거절할 수 있을 뿐이라고 할 것이며, 이용자의 리스회사에 대한 물품수령증 발급의무와 리스회사의 공급자에 대한 물품대금 지급의무는 특단의 사정이 없는 한 동시이행의 관계에 있다고 봄이 상당하다.

(2) 금융리스이용자와 공급자

금융리스업자의 금융리스물건 발주에 따라 공급자는 공급계약에서 정한 시기에 그 물건을 금융리스이용자에게 인도(및 필요한 경우 지정장소에 설치)하여야 한다 (168조의4 1항). 금융리스물건이 공급계약에서 정한 시기와 내용에 따라 공급되지 아니한 경우 금융리스이용자는 공급자에게 직접 손해배상을 청구하거나 공급계약의 내용에 적합한 금융리스물건의 인도를 청구할 수 있고(168조의4 2항), 이 경우 금융리스업자는 금융리스이용자가 권리를 행사하는 데 필요한 협력을 하여야 한다 (168조의4 3항).

4. 금융리스의 종료
(1) 금융리스기간의 만료
금융리스기간의 만료에 의하여 금융리스는 종료한다.
(2) 해   지
가. **금융리스업자의 해지**   금융리스이용자가 금융리스료를 지급하지 않거나 금융리스물건의 관리를 소홀히 하는 등 금융리스이용자에게 책임 있는 사유가 있는 경우에 금융리스업자는 금융리스계약을 해지할 수 있다. 이 경우 금융리스업자는 잔존 금융리스료 상당액의 일시 지급 또는 금융리스물건의 반환을 청구할 수

있고(168조의5 1항), 이와 별도로 금융리스이용자에게 손해배상을 청구할 수 있다 (168조의5 2항).

나. 금융리스이용자의 해지   금융리스이용자는 중대한 사정변경으로 인하여 금융리스물건을 계속 사용할 수 없는 경우에 금융리스계약을 해지할 수 있다. 다만, 3개월 전에 예고하여야 하며, 계약의 해지로 인하여 금융리스업자에게 발생한 손해를 배상하여야 한다(168조의5 3항).

제9절   가 맹 업

I. 가맹상의 의의

1. 가맹상의 의의

가맹상(franchisee)은 자신의 상호·상표 등을 제공하는 것을 영업으로 하는 자 (가맹업자, franchisor)로부터 그의 상호 등을 사용할 것을 허락받아 가맹업자가 지정하는 품질기준이나 영업방식에 따라 영업을 하는 자를 말한다(168조의6). 분설한다.

(1) 독립상인성

가맹상은 가맹업자의 상호·상표 등의 영업표지를 사용하여 영업을 하지만 그 자신 독립한 영업주체이지, 가맹업자와 동업관계에 있는 것이 아니며(아래 판결 참조), 가맹업자의 지점과 같은 예속체도 아니다. 또 가맹상은 가맹업자의 상법상의 대리인(87조의 대리상 또는 101조의 위탁매매인)이나 상업사용인도 아니다.

※ 대법원 1998. 4. 14. 선고 98도292 판결

피고인이 본사와 맺은 가맹점계약은 독립된 상인간에 일방이 타방의 상호, 상표 등의 영업표지를 이용하고 그 영업에 관하여 일정한 통제를 받으며 이에 대한 대가를 타방에 지급하기로 하는 특수한 계약 형태인 이른바 '프랜차이즈 계약'으로서 그 기본적인 성격은 각각 독립된 상인으로서의 본사 및 가맹점주 간의 계약기간 동안의 계속적인 물품공급계약이고, 본사의 경우 실제로는 가맹점의 영업활동에 관여함이 없이 경영기술지도, 상품대여의 대가로 결과적으로 매출액의 일정 비율을 보장받는 것에 지나지 아니하여 본사와 가맹점이 독립하여 공동경영하고, 그 사이에서 손익분배가 공동으로

이루어진다고 할 수 없으므로 이러한 가맹점계약을 동업계약 관계로는 볼 수 없고, 따라서 가맹점주인 피고인이 판매하여 보관중인 물품판매 대금은 피고인의 소유라 할 것이어서 피고인이 이를 임의 소비한 행위는 프랜차이즈 계약상의 채무불이행에 지나지 아니하므로, 결국 횡령죄는 성립하지 아니한다.

Cf. 같은 취지의 판결로 대법원 1996. 2. 23. 선고 95도2608 판결이 있다.

(2) 가맹업자의 지도·통제

가맹상은 가맹업자로부터 점포의 위치와 내외부의 장식·영업시간과 영업방법·상품의 생산 및 보관·서비스의 제공방법·광고방법·종업원의 복장·시장전략 등에 대하여 지도·통제를 받는다.

(3) 가맹업자의 영업표지의 사용

가맹상은 그의 영업에 관하여 가맹업자의 상호·상표 등의 영업표지를 사용할 수 있는 권리, 즉 라이센스(license)를 가진다. 가맹상이 사용하는 이러한 영업표지 때문에 일반소비자는 동일한 기업으로 인식하게 되는 것이다.

(4) 대가의 지급

가맹상은 가맹업자에게 일정한 대가(royalty)를 지급한다. 그 대가의 명칭이나 지급방식에 대하여는 제한이 없다. 가맹계약의 양 당사자는 독립성을 가지므로 위 대가는 임금은 아니다.

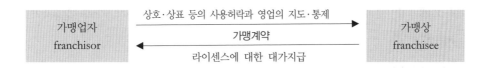

2. 가맹계약의 의의

가맹상이 위와 같은 영업을 하기 위하여 가맹업자와 사이에 체결하는 계약을 가맹계약 또는 프랜차이즈계약(franchise agreement)이라고 한다. 이는 가맹상(franchisee)이 가맹업자(franchisor)의 지도와 통제 하에 그의 상호·상표 등의 영업표지를 가맹상 자신의 영업을 위하여 이용하고 이에 대하여 일정한 대가(royalty)를 지급할 것을 내용으로 하는 계약이다.

3. 경제적 기능

(1) 가맹상의 입장

가맹상의 입장에서는 가맹업자의 성가(聲價)나 경영기법을 이용할 수 있고 원료의 입수가 용이한 장점이 있는 반면 가맹업자의 통제상태에 놓이게 된다는 점과 이용대가(royalty)를 지급하여야 한다는 점 및 영업양도가 자유롭지 못하다(168조의9)는 단점이 있다.

(2) 가맹업자의 입장

가맹업자의 입장에서는 직접적인 투자 없이도 가맹상을 통하여 자신의 상호나 상표를 널리 알릴 수 있다는 점, 이용대가(royalty) 수입이 보장되는 점 및 원료 등의 확보에 있어서 대량매입을 통하여 규모의 경제를 꾀할 수 있는 장점이 있는 반면 가맹상은 경험을 축적하면 독립하려는 경향을 보이므로 이를 경계하여야 하는 점, 가맹상이 제공하는 상품 또는 서비스에 대한 감독과 통제를 하여야 하는 점 및 가맹상의 비행(非行) 등으로 인하여 타격을 받을 위험을 부담한다는 단점이 있다.

4. 가맹계약의 종류

가맹계약은 여러 가지 기준에 따라 분류된다.

① 대상사업을 기준으로 하여 상품의 판매에 관한 상품가맹계약과 용역의 제공에 관한 용역(서비스)가맹계약으로 나누어진다.

② 당사자를 기준으로 하여 생산자와 도매상 간의 가맹계약, 생산자와 소매상 간의 가맹계약, 도매상과 소매상 간의 가맹계약, 소매상과 소매상 간의 가맹계약으로 나누어진다.

5. 관련법규

가맹계약에 대하여는 가맹사업거래의 공정화에 관한 법률이라는 명칭의 특별법규가 존재한다. 참고로 위 법에서는 프랜차이즈를 가맹사업, 가맹업자를 가맹본부, 가맹상을 가맹점사업자, 이용대가(royalty)를 가맹금이라고 부른다(위 법 2조 1·2·3·6호).

Ⅱ. 가맹계약의 법적 성질

가맹계약은 가맹업자와 가맹상 사이의 계속적 채권관계의 설정을 목적으로 하는 비전형혼합계약이다. 가맹계약은 현행법상 전형계약 중 어디에도 해당되지 않으므로 '비전형'계약이고, 가맹업자의 상호를 가맹상이 사용할 수 있다는 점에서 명의대여계약(24조)적 성질을 가지며, 상표를 사용하는 점에서 상표사용권의 설정계약(상표법 57조)적 성질을 지니고, 경영의 지도 내지 통제가 이루어진다는 점에서 노무제공계약, 즉 도급(민법 664조)이나 위임(민법 680조)의 성격을 띠는 등 다양한 성격을 지니고 있는 점에서 '혼합'계약인 것이다. 또 가맹계약은 가맹사업이라는 권리의 부여와 이용대가(royalty)가 서로 대가적 의미를 가지므로 유상·쌍무계약이다(同旨: 손주찬 409).

Ⅲ. 가맹계약의 법률관계

1. 내부관계(가맹업자와 가맹상 사이의 관계)

(1) 계약의 당사자

가맹계약의 당사자는 가맹업자와 가맹상이다. 상법은 가맹업자가 가맹상을 위하여 가맹사업을 제공하는 행위를 영업으로 하는 경우에 기본적 상행위가 된다고 한다. 따라서 가맹업자는 그가 회사인지 여부와 무관하게 당연상인(4조)이 되는 것이다. 그러나 실제에 있어서는 가맹업자는 가맹사업제공행위를 함으로써 상인이 되기 이전에 이미 상법 제46조의 상행위를 하는 당연상인(4조)이거나 민사회사(5조 2항)인 경우가 대부분일 것이다(손주찬 409-410). 한편 가맹상은 상인인 경우와 비상인인 경우가 있을 것이다. 가맹사업인수행위는 영업을 위한 행위로서 보조적 상행위(47조)에 해당한다.

(2) 당사자 사이의 권리의무

가맹업자와 가맹상 사이의 법률관계는 가맹계약에 의하여 정하여지는데 이는 가맹업자가 작성한 가맹사업약관에 의하여 체결되는 경우가 보통이다.

가. 가맹업자의 가맹상에 대한 의무

가) **영업지원의무**: 가맹업자는 가맹상의 영업을 위하여 필요한 지원을 하여야 한다(168조의7 1항). 가맹업자의 상호 또는 상표 등을 사용할 수 있도록 하고 필요한 각종 정보 등을 제공하여야 한다.

나) **영업권보장의무**: 가맹업자는 다른 약정이 없는 한 가맹상의 영업지역 내에서 동일 또는 유사한 업종의 영업을 하거나, 동일 또는 유사한 업종의 가맹계약을

체결할 수 없다(168조의7 2항).

　　다) **영업양도동의의무**: 가맹업자는 특별한 사유가 없으면 가맹상의 영업양도에 동의하여야 한다(168조의9 2항).

　　※ 대법원 2010. 7. 15. 선고 2010다30041 판결
　　가맹계약의 만료시 가맹상이 가맹업자에게 계약갱신을 요청한 경우 갱신거절권이 제한 되는지 여부에 대하여 "존속기간의 정함이 있는 계속적 계약관계는 그 기간이 만료되 면 종료한다. 한편 그 계약에서 계약의 갱신 또는 존속기간의 연장에 관하여 별도의 약정이 있는 경우에는 그 약정이 정하는 바에 따라 계약이 갱신되거나 존속기간이 연 장되고, 그러한 약정이 없는 경우에는 법정갱신 등에 관한 별도의 법규정이 없는 한 당사자가 새로이 계약의 갱신 등에 관하여 합의하여야 한다. 이는 계속적 계약관계에 해당하는 가맹점(프랜차이즈)계약관계에서도 다를 바 없다. 따라서 법 규정 또는 당해 가맹점계약의 해석에 좇아 가맹점사업자가 가맹본부에 대하여 갱신을 청구할 권리를 가지거나, 가맹본부의 갱신 거절이 당해 가맹점계약의 체결 경위·목적이나 내용, 그 계약관계의 전개 양상, 당사자의 이익 상황 및 가맹점계약 일반의 고유한 특성 등에 비추어 신의칙에 반하여 허용되지 아니하는 등의 <u>특별한 사정이 없는 한, 가맹본부는 가맹점사업자의 갱신 요청을 받아들여 갱신 등에 합의할 것인지 여부를 스스로 판단· 결정할 자유를 가지며, 그에 있어서 정당한 사유 또는 합리적 사유가 있는 경우에 한 하여 갱신을 거절할 수 있는 것은 아니다</u>"라는 이유로 가맹본부가 가맹점사업자와 존 속기간이 3년인 가맹점계약을 체결한 후 두 차례 갱신하여 오다가 두 번째 갱신된 가 맹점계약에서 정한 바에 따라 그 계약의 존속기간 만료일 3개월 전에 가맹점계약을 갱신 또는 연장하지 않겠다고 통지한 사안에서 위 가맹점계약은 특별한 사정이 없는 한 그 존속기간의 만료로 종료되었다고 판시하였다.

　　나. 가맹상의 가맹업자에 대한 의무
　　가) **가맹업자의 영업권존중의무**: 가맹상은 가맹업자의 영업에 관한 권리가 침해되 지 아니하도록 하여야 한다(168조의8 1항).

　　나) **가맹업자의 영업비밀준수의무**: 가맹상은 계약이 종료한 후에도 가맹계약과 관 련하여 알게 된 가맹업자의 영업상의 비밀을 준수하여야 한다(168조의8 2항).

　　다) **기타 의무**: 상법에 규정된 의무 외에도 가맹상은 통상 가맹계약에 의하여 ① 가맹업자의 영업상의 지도·통제를 받아야 할 의무, ② 이용대가지급의무, ③ 가맹업자가 공급 또는 지정하는 상품을 취급하거나, 가맹업자가 지정하는 규격을 준수할 의무, ④ 영업상황에 대한 보고의무, ⑤ 가맹계약 종료 후의 가맹상의 경업

금지의무 등의 의무를 부담한다.

다. 영업양도

가맹상은 가맹업자의 동의를 받아 그 영업을 양도할 수 있다(168조의9 1항).

라. 계약해지

가맹계약상 존속기간에 대한 약정의 유무와 관계없이 부득이한 사정이 있으면 가맹상과 가맹업자는 상당한 기간을 정하여 예고한 후 가맹계약을 해지할 수 있다(168조의10).

Cf. 대법원 2022. 5. 26. 선고 2021다300791 판결은 가맹사업거래의 공정화에 관한 법률(이하 '가맹사업법'으로 약칭)위반에 따른 손해배상에 관한 것이다. 피고는 액세서리 전문점 가맹사업을 하는 가맹본부로서 100개 이상의 가맹점사업자와 계약을 유지하고 있는 중에 원고들과 가맹계약을 체결하는 과정에서 위 법에 따라 가맹본부가 가맹점 사업자가 되고자 하는 원고들에게 제공하여야 하는 "예상매출액 산정서(이하 '산정서'로 약칭)"를 부풀려 작성, 원고들에게 제공하였고 이를 믿고 원고들은 가맹점을 개설 하였는데 실제 매출로는 점포 차임 등 지출비용을 충당하지 못함으로써 그만큼의 영 업손실이 발생하였음을 이유로 피고에게 손해배상을 청구하였다. 원심은 위와 같이 산 정서를 제공한 행위는 가맹사업법 제 9 조 제 1 항 제 1 호 의 허위·과장의 정보제공행 위로서 위 법을 위반한 행위에 해당하고, 이로 인하여 원고들이 잘못된 정보를 바탕으로 가맹계약을 체결하였으므로 피고는 원고들의 손해를 배상할 책임이 있다고 판시하 였으나 원고들 주장의 손해 중 원고들이 가맹점을 운영하면서 발생한 영업손실(매출로 충당되지 아니한 가맹점 운영 지출비용)에 대하여는, 그 발생 여부가 가맹점사업자의 운영능력이나 시장상황 등 다른 요인에 좌우된다는 이유로 피고의 불법행위로 인한 통상의 손해가 아니라 특별한 사정으로 인한 손해로서 이를 피고가 알았거나 알 수 있었다고 보기 어렵다고 판단하여 원고들의 영업손실 손해배상청구를 배척하였다. 이 에 대하여 대법원은 위 영업손실도 가맹본부의 손해배상범위에 포함되어야 한다는 이 유로 원심을 파기환송하였다.

2. 외부관계

(1) 가맹상과 제 3 자의 관계

가맹상과 제 3 자의 법률관계는 그들 사이의 계약이나 불법행위의 일반원칙에 의한다.

(2) 가맹업자와 제 3 자의 관계

가. 원   칙   가맹상은 자기의 명의와 계산으로 가맹업자와 별개의 독립

된 영업을 하는 것이므로 가맹상과 제 3 자 사이의 계약 또는 불법행위상의 문제에 대하여 가맹업자는 아무런 책임을 부담하지 않는 것이 원칙이다.

　　　나. 예　　외　　　그러나 가맹상은 외형적으로 가맹업자와 동일한 영업체로 인식되며 내부적으로 가맹업자가 가맹상에 대한 지도 또는 통제를 가하고 있는 점에서 예외적으로 가맹업자가 제 3 자에게 책임을 져야 할 경우가 있을 수 있다. 그러한 예로서 ① 가맹업자의 상호를 사용하는 경우 명의대여자로서의 책임(24조), ② 상표 등의 영업표지를 사용한 경우 표현대리책임(민법 125조, 126조, 129조), ③ 가맹상이 가맹업자의 피용인으로 인정되는 경우의 사용자책임(민법 756조), ④ 가맹업자와 가맹상이 조합관계로 인정되는 경우의 책임(민법 703조 이하) 및 ⑤ 가맹업자가 상품의 제조자인 경우의 제조물책임(제조물책임법 3조) 등이 있다.

제10절　채권매입업

Ⅰ. 채권매입업자의 의의

1. 채권매입업자의 의의

채권매입업자(factor)는 타인이 물건·유가증권의 판매, 용역의 제공 등에 의하여 취득하였거나 취득할 영업상의 채권(영업채권)을 매입하여 회수하는 것을 영업으로 하는 자를 말한다.

　　Cf. 우리나라에는 채권매입업을 직접적으로 규율하는 법규는 아직 없다.

2. 채권매입계약의 개념

채권매입계약은 채권매입업자(factor)가 거래기업(client)으로부터 그의 채무자(cu-stomer)에 대한 매출채권(accounts receivable)을 양수하고, 매출채권의 회계관리와 회수 또는 매출채권평가액에 상응하는 금융제공을 내용으로 하는 채권매입업자와 거래기업 사이의 계약을 말한다.

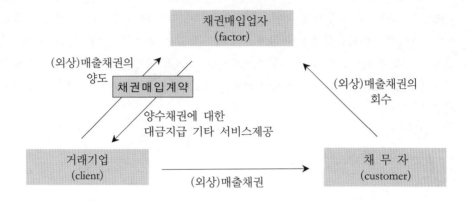

3. 채권매입의 종류

채권매입은 기준에 따라 여러 가지 형태로 나누어진다.

(1) 상환청구권의 유무에 따른 분류

채권매입업자가 거래기업의 매출채권을 매입함에 있어서 채무자로부터 채권의 추심을 할 수 없는 경우에 거래기업에 대하여 상환청구를 할 수 있는지 여부에 따라 상환청구권 있는 채권매입(factoring with recourse)과 상환청구권 없는 채권매입(factoring without recourse)으로 나누어진다. 전자를 부진정채권매입, 후자를 진정채권매입이라고도 부른다.

(2) 채권양도의 통지 유무에 따른 분류

거래기업이 매출채권을 채권매입업자에게 양도하는 경우 이를 채무자에게 통지하는지 여부에 따라 통지식채권매입(notification factoring)과 비통지식채권매입(non-notification factoring)으로 나누어진다. 전자를 공연한 채권매입, 후자를 묵시적 방식의 채권매입이라고도 부른다.

(3) 선급의 유무에 따른 분류

채권매입업자가 매출채권의 대가를 거래기업에게 선급(先給)하는지 여부에 따라 선급채권매입(advance factoring)과 만기채권매입(maturity factoring)으로 나누어진다.

4. 채권매입의 경제적 기능

채권매입은 거래기업의 입장에서는 채권매입업자로부터 매출채권에 대한 금융을 받을 수 있으므로(선급채권매입의 경우) 자금조달의 편의를 얻을 수 있고, 만기채권매입의 경우에도 채무자에 대한 신용조사, 회계처리, 채권회수 등의 관리를 채권매입업자에게 맡기고 생산과 판매에 전념할 수 있는 이점이 있다. 한편 채권매입업자의 입장에서는 금융의 대가를 취득하거나 고객의 확보를 꾀할 수 있는 장점이 있으며 채무자의 입장에서는 물품공급자인 거래기업과의 신용거래를 할 수 있다는 이점이 있다.

II. 채권매입계약의 법적 성질

1. 서   설

채권매입계약은 거래기업의 채무자에 대한 매출채권을 채권매입업자에게 양도하는 것을 요소로 하는 것인데 이러한 채권의 양도가 어떠한 성질을 가지는가에 대하여는 당해 채권매입계약에서 채권매입업자에게 상환청구권을 인정하는가에 따라 달리 파악하여야 한다[2분설: 손주찬 413-414, 정동윤(상) 306, 정찬형 388, 최기원 454-455].

2. 법적 성질

(1) 상환청구권 없는 채권매입

이는 채권매입업자가 채무자의 신용위험을 부담하는 경우로서 채권의 매매로 보아야 할 것이다.

(2) 상환청구권 있는 채권매입

이 경우에는 그 채권을 담보로 하는 소비대차로 보아야 할 것이다.

III. 채권매입계약의 법률관계

1. 내부관계(채권매입업자와 거래기업 사이의 관계)

채권매입업자와 거래기업 사이의 관계는 채권매입계약에 따라 정하여지는데 일반적으로 문제가 되는 것은 다음과 같다.

(1) 채권의 양도

거래기업의 매출채권을 채권매입업자에게 양도하는 것은 채권매입계약의 중요 부분이다. 양도되는 채권은 양도가 가능한 것이어야 한다(민법 449조 1항 단서 및 2항 본문 참조). 양도되는 채권의 범위는 채권매입계약에서 정하여지며, 현존채권에 한하지 않고 장래의 채권도 양도의 대상이 된다(아래 2009다96069 판결 참조). 채권매입업자가 채권추심을 하기 위하여는 대항요건을 갖추어야 한다. 따라서 양도되는 채권이 어음채권인 경우에는 배서를, 일반매출채권인 경우에는 지명채권양도의 대항요건인 채무자에 대한 확정일자 있는 증서에 의한 통지를 요한다(민법 450조 2항). 채권의 양도는 개별적 또는 포괄적으로 가능하다. 판례에 의하면 채권매입업자가 양수받은 매출채권을 추심하는 것은 변호사법 제112조 제 1 호에 해당하지 않는다고 한다(아래 93도1735 판결 참조).

※ 대법원 2010. 4. 8. 선고 2009다96069 판결
장래의 채권도 양도 당시 기본적 채권관계가 어느 정도 확정되어 있어 그 권리의 특정이 가능하고 가까운 장래에 발생할 것임이 상당 정도 기대되는 경우에는 이를 양도할 수 있는 것이다(대법원 1996. 7. 30. 선고 95다7932 판결; 대법원 1997. 7. 25. 선고 95다21624 판결 등 참조).

※ 대법원 1994. 4. 12. 선고 93도1735 판결
구 변호사법(1993. 3. 10. 법률 제4544호로 개정되기 전의 것) 제79조 제 1 호는 법률에 밝은 자가 업으로서 타인의 권리를 유상 또는 무상으로 양수하여 이를 실행하기 위하여 법원을 이용하여 소송, 조정 또는 화해 기타의 수단을 취하는 것을 금지함으로써 남소의 폐단을 방지하려는 데 있으므로, 회사가 타인의 기존의 권리를 양수한 것이 아니고 물품할부판매계약의 성립단계에서부터 금융을 제공하는 당사자로서 개입하여 사실상 채권발생과 동시에 채권양도가 이루어지고, 타인의 권리를 양수한다고 하더라도 당초부터 소송을 하는 것을 주된 목적으로 하지 아니할 뿐 아니라, 소송 등의 수단에 의한 것이 다수의 양수권리 중 적은 일부에 지나지 아니하여, 계속적·반복적으로 소송을 할 것을 예정하고 있었다고 보기 어려운 경우 등은 이에 해당하지 아니한다.
Cf. 구 변호사법 제79조 제 1 호는 현행 변호사법 제112조 제 1 호에 해당한다.

(2) 거래기업에 대한 금융
채권매입은 원래 매출채권을 인수하는 단기금융의 한 형태로 시작된 것으로서 통상 거래기업에 대한 금융의 제공이 수반된다.
(3) 상환청구
채무자가 지급기일에 지급을 하지 않는 경우에 매출채권을 양수한 채권매입업자가 거래기업에 대하여 상환청구를 할 수 있는가에 대하여는 채권매입계약에 의하여 정하여질 것이나 실무상으로는 채권매입거래약관에서 거의 예외 없이 상환청

구권을 인정하고 있다. 이에 관하여 상법도 특약이 없는 한 영업채권의 채무자가 그 채무를 이행하지 아니하는 경우 채권매입계약의 채무자(거래기업)에게 그 영업 채권액의 상환을 청구할 수 있다고 규정하고 있다(168조의12).

(4) 수수료 및 이자의 지급

거래기업은 채권매입업자로부터 금융을 제공받은 것에 대하여 수수료 및 이자를 지급할 의무를 부담한다.

(5) 거래기업의 담보제공

거래기업은 채권매입금융에 대하여 담보를 제공할 의무를 지는 것이 보통이다.

2. 외부관계(채권매입업자와 채무자 사이의 관계)

(1) 채무자의 이행의무

채권매입업자가 채권양도의 대항요건을 구비한 경우에는 채무자는 채권매입업자에 대하여 그 채무를 이행하여야 한다.

(2) 채무자의 항변권

채무자는 양도통지를 받을 때까지 거래기업에 대하여 생긴 사유로써 채권매입업자에게 대항할 수 있다(민법 451조 2항). 그러나 채무자가 이의를 보류하지 아니하고 채권양도를 승낙한 경우에는 거래기업에 대항할 수 있는 사유로써 채권매입업자에게 대항하지 못한다(민법 451조 1항 본문).

(3) 채무자의 상계권

채무자가 거래기업에 대하여 가지는 채권을 가지고 채권매입업자의 채권추심3에 대하여 상계를 할 수 있는가에 대하여 논의가 있다. 이에 대하여 ① 거래기업의 채권매입거래에 의하여 채무자가 불이익을 입는다는 것은 부당하다는 이유로 상계권을 행사할 수 있다는 입장(손주찬 416)과 ② 채무자가 거래기업이 채권매입계약을 체결한 사실을 알고 거래한 경우에는 상계권 행사가 불가능하다는 입장(정동윤(상) 307)이 있다. 생각건대 채무자가 채권양도에 대하여 이의를 보류하지 아니하고 승낙한 경우에는 상계권 행사도 이를 포기한 것으로 볼 것이므로 상계권을 행사할 수 없으나 그 외의 경우에는 상계권 행사가 가능하다고 본다.

판결색인

사항색인

저자소개

약력
연세대학교 법과대학 졸업, 법학박사
미국 Indiana University(at Bloomington), School of Law 졸업(LL.M.)
사법시험 합격(제25회, 1983년), 사법연수원 수료(제15기, 1985년)
한국 변호사, 미국 뉴욕주 변호사
한국국제거래법학회 회장
한국상사법학회 부회장
한국회계정책학회 부회장
한국법학교수회 부회장
대한변호사협회 법학전문대학원 평가위원회 위원
대한상사중재원 국제중재인
KB국민은행 사외이사 겸 감사위원장
한국전력공사 해외사업리스크심의위원
산업통상자원부 출자자문위원회 위원
법조협회 「법조」 편집위원
출제위원(변호사시험·사법시험·입법고시)

연세대학교 법과대학 학장(前)
연세대학교 법학전문대학원·법무대학원 원장(前)
연세대학교 학생복지처장·여학생처장·대외협력처장·연세춘추 주간교수·신문방송편집인(前)
교육부 로스쿨인가기준위원회 위원(前)
감사원 국민감사청구심사위원회 위원(前)
서울서부지방법원 민사조정위원(前)

연세대학교 법학전문대학원 교수(상법 및 국제거래법 담당)
연세대학교 경영대학 겸직교수(국제계약법 담당)

저서
기업법(박영사, 2022년, 제 3 판)
국제거래법(박영사, 2022년, 제 8 판)

논문
신용장에 대한 법적 고찰(박사학위논문)
신용장사기의 성립요건에 대한 재검토 — 미국 Ohio대법원의 Mid-America Tire사건을 중심으로
신용장의 독립·추상성
신용장거래에 있어서의 엄격일치의 원칙
UNIDROIT국제상사계약원칙에 있어서의 Hardship
FOB개념의 유연성과 Incoterms 2000의 FOB조건에 있어서의 인도와 비용부담의 문제
국제해상물품매매계약상 CIF조건의 확정기매매의 표지성 여부
개정상법에 있어서의 상업등기의 효력
상법상 영업의 개념과 영업양도
상법 제69조와 불완전이행책임 — 대법원 2015. 6. 24. 선고 2013다522 판결을 중심으로
상호계산의 효력에 관한 고찰

상사중개에 관한 몇 가지 논의
Vote-buying
소수주주에 의한 이사해임의 소의 목적과 피고적격
주식회사 이사의 제 3 자에 대한 손해배상책임
상법상 특별이해관계인의 의결권 제한에 관한 검토 — 입법론을 포함하여
설립중의 회사
표현대표이사
표현대표이사와 대표권제한위반행위의 효력
이득상환청구권의 예외성에 대한 검토
보험료 납입 전의 보험증권의 발행과 타인을 위한 보험계약의 증권소지인의 지위 外

제 8 판
상법총칙·상행위법

초판발행	2008년 1월 20일
제 8 판발행	2023년 1월 20일

지은이	안강현
펴낸이	안종만

편 집	김선민
기획/마케팅	조성호
표지디자인	이영경
제 작	우인도·고철민·조영환

펴낸곳	(주) **박영사**
	서울특별시 금천구 가산디지털2로 53, 210호(가산동, 한라시그마밸리)
	등록 1959. 3. 11. 제300-1959-1호(倫)
전 화	02)733-6771
f a x	02)736-4818
e-mail	pys@pybook.co.kr
homepage	www.pybook.co.kr
ISBN	979-11-303-4356-3 93360

* 잘못된 책은 바꿔드립니다. 본서의 무단복제행위를 금합니다.
* 저자와 협의하여 인지첩부를 생략합니다.

정 가   31,000원